侨批缘

丁酉初秋

王炜中 著

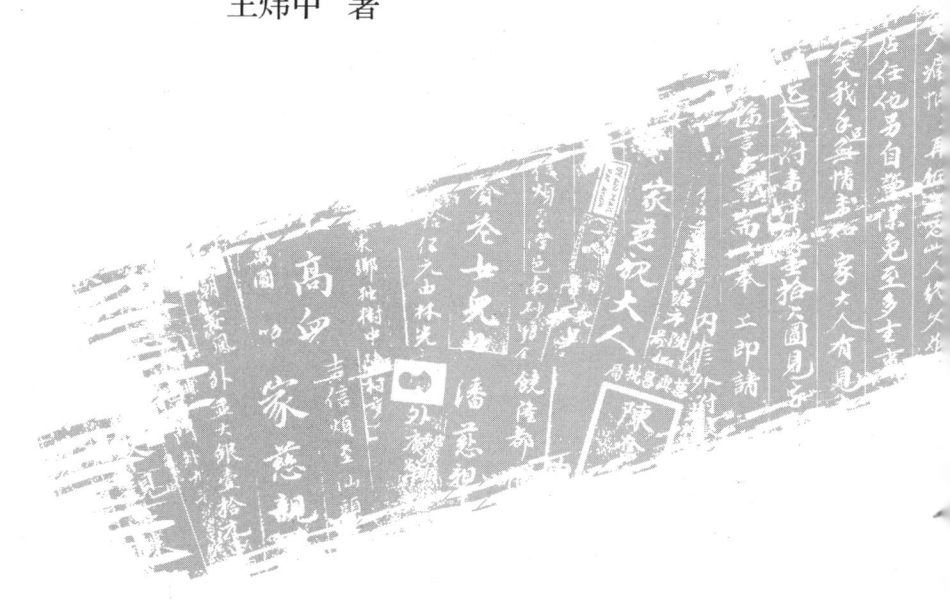

广西师范大学出版社
GUANGXI NORMAL UNIVERSITY PRESS
·桂林·

图书在版编目（CIP）数据

侨批缘 / 王炜中著. —桂林：广西师范大学出版社，2017.10
ISBN 978-7-5598-0152-4

Ⅰ.①侨… Ⅱ.①王… Ⅲ.①侨务－外汇－史料－潮汕地区 Ⅳ.①F832.6

中国版本图书馆 CIP 数据核字（2017）第 196360 号

广西师范大学出版社出版发行
（广西桂林市中华路22号　邮政编码：541001）
　网址：http://www.bbtpress.com
出版人：张艺兵
全国新华书店经销
桂林广大印务有限责任公司印刷
（桂林市临桂县秧塘工业园西城大道北侧广西师范大学出版社集团有限公司创意产业园　邮政编码：541100）
开本：787 mm × 1 092 mm　1/16
印张：26.25　　字数：330 千字
2017 年 10 月第 1 版　　2017 年 10 月第 1 次印刷
定价：88.00 元
如发现印装质量问题，影响阅读，请与印刷厂联系调换。

Treasures for Scholars Worldwide

目 录

导　言 …………………………………………………… 1

记　叙 …………………………………………………… 3
　　有　缘 ………………………………………………… 5
　　结　缘 ………………………………………………… 9
　　投　缘 ………………………………………………… 40
　　缘未了 ………………………………………………… 88

附　录 …………………………………………………… 93
　　汕头各界人士希望扩大汕头特区范围 ……………… 95
　　既量力而行　又尽力而为——汕头特区建设扎扎实实充满活力
　　　………………………………………………………… 98
　　俯首甘为孺子牛——记潮汕历史文化研究中心创业者 ……… 100
　　创办《侨批文化》的思考（提要）…………………… 105
　　《潮汕侨批史》写作大纲 ……………………………… 108

《潮汕侨批志》写作大纲 ……………………………………………… 111
参加侨批座谈会的银行界退休人员名单 ………………………… 116
参加侨批座谈会的侨批剧团成员名单 …………………………… 118
中学生眼中的抗战侨批 …………………………………………… 119
侨批见深情 ………………………………………………………… 125
潮汕侨批被推荐申报世界记忆遗产的情况汇报 ………………… 127
中国档案文献遗产申报表 ………………………………………… 130
关于汕头、江门两市联合申报"广东侨批"为国家档案文献遗产
　　和世界记忆遗产的情况汇报 ………………………………… 135
为饶宗颐教授拟评估意见书 ……………………………………… 137
饶宗颐教授评估意见书 …………………………………………… 138
陈伟南先生致国家档案局信鉴 …………………………………… 139
洪林女士致国家档案局信函 ……………………………………… 140
侨批:民间文献遗存的奇观 ……………………………………… 141
《潮汕侨批研究》纲要 …………………………………………… 145
《潮汕侨批论稿》序言 …………………………………………… 152
潮汕侨批文化研究和申遗纪略(1994.4—2010.3) ……………… 154

文　稿 …………………………………………………………… 167

许有智记忆中的侨批 ……………………………………………… 169
侨批三题 …………………………………………………………… 171
令人瞩目的侨批文物馆 …………………………………………… 175
初析侨批情结 ……………………………………………………… 178
关注侨批文化研究的庄世平先生 ………………………………… 186
侨学前导——首届侨批文化研讨会述评 ………………………… 188
侨批,让我们铭记这段历史——记"抗日时期的侨批"研讨会
　　……………………………………………………………………… 192
潮帮批局与西帮票号之比较 ……………………………………… 195

泰国侨批与潮汕侨批的密切关系 …………………………… 210
"潮汕侨批"被推荐申报世界记忆遗产 …………………… 213
饶宗颐潮学研究的新建树——着力倡导侨批文化 ……… 216
将侨批文化研究引向深入——第二届侨批文化研讨会述评 … 221
潮汕侨批缘何可与徽州契约媲美 ………………………… 225
为了"海邦剩馥"代代相传——记抢救侨批档案遗产的
  潮汕历史文化研究中心 ……………………………… 236
初析潮汕侨批的传统文化基因 …………………………… 242
侨批文献的征集与整理——以潮汕侨批为例 …………… 251
为提高侨批文化研究水平而不懈努力
  ——第三届侨批文化研讨会述评 …………………… 262
潮汕侨批的历史贡献 ……………………………………… 267
试论侨批的跨国属性——以潮汕侨批为例 ……………… 275
开发侨批"富矿" "萃取"文化内涵
  ——简介有关侨批文化著述 ………………………… 286
台批,值得发掘的一项档案文献遗产 …………………… 290
"一叶知秋"——从一份侨批业档案看太平洋战争局势的变化
  …………………………………………………………… 293
百尺竿头　更进一步 ……………………………………… 297
弘扬侨批诚信精神　建设和谐幸福侨乡 ………………… 303
坚定地向申报"世遗"目标挺进——"侨批档案"宣传推介会述评
  …………………………………………………………… 308
试论侨批的民间属性与文献价值——以潮汕侨批为例 … 312
为侨批档案入选《世界记忆名录》不懈努力 …………… 323
风尘仆仆五千华里　倾情追寻"东兴汇路"
  ——"东兴汇路"田野调查报告 …………………… 327
为"中国侨批""申遗"尽心尽力的潮汕历史文化研究中心 … 339
侨批局,中国进入国际金融市场的先行者 ……………… 344

浅谈饶宗颐教授不倦超越的治学精神 …………………………… 356
潮汕侨批与四邑银纸 ……………………………………………… 362
试析东兴汇路所形成的东兴精神 ………………………………… 370
"海邦剩馥"终"登顶"——写在侨批入选《世界记忆名录》之际
………………………………………………………………………… 377
隆都镇可营造成为"中国侨乡文化保护区" …………………… 380
潮汕侨批与徽州契约比较启示录 ………………………………… 384
一份弥足珍贵的民间文化遗存——话说潮汕侨批 ……………… 392
侨批,日寇滔天罪行的铁证——读《抗战家书》有感 …………… 402
侨批,社会心理学研究又一珍贵档案 …………………………… 404

后　记 ……………………………………………………………… 411

导 言

2013年6月19日,在韩国光州召开的联合国教科文组织世界记忆工程国际咨询委员会第十一次会议上,被国际汉学大师饶宗颐教授誉为"海邦剩馥"的"侨批档案",成功地入选联合国教科文组织的《世界记忆名录》。

获悉消息之后,作为亲历"侨批档案""申遗"全过程的我,不禁想起了为此而作无私奉献的海内外各方人士,其中就有潮汕历史文化研究中心(下简称"研究中心")的工作人员。早在1994年,研究中心便开始潮汕侨批的征集工作。2000年,饶宗颐教授画龙点睛地指出:潮汕侨批可媲美徽州契约。研究中心便将侨批文化作为一项系统工程着力经营,饶宗颐和广东省政协原主席吴南生、著名爱国侨领庄世平、香港爱国实业家陈伟南等研究中心顾问,是这项系统工程的"总策划""总导演"和"总后勤",研究中心时任理事长刘峰则是一线"总指挥",以他们的智慧和影响力,从精神到物质给予精心指导和倾力支持。许多海外侨胞及其眷属、侨批收藏者、集邮爱好者闻讯纷纷前来研究中心,无偿捐赠自己珍藏多年的侨批原件和市篮、批袋、文房四宝等相关文物,可谓"得道多助"。

2012年,申报《世界记忆名录》的"侨批档案",包括广东省的潮汕、五邑、梅州侨乡和福建省的厦门、福州、兴化(莆田)、闽西侨乡保存的侨批文献,有16万件之多。其中广东省侨乡的侨批文献有15万件和9700多附件；广东的侨批文献中，潮汕占10万件和3000多附件。研究中心征集的10万封侨批，纷繁复杂、毫无头绪，参加整理的工作人员大多是退休干部，有些已年过七旬，工作艰难程度不言而喻。但他们为了祖国的荣誉，为了珍贵的文化遗存代代相传、人类记忆不致产生"断层"，不畏艰辛、迎难而上，经过整整3年的不懈努力，终于理出了头绪，与广西师范大学出版社联袂编辑、出版共125册的《潮汕侨批集成》，平放叠起足有3米多高。

潮汕侨批最早由广东省档案局推荐，于2007年6月先申报《中国档案遗产名录》，然后再申报《世界记忆亚太地区名录》《世界记忆名录》。不久，省档案局提出"潮汕侨批"与"五邑侨批（银信）"和"梅州侨批"一起以"广东侨批"名义申报；后来，经国家档案局协调，由广东、福建两省以"侨批档案"名义申报。在此过程中，研究中心不计名利，以大局为重，明确地表示坚决服从协调，并与有关单位加强团结、积极配合，一如既往地为"申遗"成功尽心尽力，并且说到做到，言行一致。为此，我便许下一愿：一定要通过自述，留下研究中心在申报《世界记忆名录》中的所作所为的可贵记忆。

我在侨批方面原来是一个十足的门外汉，由于刘峰牵的"线"，才与它结下不解之缘，逐渐认识到它的重大文献价值。本书"文稿"部分收入我先后撰写的30多篇文章，大体按时间先后编排，可以反映出我对侨批从无知到有所知的认识过程，诚如毛泽东在《实践论》中所言："马克思主义者认为人类社会的生产活动，是一步又一步地由低级向高级发展，因此，人们的认识，不论对于自然界方面，对于社会方面，也都是一步又一步地由低级向高级发展，即由浅入深，由片面到更多的方面。""感觉到了的东西，我们不能立刻理解它，只有理解了的东西才能更深刻地感觉它。"

记叙

有　缘

我与侨批的缘分,是由汕头经济特区原主任、潮汕历史文化研究中心研创会理事长刘峰促成的,因此,要讲侨批缘,还得从特区缘说起。

国务院批准广东的深圳、珠海、汕头和福建的厦门设经济特区之后,在新华社福建分社承担经济报道任务的我,便具体负责特区建设的采访。

潮汕历史文化研究中心刘峰创会理事长

1988年,分社委派我任厦门支社社长,尔后又任福建分社副社长兼厦门支社社长,集中精力跟踪厦门特区的发展,进行调查研究和公开报道。在这期间,汕头尚未设立新华社的分支机构,我便不时"越境"到汕头特区进行比较研究。其实,在汕头特区建设拉开帷幕之后,我就已经涉足龙湖了。那时,此地还是一片荒沙丘,工地上听不到隆隆的爆破声和马达的轰鸣声,建设者是用锄头、扁担等原始工具,迎着细沙扑面的西北风,斗志昂扬地奏响了现代化特区建设的进行曲,令人肃然起敬。就在这时候,我就听到了时任特区管委会主任刘峰的名字。后来,中共汕头市委林兴胜书记和市委政策研究室杜松年主任叫我来汕头帮忙,向中央表达扩大汕头特区范围的愿望。我遵嘱前来,根据有关部门提供的材料,撰写了《汕头各界人士希望扩大特区范围》的情况反映,在新华社国际部当时的杨木副主任和广东分社采编室李沪主任两位潮籍同仁的支持下,此稿终于被总社采用。稿中主要阐述扩大汕头特区范围的必要性和"扩容"后的相应政策。(文见"附录",页95)

事后,应杜松年之邀,又撰写了《汕头希望尽早批准行政区域设置调整方案以安定人心》的情况反映。

1991年8月,在经济特区设置10周年之际,我又带着几位记者,花了20多天时间,先后在深圳、珠海、汕头、厦门4个特区进行调查,初步总结了它们各自的成功经验,并在汕头专门采访了刘峰,跟他有了零距离的接触。调查结束后,形成了关于深圳的《深化改革练"内功",扩大开放有后劲》,关于珠海的《市长"独揽"城建大权,政府强化宏观管理》,关于厦门的《充分发挥自身优势,加快特区建设步伐》和关于汕头的《既量力而行 又尽力而为——汕头特区建设扎扎实实充满活力》4篇情况反映。汕头特区一篇的内容主要是突出坚持实事求是,既量力而行,又尽力而为地建设特区。(文见"附录",页98)

此时,刘峰已退出特区领导岗位,改任汕头市政协主席,在时任广东省政协主席的吴南生的倡议下,这位经济特区的"拓荒牛"正积极筹建"文化特区"——潮汕历史文化研究中心。

1998年6月,我调到新华社汕头支社工作之后,慕名特地到潮汕历史文化研究中心采访,受到刘峰理事长和吴勤生、陈德鸿、杨方笙(我的老

2010年3月11日,吴南生伉俪参观侨批文物馆

师)诸副理事长的热情接待,领我参观了珍藏着数万册"潮"字号书刊的资料库,看到了共有10个系列100多本书的《潮汕文库》和海内外潮籍书画名家捐赠的作品,并详细介绍了研究中心的创业历程。这批年过花甲、古稀的退休老领导、老专家不为名、不图利地为团结海内外热心人士促进潮汕文化研究,弘扬潮汕文化优良传统,增强中华民族凝聚力所作的贡献,深深感动了我的心,返回后便向新华社发去一篇介绍研究中心"修文存史、嘉惠后人"事迹的对外稿。当时怎么也没想到,在刘峰等老领导的热情鼓励下,研究中心会成为我"第二次就业"的首选之地。

2003年4月底的一天,退休后的我和老伴在榕江路散步,和住在那里的刘峰再度相遇。尽管好长时间没见面了,但刘峰那率真、豁达的性格和爽朗、响亮的笑声,马上消除了我的陌生感。他大声地问道:"你现在干啥啦?"我答:"正在放松放松,还没打算干啥。"他就一把将我抓住,不容置疑地说:"就到我那边去!"当时,汕头方面有家企业请我去办一份杂志,月薪数千元,潮州方面要我去帮忙开拓旅游业,厦门方面也还有不少事要干。而进研究中心干活,主要是作奉献,每月车马费550元正,平均

潮汕历史文化研究中心第一次理事会合影

每天18.33元,就是说:想发财,莫进来。但我想,自己19岁就远离家乡,到中国人民大学新闻系就读,毕业后分配到新华社广东分社工作,没几年便调到福建分社,一干就是28年,直到1997年才返回汕头,没有为家乡做过多少贡献。假如能够到研究中心发挥余热,就是给自己一次报效桑梓的良机,尽管自己的贡献微不足道,却能实现自己的夙愿。当然,从新闻报道到历史文化,两者的跨度实在太大,但有老领导、专家们的大力支持,只要自己继续发扬新华社的传统作风,虚怀若谷、脚踏实地,就可以争取尽快地进入新的"角色"。于是,我很快就拿定主意:"入伙!"2003年5月10日,我径直前往研究中心报到,正式上岗。因此,刘峰对我是有知遇之恩,让我不会虚度退休后的时光。

到了研究中心,我切身感受到老领导、专家们和工作人员淡泊名利、默默耕耘、奋发敬业、勇当传承、弘扬优秀潮汕文化"开路先锋"的可贵精神,便于2003年8月专门为《汕头日报》撰写《俯首甘为孺子牛——记潮汕历史文化研究中心创业者》一稿,加以宣扬。(文见"附录",页100)

结　缘

当我跨进研究中心大门时，侨批文化工程早已启动了，并进行了卓有成效的工作，我是个后来者。

1994年4月，在刘峰理事长主持召开的研究中心第三次理事会上，与会的陈训先理事在发言中提及，澄海市邮电局的邹金盛收藏有大量侨批封，建议研究中心向他征集，以充实刚建立不久的研究中心潮汕历史文化资料库。当时，研究中心的资料库虽然初具规模，库藏量不算少，且品种也比较齐全，但具有潮汕特色的侨批资料仍是一片空白。刘峰和理事会其他领导感到他言之有理，便决定由研究中心副理事长兼秘书长陈德鸿、副理事长杜经国带着有关人员，专程前往澄海拜访邹金盛，商讨能否将他收藏的部分侨批封转让或捐赠。邹金盛是集邮收藏者，舍不得割爱，最后同意提供部分侨批封的复印件。于是，研究中心立即决定购买一台复印机和一批复印纸，专供邹金盛使用，让他利用业余时间在家复印侨批封。直至1995年8月，邹金盛终于将3028页、共有3210件侨批的复印件交给了研究中心，资料库工作人员便加班加点，将这些复印件分装15册、30盒，尽管不是侨批原件，但毕竟是研究中心的首批侨批资料。从此之后，侨批原件的征集工作陆陆续续进行。

2000年11月20日，研究中心顾问、国际汉学大师饶宗颐教授在研究中心举办的潮学讲座上，对侨批作了精辟的论述："有人说，徽州学能成立，因为它有某一种特殊的资料。徽州学我们国家已承认，国际上承认。徽州特殊的有契据、契约等经济文件，而且保存很多，历史一过就很不容

饶宗颐教授

易找到了。""我们潮州（注：指今潮州、汕头、揭阳三市）可以和它媲美的是侨批，侨批等于徽州的契约，价值相等。价值不是用钱可衡量的，而是从经济史来看的。"接着，他又特别强调："我们的侨批非常值得研究。到底有没有明代的？至少有清代的。这些资料如果把它公布出来是很新的，可以看出那时候潮人在哪些国家及其活动，还可从潮人的活动看到那个国家的经济和政治，但世界上侨批的资料还没有人知道，没有人注意。"饶老这一"画龙点睛"的论述，使侨批的"身价"陡然提升，研究中心的工作人员则茅塞顿开。刘峰和研究中心其他领导很快就决定，把侨批摆在研究中心工作重中之重的位置，作为一项系统工程精心经营，首先是加强侨批的征集工作，为侨批文化研究、传播打下坚实的基础。当时，研究中心在集中精力筹备成立10周年庆典，尽管如此，大家依然抓紧侨批的征集工作。副理事长兼征集委员会主任吴勤生亲自登门拜访汕头市侨联主席沈冰虹，商议怎样加快侨批征集步伐。市侨联便发文给各县（市）、区侨联，由他们发动归侨、侨眷征集侨批。同时，指派征集委员会办公室主任杨群熙等赴潮州、揭阳，与两市侨联领导取得联系；他们都积极配合，分别发文给下属单位,进行广泛发动。又让研究中心会计陈璇珠,到她的家乡澄海市隆都镇前美村调查摸底,试行有偿征集侨批。她先后三次回乡,在乡里老人的协助下,挨家挨户征集,经过艰苦的努力,共征得寄自泰国、新加坡、马来西亚、越南、柬埔寨和中国香港等的侨批原件1090封,其中不少是20世纪20、30年代的。

2002年春节期间,改任研究中心创会理事长的刘峰得到一个信息:广东通信集团汕头分公司副总经理麦保尔,收藏了大量侨批原件。他马上向时任研究中心理事长的吴勤生通报。春节后,吴勤生找麦保尔商谈,当下达成一个"君子协定":把他收藏的4万封左右的侨批原件交给研究中心整理,再送回麦保尔处录入电脑、制成光盘,然后原件归还,光盘由研究中心收藏;研究中心采用光盘里的侨批资料编辑出版《潮汕侨批汇集》(暂定名)时,都标明是"麦藏",并赠送若干册"汇集"作为回报。在广州的研究中心名誉理事长吴南生得知这些消息之后,非常高兴地说:"侨批非常讲信用,是潮人的好传统,要发扬、要出版、要研究。"

为了尽快将麦保尔提供的侨批原件录入电脑,研究中心特地在四楼腾出一个房间,聘用4位女性工作人员,从2002年4月至8月,每天工作10小时,一鼓作气地将这些侨批原件整理清楚,交给麦保尔。同年年底,麦保尔就将录有3万多封侨批的32张光盘,无偿地送给研究中心收藏。此举获得吴南生、庄世平、饶宗颐、陈伟南等几位知名人士的支持和赞赏。

2003年1月17日,刘峰在研究中心第七次理事(扩大)会上建议,将现有的4万多封侨批原件、复印件和录入光盘的侨批编印成册出版,提供给海内外专家学者研究,但须解决相应的资金问题,假如真的解决不了,就要"破釜沉舟",动用研究传播基金会的基金,坚决将此事办好。这个建议得到理事会的认同。经吴南生等的认真斟酌,将出版的名称由"潮汕侨批汇集"改为"潮汕侨批萃编"。

3月31日晚,香港爱国实业家、研究中心历史文化研究基金会永远荣誉会长陈伟南先生来汕头,刘峰、吴勤生,副理事长陈德鸿、麦友直和副秘书长李福光等,一起前往他下榻的龙湖宾馆拜访,详细地介绍了侨批征集的进展情况和拟为侨批文化工程募集专项资金的打算。伟南先生感到此举意义重大,当即认捐50万元,并作为筹集专项资金的发起人。刘峰

陈伟南先生（左）与本书作者

他们一听喜出望外，翌日便决定成立"潮汕侨批征集出版策划委员会"，致力于募集专项资金和拟定编辑出版方案。由王琳乾顾问和征集办负责物色合适人选，组织他们下乡征集侨批原件；由征集办加强与汕、潮、揭三市侨联和民间收藏者、爱好者联系，以拓宽征集渠道；由副秘书长李福光负责考虑编排第一本《潮汕侨批萃编》的样书框架和协调有关侨批征集、出版工作；由副秘书长陈义平统一管理有关侨批的文件、资料；由财务负责建立专账，严格管理，保证"侨批文化工程"建设专项资金专款专用，等等。接着，泰国泰中友好协会副会长陈汉士先生也捐资20万元，并和伟南先生一起，作为筹集专项资金的发起人。林百欣、罗志清、陈伟、郭国英、朱岳秋、郭宣诸先生和黄玉莲女士也纷纷捐资给予热情支持。

有了一定的财力之后，研究中心便考虑增加侨批原件的收藏量。不久，研究中心理事沈建华提供了一个信息：汕头还有几位集邮界人士收藏有不少侨批。于是，刘峰和吴勤生就邀请陈坚成、蔡焕钦、曾旭波前来研究中心座谈。据他们分析，从清末到20世纪80年代，由于天灾、人祸等原因，保存下来的侨批估计近百万封，相当大一部分仍收藏在千家万户之中，其中澄海、潮安县的数量会多些，潮阳、普宁、惠来、揭西等县相对要少。随着时间的推移,侨批的身价越来越高。根据他们提供的情况,研究中心建议与他们合作,并提出3个具体方案:一是他们收藏的侨批原件按质论价,有偿转让给研究中心;二是部分转让、部分捐赠,研究中心给予相应的荣誉和一定数额的现金奖励;三是将他们收藏的侨批原件整理后刻录成光盘,并写上他们的名字,精选其中一部分,由研究中心出资编辑出版成书,然后退还原件。陈坚成很快就表示要将他收藏的侨批原件一次性地有偿转让给研究中心。刘峰与倪克屏、王琳乾顾问和陈泽、李福光直奔陈坚成家,他搬出大小6箱侨批,无法详细计算,估计在万封以上,经过协商,最后确定,除他从集邮的角度保留少许之外,其余以15万元的总价成交。运回研究中心一清理,这些侨批共有1.5万多封,为以后侨批文物馆的创办和侨批文化研究奠定了良好的基础。

此后,潮汕地区的侨批收藏者便接踵而来,澄海的蚁建连续到研究中心两次,得知研究中心尚缺少印度尼西亚的侨批时,立即与广州的朋友联系,请这位朋友将寄自这个国家的侨批转让给研究中心。潮安县彩塘75岁的新加坡归侨杨锦田家有60封侨批,有人多次上门收购都没答应。当他从报纸上看到研究中心要征集侨批的消息后,经市侨联介绍,冒着炎夏酷暑,将这些珍藏的侨批全部转让给研究中心。接着,又专程把他亲友的22封侨批送到研究中心。在广州的华南理工大学普宁籍退休副教授朱诗发,将他双亲、亲属从泰国寄来的60封侨批,无偿地捐赠给研究中心。普宁流沙街道办事处侨联秘书长陈冠士,深入到赤水村去宣传动员,征集到661封侨批。普宁市侨联秘书长也征集到侨批280多封,可谓"得道多助"。到2003年5月左右,研究中心征集到侨批近3万封。有了这个"本钱",研究中心便购置了电脑、扫描仪、打印机和紫外线消毒器械等,并抽调有关人员,开始对征集到的侨批进行清理、分类、编号、消毒、扫描,并刻录到光盘。《潮汕侨批萃编》编辑工作也启动了。就在这时候,我便与侨批结下了不解之缘。

2003年5月10日,我正式到研究中心上班,不久就给我"授衔"——研究中心副秘书长,接着又任副理事长。对此,我既衷心感谢研究中心老领导和同志们的信任,又感到承受的压力很大。常言道"隔行如隔山",我长期从事新闻工作,一下要改为研究历史文化,跨度实在太大了,唯恐胜任不了。为了不辜负大家的期望，便赶紧"恶补"了潮汕历史文化知识，尤其是侨批方面的知识。刘峰交代资料库送给我很多研究中心出版的书刊，我如获至宝，分批拿回家中，如饥似渴地阅读着，从中汲取丰富的营养。当研究中心老领导确定我具体负责侨批文化系统工程的运作以后，我跑到资料库去，仔细地寻觅有关潮汕历史文化和"侨"字号的资料，共有数十份、十多万字，其中有《中国传统文化与华人经济》《试论潮汕文化的特征》《近代华侨与潮汕文化》和《侨批的缘起》《广东水客与侨批业》等等。资深专家王琳乾的《浅谈潮汕过去的一个特殊行业——侨批局》和杜桂芳女士所著的《潮汕侨批》，就在我认真阅读的书目之列。同时，又特地借来国际著名汉学大师饶宗颐教授总纂的《潮州志》，因为里面的《实业志六·商业·侨批业》，对潮汕侨批业的起源、沿革、运营和同业商号等，作了简明、扼要的介绍，成了我"入门"的好教材。此外，还细读了 2000 年 11 月 22 日饶宗颐教授在研究中心举办的潮学讲座上发表的重要讲话，里面讲到可与甲骨文、汉晋简牍、敦煌文书、明清内阁大库档案并称为中国历史文化几大发现的徽州契约相媲美的是潮州侨批，使自己进一步认识到潮汕侨批的历史文献价值。

根据研究中心老领导的意见和理事会的决定，在继续加强侨批和有关文物征集工作的同时，我首先和李福光、陈义平等筹办一份以侨批为研究对象的学术性刊物。经过几个月的努力，《侨批文化》终于筹备就绪并于 2003 年 10 月问世，广东省政协原主席、研究中心名誉理事长吴南生题写了刊名，著名侨领、全国侨联副主席庄世平，香港爱国实业家陈伟南，国际著名汉学大师饶宗颐和研究中心创会理事长刘峰分别为创刊号题写了"弘扬侨批文化""文化宝库""媲美徽学"和"情系两地，潮学精粹"的贺词。时任研究中心理事长的吴勤生在为这本刊物撰写的"创刊词"中，开宗明义地指出，本刊的主题为侨批，定位在文物，视角是文化，立足于研究，通过信息交流、资料汇集和学术切磋，探索侨批文化的丰富内涵，努力办成具有乡土性、资料性、学术性的刊物。2003 年 10 月，我国首份以侨批为研究对象的学术性刊物《侨批文化》诞生了，内中辟有"侨批论坛""侨批史话""解读侨批""我与侨批""老侨批员话当年"等栏目，特辟"笔谈侨批"专栏，请刘峰和研究中心顾问陈德鸿、陈德辉、杜经国、杨方笙、蔡

庄世平先生

起贤、王逸之、倪克屏、王琳乾、陈泽诸前辈,就如何办好刊物、加强侨批文化研究等建言献策,并高度赞扬了对启动侨批文化系统工程作出重要贡献的陈伟南、林百欣、陈汉士和陈伟、罗志清、黄玉莲、郭国英、郭宣、朱岳秋、周光明等海外热心人士。2008年11月14日,广东省新闻出版局发了《关于同意创办〈侨批文化〉的批复》,刊物的国内统一连续出版物刊号为:CN-(Q)1125,并进一步明确办刊的宗旨:研究侨批在侨史中的地位和作用,探讨侨批研究过程中的重要问题,挖掘侨批深刻的文化内涵,交流海内外侨批文化研究成果。从此,原来只能内部发行的《侨批文化》,就有了一个正式的名分。

《侨批文化》创刊后即成立编辑部,经老领导提议,理事会决定我任主编,陈义平、汤权先后任副主编,成员为王汉武、林庆熙、郑瑞国;后来,"东兴汇路"的开拓者之一、侨批业前辈陈植芳之子陈胜生(江宁)也参加编辑部工作。聘请王琳乾、杨群熙、陈骅、陈训先为本刊物顾问。同时,建立起编辑部工作制度,工作人员谁负责约稿、编辑,谁负责出版、通联,都有了明确分工。并且规定,刊物出版后,一定要及时将刊物和稿费寄送到作者手中;稿件做了重大修改,必须征求作者的同意,不采用稿件要向相关作者说明理由。每期刊物出版后,编辑部要召开"编前会",研究下一期内容的重点和相关的图文,力求做到既有"红花"又有"绿叶",既突出重点又不显单调。为了保证《侨批文化》有较为牢靠的基础和稳定的稿源,编辑部通过电话、电脑、书信,与数十位论文作者保持密切联系,向他们传达侨批文化研究的新动态,共商论文题目,或致以节日问候,对有恙的作者致以亲切慰问;对前来研究中心造访的作者都热情接待,虚心听取他们对刊物的意见,从而使相互之间加深了了解、增进了友谊,有的成了知心朋友。这样,作者们就更加积极、热情地给刊物撰稿,为办好刊物建言献策,其中包括泰国的洪林、黎道纲,新加坡的李志贤、柯木林。香港的郭伟川、马楚坚,福州的许建平,厦门的陈耕、焦建华,漳州的涂志伟、郭伯龄、苏通海、黄镇国,泉州的黄清海、陈宝国、吴伯孳、林少川,台湾的陈英珣、吴贤俊,金门的黄振良、江柏炜和潮汕地区的肖国强、周修东、陈景熙等等,都是支撑《侨批文化》的"大梁"。我自己则应有关部门的要求,撰写了《创办〈侨批文化〉的思考(提要)》一文,浅谈自己在这方面的体会:办好此刊物应力求突出侨刊个性,内容要有重点,还要建立一支相对稳定的作者队伍。(见"附录",页105)

2012年,《侨批文化》获"广东省优秀侨刊乡讯奖",自己也获得广东省首届优秀侨刊乡讯工作者称号。

在创办《侨批文化》的同时,侨批文物馆的筹建工作也在紧锣密鼓地进行。筹建侨批文物馆是研究中心2003年5月作出的决策。当时,侨批征集工作取得了突破性的进展,已拥有侨批原件2.3万封,吴南生、庄世平、陈伟南、饶宗颐获悉后甚喜,提出应该建立"侨批馆",收藏和展示这一宝贵的文化遗存。经庄世平先生的斟酌,名称改为"侨批文物馆",饶老再次题写了馆名。根据顾问们的意见,于6月形成了《关于筹建"侨批文化馆"方案》,决定收藏的侨批原件力争超过3万封,录制在光盘的侨批10万封以上,并着力编辑出版《潮汕侨批萃编》,还要建立侨批数据库,通过先进技术手段使之代代相传。我又将主要精力投入这项工作。2003年冬,位于研究中心6楼的"侨批文物馆"正式动工,内设有展示厅、珍藏室、工作室等,集收藏、展示、研究三大功能于一体;同时筹办"潮汕侨批文化图片展"。研究中心顾问们多次讨论我和同仁们草拟的展厅布局方案,提出补充修改的意见,并亲自到施工现场察看。我根据理事会确定的方案具体实施,时任副理事长的麦友直、顾问王琳乾等都热情给予指导并参与其事。吴勤生理事长及时请李福光撰写筹建侨批文物馆的新闻稿,发往潮汕3市报社,并在《南方日报》《广州日报》和泰国《星暹日报》、美国纽约《华侨日报》等海内外媒体刊登,我也发了相关新闻稿,被新华社采用并在《人民日报》海外版刊登,以此扩大影响。

  制作图片展,首先必须搭好"框架",经过有关人员的反复讨论,根据吴勤生的意见,形成了图片展展示主要内容的布展初步方案。在福建时,我曾到访"华侨旗帜,民族光辉"的陈嘉庚先生倡建的厦门华侨博物馆,著名英籍华裔女作家韩素音参观后说,看了展览就知道什么是"华侨",便联想:我们要努力让人们参观侨批文物馆以后,知道什么叫"侨批"。2003年8月,我们将布展的初步方案和图片展的解说词初稿,发给研究中心顾问组的老领导、老专家,在虚心听取他们和社会热心人士的意见和建议后,进行认真修改、补充,如此反复进行了多次。在图片展大的框架确定后,我和陈义平、沈建华等有关人员便马上动手收集图片、资料。在海外潮籍侨胞、归侨侨眷和热心人士的大力支持下,收集到数百张珍贵的图片及大批文字资料,然后根据展示内容的要求,经过认真地比对、筛选,从中挑出200多张,一一制作小样,张贴在白纸上,再经研究中心顾问、工作人员和部分侨界人士评审、补充,数易其稿之后,终于正式形成《侨批文物馆展示布局实施方案》和6000多字的《侨批文物馆潮汕侨批文化图片展》图片解说词。图片展内容的第一部分为"侨批溯源",说明有侨才有批,侨批是侨乡的"特产",在金融和邮政机构尚未建立或极不完善的情况下,侨批这种"银信合一"的特殊寄汇方式便应运而生。第二部分为"侨批经营",侨批的问世,催生了一个新兴的行业——侨批业。潮汕侨批业的经营,大致分为水客递送、批局承办和银行统管三个阶段;而批局的产生,一种是由水客直接递变而成,一种是由精明的商家抓住机遇创办起来的。诚信则是批业立业之本。第三部分为"侨批贡献",主要有:赡养了占潮汕地区总人口50%左右的海外侨胞眷属,成为他们的经济生命线。是维系海内外亲人情根的纽带,一封封侨批洋溢着海外侨胞对父母长辈的孝敬之情,对妻子(丈夫)的思念之情,对子女的舐犊之情和对家国的眷恋之情。促进了近代潮汕经济社会发展,海外侨胞通过寄回的批款和后来的银行汇款,在家乡创办工厂、投资商业和房地产业;对外贸易产生的逆差,也靠侨胞从海外寄回的批款保持外汇平衡,成了近代潮汕经济的"补血针"。同时,海外侨胞通过侨批寄回的批款,兴办学校、医院,修建道路、桥梁,救济家乡灾民,并积极支持辛亥革命和抗击日寇的正义斗争。第四部分为"侨批研究",包括努力征集侨批,深入进行田野调查,为研究工作者提供翔实、丰富的历史文献等等。在布展过程中,又多次请研究中心老领导、有关专家学者、归侨侨眷和侨务工作者前来指导。

2004年4月,国内首家以侨批为主题的博物馆——侨批文物馆——的揭幕仪式与第五届潮学奖颁奖仪式一并举行,时任全国侨联副主席庄世平、香港爱国实业家陈伟南等亲自为侨批文物馆揭牌,并发表热情洋溢的讲话。庄世平深情地说:"我是侨界中人,父亲和两位叔父分别在潮汕和泰国、马来西亚经营侨批馆,因此,我对侨批文物馆的建成、揭幕,感到格外高兴!"陈伟南由衷地表示:"侨批文物馆在海内外热心人士的关心支持和潮汕历史文化研究中心同仁的积极努力下,在很短的时间就筹建成功,我深感钦佩!"

和庄世平、陈伟南一起为侨批文物馆作出重要贡献的广东省政协原主席吴南生、国际汉学大师饶宗颐、香港知名人士林百欣、泰中友好协会副会长陈汉士则作书面讲话。研究中心理事会决定由我兼任侨批文物馆馆长、沈建华为副馆长,后由汤权继任馆长。陈璇珠、谢小薇、池映文、陈士伴、陈胜生等,为侨批文物馆的建成付出了辛勤的劳动。侨批文物馆对外开放以后,工作人员就投入繁忙的接待工作,前来参观者有:回国省亲的海外侨胞,当地的归侨侨眷、侨务工作者,大中小学生,来自北京、上海、湖北襄阳、江西赣南、福建福州、厦门、泉州、漳州、广州汕头、潮州、揭阳、梅州、江门、汕尾、泰国、马来西亚、新加坡、美国、日本、英国、法国及中国香港、中国澳门的专家学者。泰国泰中学会会长洪林、副会长黎道纲,日本鹿儿岛大学教授赖日生和日本京都大学教授滨下武志,新加坡潮州八

国学大师饶宗颐的题词

侨批文物馆内景

侨批文物馆内景

小记者团在文物展柜前仔细端详着从未见过的侨批文物

写批雕塑

拣批雕塑

送批雕塑

批来了雕塑

邑会馆文化考察团等,分别写下了"弘扬侨史,名留青史""侨批是伟大,永远""侨批网络跨世界""以史为鉴,启迪后人"等留言。新加坡国立大学李志贤博士则强调,侨批文物馆的建成,是潮汕历史文化研究中心事业发展的一个里程碑。

　　侨批文物馆开馆以后,由于前来参观、访问、交流的人越来越多,馆内场地难以容纳,我便考虑到今后的发展问题。恰好,在与振盛兴批局创办者曾仰梅的后裔曾益奋交流时,他提及汕头市侨批同业公会(简称"侨批公会")就设在小公园的漳潮会馆旧址里面。我听后非常兴奋,就和汤权、陈胜生等随曾益奋前往旧址察看。据史料载,漳潮会馆旧址在安平路36号,创建于清咸丰五年(1855),当时,漳州、铜山来汕头的船只,多停泊于附近的居平路一带海滨。侨批公会位于南生公司后面,是一座三层楼的独立建筑物,门面有两根约8米高的罗马圆柱,支撑着半圆拱顶的牌坊,好比是澳门的"大三巴"。经初步了解,我们感到此处开辟成侨批博物馆相当理想,其依据如下:

　　一、侨批公会在侨批史上占有重要地位。汕头是潮汕、梅州以至闽南、赣南侨批的集散地,侨批业是产生于侨乡的特殊行业,清光绪八年(1882)已设有南侨批业公所,成为该行业有效的管理组织,民国十五年(1926)改为汕头华侨批业公会,民国二十年(1931)又易名为汕头市侨批业同业公会。汕头侨批公会的主要职能为保障侨批局的正当权益,协调批局间的业务,制约批业中的越轨行为;沟通国外同业,联络地方政府,充分发挥其纽带作用;进行中外汇率、行情等有关信息的交流。所以,它是汕头侨批业的"地标"。二、侨批公会周围有大量的批局。由于汕头是侨批的重要集散地,因此侨批业相当发达,在晚清时期已有致成、德利、常泰丰、裕兴、振盛兴、光益裕、魏启峰等50家批局,高峰期达百家之多。1933年,汕头侨批公会的会员单位有55家,一年接收的海外批款上亿元。这些批局密集地分布在小公园一带的"四永一升平"(永兴、永泰、永和、永安街和升平路)那里,不少批局的旧址现在仍依稀可见,附近还有银庄、银行及怡和、太古、招商等码头。三、同治六年(1867)英国汽轮进入汕头港之后,侨批便从这里上岸(现正在此处建起侨批纪念地)。侨批博物馆如能建于此便非常贴切,更能真实、集中地体现侨批的历史。为此,我们曾认真地进行探讨,还绘出了简图。汕头大学《现代城建与有中国特色人文景观的保护——走进汕头小公园》课题组也曾提出类似建议。

2011年5月,汕头大学长江新闻学院范东生院长前来研究中心,我陪同他参观了侨批文物馆,在交流中提到如何让跨国属性鲜明的侨批文化远播海外的问题,结果一拍即合,很快达成了共识:研究中心拥有丰富的侨批文化资料,而长江新闻学院掌握先进的传播技术,可以发挥双方的优势,通过互联网创办网上侨批文物馆。接着,长江新闻学院的潮籍新加坡留学生王锦胜和黄碧慧、陈丽芸、林玟瑛、吴胜娜、徐锋同学组成课题组,分别负责总体设计和英文翻译,研究中心指定陈士伴进行配合,准备以后具体负责"网上侨批文物馆"的运作。

经过8个月的不懈努力,"网上侨批文物馆"终于问世。这个中英文网站运用多媒体的网络技术,着力展示实体侨批文物馆珍藏的侨批和侨批业的资料,翔实、形象地"回放"潮汕侨批产生、发展乃至完成历史使命的轨迹,彰显侨批文化的丰富内涵,海外侨胞可以通过它,跨越时空寻找自己的文化之根。网站辟有多个特色鲜明的专栏,用潮汕音朗读侨批的"不改乡音",介绍典型侨批具体内容的短片"彼岸批信",反映专家、学者积极投入侨批研究、收藏工作的摄影视频"侨批缘"等。

由于侨批文化系统工程是研究中心工作的重中之重,2004年6月,经侨批文物馆同仁讨论,我又拟出本馆2004—2006年发展计划。在征集方面,按"拾遗补缺、填补空白"的原则,重点征集年代较久、有代表性、比较稀缺的侨批,对收藏的侨批数量太少、甚至空白的潮阳、惠来等地要加大征集力度;努力征集家乡亲人寄给海外侨胞的回批和批局老招牌、账房的账本、算盘、文房四宝等有关文物;抓紧走访年迈的批局从业人员,留下口述历史资料;作为立足于本地又面向全国的文物馆,还需征集梅州、广府、闽南有代表性的侨批原件;建立岗位责任制,采取防火、防潮、防蛀、防盗措施,切实保护好珍藏室里的侨批。

传播方面,结合"潮汕文化进校园"活动,将侨批文化列为传播的主要内容,并制作侨批文化图片展示版,到潮汕各地、广东省博物馆以至海外潮人会馆巡回展示。

研究方面,团结海内外热心于侨批文化研究的人士,形成一支相对稳定的研究队伍;在出版《潮汕侨批萃编》第1辑的基础上,加快编辑有特色的第2、3辑;争取举办两届国际性的侨批文化研讨会,每年出版两期《侨批文化》等。

此外,根据实际情况,适当扩大侨批文物馆规模,对研究中心7楼重新装修,辟为侨批文物馆第2展厅。继续向海外募集侨批专项资金,并向汕头市委、市政府申请拨给专款,同时建立相应财务制度,实行独立核算、精打细算,勤俭节约、注重实效,保证专款专用。此后,基本上按此计划于2005年组织实施。

我曾在福建工作多年,福建和广东一样,是全国的著名侨乡。早在唐代,泉州地区就有商人出洋前往东南亚的一些港口城市经商;宋、元时期,泉州等地出国的侨民增多;明成化年间,漳州月港对外贸易兴起,有大批民众移居菲律宾、马来西亚和印尼;鸦片战争后,厦门、福州成为对外通商口岸,大批"契约华工"被拐骗至东南亚、美洲、澳洲等地当苦力。据不完全统计,至2005年,祖籍福建的海外侨胞有800多万人,分布在100多个国家、地区,其中80%以上居住在东南亚,使东南亚成为侨批的集散地。鉴于此,我便通过自己已有的"人脉",寻找海内外的侨批文化研究工作者,协力开发这一文化"富矿"。先后有福州的许建平,泉州的黄清海、吴宝国、刘伯孳、万冬青、林少川、王朱唇,厦门的陈耕、杨浩存、焦建华,漳州的涂志伟、郭伯龄、苏通海、黄镇国、苏舜友、黄家祥,台湾的魏萼、陈英珣、吴贤俊、唐存政,金门的黄振良、江柏炜,国外则有泰国的洪林黎道纲等一批专家、学者加入了这个行列,成为侨批文化研究的中坚力量。

饶宗颐教授高度评价了潮汕侨批之后,我又产生一个想法:既然研究中心征集到大量侨批,而侨批又有如此重要的历史地位和文献价值,侨批文化研究正蓬勃开展,我们应当为它"树碑立传"。这个想法得到了刘峰和驻会顾问陈德辉、吴勤生、陈德鸿、李衍平、麦友直、杜经国、杨方笙、王琳乾等的大力支持,很快就成立《潮汕侨批史》课题组,成员有杨群熙、陈骅和我本人。接着我着手草拟了《潮汕侨批史》(后更名为《潮汕侨批简史》)的写作大纲,阐述潮汕侨批的起源、发展、经营、历史贡献等。(见"附录",页108)

该书列入研究中心的"潮汕文库",由我和研究中心常务理事杨群熙、陈骅负责撰写。经过两年左右的努力,于2007年8月付梓,全书共20万字,内容共有:"潮汕海外移民与侨批的产生""潮汕侨批业的形成和发展""潮汕各地的侨批业""海外各地和香港的潮帮批(银)信业""潮帮侨批业的组织形态和业务经营""潮帮侨批的重大历史贡献""积极推进侨批文化研究"七章。刘峰在为本书撰写的序言中明确指出:"'简史'能在短短两年时间付梓问世,首先要感谢饶宗颐教授、吴南生、庄世平、陈伟南、林百欣等海内外诸位先生给我们的指点和鼓励帮助。""我们还要感谢多年来在侨批文化研究中的诸多参与者、读者,以及(潮汕)三市领导及有关部门的关心和支持。"他的这段话充分表达了本书作者的心声。刘峰在序言中还写道:"这部书是反映潮汕侨批历史的第一部,我们认识仍有待深化,其粗糙、错漏将在所难免,祈盼更多的读者、专家学者多提出意见、建议,在将来需要再次增订时加以补正充实。"这些都鞭策我们再接再厉,继续努力撰写《潮汕侨批论稿》。

潮汕侨批有着"海邦剩馥""媲美徽学"(饶宗颐教授语)的美誉,既须纂史,又应修志,正好研究中心特约研究员罗则扬是汕头市志办原副主任,有这方面特长。2006年,我便与他磋商,得到他积极地回应。不久,他根据撰写志书的要求,认真地写出相当规范的《潮汕侨批志》纂修规划草案。(见"附录",页111)

后因我们的主要精力投入侨批申报世界记忆遗产,结果这个纂修规划没能落实,深感遗憾!由于工作关系,我阅读了大量侨批,了解到当年许多海外侨胞因家贫失学或辍学,不能书写批封和批信,不少侨批是请当地的"老先生"书写的,所以部分侨批的毛笔字写得相当端庄刚健、明快流丽,可谓书法佳品,因此又产生了编辑出版《潮汕侨批书法选萃》的念头。

在主持、参与撰写《潮汕侨批简史》期间,由著名作家兼出版家岑桑为主编的岭南文化知识书系的责任编辑李锐峰,了解到潮汕侨批的历史文献价值之后,让我撰写介绍潮汕侨批的通俗读物,要求5万字左右,寓知识性于可读性之中。在李锐锋的热情帮助下,我充分利用自己积累的资料,如期完成任务。《潮汕侨批》一书于2007年10月由广东省出版集团下属的广东人民出版社出版,2009年12月第二次印刷。

我进入研究中心之后，还有机会参与《潮汕侨批萃编》编辑出版工作，经过工作人员的辛勤劳动，从2003年10月至2004年12月，顺利完成1—3辑的编辑出版任务。庄世平为之作序，饶宗颐题写了书名。《潮汕侨批萃编》，是研究中心献给海内外专家学者和侨批研究爱好者的第一份礼物。在遴选、编辑过程中遵循的原则是："原汁原味"，全部用原件影印，以保持其原貌；"重在批信"，与集邮关注的重点有所不同；"品种齐全"，力求兼顾不同寄批地、不同历史时期和潮属的不同收批地。《潮汕侨批萃编》3辑的内容各有特色，其中第1辑是综合性的，选用了493封侨批，寄批地为泰国、新加坡、马来西亚、越南、柬埔寨、印度尼西亚及中国香港；收批地基本涵盖了原潮州府所属的9县。第2辑是选用潮汕著名侨乡澄海隆都镇的471封侨批，收批地包括镇所属的14个行政村58个自然村中的32个村。第3辑是选用潮安东凤镇二房后厝陈宏烈4个儿子从新加坡寄回的433封侨批，时间跨度为1912年至1958年。

在完成以上各项任务之后，接下来的一个重要任务，就是与广西师范大学出版社联袂编辑出版《潮汕侨批集成》。至2004年4月侨批文物馆正式开馆时，已征集到近3万封侨批原件及6000多封复印件，接着，民间收藏家麦保尔将收藏的4万多封侨批录入光盘，无偿地赠给了研究中心，到同年10月，侨批文物馆的各类侨批收藏量已达8万封左右。广西师范大学出版社时任社领导闻讯赶到汕头跟我联系，准备与研究中心携手，将侨批文物馆收藏的侨批整理出版，版权属于研究中心。社领导明确表示这套文献的出版经费由出版社承担，研究中心负责整理侨批，劳务费由出版社支付。我觉得不错：研究中心原来也想这么做，但苦于缺乏大笔资金，假如能够如此，那么研究中心的资源、出版社的资金可实现优势互补，最后达到双赢的目的，解决研究中心资金不足的困难，让侨批这一珍贵文化遗产得以代代相传、远播海内外，为侨批文化研究工作者提供大量历史文献。为了稳妥起见，我还通过官网查找广西师范大学出版社的有关介绍资料。结果发现，这家出版社在国内同行中颇有知名度，所出版的历代珍稀文献已在国内外形成品牌，有的文献在海外学术界颇受关注。建社18年来共出版图书3000多种4亿多册，其中有的获"中国图书奖"，图书印装质量在新闻出版总署组织的全国印刷质量评比中获"印刷质量出版

位于桂林的广西师范大学出版社

社银奖",是全国"先进高校出版社",总之,是一个资质甚好的出版社。他们提出的条件保障了研究中心的正当权益,以后的事实证明,广西师范大学出版社参与策划、编辑及责编人员雷回兴、宾长初、朱荣所、刘西平、肖爱景等,无论情况发生什么变化,都恪守与研究中心签订的合同,分期出版125册的《潮汕侨批集成》,为"侨批档案"入选《世界记忆名录》作出了重要贡献。

于是,我就向刘峰等老领导汇报,获得了他们的首肯和热情支持。2004年10月19日,时任理事长吴勤生、副理事长麦友直和我接待出版社领导一行,共商编辑出版的有关事宜,2005年6月签订了《图书出版合同》。2006年11月,我再次代表甲方与出版社(乙方)签订了《图书出版补充合同》,主要是进一步明确相应的费用问题,原因是整理侨批的工作量超过了开始时的预计。与广西师范大学出版社联袂编辑出版《潮汕侨

刘峰、麦友直等顾问们

批集成》一事向吴南生、庄世平、陈伟南、饶宗颐诸先生汇报后,他们一致赞同,庄老及刘峰表示亲自撰写序言,饶老则题写书名。于是,研究中心就此成立了《潮汕侨批集成》编纂委员会,特邀聘吴南生、庄世平、陈伟南、饶宗颐、刘峰、陈德辉、吴勤生、陈德鸿、麦友直、杜经国、杨方笙、倪克屏、王琳乾、陈泽、李衍平为顾问,我为主编,李福光、陈义平为副主编,编辑有:倪水波、陈璇珠、沈建华、池映文、谢小薇、吴奕琛、吴卡佳、陈士伴。整个团队"老少相结合",既有阅历和知识、经验比较丰富的长者,又有眼疾手快的青壮年,两者的优势互补,成为最佳拍档。

实际上,要完成这项侨批文化的大"工程",并非轻而易举,首先是需要整理、编辑的侨批数量很多,有10万封之多。其次是时间跨度大,大约从19世纪前半叶至20世纪80年代,经历了清代、民国、中华人民共和国几个时期,超过1个半世纪。再次是跨越的空间大,从海外潮籍侨胞的寄批地看,主要集中在南洋(即东南亚)的泰国、新加坡、马来西亚、越南、柬埔寨、印度尼西亚等国;从海外侨胞眷属所的收批地看,几乎涵盖了潮汕地区的县和乡镇,其中包括汕头、潮安、澄海、饶平、潮阳、揭阳、普宁和大埔、丰顺等县市。同时,侨批涉及的各种称谓相当复杂。如澄海的隆都镇,1949年以前归饶平县管辖;澄海的十五乡,以前属饶平隆眼城都,民国时称隆都下堡十五乡,后称十五乡公社、十五乡区、十五乡镇等。至于村名,又有雅称、俗称之分,如澄海的"横陇",雅称为"凤岭"。外砂的"华埔",俗称为"下埔",后来还有下埔新乡、老乡之分。"下"与"华"、"尾"与"美"者,各地甚多,如惠来的"华湖"俗称为"下湖",澄海的"华富"俗称为"下布","埔美"的俗称为"埔尾","岱美"俗称为"埭尾",潮安彩塘的"水美"俗称为"水尾"等等。国外名称也是如此,泰国及其首都曼谷,1939年以前称为暹罗和暹京;新加坡原属马来亚,1965年才独立出来等等。侨批上的人名,既有学名,又有乳名、别名。侨批上涉及的币种,既有银元(大洋)、国币、港币,又有军票、关金、金圆券、南方券等。侨批上的数字,既有汉字、阿拉伯字,又有商场、墟市佣行里使用的商码(俗称"猪屎码")。村子里姓氏也相当复杂,根据潮汕地区的实际情况,每个村、尤其是大村,一般都有1个大姓(户数、人数比较多)外加若干小姓(户数和人数较少),有的村子的姓氏就有20个之多。以上所述,大大增加了侨批整理、编辑的难度。要付诸实施,开始就像"狗逮刺猬——不知从何下手",大有"剪不断,理还乱"之感。为了防止慌乱而浪费宝贵的时间和精力,编辑部认真做好"战前准备",多次开会研究,寻找下手的切入点。常言道:"无规矩就不成方圆。"因此,首先要做的是总结前段时间的实践经验,制定出侨批整理、编辑的工作程序和实施的具体计划。经过反复讨论,工作程序大致如下:

一、先将10万封侨批扫描、打印。其中,侨批文物馆收藏的3万多封侨批原件由萧桂宣、萧亮生的汕头市东风印务有限公司负责扫描、打印;麦保尔的4万多封由他自己帮忙扫描、打印。

二、按照出版规范的要求,每封完整的侨批扫描件,包括批封的正面、背面和批信排成1页。只有批信而无批封者,1封批信排成1页,批信长的可排成两页;有批封页无批信者,则2—3封批封的正、背面排成1页。

三、扫描件汇集起来后,按县和乡镇(区)及村、户、人进行分拣,最后按年份顺序排列。县基本是按清代潮州府的建制,包括潮安(海阳)、潮阳、揭阳、普宁、饶平、澄海、惠来、大埔、丰顺加上汕头、南澳共11个县、市。乡镇和村因建制变化较大,就按潮汕地区分成汕头、潮州、揭阳3市以后的建制归属为准,如潮安县庵埠镇的霞露(俗称下路)村,1952年从澄海县划入,在分拣应归入庵埠镇。再如潮安县的仙桥村原属彩塘区,20世纪80年代区改镇后划入东凤镇,虽在侨批封上仍写"彩塘仙桥",但分拣时应将它归入东凤镇。并对实施的具体计划也作了初步安排,从2005年7月开始,先完成澄海3万多封侨批的整理、编辑工作,大约可出版50册,每册500页上下,至2006年8月完成20册,刻录成光盘交广西师范大学出版社。预计2007年下半年开始整理、编辑潮安县部分和其他县份的侨批。

李福光集中大家的意见,初步拟出《潮汕侨批集成》出版"凡例",并请资深的侨批研究专家王琳乾审阅。"凡例"阐明了本书的排列次序、目录编写,收批地、寄批地和收批人、寄批人的称谓等,便于读者阅看。当时已年逾70的研究中心原副理事长(后任顾问)麦友直,还经常到编辑部进行具体指导。家在著名侨乡隆都镇的陈璇珠,早在2001年就热心于侨批的征集工作,当年2月至5月就为研究中心征集到寄自泰国、新加坡、越南、美国等国的侨批上千封。参与《潮汕侨批集成》的整理、编辑工作之后,她为了让大家更便于工作,主动地编写或复印不少相关的资料,其中的《鉴别侨批年代的方法》,提出可根据批封的邮戳、批信中的干支纪年和民国纪年、批款的币款和侨批的汇率等方面来推定。有《公元纪年与干支纪年对照表》,参照它,公元纪年与干支纪年的换算便一目了然。还有《潮汕历史沿革》《潮汕地区建制沿革》,澄海、饶平、潮安、揭阳、潮阳等县各区、乡名称表,《侨批封上的商码》《书画题跋中农历时令的称谓》《泰国侨批局一览表》《汕头和中国银行侨汇部分牌价》《汕头侨批业结汇牌价》等相关资料,大大加快了工作进度。

侨批的分拣任务最后落实到编辑人员,因研究中心场地有限,他们就将数公斤重的侨批成捆地提回家,摊在地板、桌面以至床铺上,然后按照乡镇、村子、家庭、个人的次序反复地分拣、归类。为此,大家常常得在地板上爬来爬去,十分劳累。由于侨批年代久远,批封的邮戳、地址、人名很难辨清,工作时间长了眼睛就模糊,自己就赶快找人去买放大镜和眼药水。在大家的不懈努力下,《潮汕侨批集成》第一辑共36册,终于在2007

工作人员整理侨批（池映文 谢小薇 陈士伴）

年12月上旬问世。广西师范大学出版社领导在美国的学术研讨会上讲演时，充分利用机会隆重地推荐潮汕侨批："广东汕头的潮汕历史文化研究中心正在整理的潮汕侨批，应该是一种比较典型的民间文献。'批'是闽南语中'信'的意思，潮汕侨批，就是海外潮汕人通过民间渠道寄回国内、连带家书或简单附言的汇款凭证。它们是社会历史的真实记录，是研究华侨史、金融史、邮政史的可贵原始资料。目前潮汕历史文化研究中心整理的侨批在8万件左右，一旦全部整理出版，将会为学术界献上一份新鲜的礼物。"后来又指出，当今文史学科的研究，已出现一个新的趋势，那就是研究重点下移，学者们越来越注重对社会基层的研究，这一趋势发展的结果，将彻底改变过去研究领域囿于上层社会的局限，通过下层社会这个视角，为我们展现一个更为具体的社会历史画卷。这样一来，源于下层社会的原生态侨批，其文献价值便更加凸显出来，为学术界这一巨大的转变提供有力的支撑。接着，《潮汕侨批集成》第2辑共36册也"登场"了。

《潮汕侨批集成》的出版，不能不提到汕头市东风印务有限公司的萧桂萱。他和厂里的员工不辞辛苦，对"集成"的10万封侨批一一进行扫描,然后再制作、印装等,先后进行约3年时间,工作量之大、其繁琐程度非同一般。

在《潮汕侨批集成》的征集整理过程中,我对之作了初步思考,于2009年撰写了题为《侨批文献的征集与整理——以潮汕侨批为例》一文,提交给第三届侨批文化研讨会,主要阐明做好文献的征集、整理工作,首先须"读懂"它,即深刻理解其文献价值;其次,要准确地把握住它的特殊性,即有别于其他文献的基本特征;同时还要明确,对文献的征集、整理不是最终目的,最终目的是传承和弘扬,使宝贵的文化遗产不会产生不可弥补的"断层"。后来,该文被收进2014年10月出版的《中国华侨博物馆开馆纪念特刊》。

饶宗颐教授曾一再强调,进行包括潮学在内的学术研究,应该多重视考古和文献两方面。在他的指引下,我和同仁们根据侨批的特点,更加注重进行田野调查,走访年迈的侨批业者,留下宝贵的口述历史资料和相关的音像资料。最早是2003年夏走访86岁的许有智,他原在鸿发钱庄当学徒,17岁时跨进长发侨批局大门。长发批局主要经营槟榔屿的侨批。他和伙计们按槟榔屿班轮抵达汕头的时间,提前到邮局等候,将侨批的包裹领出来后,就赶回批局拆开,按县份分拣归类,然后分别送到澄海、潮阳、普宁等地设在汕头的友信、四兴、洪万丰批局等,由他们将侨批直接送到相关的侨眷手里。这是我首次了解到的批局运营简况。接着,和沈建华、郑修宇、陈璇珠、陆丹琳等,先后到了著名侨乡澄海,走访了致成批局创始者黄继英的后裔黄少雄,振盛兴批局创始人曾仰梅后裔曾益奋,潘合利批局老"批脚"(侨批派送员)潘得敖兄弟,侨眷陈钟富等。从陈少雄那里,详细了解到创办于清道光十五年(1835)的致成批局的浮沉史,可谓是潮汕侨批业发展史的缩影。2004年底,访问曾益奋时,还登门拜访了当时已97岁高龄的振盛兴批局协理曾声烈,了解到这家自收、自寄、自投的家族式批局的经营状况。潘得敖的祖父、父亲和两位弟弟都从事同一个职业——"批脚",当时他们家境贫穷,但从来没有侵吞海外侨胞侨批的批款或丢失他们的批信,听了他们的讲述后,很为他们的诚信精神所感动。陈钟富不仅热情地接待我们,而且将他家珍藏了80年、曾出国两次的市篮无偿地捐赠给侨批文物馆。在澄海,我们还访问了颇有传奇色彩的老"批脚"曾天远,出生于 1922 年的他,18 岁时秘密加入中国共产党。1946 年,在振盛兴批局干活的堂兄,因那里人手不够,便让他去帮忙分批。他向组织汇报此事,党组织觉得分批可到处走动,有利于掩护地下交通工作,便批准他去,从此,他的地下交通员当得更加得心应手。同时,走访了女"批脚"庄雪卿,潮汕批局的"批脚"很多都是男的,女批脚几乎是"凤毛麟角",现已 83 岁的庄雪卿就是当时其中之一。接着我们又约定访问年已 99 岁的黄伟初、97 岁的杜邦慈两位"老侨批"。由于没抓紧,结果其中一位于距约定时间仅两天就仙逝了,我为此曾深深自责,更加感到收集第一手历史资料的紧迫性。于是,就和同仁继续"摸底",特地登门拜访中国银行汕头市分行,走访了在中行工作多年的肖国强。感谢他热情地为我们提供了部分原潮汕批局人员的名单,共有 21 位是人行、中行、农行退休人员,其中林峥、徐光等 10 位还参加了由研究中心、中行汕头分行联合举办的侨批座谈会,提供了宝贵的历史资料。(见"附录",页 116)

据此,我和汤权、陈胜生、罗则扬等,专门访问了原侨批局工会主席林峰。同时,召开了转入中行的侨批业文艺宣传队(潮剧团)部分成员座谈会。与会的 8 位成员愉快地回忆起当年经常下乡宣传有关侨批汇政策,鼓励海外侨胞积极寄回批款、增加国家外汇收入的情景,他们还将珍贵的照片交给了侨批文物馆进行复制。(见"附录",页 118)

抗战期间,特别在太平洋战争爆发后,日寇切断了海上侨批汇路,使潮汕地区众多侨眷生活濒于绝境。当时任职于和祥批局的陈植芳冒着生命危险,先后到越南老街、同登、芒街等地探索,在他和同仁们的艰苦努力下,终于开拓出递送侨批的秘密通道——"东兴汇路"。这是潮汕侨批史上的重大事件,为此,我提议将陈植芳的后裔陈胜生吸收进侨批文物馆,参加《侨批文化》和《潮汕侨批集成》征稿、编辑,以及"潮汕侨批文化图片展"展出内容的补充调整等方面的工作,同时还收集到陈植芳撰写的《漫谈潮汕民间侨汇业(即侨批业)》和《潮汕侨眷的生命线——记抗战后期开辟的东兴汇路》两份历史资料,对研究潮汕侨批和侨批业,具有相当高的文献价值。

侨批文献的征集和整理,为侨批文化研究打下坚实的基础。对侨批文化的研究,1933 年和 1935 年,由谢雪影主编的《汕头指南》和编著的

《潮梅现象》有所涉及。1946年,饶宗颐总纂的《潮州志·实业志六》中,专辟"侨批业"条目,对潮汕侨批业的起源、沿革、业务、同业商号作了简明而精辟的阐述。此后便乏人问津。直到20世纪80年代,潮汕侨乡的文史、金融、集邮界人士重开对侨批的探讨。1993年,由广东省集邮协会、汕头市集邮协会编辑的《潮汕侨批论文集》问世。1995年,在汕头华侨史学会和潮汕历史文化研究中心联合举办的"潮汕华侨华人与侨乡经济学术研讨会"上,王琳乾的《浅谈潮汕的一个特殊行业——侨批业》和杜桂芳的《侨批与潮汕传统文化引力场》两篇论文,引起了与会者的关注。2000年11月,饶宗颐在研究中心主办的潮学讲座上对侨批的重要论述,将侨批文化研究引向深入。2004年11月,研究中心与汕头市政协、中国银行汕头市分行和澄海区侨联联合举办的国际性的首届侨批文化研讨会隆重召开,来自广州、梅州、福州、厦门、泉州、潮汕三市和泰国、新加坡、中国香港等的60多位专家学者莅会,提交论文45篇。香港的麦国培和中国银行泉州分行的黄清海向研究中心赠送了侨批原件和文物。广东省政协原主席吴南生、全国侨联副主席庄世平、香港潮属社团总会创会主席陈伟南、泰国泰中友好协会副会长陈汉士等特发来贺函,国际汉学大师饶宗颐写下"侨学前导"的题词。这是一次开创性的研讨会,与会者充分肯定侨批是宝贵的文化遗产,它储存着丰富的历史信息,真实地折射出人们在不同历史时期的价值观念、伦理道德观以至内心的感情世界。吴南生和庄世平深刻指出,侨批文化内涵极为丰富,值得认真研究、探讨,是深入开展潮学研究中一篇很有特色的文章,对弘扬海外华人优良传统、推动潮汕地区经济社会发展极有意义。这也是一次开放、开明的研讨会,它敞开学术研究大门,欢迎史学界、文化界、金融界、集邮界、侨务界等各方人士,从不同视角探求侨批文化的真谛;让与会者在"百花齐放、百家争鸣"的氛围中各抒己见、畅所欲言。2007年和2010年,又先后召开了第二、三届侨批文化研讨会。此前,为了纪念中国抗日战争胜利60周年,召开了"抗日时期的侨批业"研讨会,通过侨批的真实描述,揭露和控诉日寇犯下的滔天罪行,让国人牢记这段刻骨铭心的历史。

此外,我又通过各种方式与专家学者们探讨如何深化侨批文化研究。2007年,年逾八旬的岭南文化知识书系主编岑桑应邀出席第二届侨批文化研讨会。他是著名的作家和出版家,其散文集《当你还是一朵花》1962年出版后,重版、再版达12次之多,曾获首届全国出版界"伯乐奖",入选为"岭南文化名人五十家"之一。我在会议期间专门访问岑老,请他就如何深化侨批文化研究问题发表高见。他欣然受访,并明确地指出,要改变侨批文化研究老停留在一个水平上的状态,就得进一步开阔视野、拓宽思路,正因为侨批的内涵多元、丰富,所以在研究过程中除了注重它的情感价值外,还须加强对其经济价值、现实价值、人文价值的探讨。而围绕这几条主线展开研究,并不是要求面面俱到,可在某段时间内突出一个重点。岑老的建言使我深受启发,思路豁然开朗,进一步认识到侨批本身就是一个"多面体",社会百态很多都在它里面有所体现,因此,不能把它孤立起来就事论事地研究,也不能只顾一面而不及其余。侨批在近代金融业中的地位,侨批业与钱庄之间的关系,侨批业对近代潮汕经济社会发展的影响,侨批业的经营对金融业的启示,侨批文化在整个侨乡文化中所占的分量和潮汕侨批与闽南侨批、客家侨批、五邑银信的比较等等,都应在今后研究之列。我和福建省图书馆的学者许建平,通过电话、书信交流成了好朋友。2004年研究中心的侨批文化系统工程刚启动,他就在给我的信中指出,侨批具有独特的历史价值和文物鉴赏价值,研究中心对具有地方特色的潮汕侨批的研究,"其创意之新,气魄之大,举动之迅速,影响之广,均在前列","实际上也已经起了一个龙头的效应",以后闽粤两省在侨批收藏、研究、交流方面大有合作的空间。同时,我们在《侨批文化》中特地辟了"深化侨批文化研究笔谈"的专栏,作为专家学者们建言献策的平台,结果很有收获,汇集到不少"金玉良言"。比如郭马风指出,侨批文化研究更要注重研究其批信和回批。许建平认为,占有实物文献是关键。陈景熙则建议,成立侨批文化研究资料中心,使口述资料、档案资料、证券资料等相关资料能够让社会的研究工作者共享。泰国的洪林、黎道纲则认为,挖掘侨批"宝藏",需要吃苦耐劳的精神,付出艰辛的努力,尽管研究任务艰苦,"我们也要尽力而为,配合潮汕历史文化研究中心的探讨和研究,冀望能在'苦行僧'的足迹中留下一道侨批历史脚印,以志其史。"我和同仁根据大家建议,很快便在《侨批文化》中就"侨批与金融""侨批与诚信"两个专题,组织专家学者们进行研讨。我还和李衍平、陈焕溪、陈义平、王汉武、陈胜生诸同仁到澳门、广州、江门、梅州、福州、厦门、泉州、漳州等地参加侨批文化研讨,进行学术交流。

除了征集、研究,传播也是侨批文化系统工程建设的主要任务之一,其重点是开展"侨批文化进校园"活动,让这一潮汕文化的重要组成部分在青少年中得以传承、弘扬。后得知金荷中学的林应婉老师热心于此项活动,我和汤权、陈胜生等便先去这所学校探路,与校领导和林老师探讨,达成共识之后,有10多位学生加入的"侨批文化兴趣小组"便于2005年春宣告成立,我们及时地送去了一批有关侨批文化方面的书刊。学生们在林老师的带领下,除了认真研读侨批批信的内容,还冒着酷热走访了老大爷老太太,了解抗战时期潮汕地区状况,还到研究中心资料库查找有关历史资料。这一年的7月20日,他们应邀出席研究中心举办的"抗日时期的侨批业"研讨会,并提交了《中学生眼中的抗战侨批》的论文。这表明侨批文化已开始在年轻一代生根发芽,侨批文化研究后继有人,从中可看到未来的希望。因此,我感到由衷地高兴,建议将这篇论文刊登在《侨批文化》第5期"抗日时期的侨批业"研讨会专刊上,并特地为它撰写了编者按。(见"附录",页119)

与此同时,我们又前往汕头金山中学、汕头第四中学、峡山初级中学等学校,与校方共商"侨批文化进校园"事宜。峡山初级中学成立"潮汕历史文化兴趣班",将侨批文化列为重要内容。普宁市的兴文中学在"侨批文化进校园"活动中,组织了"侨批文化研究"课题组,拟定了课题研究的实施方案,请陈大逸等3位老师为指导老师,课题组7位同学的工作也有了具体分工,有的负责总体计划、制订调查问卷,有的负责采访、写稿、做活动日记等。明确课题研究的主要目的是弘扬侨批文化,唤醒潮汕青少年对家乡文化的记忆,提高自身学习能力和实践能力,培养团队合作精神。研究活动分为学习、交流、实践、整理、完善等5个阶段,最后形成课题研究报告。通过此次活动,使同学们真切体会到,侨批渗透着"浓浓的家乡情,深深的爱国心",的确是开展爱国主义教育的宝贵教材。课题组的同学陈婉玲在活动日记中就写道:"我们现在能做到的,就是学习这些精神。'读史使人明智',希望侨批的精神能在我们这一代人身上发扬光大。"叶晓鸿同学则以手布诗形式抒发他对侨批的认识和体会:

侨批一封	情深万千	思乡念家	爱国爱民	生活艰苦	食无以继	潮汕禾埔	勇担大任
卖田卖地	左右借钱	几日几夜	千情万素	浴布一条	日汁一船	挥手告别	忍痛离乡
艰难过番	刻苦创业	三时起床	冷水探身	异国他乡	惨遭凌辱	忍辱负重	艰苦俭朴
略有积蓄	一元两钱	家乡告急	心焦似火	借以批局	委托水客	批信一封	千里送暖
明批暗信	一片深情	海外潮人	卖力卖智	拼搏奋斗	事业有成	饮水思源	不忘乡里
投资教育	学校竖立	心念下代	情系乡里	兴办祠堂	弘扬乡风	兴企办厂	振兴乡业
全心全意	做强潮汕	辛亥发起	国家动荡	抗日八年	内战三年	内外潮人	热血涌动
团结一致	共同前进	抛头洒血	为国为民	批连国情	汇寄中华	号召抗日	支持援朝
宣传思想	投入战斗	踊跃投资	多方筹款	侨批寄汇	支持革命	海外异域	报国捐躯
文革十年	跃进时期	乡国物缺	万业不兴	经济落后	民不聊生	苦不堪言	世态炎凉
侨情涌动	爱国救国	怀抱根源	心系中华	繁华经济	兴办公益	献心献力	助国于险
捐资寄物	救国于危	今我后人	不忘过去	努力学习	实践研究	翻书上网	交流探讨
走访专家	亲访邻里	宣传潮学	尽己所能	数月活动	甜苦共尝	感触良多	受益匪浅
了解乡史	以史励己	发奋读书	提高才能	立志成才	上下求索也		

叶晓鸿同学手布诗

汕头市潮阳第四中学黄素龙老师在"侨批文化进校园"活动过程中作了认真研究,撰写了《加强青少年学习潮汕侨批文化的几点思考》一文,指出潮汕侨批是加强青少年品德修养教育的重要资源,可以通过它加深他们的爱国主义感情,培养诚实守信的品质,弘扬尊老爱幼的传统,增强知恩图报之心等等。并就如何运用侨批资源的问题提出若干建议,对大家颇有启发。为进一步传播侨批文化,我们曾与汕头市旅游局、汕头移动分公司商讨通过汕头旅游通平台举办"潮汕侨批知识有奖问答"活动,我并为此拟出了40多道问答题,其中包括:什么是侨批,侨批是怎样产生的,侨批的基本特征是什么,侨批最早靠谁来递送,什么叫侨批局,批局是怎样形成的,批业的立业之本是什么等等。事实表明:侨批文化的传播,对青少年的确产生了积极的影响。(见"附录",页125)

回顾2003年至2012年的实践,尽管这10年间更换了3任理事长,但研究中心一以贯之地坚持着老领导们提出的大政方针,以侨批文化系统工程作为工作的重中之重,抓住征集、研究、传播三个关键环节锲而不舍,保证事业可持续发展,才有今天侨批入选《世界记忆名录》,使宝贵的文化遗存登上了大雅之堂。同时,研究中心抓紧潮学研究其他方面的工作,继续加强文献资料征集工作,使资料库收藏的文献、方志、族谱等各种资料已超过5万册(件),其中不乏精品,成为潮学研究的文献资料基地。编辑出版有关书刊100多册,丰富了《潮汕文库》。使"潮汕文化进校园"活动的层面不断扩大,不但从汕头市中心城区向周边的濠江、澄海、潮阳、潮南等区县辐射,而且向潮州、揭阳扩展。按照吴南生名誉理事长的意见,与广州中山图书馆联系,发动汕头、潮州、揭阳三市的研究中心特约研究员和有关专家学者,协力搜集潮汕文献,形成了《潮汕文献目录》(1911年以前)共400多种,为进一步加强潮汕历史文献的抢救工作打下良好基础。

投　缘

与侨批结下难解之缘以后,2007年我又踏上"申遗"的征程,越干越投缘。

2006年6月,国家启动第一个"文化遗产日",汕头正动员申报国家非物质文化遗产项目。我得知后,就深深感到,潮汕侨批作为独具特色的珍贵历史文献,应当以此为契机,努力推动让它跻身于国家文化遗产的行列。于是我便向汕头市文化局领导咨询此事,探讨申报的可能性。翌年初,在广东省十届人大五次会议召开前夕,汕头的省人大代表与我联系,请我为他们撰写关于潮汕侨批申报非物质文化遗产的提案提供资料,我就进行整理、浓缩,很快将有关资料交给了他们。广东人代会将建议潮汕侨批"申遗"的提案,郑重地交给了省档案局,省档案局便委派档案督导处的延江篙、吴晓琼等组成的考察组,于2007年4月16日抵达汕头市,到潮汕历史文化研究中心认真考察,了解到研究中心早在1994年就关注侨批并已征集到10万封各类侨批和有关文物,还通过多种手段录下"老侨批"们的口述历史资料,并编辑出版了一大批侨批档案选编、汇编、论文集,创建了国内首家侨批文物馆,创办了国内首份以侨批为研究对象的学术性刊物《侨批文化》,举办多次侨批文化国际研讨会,开展"侨批文化进校园"活动等等,做了大量实际工作。根据以上情况,考察组认为潮汕侨批具备"申遗"的条件,可先申报《中国档案文献遗产》,一俟成功就进一步申报《世界记忆遗产》,后来改为再申报《世界记忆亚太地区名录》和《世界记忆名录》。要求研究中心撰写《中国档案文献遗产申报表》,起草

的任务落在我头上。我迅速拟文,将此事向汕头市委、市政府汇报。(见"附录",页127)

广东省档案局考察组返穗后,吴晓琼副处长很快就给我传来了有关资料,其中有:《世界记忆工程简介》,主要阐明世界记忆工程对保护各民族的文化特性和塑造本民族的未来有重要的作用;档案文献遗产是世界记忆的主要部分,也是最容易遭到破坏的部分。《世界记忆名录》收编的是符合世界意义入选标准的文献遗产;《中国档案文献遗产名录》则是中国的国家级名录等等。并附有《"中国档案文献遗产工程"入选标准细则》、郭树根《"世界记忆工程暨中国档案文献遗产工程"申报工作座谈会上的讲话》和国际档案学界权威、世界记忆亚太地区委员会特别顾问朱福强的讲话稿,朱福强在讲话中肯定"侨批档案"具有独特价值和世界意义,值得申报世界记忆遗产。同时提出,侨批档案"申遗"应重点挖掘档案文献的独特价值和世界影响;尽快搜集国内外华侨史研究专家提及侨批的专著或论文;认真填报申报材料。此外,还特地送来《中国档案文献遗产申报表——长芦盐务档案概述》作为样本,在它的大力帮助下,我对撰写潮汕侨批"申遗"的申报表更加心中有数。1个月之后,《中国档案文献遗产申报表——潮汕侨批概述》便写就,于2007年5月25日正式以潮汕历史文化研究中心的名义报送省档案局。(见"附录",页130)

6月13日,省档案局吴晓琼一行再次到研究中心,对潮汕侨批"申遗"事宜进行具体指导。不久,省档案局同意推荐潮汕侨批向国家档案局申报立项。

正当研究中心静候佳音的时候,事情发生了变化。2007年7月16日至17日,省档案局的吴晓琼受局领导的委托,率江门市档案局局长黎秀芳、文广新局副局长王炳森、五邑大学宣传部长张国雄等8人前来潮汕历史文化研究中心,就汕头、江门两市联合以"广东侨批"名义申报国家档案遗产和世界记忆遗产的问题进行磋商,研究中心由我(时任副理事长)和副秘书长杨群熙、陈骅、陈义平、理事汤权参加;汕头市档案局由局长肖汉铿、副局长林伟雄参加。我马上将这一变化向创会理事长刘峰和研究中心的顾问们作了汇报,老领导们听了以后明确表示,尽管侨批"申遗"是研究中心首先提出和具体实施的,但大家仍需不计名利,以大局为重,同意省档案局的建议,让江门加入"申遗"行列。这道"难题"就这样顺利地解决了,会后共同形成了《关于汕头、江门两市联合申报"广东侨批"为国家档案文献遗产和世界记忆遗产的情况汇报》。(见"附录",页135)

后来梅州的客家侨批也加入"申遗"行列。

返穗后由吴晓琼负责向省局汇报,然后由省局上报省政府。我又起草了《广东侨批简介》。在以潮汕侨批"申遗"时,我特地邀请几位专家对潮汕侨批作出评价,以增强申报的力度。由于饶宗颐教授年事已高,担负着学术研究的重任,我便斗胆为他老人家起草了评价的文字。(见"附录",页137)

饶老在百忙中作了修改,于2007年5月3日郑重地签上自己的名字。(见"附录",页138)饶老的评价,突出侨批:"是研究社会史、金融史、邮政史及至海外移民史、海外交通史、国际关系史的宝贵历史资料,与典籍文献互相印证,补充典籍文献记载之不足,可谓是继徽州契约文书之后在历史文化上的又一重大发现。"汕头大学历史系原主任杜经国教授认为,侨批"范围之广和数量之大令人叹为观止","像海外潮人这样深情、迫切、持久,以至形成一套套书写格式与传递系统则绝无仅有,举世无双。因此,可以说侨批是潮汕文化的奇葩。"后来,我有幸被列为"对文献遗产的价值和出处进行评估的专家"之一。

在"广东侨批"申报"中国档案文献遗产"之后,根据国家和省档案局的要求,我和研究中心的同仁们进一步为申报成功创造条件。2007年12月8日至10日,经过充分准备,由研究中心和潮州市政协文教体卫史委员会、东山湖度假村联合举办的国际性第二届侨批文化研讨会隆重举行。如果说首届侨批文化研讨会是综合研讨,那么此次研讨会就转入专题研讨,主题确定为"侨批与金融",重点探讨侨批的金融属性。在研讨会上,来自福建的厦门、泉州、漳州,广东的广州、江门、梅州、汕头、潮州、揭阳,泰国、新加坡和中国香港、中国台湾等地的120多位领导、嘉宾和专家学者莅会,提交论文60多篇。刘峰等研究中心顾问们也出席了研讨会开幕式,以示关心和支持。在研讨会上,专家学者们各抒己见,畅所欲言,中国香港的马楚坚博士引用大量的史实说明,侨批局的业务是以汇兑流通兼发送书函为主,它既"经营汇兑银钱业,其本身支出固大,而侨汇之融通,尤需资金雄厚运作",故侨批局"独资者少,大多为合资营运",因此侨批业"即属特种金融事业"。泰国的洪林、黎道纲在阐述了20世纪40年代末泰国的侨批与金融的关系之后,明确指出:"昔日侨批因'水客'而起,金融则从侨批衍生而出,这就是整个侨批与金融关系的产生以及其相辅相成而发展的一个漫长历史轨迹。"汕头的陈训先从文化学的角度对侨批业与潮商文化源的关系作了深入的论证,从而提出了新的见解,认为侨批是"以金融流变为内核,以人文递播为外象,以心心沟通为纽带,以商业贸易为载体的一种流动型、综合性的多层次文化形态",而侨批业则是早期潮商形成"规模化、集体化""跨国""多元"和"守诚笃信"等文化基因的先导与前驱。福州的许建平认为,"侨批业之重,当在银钱汇兑上",侨批局本身就是侨乡在特殊历史条件下产生的一种特殊金融机构。新加坡大学的陈丽园通过对侨批"家族网络""合股关系网络"和"乡族商业网络"等层次的分析,从微观的角度揭示了侨批业的金融流转与商业的密切关系。北京的刘猷远引用外国学者的论述,阐明侨批"为侨乡金融业生存和发展起到了不可忽视的支撑作用",梅州的邓锐则以当地侨批业发展的史实印证了这一点。潮州的黄挺还运用《巴城华人公馆(吧国公堂)档案丛书·公案簿》即巴城(今雅加达)华人公馆处理民事纠纷的历史记载,通过分析早期侨批业的经营方式,揭示侨批的金融属性。泉州的王朱唇、黄清海、刘伯孳、万冬青等认为,19世纪中期至侨批业并入银行这段时间,侨批的汇兑与19世纪后期至20世纪30年代国际金融的运作在基本方式是相通的,都是信汇、票汇、电汇及转汇。"侨批信汇是侨批业首创的汇兑形式",银行的信汇是"受侨批'信汇'的影响"等等。

与会者还从不同的视角认识侨批的"庐山真面目",我在国际汉学大师饶宗颐教授关于潮汕侨批可与徽州契约媲美的论断启示下,就潮汕侨批为何可与徽州契约媲美的问题进行初步的比较研究。五邑大学的刘进就晚清民国时期广府地区巡城马问题发表自己的见解。丰顺的罗敦锦通过对侨批具体内容的分析,说明客家人对子女后代教育高度重视。台湾的专家学者陈瑛珣、吴贤俊专程前来参加本届研讨会,并提供了《移民家庭中的女性生存心态——以泰国许柔金寄澄海弟媳之侨批一批为例》《潮汕移民网络成立的时、空点——以潮帮批信局为例》和《从侨批看潮人对传统家庭伦理观念之固守及其窘境——以潮安陈集允家庭为例》三篇论文,台湾的专家学者魏萼、唐存政虽未能莅会,仍提交论文或向研讨会致贺。台湾金门的专家学者江柏炜和蔡明松未能赴会,也向研讨会提交了《金门民信局(批局)经营模式之探讨——以金门三益批局为例》的论文,通过对三益批局的典型剖析,使人们较好地了解到金门侨批业的发展历程和它们的经营网络和经营方式。汕头的罗则扬对采集到的200余首有关侨批的歌谣、诗词作了初步探讨后认为,这些歌谣、诗词形象地体现了潮侨先辈身处异域、艰苦创业、心怀桑梓、爱国爱乡的高尚情操。

本届研讨会的又一个亮点,是由汕头市金荷中学部分学生提交的论文。这些学生在林应婉老师的指导下,成立了"侨批文化兴趣小组",经常利用课余时间到潮汕历史文化研究中心资料室,根据拟定的研究课题认真查阅侨批和有关资料,并向专家学者请教,深入民间做社会调查。并在此基础上先后撰写了五篇论文,其中的《风格独特的潮汕侨批》和《侨批中的中华传统美德》提交本届研讨会。学生们从一封封侨批中,深深体会到海外侨胞尽管身居异域,依然发扬着中华民族的传统美德,对祖国无限热爱,对父母长辈竭尽孝道,对子女关爱有加,对家庭高度负责,并且坚持勤俭节约,这些传统美德,是我们国家能屹立在世界民族之林的重要原因之一。他们的论文体现出年轻一代对中华优秀传统文化的热爱。老一辈的专家学者对此深感欣慰。在会上,由研究中心和广西师范大学出版社联袂出版、由我担任主编的《潮汕侨批集成》第1辑(共36册)举行了首发式,向本届研讨会献礼。

会后,我写了《将侨批文化研究引向深入》的会议述评,指出本届研讨会主题定在"侨批与金融",标志着侨批文化开始从"辐射式"的多元研讨向"聚焦式"的重点研究转变。通过此次研讨,进一步明确侨批局是侨乡在特殊历史条件下产生的一种特殊金融机构,对侨乡金融业的生存和发展,起了不可忽视的支撑作用。

福建也是侨乡,尤其是闽南地区民间收藏有不少侨批。应邀参加第二届侨批文化研讨会的福建省政协委员、泉州学研究所所长林少川得知广东侨批要"申遗",回去后立即向福建省政协递交一份提案,呼吁要重视侨批这一文化遗产,应尽快启动福建侨批的"申遗"工作,并且将该提

《潮汕侨批集成》第一辑

案上网。此举开始引起福建方面的重视,也向国家档案局提出闽南侨批申报世界记忆遗产,后经国家档案局协调,决定两省联手以"侨批档案"名义先行申报"中国档案文献遗产"。

2008年3月8日至10日,研究中心与潮州淡浮院联袂举办"潮学论坛",来自粤、闽两省的20多位专家学者,就如何深化侨批文化研究的问题进行探讨。2008年9月16日,研究中心与中国银行汕头分行配合举办"侨批文化座谈会",时任研究中心理事长吴勤生和我等出席。会上,中行高级经济师肖国强将他精心收藏的新中国成立初有关侨务、侨汇政策的历史文献赠给研究中心收藏。2008年10月,李衍平因身体原因请辞研究中心理事长职务,理事会决定由我继任,我更感责任重大,应当兢兢业业,继续努力。12月25日,由广东华侨华人研究会主办、潮汕历史文化研究中心协办的"广东省华侨文化与侨批文化学术研讨会"在研究中心会议厅举行,来自广州、汕头、潮州、揭阳、江门、梅州等地的30多位专家学者与会,我提交了《海外潮人文化初探》的论文,重点探讨海外潮人

洪林(右)、黎道纲(中)与本书作者合影

文化产生、形成的社会背景,阐述海外潮人文化的特色:既注入了海洋文化的基因,又保留了潮人文化"母体"的精华,是在异域对本土潮人文化的成功再创造,使优秀的传统文化充满新的时代气息。

为了侨批申报国家档案文献遗能够成功,我还恳请陈伟南、洪林等海外知名人士直接上书国家档案局,陈伟南先生和洪林女士立即答应。(见"附录",页139、140)

就在2008年,在陈伟南先生的提议、支持下,研究中心扩建侨批文物馆,增设了第二展厅,展示面积比原来扩大1倍,新增了"写批""拣批""送批"和"批来了"4组雕塑,形象地再现了侨批从海外侨胞递送到家乡侨眷手中的流程;分类展示不同寄批地、收批地和不同寄批时间和批款不同币种的代表性侨批;新增潮汕地区侨批局和南洋潮帮侨批局的分布图和水客文物专柜等。收藏侨批原件的珍藏室由原来的12平方米扩大到30平方米,并添置了存放侨批原件的樟木柜。就在这一年11月,首届粤东侨博会在汕头举行,市博物馆举办了《潮汕华侨历史文化图片展》,其中的"潮汕侨批"部分的图片由研究中心提供。

侨批文物馆收藏的侨批已有10万封之多,"如何让这些宝贵的文化遗产保存完好、代代相传"，便成为刘峰等老领导们挂在心头的问题。恰好这时候，我看到了一则消息，欧洲图书馆都已"移居"互联网，网站的资料来自欧洲的1000多家博物馆、国家图书馆、图库和档案馆。而汕头大学图书馆正在进行对地方文献的数字化保护、开发工作，研究中心的大量侨批引起他们的注意。为了争取研究中心参与，杨明华馆长亲自到研究中心跟我商谈之后，便带着手提电脑到研究中心，向刘峰等顾问和工作人员演示。刘峰等顾问看了以后非常高兴："正好可解后顾之忧了！"便明确表示，研究中心应当尽快与汕头大学图书馆合作。有了他们的认可，我与杨明华于2008年12月10日分别代表研究中心和汕头大学图书馆，签署了《潮汕文献资料数字化合作协议书》，目的是为实现潮汕文献资料源的共知、共建、共享以及长久保存。

饶宗颐教授在学术研究上，特别强调考古和文献两个方面，认为是研究基础。为此，我于2009年2月建议进一步加强田野调查，以求掌握更多的档案文献，为侨批"申遗"提供有力的支撑，得到刘峰等顾问们的热情支持。我马上和汤权、江宁等有关人员一起付诸实施，于2009年2月至4月跑遍了潮汕3市，在汕头老市区的"四永一升平"（永兴街、永泰街、永和街、永安街和升平路）察看部分侨批局旧址，这里曾聚集了70多家潮帮侨批局；在澄海的著名侨乡隆都镇，察看了许福成、万兴昌等侨批局旧址，走访当年的批局经营者和"批脚"（侨批派送员），了解镇内10多家批局的经营状况。在潮州，走进"批局一条巷"——太平路图训巷，寻找巷内10多家批局旧址，并拜访外汇管理局领导，了解当年潮州侨批业的概况。在揭阳，专门到有百年历史的魏启峰批局创始人魏福罗的家乡，访问了他的后代魏基坚及其乡亲，重点了解这家批局在抗战期间为保证批款顺利送到侨眷手里所作的贡献。

2009年2月，根据广东省档案局的提议，汕头市档案局局长肖汉铿和副局长林伟雄一行前来研究中心，与我和有关人员商讨在研究中心设立"潮汕侨批档案馆"一事。接着，我和汤权、江宁等前往市档案局回访，肖汉铿、林伟雄等领导热情地带着我们参观了内部设施，并就设立"潮汕侨批档案馆"的具体事宜进一步洽谈。经老领导组认可，不久便在研究中心大楼举行了隆重仪式，由省档案局徐大章局长和研究中心刘峰创会理

隆都镇老侨批派送员潘得敖(右二)和潘得勤(右一)兄弟俩向本书作者介绍当年送批情况

走访隆都镇侨联主席许守质(左)

访问振盛兴批局协理曾声烈（右二）

事长共同揭牌，宣告国内首家侨批档案馆成立。3月，国家档案局王雁宾副司长前来研究中心，会见了刘峰，听取我的汇报。在侨批文物馆进行实地考察之后，王雁宾副司长对研究中心10多年来致力于潮汕侨批的抢救、整理、研究和侨批文化的传承、弘扬表示满意和赞赏，认为这是很有特色的珍贵档案文献。

2009年5月14日，吴晓琼处长在肖汉铿局长陪同下来到了研究中心，传递了这样一个信息：为了侨批能成功地列入《中国档案文献遗产名录》，省档案局近期要举办《海邦剩馥——广东侨批档案展》，将尘封多年的侨批推上大雅之堂，让世人认识这一珍贵文化遗存的文献价值。因为研究中心拥有的侨批资料比较多，所以希望能提供一部分参展。我跟刘峰等老领导商量后，表示全力以赴、密切配合，动员有关人员按省档案局的要求，精选出一些侨批原件、仿真件和有关侨批的刊物、论著及一些文物，加上青年雕塑家黄泽丹创作的《批来了》塑像，于6月中旬运往广州。7月20日，《海邦剩馥——广东侨批展》在广东省档案馆隆重揭幕，至此，"侨批档案"申报中国档案文献遗产的工作进入了"快车道"。在这期间，

陈伟南先生(前排左五)、高佩璇女士(前排右四)与顾问等合影

研究中心还参与专题片《生死侨批》的拍摄工作以扩大影响。香港爱国实业家陈伟南先生和高佩璇女士得知"申遗"的消息后,便热情捐款150万元给予大力支持。省档案局也拨出专款建设"潮汕侨批档案馆"。

为了给"侨批档案"申报中国档案文献遗产再加一把力,2010年1月6日,研究中心与揭阳市政协科教文卫体委员会联合举办的第三届侨批文化研讨会在揭阳市隆重开幕,海内外的140多位专家学者和有关负责人赴会,提交论文57篇。此次研讨会的主题为:如何深化侨批文化的研究和档案文献的征集与保护。在研讨会上,专家学者怀着高度的责任感和紧迫感,就这些议题发表了精辟的见解,积极、热情地为进一步提高侨批文化研究水平建言献策。香港学者马楚坚博士的发言振聋发聩,他尖锐地指出,当今应着力改变"抱残守阙""老生常谈"的状况,注重学术研究的创新。他说,陈寅恪先生云:"一时代之学术,必有其新材料与新问题。取用此材料,以研究问题,则为此时代学术之潮流,治学之士,得预于此潮流者,谓之预流(借用佛教初果之名)。"王国维先生亦如是说:"古来新学问之起,大都由于新发现之赐。"这里的"新发现",主要是国际知名汉学家饶宗颐所言的考古和文献两方面。有了新发现,才能进行新的探索,形成新的论点,产生新的成果。而要求新,必须以求真的严谨治学态度,对研究的原始资料、直接资料,或间接资料、访问资料、口述资料,都必须做史料考证,论著行文必须对所采用的资料注明作者、论文或著作、刊物的名称和出版社名称、出版时间、期数、页数,以明确资料的出处,作为学术研究良心、诚信的证明和学术评价水准的取向,以支持新创见的可信性、客观性、独立性。有的专家学者提出,为了提高侨批文化研究水平,既要重视宏观研究,更要进行微观研究,下苦功夫去细阅一封封侨批,应当从对侨批的解读之中去提炼观点,而不是按既定的观点牵强地诠释侨批。在进行微观研究时,也要有宏观意识,把侨批置于历史的大背景中审视、分析,不能孤立地就事论事。一种地域文化的形成,受诸多因素的影响,而地理因素(即自然环境)是基础、先决的因素,香港历史文献研究会的郭伟川所提交的《论地理因素在粤东三个历史时期的关键作用——兼论侨批文化是汕头海洋文化的历史见证》的论文,就高屋建瓴地将侨批放在汕头近代的历史背景中,通过对地理因素的阐述,得出了"潮汕地区的侨批文化,正是汕头市崛起了海洋文化时期重要的历史见证"这一具有说服力的结论。

福州的学者许建平等在向本届研讨会提供的论文中,则强调应运用历史文献学的科学方法,加强对侨批的收集与研究。历史文献学重视文献档案目录、版本、校勘、考证等方面的基础性研究,即重视文献载体本身,将历史文献学导入侨批,就是在侨批可资为用之前,首先做好相关的目录、版本、校勘、辑佚、辨伪、考证等工作,并通过数字化的先进手段延长它的"寿命",更有利于侨批文化的研究与弘扬。

与会的不少专家学者,对侨批的文献价值作了进一步评价。中华全国集邮联合会副会长常增书在论文中写道,侨批是中华民族文化遗产之一,也是国家级文献史料,不仅在国内,而且在国际上已引起关注,"从已公布的报章中获悉,泰国、菲律宾、马来西亚、新加坡的一些著名商界领袖和政府要员,根据侨批线索跟踪认祖、辨别宗谱,取得神乎异常的成绩","被国际公认是人类邮政史前开创性的珍贵证物"。有的专家学者还认为,侨批文化是"潮州学,移民史学,交通经济学,建筑学,国际政治、社会、经济、邮电、银行汇兑学,现代文化学,中外文化交流等学科或学术领域之综合开拓、纵深延伸",基于此,有些专家学者提出,应当建立"侨批学",成为一个独立的学科。

通过此次学术交流,来自各地的专家学者更加深刻地体会到,要进一步提高侨批文化研究水平,就须打破行政区域的限制,克服狭隘的心态,整合各地资源,聚合各方优势。并建议设立"侨批文化论坛",定期举行小型会议,共同制定某一时段内的研究方向,确定具体的研究课题,统一调配研究力量。同时,各地可充分利用互联网的先进手段,及时沟通信息,交流侨批文化研究进展情况,提供新发掘的文献资料等等,以避免研究课题重复、研究力量分散而造成资源浪费、运作混乱。我根据这些年的实践,撰写了《侨批文献的征集与整理——以潮汕侨批为例》的论文提交给研讨会。文中阐明要将这一档案文献征集、整理好,首先必须读懂这本海内外华侨社会的"百科全书",深刻理解侨批的文献价值;同时要准确地把握侨批的基本特征;征集、整理的目的,是为了让这一原生态的草根文献能得以传承,使人类记忆不至于产生不可弥补的"断层"。此论文后来被收入《中国华侨历史博物馆开馆纪念特刊》(2014 年 10 月)。

就在第三届侨批文化研讨会召开前夕,春风印务公司的萧桂萱先生将带着墨香的《潮汕侨批档案选编》送到了揭阳,向研讨会献礼。这是研究中心与汕头市档案局在省档案局大力支持下真诚合作的结果,内容包括 1942 年至 1949 年潮汕侨批业的部分档案文献。在此之前,侨批文化研究大多数以侨批为主要研究对象,由于文献所限,对侨批业的研究相对比较少,因此,《潮汕侨批业档案选编》的出版,就显得更有意义。省档案局徐大章局长在"序"中就指出:"数字化记忆方式的问世,传统的书信记忆方式和它所蕴含的丰富文化内涵,随着时间的推移和时代的变迁,越来越显得珍贵。在这种情况下,保护好人类记忆遗产,不让其损毁、消失,防止出现'断层'而造成不可弥补的损失,就成为全人类共同的责任。因此,广东侨批作为人类记忆体系中的重要组成部分,决定了它具有普世价值,理当受到永续的保护。"我在"跋"中写道:"这批尘封了 60 多年的宝贵历史文献见之于世,填补了侨批业研究资料的空白,使人们更加清晰地了解到潮汕侨批业在某一历史阶段中的演进过程,从另一个视角来评价侨批的文献价值和侨批业的历史作用,进一步理解其中的文化内涵。"

第三届侨批文化研讨会闭幕后,我便撰写了《为提高侨批文化研究水平而不懈努力》的述评,指出侨批文化研究是一个新的历史文化学术课题,也是一个有待进一步开拓的学术领域。侨批"申遗",就使侨批文化研究由区域性为中心,逐步扩大为具有国际性的学术活动,越来越为海内外专家学者所瞩目。为此,必须努力提高侨批文化研究水平,重视学术研究的创新,着力改变"抢残守阙""老生常谈"的低水平重复,以丰硕的研究成果促进"申遗"的成功。

由于侨批长期处于尘封状态,人们对它还相当陌生。为了让海内外人士认识侨批的"庐山真面目",除了举办研讨会扩大影响,就必须加强对外宣传。我首先根据自己的实践体会,撰写各类文章在海内外报刊上发表,或在国际性研讨会上宣读。这些年来,我撰写有关侨批文化研究的论文共40篇左右,分别在《广东档案》、《华侨与华人》杂志和《人民日报》海外版、《南方日报》、《羊城晚报》、泰国《星暹日报》、中国台湾《民众日报》、福建《石狮日报》和《汕头日报》、《潮州日报》、《揭阳日报》等报纸上发表。并且先后三次接受凤凰电视台记者王菁瑛、刘苏瑶、柴林、郭锡的采访。中央电视台第4频道、广东电视台、潮商卫视、福建漳州电视台、海峡电视台和潮汕三市的电视台也对我作过专访。2007年8月,中国国际广播电台记者李均对我作了专题采访,在"今日侨乡"栏目中作了连续报道。随后,《中国档案》杂志记者刘守华前来研究中心采访我,并仔细地参观侨批文物馆,然后撰写了《侨批:民间文献遗存的奇观》一稿,刊登在2009年第一期的《中国档案》上。稿中对侨批的产生和流传作了明晰的阐述,对研究中心对侨批的抢救和研究作了详细的介绍,认为"在'侨批文物馆',10万封各个时代、各个国家的侨批,蔚为大观,让人颇为解渴地披阅之余,由衷地叹为观止。"(见"附录",页141)

就在第三届侨批文化研讨会落下帷幕不久的2月22日,"中国档案文献遗产工程"国家咨询委员会召开评审会,按照"中国档案文献遗产"入选标准,评定"侨批档案"入选《中国档案文献遗产名录》,3月3日研究中心收到了国家档案局发来的函件。《广东档案》文章中称:"广东侨批档案主要由潮汕侨批、五邑银信、梅州侨批三部分组成,其中潮汕侨批数

国 家 档 案 局

档函〔2010〕43号

国家档案局关于《中国档案文献遗产名录》入选项目有关事宜的通知

汕头市潮汕历史文化研究中心：

2010年2月22日，"中国档案文献遗产工程"国家咨询委员会召开会议，按照"中国档案文献遗产"入选标准对第三批申报的档案文献进行了认真审定。你们申报的《　　　　侨批档案　　　　》已通过评定，入选《中国档案文献遗产名录》。请你们接到本通知后，提交每个入选项目的数码照片各5幅（1000万有效像素以上，并附带相应文字说明，具体样式可参照《中国档案文献遗产名录》第一册和第二册），于2010年3月31日前以光盘或电子邮件形式报送国家档案局馆室司。

电子邮箱：handong2020@163.com

国家档案局
二〇一〇年三月三日

主题词：档案　文献遗产△　通知

国家档案局通知

量最多。侨批在一个相当长的阶段中,对广东侨乡政治、经济、文化等方面的发展起着积极作用。"事后,我写了《百尺竿头,更进一步》的述评,主要阐述在"侨批档案"成功地入选《中国档案文献遗产名录》之后,为此而不计名利、埋头苦干的潮汕历史文化研究中心戒骄戒躁、再接再厉,正按照广东档案局(馆)的部署,朝着"侨批档案"申报世界记忆遗产的更高目标继续前进。并且介绍了研究中心为此所采取的举措。

"侨批档案"入选《中国档案文献遗产名录》,可以说是"申遗"三级跳的第一跳,接着,国家档案局拟推荐它申报世界记忆亚太地区名录。研究中心便铆足了劲,为"侨批档案""申遗"的第二跳尽力。就在2010年5月,汕头市委退休干部吴道和前来研究中心,主动提出要捐出一批侨批文物。得知这个消息之后,我很快就和副理事长陈焕溪、康业丰和江宁等,跟着吴道和赶到他的家乡揭东县曲溪镇,进入他祖屋的阁楼,在蒙着厚厚一层灰尘的家什中,找出了他祖父吴字顺当水客时使用的箩筐、篾筛、木秤和陶瓮等遗物,并从陶瓮里掏出近10张侨批。所有这些,吴道和都无偿地递进侨批文物馆,填补了馆藏无水客文物的空白。

在征集侨批的过程中,发现还有许多侨批收藏在民间,不少收藏者视之为传家宝而舍不得转让,研究中心也没有雄厚的财力进行征集,如何来解决这个矛盾呢?经过反复琢磨,我想出一种"解扣"办法,就是与收藏者商量,请他们先将自己的侨批和有关档案文献进行初步整理,筛选出其中的一部分扫描,然后把扫描件交由研究中心出资编辑出版。这个想法得到研究中心内部和收藏者的认同之后,于2010年8月首先前往澄海市区拜访澄海区政协社会与法制委员会副主任、汕头市存心善堂常务理事兼秘书长陈郴。他是侨眷,又是国民革命军19路军军官陈超明的后裔,因出生在"长沙会战"的战场郴州而得名。他从小喜欢集邮,其中就包括侨批,经过半个世纪的积累,已收藏侨批原件上千封。近年,陈郴得知潮汕历史文化研究中心致力于侨批征集和侨批文化的研究,被研究中心工作人员的执著精神所感动。当研究中心工作人员登门洽商侨批征集事宜时,便毫不犹豫地将整理得井井有条的逾千封侨批原件全盘托出,连借条也不用写,全部交给研究中心工作人员带回去扫描、整理、出版。在这些侨批中,有3个家族共439封侨批原件颇有研究价值,他就无偿地捐献给

吴道和(右)与本书作者

研究中心侨批文物馆,并真诚地表示:"我觉得家藏侨批的最好归宿,就是侨批文物馆,因为只有这样,才能让它发挥更大的作用。"不仅如此,他还热情地协助研究中心拓宽侨批征集渠道,多次领着研究中心工作人员走访其他侨批收藏者。

在陈梆的热情帮忙下,研究中心工作人员走进了张美生的家。他也是澄海人氏,20世纪90年代初开始收集侨批,觅批的足迹遍及潮汕、广东其他地区以及福建等地,收藏的侨批以数万计。当他了解来意之后,便立即将自己收藏的不少的优质侨批原件取出来给大家观赏,并爽快地答应将部分有价值的侨批原件扫描、整理好,无偿地交付研究中心编辑、出版。张美生提供的这些侨批,从民国初期至20世纪80年代,时间跨度半个世纪以上,其中1919、1920年的戳记相当清晰,还有折迭式的侨批,都是从泰国、新加坡、马来亚、印尼、越南及中国香港等寄至潮汕,故比较鲜明地体现出这个地区侨批的基本特征，可谓"潮味十足"。还有目前较少见的老挝、柬埔寨寄至潮汕的侨批和品相完好、20世纪20年代寄出的侨批与回批列号相同、互相匹配的成对侨批；印有"银已先发、原批补送"字样及批局抄单与原批列号相同的侨批等。还有就是马来亚侨胞郑裕潮寄至潮安的320封侨批，其特点为自写批，书写工整、流畅，内容涉及面广。凡此种种，都为侨批文化研究工作者提供丰富多彩的档案资料。同时，他将两对难得的侨批与回批配套的原件赠给研究中心。

接着，研究中心工作人员前往澄海的蔡少明家。他从小酷爱集邮，是澄海集邮协会的创始人之一，后来成为国家级邮展评审员。他的《中国普票（1950—1954）》传统邮集，于1997年全国邮展上获得大镀金奖，成为潮汕地区在国家级邮展中获得的最高奖项。2003年，这一组邮集又在亚洲国际邮展荣获大镀金奖。由于侨批具有邮传的属性，作为集邮爱好者的蔡先生，顺理成章地将它纳入自己的视野。2003年12月，他参加汕头市集邮协会举办的"侨批集邮研讨会"时，便萌发了编组侨批邮集的念头，尔后开始对自己的藏品进行整理、选题、构思，然后精心编排，创造性地组成了侨批邮集。2004年参加广东省邮展获金奖和特别奖；2005年参加在泰国举办的国际邮展获大镀金奖；2005年、2006年，先后在湖南、山西举办的全国邮展上获大镀金奖。蔡少明先生还重视对侨批的研究，陆续撰写出《泰国侨批的"贴票"问题之探讨》《泰国侨批信局异局委托寄送的侨批》《不附家信的侨批》和《特殊邮资邮件"侨批总包封"》等论文。研究中心在走访蔡少明时，他也热情地表示愿将自己收藏的侨批精品无偿地交给研究中心扫描、出版。至此，我们对这几位潮汕侨批收藏"大户"已有了更深入的了解。

历史上，潮汕地区和梅州的大埔、丰顺县同属潮州府管辖，而汕头又是近代侨批的集散地。从海外寄往梅州的侨批，都在批封写着"汕头梅县""汕头松口"等等。为此，我们趁热打铁，前往梅州访问了魏金华。他是中国收藏家协会会员、广东省收藏家协会理事和梅州市收藏家协会副会长、梅州市侨批档案馆馆长，对收藏有关侨批、侨批业的档案资料和相关文物尤为重视，先后已收藏有客家华侨在清代以后使用的护照、通行证、单据、凭条等各类证件3700多份；各种侨批原件6000封，经营和兼营侨批商号使用过的各类印板、印章实物。其中的梅州籍水客熊耿基经营侨批的档案资料，包括他本人的简历、为海外侨胞代带物品入关的进口报单、完税收据、货物放行单和带回批款的收据和派送给侨眷批款及相关物品的回执等，内容相当丰富，实为不可多得，所有这些将会推动水客业研究的进一步深入。还有就是经营和兼营侨批的商号印章和侨批封用的护封章、如意章、吉祥章、福星章等相关印章，共800件（套），收藏品种之多、数量之大，也令人瞩目。当我们说明来意之后，他二话不说地答应选出其中精华的部分，逐一扫描、认真整理，无偿地交给研究中心出版。

尤为难能可贵的是泰国学者黎道纲和洪林伉俪。洪林女士和黎道纲先生的祖籍分别是中国广东的揭阳、梅县，长期致力于泰国华侨史研究，分别担任泰中学会正副会长。泰国是海外潮人的主要侨居国，侨批业也就相当发达，仅首都曼谷1946年的潮帮侨批局便有117家之多。因此，泰国侨批业就成为他们的研究重点，先后撰写了《泰国华侨与银信局刍议》《简述潮汕沦陷前后与暹罗侨批业》《和平后泰国侨批与侨批业之动荡时期》和《泰国华侨史略》等著述，研究成果颇丰，并且主持举办了两次"泰国侨批座谈会"。2010年2月，包括潮汕侨批在内的"侨批档案"成功列入中国"国家档案文献遗产名录"之后，为了深入探讨侨批的跨国属性及其世界意义，以配合侨批进一步申报"世界记忆遗产"，年逾七旬的洪林女士和黎道纲先生不辞辛苦、不厌其烦，多次前往泰国国家图书馆等处，认真翻阅尘封多年的华文报纸，以"沙里淘金"的精神筛选出有关侨批业的历史资料。其间，洪林女士外出参加学术研讨活动时不慎摔伤，磕坏了门牙，经治疗初愈，又投入紧张的编辑、设计工作。最后，无偿地将工整的书稿交付潮汕历史文化研究中心出版。凝聚了洪林和黎道纲伉俪心血的《泰国侨批业资料汇萃》，内容真实可靠，对了解海外侨批业状况和泰国侨批业与潮汕侨批业之间的关系，有很大的帮助。

由于采取了这个"两全其美"的办法，既保证发轫于民间、流转于民间、经营于民间、收藏于民间的侨批和有关档案文献的原件依然不损不缺地留在收藏者手中，又使研究中心进一步掌握了民间侨批的保有量，为专家学者提供更为丰富的研究资料和可靠的立论依据。2011年8月，在洪林、陈郴等海内外专家学者、热心人士的真诚支持下，这批侨批业档案选编问世,为"侨批档案""申遗"的第二跳助一臂之力,并向研究中心成立20周年庆典献一份厚礼。侨批档案选编共7册,为了感谢他们的鼎力支持,我特地为每一册都写了"跋"。

到了2011年,研究中心继续为"申遗"的第二跳蓄势。5月,我和江宁、陈士伴等再次前往澄海隆都镇,请镇党委委员、《隆都华侨志》主编陈伟钿介绍该镇的侨情和侨批业的基本情况,与万兴昌批局创办人许自让的后裔、镇侨联主席许守质和87岁的老"批脚"(侨批派送员)潘得勤等座谈,认真倾听他们对昔日侨批业和"批脚"生涯的追忆,并通过录音、照相,留下宝贵的口述历史资料。据他们介绍,万兴昌批局创办于1913年,有相当规模,拥有"批脚"等人员40多名,选用批脚的主要条件是:首先必须诚实守信;自家的近、远亲或者家里大多是有一定资产,因为这样比较可靠。万兴昌经营批局总部设在曼谷三聘街,泰国寄往家乡的侨批,一般由批局人员解送,通过海轮运抵汕头的批局分拣,再转送到隆都,由"批脚"派送到相关的侨眷家。每帮侨批从泰国送达隆都的侨眷手里,通常需10天至半个月,抗战期间改由陆路递送,需2至3个月。万兴昌批局一个月的侨批派送量,最多达数千封。送批路线主要有:潮(安)、澄(海)、饶(平)和潮(阳)、普(宁)、揭(阳),还有大埔、丰顺、梅县等。潘得勤兄弟3人和祖父、父亲三代都是"批脚"。他这一代每天要去20至30个自然村送批,再掉头收回批,行程上百华里,最远的要步行数百里到梅县松口,往返需1星期。在货币贬值的时候,批款是装在两个大口袋里挑着走。即使如此辛苦,一天的报酬也仅两斤大米,外加几角钱的过渡费。批局还规定,送批的不能替侨眷写回批,主要是为了避嫌,防止"批脚"在回批上做手脚。

有学者分析,潮汕批局多为他业兼营的原因是批局利益微薄,若单纯开展侨批业务,难以支付必需的消费。许守质则根据隆都的实际情况,认为还有一个原因,就是旅泰的侨胞当年在"山巴"(即曼谷以外的地方)大多经营"巴货"(即当地农村的土特产品),拥有很多熟客,在长期的交易中建立起互信的关系。这些经营"巴货"的店主兼营起侨批业务,熟客便纷纷走上门来,因为将批信和批款交给他们更放心。许守质还说,从泰国寄回家乡的批款,很多是为了赡养自己的亲人,至于海外侨胞送回家乡兴办公益事业的款项,是由故里乡亲去泰国募集并由他们亲自带回隆都,一般没通过批局。这两次走访使我们受益匪浅,深深体会到:田野调查本身,就是对人类记忆遗产十分有效的抢救。通过跟年事已高的"老侨批"零距离接触所获得的口述历史资料,不仅可以印证书面历史资料的准确性,而且能够对书面历史资料作必要的补充,甚至填补其空白、修正其谬误,使世界记忆遗产的申报材料更加符合真实性的要求。

在隆都进行田野期间,我根据所掌握的情况,建议可将该镇营造成为"中国侨批文化保护区"。经了解,潮汕地区是中国著名侨乡,潮人漂洋过海、侨居异域,大约自宋、元始,明、清两代潮人移民海外呈发展趋势。如今,海外潮人达千万以上,与潮汕本土人口相当,分布于世界五大洲40多个国家,故有"凡是有海水的地方,就有潮人存在"之说。隆都则是潮汕侨乡重镇,早在清乾隆年间,就有先民到海外谋生、寻求发展,全镇15个村(居委会),有海外侨胞及其后代共12万人之多,接近目前全镇总人口的两倍;侨眷达5万多人,占全镇总人口的70%以上。这样高的比例在潮汕乡镇中并不多见。

隆都具有丰富的侨乡文化资源,首先就是侨批。那些为生活所迫的海外乡亲,秉承着中华民族的传统伦理道德,通过侨批局将包括批信和批款的侨批寄回家乡,恪尽赡养长辈、妻儿的义务。仅隆都镇内,就有12家侨批局办理这项业务。另据1948年统计,全汕头共有602人在46家侨批局领取批伙(即侨批派送员)证明书,其中在隆都人创办的4家批局领取批伙证明书的有76人,在其他9家侨批局领取批伙证明书的还有33人,共109人,占当时汕头批伙总人数的1/6。现存的侨批局旧址仍有10家,一些还保存完好。目前,遗存下来的侨批数以千计,这些原生态的"草根"文献档案,民间性鲜明,跨国性突出,内容真实丰富,记载系统完整,从中可了解到海外侨胞家庭、故乡的具体情况,解读出海外侨胞祖居国、侨居国以至世界风云变幻的局势,深切感受到他们对祖居国的怀念和对自己家乡、亲人的眷恋,无异是侨乡经济社会的"百科全书",是研究中国华侨史、金融史、邮政史以至国际关系史的重要档案文献。更重要的是,海外侨胞不仅为我们创造了丰厚的物质遗产,还留下了弥足珍贵的精神财富,即"心系家国、知恩必报,刻苦耐劳、坚忍不拔,勇于开拓、锐意创新,团结相护、笃诚守信、宽容大度、深谋远虑"的侨人精神。这种精神,在隆都的海外侨胞中得到充分地发扬。据不完全统计,截至 2012 年,隆都籍的海外侨胞捐资回家乡兴办学校、医院、建水电站和修桥铺路、赈济灾民等公益事业的款额在 1 亿元上下,占全镇各乡村建设、社会福利事业总支出的 80% 左右。

隆都拥有在海内外影响相当大的侨胞精英,其中首推陈慈黉家族。陈慈黉本人在曼谷创设陈黉利行,成为泰国最重要的火砻业(碾米厂)主之一,接着又在中国香港、新加坡、家乡汕头等创业。曾出资修桥筑路数十处,创办了潮汕地区最早的侨办学校——成德学堂。动用 500 万两银子在汕头中心市区兴建了 400 多座新楼房,占当时汕头楼房总数的十分之一。他次子陈立梅在曼谷继承父业后,除巩固原有的工商业基础,还继续发展航运事业,运营于泰国曼谷、中国香港和汕头、新加坡及日本等地;先后任泰国中华总商会及火砻公会会长多年,参与创办泰国振德善堂、潮属培英学校、潮州女校,捐资支持汕头存心善堂、福音医院和香港广华医院、澄海便生医院、泰京天华医院等。陈立梅次子陈守明 20 岁时便继承先业,将黉利栈汇兑庄改为黉利栈银行,并创立保险公司。28 岁任泰国中华总商会主席。隆都镇可谓是中国侨乡的"缩影"。

同时,我们建议陈慈黉故居申报"中国侨乡第一宅"。主要依据如下:

建筑规模恢宏,气势不凡。陈慈黉故居位于汕头市澄海区隆都镇前美乡,为陈黉利家族所建。陈黉利家族从清同治四年(1865)开始,三代人相继建造了宅第 10 余座,现今的"陈慈黉故居"是指其中于宣统二年(1910)后陈慈黉及其家人兴建的,由"郎中第""寿康里""善居室"及"三庐"别墅构成的建筑群,占地总面积为 2.54 万平方米,建筑总面积为 1.65 万平方米,大小厅房多达 506 间,据说曾特地雇用一个专司开关窗门之职的佣人,从每天清晨到吃午饭时,才将故居的所有窗门打开;午饭后又开始关窗,直到所有的窗门都关上时,天已经黑下来了。其中,故居的"郎中第"是陈慈黉次子陈立梅的宅第,始建于宣统二年,民国九年(1920)建成,占地面积 5106 平方米,大小厅房 158 间。"寿康里"是陈慈黉长子陈立勋的宅第,始建于民国十一年(1922),建成于民国十九年(1930),占地面积 4907.2 平方米,大小厅房 116 间;"善居室"则是陈慈黉幼子陈立桐的宅第,始建于民国十一年,1939 年日寇侵占潮汕时曾停建,占地面积 6861 平方米,大小厅房 202 间,附属的"三庐"别墅占地面积 799.2 平方米,有厅房 30 间。如此大的规模,在侨乡实属罕见。

故居大宅内分成若干院落,形成大院套着小院的"院中院"、大房中有小房的"房中房"。大宅高处设有瞭望功能的"角楼",二楼的天台与斜屋顶相接,使建筑群连为一体。俯瞰整个故居,屋顶、长巷、楼梯、天桥、通廊迂回曲折,点、面、线纵横交错,上下左右四通八达,集中体现出大家族的气势。

"中西合璧"建筑风格彰显侨乡文化特色。侨乡得海洋文化风气之先,而海洋文化的基本特征便是开放与包容兼有,陈慈黉故居这个"中西合璧"的建筑群,正是以这种文化理念营造成为传统文化与西方文化和谐交融的典范。潮汕建筑母体是"四点金"形制,陈慈黉故居的"驷马拖车",可谓是"四点金"形制的合并与补充,宅第的主轴线上有"三进""四进"的布局,保留着中国古建筑的"递进"关系。故居建筑群以单层的"四点金"形制为中心,周边则以二层的洋楼围护,面朝中心的楼房配有西洋式的栏杆。

陈慈黉故居的装饰,可谓是集潮汕传统工艺于一体。在故居里,木雕构件几乎无处不有,材质主要为樟木和泰国楠木,以花鸟虫鱼和潮汕民俗风情等为题材,既有沉雕、浮雕,又有通雕、圆雕,表现形式多样。石雕艺术在故居中也得到广泛的运用,所雕出的梁、枋、柱、椽、斗拱建筑构件,细腻繁密,玲珑剔透,堪与木雕媲美。此外嵌瓷、金漆木雕等潮汕传统工艺也都运用其中。同时,不乏西方的"基因",如嵌在墙壁、封檐上的是来自意大利的釉面瓷砖,门廊、门窗的装饰有西方的石膏塑,窗顶的装饰有欧洲文艺复兴时期和泰国宫殿、寺院的图案。"善居室"后包的廊柱柱式,则是古希腊多立克柱式与爱奥尼亚柱式的综合体。拱门洞上的檐梁花饰,又将英文字母缀入中式花纹之中。"潮韵""海风",各显其特,互为衬托,相得益彰。

值得一提的是陈慈黉故居里的书法石刻,既有楷书、行书、草书,又有隶书、篆书,而且大多出自名家之手。其中有清末翰林院编修吴道镕为

"善居室"书写的"民康物阜""阙抱山环""兰室"和"蓬庐"。在"蓬庐"门斗内,有清末榜眼朱汝珍手书石刻5幅。朱汝珍原籍广东清远,参加清朝最后一次殿试,本应钦定为状元,因慈禧太后将洪秀全、康有为、孙中山等视为"首逆",对广东人反感,就把朱汝珍降为第二名。题写"寿康里"三字的是曾参加康有为"公车上书"的陈景仁。"寿康里"大门斗和火巷门斗内,还有光绪三十年(1904)进士陈元楷等的书法石刻。这些书法石刻,几乎涵盖了楷书、行书、草书、隶书以及篆书等字体,不论阴刻还是浮雕,都形神兼备,在艺术形式的运用上相当得体,如对颜体和隋碑体,采用圆浮雕,使其显得浑厚饱满;对柳体、隶书和篆书,则采用阴刻或平浮雕的形式,使其笔画显得更为锋利。因此,陈慈黉故居本身就是"活字帖",是高雅的艺术殿堂。

  陈氏家族在海内外影响深远。陈氏家族的侨居国泰国,是一个华侨、华人众多的国家,据一般估计,总数在700万人左右,约占泰国总人口的12%,其中潮籍人约占70%。陈慈黉之父陈焕荣幼时家贫,几经奋斗成为樟林港红头船船主,并在香港创办"乾泰隆"商行,还带上陈慈黉言传身教。同治十年(1871),29岁的陈慈黉拜别老父,前往泰国曼谷创办"陈黉利行",经营航运、贸易、火砻等业务,为家族的事业奠定了良好基础。陈慈黉的次子陈立梅接棒后,扩大火砻业,拥有7家碾米厂。并在家乡汕头,以及曼谷、新加坡、中国香港、槟榔屿、西贡等地设立黉利栈汇兑庄,兼营批馆(即银信局)业,加紧资金周转,增强自身在区域性经营中的经济实力,还在海内外广置物业,以巩固家族企业的基础。1930年,陈立梅在曼谷病逝,次子陈守明统辖陈黉利多埠企业。他创办暹罗吞武里府首家银行——黉利栈银行,使火砻收购大米的资金更有保证,增强了大国际市场的竞争力。创办吞武里首家保险公司——銮利保险公司,以防范经营风险。此外,他与弟弟联手在曼谷创办烟草公司,独自创办农产品公司和《华侨日报》。还在暹罗吞武里、沙吞、大城等地和家乡汕头发展房地产。陈黉利这个跨国企业集团在二战前就被誉为"泰华八大财团之首""富甲南洋",并有"富不过慈黉爷"之说。陈立梅是暹罗中华总商会的发起创办人之一,并任第1—3届副会长、第4届会长,在暹华工商界中享有崇高的声誉和地位。陈守明还蝉联泰国中华总商会第13、14届主席。整个家族打破"富不过三代"的常论,经历6代逾百载而长盛不衰。

陈氏家族从陈焕荣始,经陈慈黉、陈立梅、陈守明、陈天庆(陈守明次子)等的作为,都体现了可贵的侨人精神,主要是:投资家乡、造福桑梓。在20世纪初至30年代,陈黉利家族至少动用500万两银子在老汕头中心区一带兴建400多座新楼,约占当时全市楼房总数的十分之一。并在家乡前美新建宅第12座,还创办了一家织布厂。20世纪80年代,捐资赞助家乡水改工程,修建乡道和乡亭等。支援抗战、支持革命,先后捐赠1万包大米、85万银元、上百万国币,以助祖国抗日大业。捐粮7000多担、拿出各式手枪30支,支持家乡武工队,迎接解放军南下,有的家族成员还直接参加革命;积德行善、助人为乐,先后在家乡修桥铺路、疏通沟渠数十处;捐出巨款助华东赈灾,支持办善堂,免费赠医赠药;乐育英才、培养后代,陈焕荣先后捐赠书田35亩,让家族子孙进学习文,陈慈黉创办新学"成德学校",陈立梅、陈守明则在泰国创办潮侨"培英学校"。新中国成立后,家族成员仍捐资100多万元港币给前美学校。

综上所述,无论从建筑规模到文化内涵,从家族影响到家族精神,陈慈黉故居无疑都可以申报为"中国侨乡第一宅"。

我的祖居地在梅县的雁洋丙村,侨居缅甸的堂叔王俊宏是当地爱国侨领之一,因此与梅州侨联时任副主席邓锐认识。有一次,邓锐说他的《梅州侨批史》已写就,原来为了写书购买的143封清光绪年间的侨批准备处理,我听后迫不及待地请他一定要留住,不能转让给别人,同时赶紧向刘峰报告,他和顾问们支持将它买下。我马上就和江宁等一起赶到梅州,用3.5万元将邓锐的143封清代侨批原件"抢"到手。大约一星期后,有人出价10多万元要买这些侨批时,它已存放在侨批文物馆的珍藏室了。经陈郴、蔡少明等侨批收藏家初步鉴定,大家一致认为,这些侨批原件是产生于清光绪年间,有些侨批未见粘贴大清邮政的邮票及加盖邮戳的痕迹,应属水客递送的侨批,除了红条封外,还有折叠封,侨批封和批信均用毛笔书写,寄批时间采用干支纪年,其中部分侨批品相相当完整,批信内容真实地反映了光绪年间的社会状况。这部分侨批成为目前侨批文物馆的镇馆之宝,进一步增强了侨批文物馆的实力,对深化侨批文化研究大有裨益。至此,研究中心侨批文物馆的各类侨批收藏量达 12 万封。

这时,又传来了消息,在国家档案局组织的"全国档案管理与服务创新优秀案例"评选活动中,创立"潮汕侨批档案馆"在全国各省市报送的 230 个案例中脱颖而出,成为 30 个优秀案例之一。该馆在研究中心挂牌成立,表明侨批档案已纳入了国家档案资源体系。省档案局局长徐大章在全省档案工作会议上对成立"潮汕侨批档案馆"(即侨批文物馆)作了充分肯定,他说:"档案公共服务能力显著增强,特别是档案文化的影响力不断扩大,'侨批档案'成功入选《中国档案文献遗产名录》,全国首家侨批档案馆在汕头市正式挂牌对公众开放,在国内引起广泛关注。"接着,由研究中心与汕头市档案局联袂于 2009 年 12 月出版的《潮汕侨批业档案选编》一书荣获省档案编研成果一等奖。"选编"的问世,使这些尘封了多年的宝贵档案见之于世,填补了侨批业研究资料的空白,为侨批业的跨国经营等方面的研究提供了翔实的依据。所有这些都大大激发了研究中心"申遗"的士气。为了给省政府批准举办的"侨批档案"申报"世界记忆亚太地区名录"宣传推介会造势,由研究中心主办、广东全宇公司协办的"侨批档案世界意义"研讨会 10 月 15 日在广东汕头澄海区举行。共有 40 多位专家学者出席研讨会。我在大会发言中转达了广东省档案局领导和专家们的意见,强调侨批要申报为世界记忆遗产,重点应挖掘它的独特价值和世界影响。通过侨批从微观的角度研究华侨史,特别要突出因华侨活动联系起来的侨居国与祖居国之间的相互影响和包括经济、文化、历史、社会等的转变。

2011 年 11 月 8 日上午,广东省人民政府参事室余庆安副主任和黄树森、陈传誉、高凌飚、卢锡铭参事参观侨批文物馆。认为现在收藏的侨批,是不可多得的文化遗产,应当备加珍惜、呵护。最后,他们在留言簿上写下了肺腑之言:"诚信之都","回家的感觉真好","历史现场的生动写照,价值连城",并郑重地签了自己的名字。同时表示,回广州后将尽力帮助将侨批列报为广东建设文化强省项目,为"侨批档案"申遗助一臂之力。

此后不久,接到省档案局通知,世界记忆项目亚太地区主席埃德蒙森和世界记忆项目亚太地区委员会名录评审委员会主席如加亚·阿布哈孔、世界记忆项目亚太地区委员会特别顾问朱福强和国家档案局副局长

(后任局长)李明华等,在参加"侨批档案"宣传推介会后,要到潮汕侨批文物馆、澄海隆都侨乡实地考察。我和研究中心的王汉武、江宁等赶紧调整侨批文物馆全布局,对侨批原件作进一步归整,增加两个樟木柜,检查防火、防潮、防虫设备,将清光绪年间的侨批原件除尘,制作出仿真件陈列在展厅的显著位置,增加展厅内的照明设备等等。同时,又跟市档案局领导一起,前往隆都镇察看那里的准备情况,以接受省档案局徐大章局长的检查。2011年12月8日,"侨批档案"宣传推介会在广东省档案局会议厅隆重开幕,国家档案局副局长李明华和来自国内外的档案学专家、历史学家、兄弟省档案局领导莅会。省政府副秘书长杨绍森致辞。我和研究中心的论文作者陈焕溪、王汉武、江宁参加了会议。我在会上简要宣读了《试论侨批的跨国属性——以潮汕侨批为例》的论文,主要阐述原生态"草根"档案文献的侨批,发轫于海外移民,在跨国环境中诞生,侨批业在跨国渠道中运作,海外侨胞与家乡亲人的信息亦在跨国网络里沟通。因此,侨批的跨国属性可谓是它的天生丽质。作为跨海越洋"两地书"的侨批,其文献价值已跨越了国界。世界记忆项目亚太地区委员会主席埃德蒙森、世界记忆项目亚太地区委员会名录评审委员会主席如加亚·阿布哈孔、世界记忆项目亚太地区特别顾问朱福强分别介绍了世界记忆亚太地区名录项目建立的意义及申报的相关程序。埃德蒙森认为,侨批中所涉及的是一个成千上万的人群,他们作为国际移民,承载着东西方的交流并持续了数个世纪,留下了丰富的档案,这些文件并不仅仅属于他们自己,也属于一个时代,属于世界。在上个世纪西方的"淘金热"中,中国人与美国、加拿大、澳大利亚都有共同的历史记忆,所以,记忆文化应该是两个国家所共有共享的,既属于祖居国,也属于侨居国,并不是孤立的记忆。朱福强则指出,侨批档案的价值不仅仅在档案本身,还有其背后的早期移民活动和金融、交通、邮政、中西文化交流等深厚内涵。别的国家也有移民,但是像广东移民这样的人口规模、迁徙域之多样和面积之大,在世界上独具一格。因此,侨批的意义实际上超越了亚太地区,具有全球意义,侨批档案应该在《世界记忆名录》中占有一席之地。我在会上发言后,已是下午3点多了,就和江宁提前离开,一起乘大巴赶回汕头,以便次日接待埃德蒙森主席一行。

埃德蒙森(右)与本书作者

12月9日下午,埃德蒙森一行和国家档案局李明华副局长、广东省档案局徐大章局长到研究中心侨批文物馆(潮汕侨批档案馆)实地考察。我向他们翔实地介绍了研究中心10多年来为发掘、抢救、保护、传承侨批文化所付出的辛勤劳动和所取得的成果,埃德蒙森一行对此表示深为赞赏,对侨批的文献价值作出高度评价,埃德蒙森在侨批珍藏室里看到整理得井井有条的侨批原件存在樟木橱柜里时,不禁竖起拇指对我说:"Very good."然后,我陪同他们到澄海区隆都镇陈慈黉故居考察参观了自己帮助创办、由陈伟南先生题写馆名的"潮汕侨批展览馆",欣赏了潮剧、木偶戏等民间艺术。考察以后,李明华表示,这次广东省专门组织"侨批档案"宣传推介会,邀请联合国教科文组织的专家专程到汕头等地现场考察,进一步加深对侨批档案的了解和认识。并指出,侨批档案作为广东汕头丰厚的历史文化遗产,对当地的经济、社会发展以及继承中华民族的优秀传统文化有着非常现实的意义。

2012年5月16日,远在泰国的省档案局的工作人员胡可征传来了振奋人心的消息:在曼谷举行的世界记忆亚太地区委员会第5次全体大会

"侨批档案"入选《世界记忆亚太地区名录》证书

上,"侨批档案"正式入选《世界记忆亚太地区名录》。此次大会共审议了5个提名项目,其中2项是来自中国,即"侨批档案"和"元代西藏档案",都顺利入选。至此,中国列入"亚太地区名录"的项目增至5项,前3项有《本草纲目》《黄帝内经》等。

紧接着,研究中心又马不停蹄地为"申遗"的"第三跳"攒劲。在这期间,我和研究中心的王汉武、江宁和张美生进行了为期7天的"重走东兴汇路"田野调查。《汕头都市报》记者郑成武、袁笙同行采访。"东兴汇路"是指抗日战争期间,在递送侨批的原有汇路中断的情况下,潮汕侨批业者为了救数百万华侨侨眷于水火,冒着生命危险开拓出来的侨批递送秘密通道,汇路西起广西东兴,东至广东汕头。此次调查的结果,形成了《"东兴汇路"——"东兴汇路"田野调查报告》。这份报告阐述了东兴汇路形成的历史条件和它的历史贡献,田野调查的主要收获,印证了原有的历史史实,收集了一批有关的文献资料,进一步挖掘了"东兴汇路"的文化内涵,初步提炼出"东兴汇路"所形成的"东兴精神",为今后深化研究打下良好基础。

王炜中与"东兴汇路"田野调查组

2012年12月11日至12日,"中国侨批·世界记忆国际学术研讨会"在福建省福州市举行,我和研究中心的王汉武赴会,汕头另有曾旭波、陈嘉顺两位学者参加。我提交了《侨批的民间属性与文献价值——以潮汕侨批为例》的论文,主要阐述侨批发轫于民间,流转于民间,经营于民间,还收藏于民间,民间属性鲜明,成为原生态"草根"型的珍贵档案文献,为人民展现出更为真实、具体、生动的社会历史画卷,在相当程度可与典籍文献互为印证,弥补典籍文献之不足。王汉武提交了《论侨批文化生态意识》的论文,主要阐述侨批文化生态意识在自然生态方面,主要表现在对农耕的关注,对山水土地神的崇拜,对自然环境的亲和。在人文生态方面主要体现在对先祖的怀念,对家庭上下的关怀,对左右邻里的协调。根据大会安排,我主持A组"文献价值与世界遗产"的研讨,王汉武和我都在所在小组作了发言。会议期间和会后,我们和与会专家学者进行广泛的交流,大家对研究中心拥有大量侨批档案文献表示赞赏,厦门大学图书馆、福建省档案馆、新加坡国家图书馆管理局、厦门市档案馆、厦门市闽南文化研究会、福建省社会科学院和广西民族学与社会学学院等单位和专家学者,先后要求研究中心提供《潮汕侨批档案选编》(7册)等有关书刊。

2013年4月8日,广东省档案局邀请我参加4月19日至20日在北京人民大会堂举行的"中国侨批·世界记忆工程国际研讨会"。我因事未能赴会,就向研讨会提交了《侨批局:中国进入国际金融市场的先行者》的论文,阐明侨批局所以能成为进入国际金融市场先行者的依据,主要观点是:

——侨批局是在金融及邮政机构尚未建立的情况下,由民间自发兴起、专门办理侨批业务的特殊金融机构,其汇兑业务包括信汇、票汇以至电汇、转汇等,具有金融的基本属性。

——侨批业形成了国际性的运营网络,侨批问世是源于海外移民,在跨国环境中诞生的侨批,催生了国际性运营的侨批业。侨批业中的批局,大多数总部设在海外,在国内家乡设有分支机构,进行双向运营。

——批业发展与国际金融同步。

——侨批局进入国际金融市场远比山西票号早。据山西学者考证,山西票号最早进入国际金融市场的,是祁县帮合盛元票号,于光绪三十三年(1907)在日本神户设支店。而有据可查的最早批局,则是道光十五年(1835)创办于新加坡的致成批局。

此时,我离开研究中心理事长的岗位,改为研究中心顾问,按自己所能,继续为侨批档案申报世界记忆遗产尽绵薄之力。

2013年6月19日,省档案局的胡可征通过手机短信,传来了更为激动人心的消息:"侨批档案已于今日(2013年6月19日),在韩国光州召开的联合国教科文组织世界记忆工程国际咨询委员会第十一次会议上,成功入选世界记忆名录,特此报喜分享!""申遗"终于修成正果啦!此时,我不禁提笔撰写了《"海邦剩馥"终"登顶"——写在侨批入选世界记忆名录之际》的文章,主要强调"侨批档案"所以能够登上人类记忆遗产的"珠峰"并非偶然,的确具有唯一性、稀有性、不可替代性和世界影响,可谓是实至名归。"侨批档案"入选《世界记忆名录》可喜可贺,然而并非到此画了句号,还有大量后续工作需要我们去完成,因此,必须戒骄戒躁,继续埋头苦干,侨批才不至于戴上世界级的光环之后束之高阁。

习总书记早在福建任职时就特别强调,要"像爱惜自己的生命一样保

"侨批档案"入选《世界记忆名录》证书

护好文化遗产",海外侨胞及其眷属、归国华侨和国内干部群众、专家学者,正秉持这一理念,怀着守护历史根脉、传承中华文明之心,淡泊名利,切实履行保护文化遗产的神圣使命,才使尘封多年的侨批重现风采,步入"世界记忆"遗产的大雅之堂。在此,我特别怀念为传承、弘扬侨批文化乃至潮汕文化作出重大贡献的几位长者。

广东省政协原主席吴南生一直牵挂、关注汕头经济特区的经济、文化建设。自从成立潮汕历史文化研究中心以来,每一步的发展,每一重大的举措都得到他的支持和指导。刚刚起步阶段,出版系列丛书《潮汕文库》,他便欣然为之作序。序中,他高瞻远瞩,从宏观的视野和微观的角度把传承研究潮汕文化放到特定的历史背景中进行考察和阐述,凸显此举意义的深远和时效的逼人。他是这样表述的:"党的十一届三中全会后,实行改革开放政策,使国家的经济从濒于崩溃的边缘走向兴旺发达的大道。弘扬中华文化,增强中华民族的凝聚力,已成为举国上下共同重视的课题。随着汕头经济特区的建立,潮汕地区的经济建设取得了有史以来所未有的繁荣发达。和全国一样,如何继承和发扬潮汕的优秀文化遗产,使之为社会主义的两个文明建设服务,也引起海内外各方面的重视。"明确指出:"潮汕地区的文化历史悠久,源远流长,是浩瀚的中华文化中一支有特色的细流。逾千万的海外潮人,与侨居国人民和睦相处,把中华文化传播到五湖四海,又不断把海外的先进文化引进桑梓故园。"并且强调:"认真研究潮汕的历史和文化,对增强中华民族凝聚力,增强与世界各国人民友谊和文化交流,对推动潮汕地区两个文明建设,提高人民群众的思想和文化素质,都具有深远的意义。"这就把潮汕文化这一特殊地域文化的全国意义和世界意义阐发出来了。他思想深邃,眼光犀利,使人们从中更深刻地认识到开展潮汕历史文化研究的历史使命和现实意义。这篇序文成为指导潮汕历史文化研究中心工作的纲领。

为了帮助、指导做好潮汕历史文化资料的收集、整理、考证和出版工作,他于1992年12月24日发出了《征集国内外潮人名书画家作品倡议书》,表示"本人收藏有历代潮人名画家(包括清代乾隆年间的黄璧,以至近代已逝世之各著名书画家)作品,拟第一批先赠十件入库,借以提倡"。后来又送来他收藏的名作给研究中心总共16件。这一倡议立即得到了海内外潮籍名书画家的热烈响应。当得知研究中心向澄海一位收藏家邹金盛征集侨批时,他感到特别高兴,认为这是一件了不起的事,他指示:"今后这方面的工作还要多做,尤其是族谱的搜集,更显重要,譬如说,潮人是哪里来的?潮汕的移民情况怎样?族谱能给我们提供很多的线索,根据这些线索进一步搜寻,还可以找到很多的历史资料。这方面的工作,我们要多考虑,多计划,踏踏实实地做。"对如何加强侨批工作,他还具体提出:要建一个侨批收藏研究室;应把侨批刻录成光盘;出版侨批汇集,在这个基础上发动专家学者召开研讨会。

2004年11月2日,首届侨批文化研讨会在汕头市举行,吴南生在贺函中写道:"研究中心继创建侨批文物馆、创办《侨批文化》刊物以后,又首倡研讨侨批文化,把有关侨批文化的工作提高到一个新的层次;这对于进一步研究海外华人文化、发扬海外华人的优良传统,对于推动潮汕地区的经济和社会发展都是极有意义的。"时隔两月之后,也即2005年1月7日他赶来参观侨批文物馆时深情写下"诚信——侨批文化见证潮汕人笃诚守信艰苦奋斗的精神"的题词。2007年12月,他又特地为第二届侨批文化研讨会写下了"传承诚信美德,构建和谐侨乡"的题词。他的题词,字字铿锵,力透纸背。吴南生同志对侨批文化就是这样一往情深,对侨批文化研究就是如此倾心与支持。

吴南生同志虽是远在广州,但每次莅汕视察总要到研究中心同大家座谈,平日里也常通过书信和电话表达对研究中心的期望。在2004年4月24日侨批文物馆揭幕时,他因故未能出席,发来一份热情洋溢的书面讲话,指出:"侨批文物馆的建立,是研究中心的一项重要工作,它富有地方文化特色,标志着潮学研究的领域有了新的突破。"他希望研究中心要把自己的工作置于建设文化大省这个大环境、大氛围中,成为其有机的组成部分,这样,研究中心的工作才有明确的前进方向和奋斗目标。并再次强调:"潮汕文化是一种很具传统的地方性、历史性文化。它的精华是潮汕人这一族群几千年来赖以生存发展的根,我们必须努力在整个潮汕地区,特别要在青少年中传播和普及,同时,作为一种历史文化,它的积淀很深,需要与时俱进,彰显其活力。我们要通过文化传播,扩大与海内外的文化交流,联系和团结更多的热心人士,扩大我们的阵地,壮大我们的队伍。愿潮汕历史文化研究中心能够沿着正确的方向,把这一事业一代代传下去,为潮汕乃至整个中华民族的文化建设做出应有的贡献。"

2010年3月11日,吴南生同志再度莅临研究中心视察、指导工作。他在肯定了研究中心多年来所取得的成果之后根据主客观条件,审时度势,对今后的工作、方向作了纲领性的指示,他说:侨批研究是有成绩的,侨批涉及历史和文化两个领域,是一件大事,这件事办得好,希望在这方面要继续。潮汕历史文化要做的事很多,需要很多人来做,我们可做历史资料的收集、整理、出版的工作,做我们能做的,就是鼓吹、提倡、促进。他勉励大家:要把潮汕历史文化研究作为一个事业,一代一代把它做好,让更多的年轻人参与进来,一代一代延续下去。

庄世平先生对潮汕文化的认识很有见地、理解非常深刻全面。关于潮汕文化的形成、特点以及我们对其研究的状况如何,庄老是这样说的:"潮汕由于特殊的地理位置和自然环境,在漫长的历史发展中,形成了富有地方特色的多彩多姿的区域文化,需要我们去挖掘、去研究、去弘扬它的优良传统。我们虽然做了很多工作,但我们的研究还仅仅是开始,还有赖于我们这一代以至我们的子孙后代,继续努力,开拓进取。潮汕文化是中华文化的一个支流,它和全国其他区域文化一样,都是在民族传统文化的哺育下形成的。……潮汕文化具有开放性、融合性的特点,明清以至民国时期,随着潮汕海上丝绸之路的开通,一批批潮人向海外移殖,他们把潮汕文化传播到五洲四海,又把海洋文化带回本土家乡,渗透进潮汕文化之中。"庄老对潮汕文化作了准确的"定位"。所以他强调:"我们对潮汕文化的研究,必须放眼世界,把海外潮人以及潮汕文化在海外的弘扬,与本土文化放在重要的位置上进行研究。"

他对潮汕历史文化研究中心的成立感到由衷高兴并寄予厚望。在研究中心成立一年之后,他及时地指出弘扬潮汕文化要有大视野,要着眼于国际国内的大舞台,这是一个智者、哲人的气量、风度。他说:"自从改革开放以来,特别是去年我们成立潮汕历史文化研究中心以来,进步很快。……潮汕历史文化研究中心弘扬潮汕文化,不是我们要独树一帜、要标于中华民族文化之外,而是在中华民族整个文化之内,放出我们潮汕文化的光彩来。现在世界是国际性的,咱们中国也要步入世界舞台,在这个世界舞台怎样表演,是整个国家的关系,但是也有地区性的关系,无论在国内、港澳、国际,都应有自己的地位,这个地位如果放弃,对国家是个缺陷。潮汕地位提高,对自己国家的国力和文化,增加力量也增加光彩。我看这是相辅相成的,不会矛盾的。对这一件惠及子孙后代的好事,一定要尽我们的力量。文化的事,非常重要。当然经济是重要的,国家今后五十年、一百年以发展经济为中心,这是正确的,经济发展,国家文化也应发展,应发扬光大。"对潮汕文化的研究、弘扬,有一项最为重要的基础工程就是资料工作。只有资料的充分收集、整理、积累,才能为文化的研究、弘扬提供必要的条件和可能。1995年4月18日庄老在研究中心资料征集委员会第一次全体委员会议上指出:"潮汕历史文化研究中心举办以来,切实办了不少事。这次会议提出要把'资料库'办成为国际潮学研究的资料中心,这个目标是宏伟的,是有远见的决策,我完全赞成。我们潮汕历史悠久,源远流长,资料甚为丰富,过去由于各种原因未能得到应有重视及收集,流失的不少,这很不利于潮学的深入研究及开发,也不利于海内外的广泛联系。我们这辈人如果现在再不下决心把潮汕历史资料抓好,将丧失良机,也将辜负海内外各界人士的期望。"

对于收集潮汕侨批,研究侨批,开设潮汕侨批文物馆等事项、活动,那简直是庄老生命的一部分。他和饶宗颐教授一样,看准了潮汕侨批在潮汕文化中的重要地位,看准了它对于潮汕华侨创业史、金融史、与侨居国关系、本土文化与海洋文化关系、华侨华人的家园情结等等的研究所起的特殊作用,故不遗余力地予以支持。无论是身居香港或是在内地考察办事,总是心系侨批事、怀牵故园情。潮汕侨批征集出版策划委员会成立,他乐承名誉顾问一职;《侨批文化》创刊,他欣然命笔,作"弘扬侨批文化"题词;现在的"潮汕侨批文物馆"馆名是庄老最后命定;侨批文物馆建成,他前来参加揭幕并讲话,深情地道出:"我是侨界中人,父亲和两位叔父分别在家乡潮汕和泰国、马来西亚经营侨批馆,因此,我对潮汕侨批文物馆的建成揭幕,感到格外高兴。……热望潮汕侨批文物馆建成以后,在发掘和研究侨批文化方面,取得更为丰硕的成果,为建设广东文化大省作出积极的贡献!"首届侨批文化研讨会召开,他发来热情洋溢的贺函:"侨批是国家和潮汕历史文化宝库中的文化遗存,它可以见证广大海外侨胞热爱祖国、情系故里、艰苦创业、勇于开拓、乐于奉献的高贵精神和品德,文化内涵极其丰富,值得认真研究、探讨,是深入开展潮学研究中一篇很有特色的文章,是很有意义的。我相信,在当前祖国的大好气候和肥沃土壤中,侨批文化这株已经破土而出的新苗,在众多学者、专家和热心人士的共同耕耘和精心培育下,必将绽开绚丽的花朵,结出丰硕的果实,为建设文化大省、大市增添新的光彩!"大型丛刊《潮汕侨批萃编》出版,他作序,序中说:"广东潮汕地区是我国的著名侨乡,潮籍侨胞先辈为生活所逼或为逃避战乱谋求生存,冒险前往东南亚及其他国家。当今,潮籍侨胞已逾千万,分布在世界各地,他们刻苦耐劳、朴实守信、开拓进取的精神,为当地人民所称许;同当地人民亲密无间、和睦相处,深受侨居国人民的赞扬。他们无论条件怎样艰苦,都坚持奋斗拼搏,克勤克俭,并将来之不易的血汗钱托寄回家乡,力尽赡养父母妻儿的义务;有的还捐资家乡各种公益事业,扶贫济困;更为普遍的是通过积蓄谋求发展,争取早日返回祖国故里与亲人相聚。由于在潮籍侨胞集中的东南亚各国,当时金融邮政机构尚未建立或极不完善,海外侨胞捎回家乡的款项和信息,由'水客'和海内外的侨批馆递送。这种海外侨胞通过民间渠道及后来的金融邮政机构寄回国内连带家书或简单附言的汇款凭证,就称为侨批。数以千百万计的侨批,不仅是一张张汇款凭证,而且是社会历史真实的见证,有着深刻的文化内涵。它渗透着海外侨胞的血泪和汗水,蕴含着他们对祖国、故里的一片深情,昭示着他们对自己亲属的关爱。与此同时,家乡的亲人通过'回批'通报家乡及亲属的情况。批信的往来,促进了两地对各自社会、经济生活的相互了解,也增强了凝聚力。"序言中还进一步指出:"当今,中华民族处在伟大复兴的新时期,正进一步动员国内同胞和海外侨胞,为建设社会主义现代化强国而努力奋斗。要达到这个目标,就必须大力弘扬中华民族的伟大精神,而从侨批反映出来的'热爱祖国、情系故里、吃苦耐劳、勇于开拓、笃诚守信'的海外潮人精神,就是中华民族伟大精神的具体体现。……我相信,《潮汕侨批萃编》能在这方面充分发挥它的作用。"当他得知研究中心正在为侨批筹措专项资金时,他亲自动笔写信向泰国陈汉士先生筹得一笔专款。庄世平先生就是这样致力于潮汕文化尤其是致力于侨批文化的发掘、研究和建设。

关于学术带头人,饶宗颐教授早为学界所认知。对于潮学研究,庄世平先生深情地指出:"'潮学'这个概念,我认为,概念是很重要的。历史证明:往往一个新的概念的提出,都是由大智者、大学问家、大科学家提出来的,古今中外都有许多实例证明了的。'潮学'这个概念是由饶老提出来的。有了这个概念,潮汕历史文化研究才有今天的成就。所以说,饶老的功劳是很大的。""饶宗颐教授是潮学的倡导者,是潮学研究的先行者和导师。潮学作为一门学科,是饶教授于1987年在澳门举行的第五届国际潮团联谊年会上第一次提出的,但他从事潮学研究已历经半个多世纪了,著作齐身,取得了举世瞩目的辉煌成就,长期来与乡邦文明、故乡文化结下不解之缘。今天潮学的开花结果,是饶教授提出来的,如果没有他这样提出,就没有今天,这可见我们今天的盛会,潮学的繁花似锦,是饶教授的这个提倡以后得来的,这可见饶教授的思想、学问都是很伟大的。"

饶老说:"1989年11月18日我在澳门举行的第五届国际潮团联谊年会演讲《潮人文化的传统和发扬》,首次提倡'潮学的研究'。"作为潮学研究常规性的重大举措之一是举办潮学国际研讨会,"潮学"作为一门新兴学科的公开亮相,就是从1993年12月饶宗颐教授发起、在香港中文大学举办的潮学国际研讨会开始的,研讨会至今已举办了七届,每届研讨会饶老都极为重视和关注。他在第一届研讨会上作了振聋发聩的演讲《潮州学在中国文化史上的重要性——何以要建立"潮州学"?》,与会者受到极大的鼓舞。他多次撰写潮学论文并亲临会场讲话、指导。为了使研讨会开得更有成效,使潮学研究更为系统和逐步深入,以便逐步建构完整的潮学理论体系,他为每届研讨会拟定了主题,如第三届是围绕潮剧这个主题展开(饶老指出:因为在潮州出土的《金钗记》是我国目前出土的最古老戏文)、第四届的主题是"海内外潮州文化圈"、第五届侧重揭阳考古(该届研讨会在揭阳召开)、第六届是"海外潮人与近代中国"。每届研讨会论文集的出版也经常得到饶老的悉心指导,以他的宿学硕望,为潮学的研究和发展作出特殊的贡献。他把握着潮学研究的正确方向,对许多重要的课题,他都听取汇报,给予及时和重要的点拨。他亲自举办潮学讲座,如2000年11月22日在潮汕历史文化研究中心的大楼上饶老精彩的潮学讲座为近百位潮汕三市的潮学研究爱好者指明了方向、开启了智慧、提供了方法。季羡林教授在90高龄时为饶老题写的"选堂先生学富五车、才高八斗"的赞词的确是实至名归。

饶老治学的方法之一是极为注重地下文物的考古发现。潮汕地处省尾国角,古时被蔑称为蛮荒之地,古文献极少,这无疑给潮汕历史文化的研究带来了障碍,因此,饶老极其看重考古发现,对潮汕的考古寄予极大期望,提出开展粤东沿海考古。他之所以怀念极重科学考证的顾颉刚先生就是因为:"他的精神是对的,但因为他的时代没有太多东西从地下跑出来,我们今天的时代不一样了,地下跑出来新的东西太多了,因此我们要好好地去求索,做一点工夫。"对揭阳考古发掘已取得的成果他大为欣慰:"近期揭阳与普宁虎头埔窑址的发现,使我们认识潮州的窑业可直追溯石器时代,而陶瓷业的渊源,下开宋元'白瓷窑'的成就,也足以证明窑业有4000年历史。"虎头埔窑址发掘出的18座新石器时代的烧制陶器的古窑、6座烧灰坑和1座房屋,他指出了其重大的考古意义:"这是一处极其重要的古窑群遗址:首先,它非常完整;更重要的是,它标志着在新石器时代晚期的粤东地区,当时的当地人已经有很高的科技和工业文明,诸如能够建筑完整而先进的烧陶的窑群,能烧制相对地超出自己所需的大量的陶器等;它也标志着粤东已具备作为当时对邻近地区如粤北等地所需要的陶器的一个供应站这样子高的经济生产力和有利的商业贸易的条件;再结合其地理位置来看的话,似乎也很有可能会有把陶器制成品经过海上而输出到邻近地区的这一种贸易关系。总之,揭阳虎头埔古窑群说明了新石器时代的粤东文明已经相当高了。新石器时代的粤东或潮汕地区绝不会是蛮荒之地,特别是结合了潮汕地区以前曾发现过牙璋和这一次考古工作也发现了一些青铜器来看,我认为最迟在新石器时代晚期,粤东或潮汕地区应已具备了与中原文明接轨的特征。"接着他亲自联系国家和省的考古专家,邀请他们到揭阳普宁进行考证发掘、撰写文章、拍摄图片并在国家权威出版部门公开出版考古研究资料,为第五届国际潮学研讨会在揭阳的召开献上一份硕果。对于今后,饶老满怀信心:"展望将来,潮学应该多重视考古及文献两方面,应该继续进行潮汕考古的发掘工作,关于古义安郡,应有更新的发现,希望能把潮人历史再向上古推进。文献方面,海外保存的资料颇多,应可通过与各学术单位建立合作关系,逐步展开深入的研究。"

他亲任研究中心与汕头大学(后来是韩山师院)联合创办的学术刊物《潮学研究》的主编一直至第9辑(2001年)。他对来稿认真审阅、提出意见,对潮学研究的现状、发展趋势,对研究队伍的结构、水平力求胸有成竹,这使他在带领、开展潮学研究更为有的放矢。他说:"《潮学研究》每一辑都发表有好文章。"他根据潮汕历史文化的实际与潮学的发展前景对《潮汕文库》的大纲目录一一审定。他在审定《潮汕史》(上册)时,鉴于通史体例、写法的难以驾驭,长期以来许多学者对通史的写作不敢问津而认为该著意义非凡;当《潮汕史》(上册)出版,饶老给予充分的肯定和支持:"我想不到潮汕潮学研究中心现在就有一部《潮汕史》了,……集中了各方先进理论来处理无穷无尽的史料,包括考古、民族、自然科学、人文科学、社会经济各方面的资料融汇一炉,写成一本可读的书,所以说今天这件工作,是我们潮汕人值得骄傲的事情。这件事情,是刘峰先生的功劳,杜经国先生受到很深厚的训练,黄挺先生、还有其他先生,做过实地调查,认识地方文献的真正意义和状况,才能写成,真不简单。"他的鼓励寄寓着更大的期望,也对潮学研究树起更大信心。

对于侨批文化研究,饶老把它视为潮学研究中的重头戏。2000年11月22日,他在潮汕历史文化研究中心所开的潮学讲座中讲道:"有人说,徽州学能成立,因为它有某一种特殊的材料。徽州学我们国家已承认,国际上也承认。徽州特殊的是有契据、契约等经济文件,而且保存很多,历史一过就很不容易找到了。现在徽州商人也已确定,研究那些契约就是研究徽州商人及其活动,大家都承认了它在经济史上是很大的课题。我们潮州可以和它媲美的是侨批,侨批等于徽州的契约,价值相等。价值不是用钱来衡量的,而是从经济史来看的。"饶老从广阔的视野,用比较的方法来看侨批、探究侨批的秘密。他高度评价了侨批的历史价值,并为侨批研究指明了正确方向:首先是要认识侨批蕴藏着丰富的历史信息和深厚的文化内涵,今后尤其要重视批笺的文献价值,在文化层面上加强研究;其次,由于侨批融通了中外交流、经济往来、移民开发、邮传信递、金融汇兑等要素,因此需要打通多学科,用多种、综合的研究方法,才有新的发现。饶老高度评价侨批是与他重视地方史研究分不开的。他强调:"我们国家的历史是由多个地方的历史组合起来的。地方的历史我认为是一个基础,没有好的地方史研究,就没有好的国史研究。"同时明确指出:"潮学就是研究一个地方的历史。"而侨批则真实地反映了不同历史时期的社会风貌,从侨批"可以看出那时候潮人在哪些国家及其活动,还可以从潮人的活动看到那个国家的经济和政治。"因此,侨批成为研究潮汕地方史的重要历史文献。

2003年5月,饶老等建议研究中心"应该建立侨批馆!"经奋战一年,"侨批文物馆"于2004年4月24日揭幕开馆,是饶教授题写的馆名。开馆以后,来自泰国、新加坡、马来西亚、柬埔寨、法国、美国、加拿大等的侨领侨胞、当地官员、专家学者陆续前来参观、索取资料;国内的侨务部门、归侨侨眷、学术团体、专家学者、大中小学生和媒体杂志记者也先后前来参观、采访、拍摄专题片。总之,不论民间官方、在位离岗、下级上级、海内海外,许多人对此倾注了心血,在此汲取了营养。随之,《侨批文化》创刊、《潮汕侨批萃编》和《潮汕侨批集成》陆续出版,侨批文化研讨会连续召开。如今,民间芸芸众生的侨批已登上学术大雅之堂,侨批文化成了高等学府和学术机构的研讨课题。2004年5月,"侨批文物馆"被汕头市列为文化大市八项重点工程建设项目第二项。2010年3月,《侨批档案》(包括广东侨批档案的潮汕侨批、五邑银信、梅州侨批在内)被国家档案局批准列入《中国档案文献遗产名录》,并准备向联合国教科文组织申报《世界记忆名录》。这其中,凝聚着饶老的不少心血。

吴南生同志说:"饶老是我的兄长,是我的老师,是我最好的好朋友,他的道德、文章,他在学术上、艺术上的成就,有很多的文章和很多的记载。"时任总理温家宝致饶老的信中言:"先生的崇论宏议,让我受益良多。先生学贯中西,集学术与艺术于一身,虽已是耄耋之年,仍心系国家、民族和世界,让人感佩不已。"

香港爱国实业家、香港潮属社团总会创会主席陈伟南先生长年驰骋于商场,但对潮汕文化情有独钟。他对潮汕历史文化研究中心的关心和支持就充分体现了这一点。

陈伟南被汕头经济特区聘为香港顾问之一,后来又当选为汕头市政协名誉主席和汕头、潮州、揭阳三市政协联谊会负责人。成立潮汕历史文化研究中心,陈伟南先生又欣然接受聘请担任顾问,并主动提供活动经费。从此以后,凡是研究中心有重大活动邀请他出席时,他总是在百忙中挤出时间赶到汕头莅会,并提出宝贵的建议。1993年,潮汕历史文化研究传播基金会正在筹建,他一次性捐资100万元作为基金。2003年,研究中心决定创办国内首家以侨批为主题的侨批文物馆,他闻讯又率先捐资50万元作为发起人,参与策划筹集侨批征集专项资金。到目前为止,陈伟南先生捐赠给研究中心的金额已达300多万元。

陈伟南先生关注潮汕文化,并不仅仅是出自对家乡的感情。他深知,当今世界文化与经济互相交融,在综合国力中的地位和作用越来越突出;文化价值观是民族文化、民族精神的核心,是民族生命力、创造力的源泉。而潮汕文化是中华文化长河的一支特色鲜明的细流,加强对潮汕文化的研究、传播、弘扬,对增强中华民族凝聚力、弘扬优秀民族精神、建设繁荣富强的祖国具有深远的意义。

在第二届潮学国际研讨会上,陈伟南先生充分肯定潮学研究是一项功在当代、惠济后人,具有历史和现实意义的大工程,表示"作为一个潮汕人,我愿意尽自己一点微薄的力量"支援此项工程。为了征集、积累和永久保存宝贵的潮汕历史文化资料,研究中心专门成立资料征集委员会,陈伟南先生拨冗前来汕头参加成立大会,并发表了讲话,指出:"成立专门机构,共同抢救、积聚古今潮人创造的文化财富,是一件前无先例的盛举。"

侨批文物馆开始筹建,从香港赶来参加汕头市政协会议的陈伟南先生不顾旅程劳顿就立刻赶到研究中心大楼,在创会理事长刘峰等陪同下,认真察看工作人员整理征集到的侨批原件,在电脑前看着操作人员扫描侨批,并听取筹建侨批文物馆前期工作的情况汇报。就在2003年研究中心筹建侨批文物馆因缺少资金而影响进度之际,庄世平先生闻讯即亲自致函泰国泰中友好协会副会长陈汉士先生,陈先生很快就捐赠了20万元人民币,并与香港潮属社团总会创会主席陈伟南先生一道作为筹集建设侨批文物馆专项资金的发起人。2004年4月,国内首家侨批文物馆正式开馆,陈伟南先生参加了揭幕仪式并发表热情洋溢的讲话:"我衷心祝愿侨批文物馆建成以后,加紧发掘和研究侨批文化,充分发挥这一文物馆的功能作用,使潮学研究更有特色,更好凝聚侨心,为建设繁荣美好的潮汕侨乡而作出积极贡献。"此后,他多次参观了侨批文物馆。2004年11月,首届侨批文化研讨会在汕头隆重举行,陈伟南先生未能莅会,便发来贺函表示祝贺,向与会的专家学者表示诚挚的谢意,同时指出:"潮汕历史文化研究中心创建侨批文物馆、创办《侨批文化》学术刊物,广泛深入开展侨批文化研究,团结、带动了一批专家学者和有志于侨批文化研究的人士辛勤耕耘,结出丰硕成果,今天,首届侨批文化研讨会的召开,就是研究成果的展示。"2007年1月,庄老和饶老、陈伟南先生等和香港潮属社团总会会董、香港意得集团高佩璇女士聚会时谈到弘扬和支持潮汕历史文化研究的事,深深感动了高女士,她当即承诺捐出100万元人民币支持研究中心兴办这项事业。

陈伟南与国际汉学大师饶宗颐有着深厚友谊,他曾经如是说:"大师难得,富人易寻",「称得上富翁的潮汕人何止千百",但像饶老这样"堪称大师的人绝无仅有。"陈伟南敬重饶宗颐,"不仅敬重他的为人,而且敬重他所秉持的中国传统文化精神和对乡邦文化的热爱"。所以,陈伟南可谓是倾情地支持这位学界泰斗,以解决出版经费的困难。2003年10月,饶老20世纪学术研究的巨型丛书《饶宗颐二十世纪学术文集》就在陈伟南先生的支持下正式出版了。2004年,他又出资出力筹划出版补编重印由饶宗颐总纂的《潮州志》,并于翌年问世。伟南先生还捐资、倡议成立"饶宗颐学术馆事业基金会",并亲任会长,不辞辛苦地联系中国香港、泰国的潮团捐助。由于他精心谋划、多方协调,潮州的"饶宗颐学术馆"在1995年正式建成。在他的促进下,香港大学也建成"饶宗颐学术馆",这对进一步发掘潮汕文化和推动中华传统文化的研究功不可没。鉴于陈伟南先生改革开放以来对文化事业的贡献,研究中心特地编辑出版了《陈伟南的文化情结(图片集、言论集)》,图片集精选了300多幅照片,言论集共编入143篇文章,生动地反映了他爱国、爱港、爱乡的心路历程,充分体现了他"事业成功在于努力,人生价值在于奉献"的人生价值观和在改革开放以来对国内文化教育事业的突出贡献。

　　凡是饶老提议、倡导的重大活动,都得到陈伟南先生在经济上的支持,比如已经举办的潮学国际研讨会经费,其中多次都是由陈伟南本人支付或由他出面建议香港潮属社团总会资助。尤其是研讨会在潮州、揭阳召开时更让陈伟南先生牵肠挂肚、亲自解决会议经费。2000年研究中心准备在庆祝本中心创建10周年的时候为饶老举办80寿诞暨从事潮学研究66周年,陈伟南先生得知后,又慷慨解囊承担此次活动所需费用。

　　全国侨联副主席庄世平先生生前曾经指出:"从文化情结透视伟南先生的一切善举德行,更能充分体现其不计私利,只求有利于民、有利于国,不图回报、只作贡献的高洁精神和人格力量。"国际著名汉学家饶宗颐教授也如是说:"我认为陈先生最令人钦佩之处不仅在其嘉言,而且在于他是一位真正坐言起行的人","其善举懿行,不胜枚举,高德所至,有口皆碑。"

　　1991年初,刚从汕头经济特区管委会主任、党委书记及汕头市政协主席位子上离任的刘峰,与时任广东省政协主席的吴南生促膝长谈,共商构建一个致力于潮汕文化研究的社团。历史责任感和紧迫感促使刘峰像当年接受创建经济特区任务那样,愉快地受命创办"文化特区"——潮汕历史文化研究中心。吴南生出任名誉理事长,刘峰便成为创会理事长。从此,刘峰就将自己的余热贡献给了这座崇高的文化殿堂。著名的社会活动家、侨界爱国领袖庄世平先生曾这样评价刘峰:"你在特区干的事业,人家看得见,干得不错,立下功劳。现在让你干潮汕历史文化研究工作,这是一件功在千秋万代的善举、大事、大好事,比你当特区主任的功劳更大!"

刘峰同志惯于在第一线上广泛听取意见,实施民主决策。尤其是重大决策,他一定要先行听取广州的吴南生、香港的庄世平、饶宗颐、陈伟南等人的意见,然后再带到常务理事会和顾问组讨论,形成集体意志。比如为了解决经费问题,1992年11月24日的理事长、秘书长办公会议上决定筹建潮汕历史文化研究传播基金会。在此前后,刘峰做了大量工作、听了多方意见,1993年1月的常务理事会议再次讨论基金会的倡议和章程;至2月3日,基金会宣告成立;3月1日,基金会第一次理事会通过了章程和工作条例,此时也已筹集到一大笔资金。从此,基金会正常运转,为研究中心工作的正常开展提供了资金保证。可见,刘峰同志在第一线上的民主决策能因时度势,行之有效。

创会理事长刘峰既是指挥员,又是战斗员。他身在第一线、同大家甘苦与共。潮汕历史文化研究中心的各项工作,不论是征集、传播,还是学术研究,最基本的操作就是要爬格子、写文章。长期担任县委书记、特区管委主任、市政协主席的刘峰同志养成了自己动脑动手的习惯。除了研究中心的许多报告、研讨会上的讲话、有关的文章他是自己动笔之外,他还为许多潮汕文化著作写序言,足见这位原本只有几年小学学历的领导干部作风之正、用功之专、学涵之丰赡、感情之真挚了。他为了征集"潮"字号书籍资料,亲自带领征集小组赴香港,为扩大征集范围,多次亲自主持邀请国内各地潮人社团负责人座谈。

刘峰倾力支持实施侨批文化"系统工程"。早在1994年4月,他就着手组织力量征集潮汕侨批;2000年11月,饶宗颐教授提出侨批能与徽州契约媲美时,刘峰与顾问们又迅速加大侨批征集力度,还组织决定将麦保尔收藏的 4 万封侨批原件录入电脑制成光盘。接着又设立了"侨批文化工程"建设专项资金,并以 15 万元的总价一举收购 1.5 万多封侨批原件,领导编辑出版分量较重、影响较大的《潮汕侨批萃编》三辑。接着的 2003 年 10 月创办的《侨批文化》刊物、2004 年 4 月的侨批文物馆落成开馆、2004 年 11 月开始的连续举办三届国际性侨批文化研讨会、2005 年与广西师范大学出版社联手编辑出版的《潮汕侨批集成》、2007 年潮汕侨批(连同客家侨批与五邑银信)申报为国家档案文献遗产的成功、2008 年与汕大图书馆《潮汕文献资料数字化合作协议》的签署、2009 年省档案馆支持下的"潮汕侨批档案馆"的成立等等,都倾注了刘峰创会理事长大量的精力和心血。

刘峰很注重与外联络,巩固、加深感情和友谊,争取更多有识之士对研究中心的关心和支持。他经常亲自出访,赴中国香港、泰国、加拿大等地,拜访乡亲和有关人士。这里,既有乡情乡谊、友情友谊,更有大量关于研究中心的工作、经费、机构运转等问题需要请示、协商、解决。由于我们在中国香港、泰国的潮人、侨胞最多,关系也最广,所以创会理事长刘峰出入于这两地也最为频繁。在国内,刘峰也经常亲自登门探望、拜访有关的部门、领导和学者,商讨、定夺有关事宜。揭阳与潮州两市,刘峰已成了走访常客。

杜经国教授原是 20 世纪 50 年代北京大学历史系一位德国教授的研究生。"文化大革命"后他在《学术月刊》《光明日报》发表的论文在全国史学界深有影响,他的专著《左宗棠与新疆》获得中国史学会颁发的最高奖。1987 年终于受聘来到汕头大学当历史系主任。他虽是安徽人,却慧眼独具,发现了潮汕的语言、风俗、潮剧、潮乐、民居、潮菜等的独特之处,从此钟情于潮汕文化。1988 年他率先在汕大历史系开设潮汕文化专题课,并在吴南生等的支持下创建了汕大潮汕文化研究中心。潮汕历史文化研究中心成立后,他是研究中心副理事长兼学术委员会主任。他自己说:"我于 1987 年来到汕头,有幸与汕头结缘,深为这里丰富而又独特的人文风习所吸引。出于史学工作者的职业本能和兴趣,我在历史系鼓吹潮汕历史文化很值得认真研究。"在研究中心,他积极组织、率领着一批内外专家学者致力于潮汕文化研究。第二次理事会的著作规划就是在他的主持下制订出来的,国际汉学大师饶宗颐给予高度赞扬。在饶宗颐教授提出要创立"潮学"之后,他又倡议创办相关的理论刊物《潮学研究》,担当了《潮汕文库》主编和《潮学研究》副主编(主编是饶宗颐)的繁重工作。以他的影响力,他联络到了陈高华、马明达、詹伯慧、赵春晨、林伦伦、黄挺等一大批高等院校的著名专家学者经常撰稿,大大提高了丛书和刊物的质量。

杜教授一直参与或直接主持一些学术活动,他在首届潮州学国际研讨会上提出:"'潮商'与'潮帮'都是具有全国意义的研究课题,都有许多文章可作。而海外潮人更是带有世界意义的大课题,投身这个领域的学者,有可能做出在国际学术界引人瞩目的成就。"他在谈到潮汕文化研究的队伍建设时说:"潮汕文化研究是一项长期的事业,必须抓紧培养接班人,……使我们的研究工作后继有人,这是一件带有战略意义的大事,希望有关方面能给予足够的重视。"在研究中心,杜教授十分重视《潮汕文库》的出版,反复强调精益求精,重在学术研究质量,严格把关,出好精品。

潮汕本土知名学者蔡起贤,他在研究中心更多的工作是直接参与研究项目规划的制定和对一些学术性强、难度较大的研究成果的审订,为100多万字的鸿篇巨制《潮州诗萃》补正疏误并作必要的资料补充,为《蓝鼎元论潮文集》《周光镐诗文校注》等选校工作难度很大的古籍做审订。他常常是冒着严寒、顶着酷暑埋头案牍,默默为他人作嫁衣裳,直到耄耋之年仍勤奋研读、笔耕不辍。不少学者在学术研究中碰到疑难,常常登门求教,蔡老总是不厌其烦地给予满意地解答,绝不含混其词或主观臆断。他那严谨治学的态度和诲人不倦的精神,深得人们的赞扬,大家称他是"潮汕文化的百科全书、活字典"。1993年,他强调:"研究中心目前主要工作要放在整理历史文献和开展各类课题的学术研究上。……而文献整理必须着重资料的搜集,没有资料,巧妇难为无米之炊。"他还提出:"潮汕原来有不少具有地方特色和甚有价值的文化遗产,或湮没或散失,应迫不及待地发掘抢救,才有利于研究工作的进行,提高理论研究的层次。"

1996年,研究中心举行第二届潮学颁奖会时,他又提出要适应国际学术研究潮流的观点,强调要"发现新的研究项目","要多做调查研究工作"。他的意见对研究中心不断进行探索,提高研究的广度深度都有很大的启示,也推动并促进了潮学研究向更高层次发展。

2003年12月22日,蔡老与世长辞,享年88岁,研究中心送上了"严以治学,宽以待人,先生盛德可风,文化传薪尊老辈;厚于利他,薄于自奉,夫子仪型宛在,新知再创待后贤"的挽联,沉痛悼念这位可敬可亲的潮汕文化名人。2008年,研究中心出版了蔡老的遗著《缶庵诗文续集》,更多的人从中吸取了智慧和力量。

杨方笙原为汕头教育学院院长,祖籍重庆。早在1947年,他从香港辗转到潮汕大北山革命根据地参加武装斗争,从此便与潮汕结下不解之缘。他在潮汕工作、生活了半个多世纪,对潮汕文化情有独钟。1993年,离休不久的他就到了研究中心再作贡献,历任副秘书长、副理事长和顾问等职。参与《潮汕文库》和《潮学研究》的编审工作,又是《潮汕历史文化小丛书》的执行主编。《潮汕历史文化小丛书》是通俗但较为高档的普及性读物,其特色是:涵盖面广,信息量大,通俗易懂,装帧美观。该丛书40种,分为4辑,经他审阅、修改的文章约200万字,这一雅俗共赏的完整系列(今又精选20种再度出版)为潮汕文化普及读物的编辑出版创造了经验。所以,该丛书于2009年2月入选由广东省委宣传部、省新闻出版局、省社科联联合评选的"广东百种优秀社科理论普及读物",并获得了奖励。对研究中心的工作,他常有独到的见解,经常提出行之有效的宝贵意见。如他认为:"从多方面看,研究潮汕历史文化,近、现代应是一个重点。"他注重地方文史部门工作和潮汕历史文化研究工作两者关系的互补,说:"地方文史工作方面要关心潮汕历史文化研究的选题、范围及研究成果,研究中心方面要关心地方史料的征集,从中获取有益的素材和史料。进一步,研究中心还应当同潮汕方志部门、党史部门、侨史部门等单位建立横向协作关系,共同致力于潮汕历史文化研究这一复杂的智力工作的构建。"他还是汕头市老年大学的实际领导者,积极地多渠道地传播潮汕文化。

"滴水之恩当涌泉相报",这是中国传统的感恩思想,也是人与人在一切社会关系中较为重要的行为准则,今天,它更是构建和谐社会的重要因素。潮汕历史文化研究中心20年来得到许许多多领导和有识之士无微不至的关怀和厚爱,这种关怀和厚爱是无限的、持久的,虽然他们并未有丝毫图报之心,但在我们心中却也丝毫未敢淡忘。当几位长者、智者到了耄耋之年,潮汕历史文化研究中心只有借助传统的庆寿形式,衷心祝愿他们健康长寿!从1995年开始至2011年研究中心为三位长者举办了7次祝寿活动,3次为研究中心主办,4次为协办,以此弘扬他们一生的光辉业绩以及为研究中心作出的巨大奉献。现把7次活动辑录如下:

1995年1月10日,庄世平先生八秩晋五大寿,研究中心在汕头市举办庆贺活动。次年出版发行《〈庄世平传〉出版发行暨庄世平先生八五荣寿纪念集》。

2000年2月24日,庄世平先生九秩荣寿,研究中心赴普宁市参加庆贺。

2005年2月26日,庄世平先生95华诞,研究中心等11单位于揭阳市举行庆贺活动。

2011年,参与艺苑为庄老百岁寿诞举行活动。

2001年8月8日,饶宗颐教授85华诞,研究中心于汕头市举行庆贺会、祝寿宴会,同时举行"饶宗颐教授从事潮学研究66周年庆贺会"及"饶宗颐书画潮汕巡回展"。

2006年2月14日,陈伟南先生88"米寿",研究中心于汕头市举行祝寿活动,同时举行《陈伟南的文化情结(图片集、言论集)》首发式。

2008年2月18日,研究中心派团赴潮州参加陈伟南先生90华诞祝寿活动,并协助编辑出版图片集《贺陈伟南》、言论集《赞陈伟南》。

缘未了

2011年8月,我在研究中心成立20周年纪念会上作了《高举潮学旗帜奋力前行》的工作报告之后,按单位的规定第二次退休,辞去理事长职务,改为研究中心顾问。在这之前,陈伟南先生、刘峰和杨方笙等诸长辈都鼓励我,不要放弃,为传承和弘扬侨批文化而继续努力。为此,我牢记他们的嘱咐又尽力而为。

首先是完成我任项目负责人的《潮汕侨批研究》(后改为《潮汕侨批论稿》)一书。此书是于2010年9月,以广东省哲学社会科学"十一五"规划地方历史文化特色项目名义向广东省哲学社会科学规划领导小组办公室提出立项申请。同年12月获准立项以后,我就和杨群熙、陈骅、王汉武、林庆熙组成课题组担负起编写任务。我根据这些年来的学习和实践体会,草拟了课题的写作纲要。(见"附录",页145)

纲要经修改、确认后,将写作任务具体落实到人:第一章"潮汕海外移民与侨批的产生",陈骅;第二章"潮汕侨批业的业态和经营方式",杨群熙;第三章"侨批的历史贡献",林庆熙;第四章"侨批基本属性与文献价值"和第二章的"诚信是立业之本",王炜中;第五章"潮汕侨批文化研究",王汉武;我看后,特地请王汉武再撰写第五节"有待改进、拓展的若干问题",找出自家的"短板"。由于这段时间忙于侨批档案申报入选"国家档案文献遗产""世界记忆亚太地区名录"和"世界记忆名录",因此写作进度比较缓慢,大量的文稿都由陈士伴打印,再由王汉武理顺一遍,然后交省规划领导小组办公室审批。2013年3月,规划领导小组办公室便以"合格"等级批准通过,予以结项。于是,我便恳请陈伟南先生为《潮汕侨批论稿》题写书名,再请创会理事长刘峰为本书作序。

同时,对东兴汇路作进一步研究。东兴汇路,指的是抗战期间,日寇发动太平洋战争之后,在原有递送侨批汇路中断的情况下,潮汕侨批业者为了救数百万归侨侨眷于水火,冒着生命危险开拓出来的侨批递送秘密通道,堪称为潮汕侨批史上的重大事件。2012年10月,我与王汉武、陈胜生等风尘仆仆奔波五千里,对这条汇路进行田野调查。然后由我执笔写出田野调查报告。在田野调查报告中,首先是分析"东兴汇路"形成的历史条件,与越南芒街的经济往来非密切;东兴在我南方沿海7省港口被日寇战领、封锁后,成为当时幸存下来的中国西南沿海唯一的对外口岸;当地的侨批业相当发达,有20多家侨批局(钱庄),其中潮汕籍(包括梅县)业者创办的就占9家。同时阐述"东兴汇路"的历史贡献,首先是救潮汕数百万归侨侨眷于水火,同时在汇路的开拓、运营过程中形成了可贵的"东兴精神"。最后是总结这次田野调查的主要收获,其中包括对"东兴汇路"有了更为具体的认识,对它的历史贡献有了更为深刻的理解;印证了已掌握的文献资料的准确性;收集到东兴的有关文献资料,补充了这方面的不足;纠正了过去文献资料中的某些谬误等。我再次阅读了田野调查过程中获得的文献资料,思考如何深入发掘其中丰富的文化内涵。经过1个月左右时间的分析、提炼,撰写出《试析东兴汇路所形成的东兴精神》的论文。这种精神的内涵相当丰富,主要体现在:情系家国、尽心为民。根据太平洋战争爆发后的状况,潮汕地区的侨批局即使宣布彻底歇业,也是无可非议的,但良知不泯、坚守职业道德的侨批业者,不顾自身安危,千方百计地为广大归侨侨眷寻求生路;坚忍不拔、遇难而上,在艰苦的条件下不断地探索;正身直行、不畏强暴,被日寇通缉、受日寇酷刑仍不改初衷等。当今,日本军国主义气焰嚣张,在这样形势下,弘扬"东兴精神"具有现实意义。东兴汇路所形成的东兴精神,充分彰显了潮汕优秀传统文化,给后代留下了一份宝贵的精神财富。

还有,就是继续进行侨批文化的比较研究。比较是确定事物同异关系的科学思维过程和方法。我们努力运用这种方法,希望能够加深对侨批与众不同特点的认识,这些年间我已先后将侨批与山西票号、徽州契约进行初步的比较研究,写出了学习心得。在我"二次退休"前,得知梅州的邓锐有一本名为《广东省的华侨汇款》的文献,就建议研究中心买下,直到2013年3月,自己有时间坐下来,便进行认真的阅读,对潮汕侨批与四邑昃纸作了初步的比较研究。民国二十七年(1938),国立中央研究院社会科学所的姚曾荫和余捷琼奉命对华侨汇款问题进行调查,以期对解决当时的外汇困难有所帮助。他们耗时5个月,对香港、广州、汕头、台山、新会等13地进行实地调查,之后写成此书,资料翔实、可靠,成为研究广东侨汇问题的宝贵历史文献。通过认真分析,我们发现潮汕侨批与四邑昃纸由于所处的社会环境不同,基本特征有异,运作方式也不一样,因此,尽管它们都属侨汇范畴,却是两种不同、又互相对应的寄汇方式,相比之下,潮汕侨批的基本特征更为凸显,"银信合一"成为它的重要标志。主要表现在如下几个方面。

首先是所处的社会环境不同,尽管四邑(后加鹤山称为五邑)和潮汕同属我国重要的侨乡,两地先民都是因生活所迫,离乡别井到海外谋生。然而两地民众出洋是"各奔东西",即四邑奔向西半球的美洲,潮汕则去了东半球的南洋(东南亚)。其次是基本特征明显不同,潮汕侨批是"银信合一",在批封的左上角特地写明所寄批款的币种和数额;昃纸则是类似银行的汇票,没有连带家书(批信)或简单附言。还有就是运作方式大不相同,潮汕侨批与四邑昃纸的另一重大区别,就在于昃纸可以转手买卖,昃纸的收款人在汇票上亲笔签名后,便可转售给第三者;潮汕侨批不属汇款性质,批款大多以赡家为主,是家乡眷属不可或缺的"救命钱",故没有作为商品买卖。通过比较分析,更显潮汕侨批的特色。

此外,为西堤公园"世界记忆·侨批纪念地"的建立尽绵薄之力。此建议是潮籍的许瑞生副省长提出的。他于2012年和2013年先后代表广东省政府会见了联合国教科文组织"国际咨询委员会"和"亚太地区委员会"的委员,在北京人民大会堂举行的国际研讨会上,向评审专家推介"侨批项目",故对侨批这段历史有了更为深入的了解和切身的体会。他在2013年6月"侨批档案"入选《世界记忆名录》后1个月,就向汕头市委、市政府领导建议在西堤公园建立侨批纪念地。汕头市委、市政府接纳了这个建议,并付诸实施,由汕头建筑设计院具体负责设计。当负责组织撰写纪念地碑记的汕头市城市管理局总工程师王丹邀我参与时,我便认为,侨批纪念地建在汕头西堤公园非常合适,建成之后必将成为汕头市的文化"地标",其依据有:潮汕是我国的著名侨乡。创出近代辉煌的汕头市成为粤东以至闽南的侨批集散地,在小公园一带,约有办理侨批业务的批局73家,占当时潮汕地区批局总数的一半以上;侨批业务兴旺时,由汕头中转经办的侨批一个月达14万封。现存的各类侨批保有量在12万封以上,居全国侨乡第一,成为"侨批档案"申遗的主力。西堤公园海滨,自1892年轮船招商局建起一座木栈桥趸船码头之后,直到汕头沦陷前的1939年,这一带已有太古码头、怡和、招商局等码头6座,大量侨批都从此处登岸,然后分送到粤东、闽南各县。同时,应他们的要求,我从自己保存的文档中,挑选出"侨批档案"申报记忆遗产的文本、《潮汕侨批集成》《潮汕侨批选粹》《潮汕侨批论稿》及《海邦剩馥——广东侨批档案》《福建侨批档案目录》《银信与五邑侨乡社会》等20多本书刊、画册供他们参考。此后,经王丹介绍,与汕头市建筑设计院陈平院长和澳大利亚大学客座教授、澳大利亚杜肯设计公司设计总监杜与超先生认识,他们三位以前没有接触侨批,为了出色地完成这一历史性任务,打造出高质量的汕头"地标",便不辞辛苦地收集大量有关资料,四处奔波进行实地考察,虚怀若谷地听取各方意见,不厌其烦地修改设计图纸。为了抢时间,祖籍地在澄海的杜先生没有回澳大利亚过春节,叫太太和孩子万里迢迢来汕头。他们这种刻苦钻研、认真负责、从善如流、止于至善的敬业精神深深感动了我,我也就敢于大胆表达自己的一些想法。认为西堤公园成为侨批纪念地,就成为侨批的主题公园,因此,在大门前要增加侨批的"元素"、应突出"世界记忆名录侨批纪念地",字体可比"西堤公园"大,且放在中心位置,并加上红条封、山水封、折迭封等侨批原件的放大图像,让许多不知"侨批"为何物的参观者直觉感知侨批的形象,进入参观时对侨批更多可认知、理解。进入展示区,可增加"世界记忆名录"标志,并加简要解释:"世界记忆工程"是联合国教科文组织于1992年发起的,是《世界文化遗产名录》项目的延续,旨在对世界范围内所有人类文献遗产进行权威性的评估与登录,以促进对世界范围内正在逐渐老化、损毁、消失的人类记录进行抢救和保护。同时,进一步介绍"侨批档案"是目前我国10份入选

"世界记忆名录"的文献之一,而且与法国的《人权宣言》和马克思、恩格斯合著的《共产党宣言》、《资本论》第一卷等并列,更加凸显"侨批档案"的地位和历史价值。汕头港在晚清时期就已开港,逐渐成为我国东南沿海重要商埠,同治元年(1862),英国汽船首次进入汕头之后,便代替樟林港成为海外移民港口和侨批集散地。同治十三年(1874),伦敦中国航业公司在汕头设立分支机构——汕头太古轮船公司,船舶、码头和仓库数量、面积居汕头港各家轮船公司之首。为此,可以按照"修旧如旧"的原则,在原址修复木栈桥趸船码头——太古码头,建造数艘当年的汽船,游客在太古码头登船之前,先到纪念地内的妈祖庙祭拜海神天后娘娘,登船后直驶妈屿口,船上可购买水布和市篮等物品,体验侨胞离乡别井、出洋谋生的感受,下船后可购买侨批仿真件和盖有纪念戳的介绍侨批的小册子等。这样,使纪念地也成为旅游胜地。

2016年,我又认真研读广东省档案局吴晓琼提供的几封回批和黄清海、沈建华编著的《抗战家书》,即抗日战争期间海外侨胞所寄的侨批,其中吴女士提供的梅县隆文乡具有大学文化程度的李集祥所写的3封回批共近万字。当今有一门学科叫社会心理学,专门研究个体和群体的社会心理现象。通过研读发现,作为原生态的草根历史文献侨批,虽然其金融属性非常鲜明,但它还能反映出不断变化发展的大千世界的"世态"和折射出复杂、细腻内心世界的"心态",反映人们(包括个体和群体)由于社会环境的不同理解而形成的不同理念和由于不同理念而产生的不同作为,与社会心理学研究的内容高度契合,便从新的视角撰写了《侨批:社会心理学研究又一珍贵档案》一文,为《福建金融》所刊登。

接下来,如时间和精力允许,我还要作潮汕侨批与海上丝绸之路、漳州天一批局与澄海致成批局的研究、潮汕侨批与客家侨批的研究……,看来我与侨批仍有缘未了。

附录

汕头各界人士希望扩大汕头特区范围

汕头市各界人士最近提出,希望中央能适度调整汕头经济特区范围,把特区扩大到整个汕头市区,从根本上解决市区与特区在体制上长期存在的矛盾。

汕头经济特区从1981年开始建设以来已取得了显著成绩,但它仍是全国同时创办的4个经济特区中规模最小、发展最慢的一个,工农业总产值、固定资产投资、实际利用外资等方面都远远落后于其他3个特区。究其原因,主要是由于特区范围偏小,不像其他特区基本包括整个市区,结果,使特区与市区之间产生了诸多矛盾,既影响特区建设速度、减弱对外资的吸引力,又妨碍了市区经济发展。为此,汕头各界人士多次提出,希望中央把特区扩大到整个汕头市区,包括现有特区和6个直辖区,面积240多平方公里,人口80万。

大家认为,适度扩大汕头特区范围,能兴利除弊。

首先是有利于从根本上解决特区与市区在体制上的矛盾。目前特区仅是市区的一角,而管委会比市政府低半级,只是一个经济管理机构,而不是一级政府,民政、国土、规划、物价等问题都要通过市政府有关部门才得以解决。但特区又享有特殊的优惠政策和相当大经济管理权限,这是市政府所没有的。这就形成了"有政府的没政策,有政策的没政府"的局面,双方矛盾时有发生,在很大程度上制约了特区经济的正常运行,同时也影响了市区建设的发展。特区范围扩大到整个市区后,市政府和特区管委会"两块牌子、一套人马",集政府职能和特区职能于一身,这就从根本上理顺关系,减少内耗,增强团结、提高效率。

第二,有利于充分发挥市区现有经济技术力量和基础设施的作用,使城市功能整体化。现在,市区独立核算的工业企业有440多家,分布于电子、塑料、化工、工艺、陶瓷等行业,拥有职工34万人。固定资产7亿多元,去年实现工业总产值为30多亿元(不包括现特区的9亿多元)。市区还有各类科技人员5000多人,各类学校数十所。已建成机场、港口、电站、桥梁等基础设施,广(州)梅(州)汕(头)铁路、深(圳)汕(头)专用公路、3万吨级深水码头、妈屿跨海大桥、日处理40万吨水的水厂和60万千瓦的火电厂6大基础设施工程已陆续着手建设。而特区却是在一片荒滩上起步,经济技术力量和基础设施十分薄弱,要单独重建一套基础设施、自成体系,得耗费大量时间和资金,既不合理、又不可能,还得依托市区现有的基础。特区范围扩大到整个市区,这个矛盾便能得到圆满地解决,市区和特区的优势可以有机地结合在一起,使城市的整体功能得到更好发挥,又能避免重复建设、浪费有限的资金。

第三,有利于充分发挥侨乡优势,抓住机遇发展特区。汕头是全国的重点侨乡之一,目前有700万潮汕籍的华侨、外籍华人和港澳同胞,在潮汕地区还有400万归侨、侨眷。潮汕籍的海外同胞热情地在家乡兴办企业和公益事业。目前汕头的400多个外资项目中,有80%以上是海外同胞兴办的。去年他们捐赠物、款给家乡办公益事业总值达一亿多元,相当于全市财政收入的1/8。但汕头这方面的潜在优势仍没有得到充分发挥,海外同胞感到汕头特区现有范围偏小,能享受优惠政策的用武之地有限;基础薄弱,无法承接大型项目。

汕头地区与台湾关系也相当密切。目前台湾有数十万潮汕籍台胞。台湾当局自1987年开放台胞对大陆探亲以后,越来越多的台商前往汕头考察投资环境、洽谈投资事宜。现在,汕头市区就有70多家台资企业开业、投产。

汕头特区扩大到整个市区以后,可考虑干部、职工每月享受25元的特区补贴,企业一律按15%的税率交纳所得税,增支减收的因素明显扩大。为了提高财政的承受力,保证国家税收不大减,各界人士参照厦门特区的经验,提出以下的解决办法:

特区补贴问题,可在经济发展到一定规模、财政承受能力提高到一定水平时再实行。发放特区补贴增支部分可采取分级负担的办法解决,即市属行政、事业单位人员市财政拨款补贴,市辖各区、县行政、事业单位人员区、县财政拨款解决,企业单位可将特区补贴部分摊入成本。

关于税收问题,汕头市有关部门对市区征收所得税的情况做了调查测算:特区范围扩大后,以去年实现利润为基数,按15%的税率统一征收所得税。由于所得税在工商税中仅占6.94%,减收部分比较容易弥补:吸引更多外商前来投资,相应增加企业户数,也可增加税收;采取措施增强企业活力,提高经济效益,促产增收;加强对工商税的征管工作,改税前还贷为税后还贷,此外,部分新企业的免税期已到,要承担纳税义务,可望增加部分税款。也可推迟实行15%的所得税率。

(1990年9月13日)

既量力而行　又尽力而为

——汕头特区建设扎扎实实充满活力

汕头经济特区在经济建设中,既量力而行,又尽力而为。

1990年与1982年相比,汕头特区工业总产值大幅度增长,财政收入每年以40%的速度递增,基建投资也逐年增加,1988年至1990年的投资额,比前6年总和增加两倍,投入与产出的比例为1∶1.17。

1980年8月,经中央批准,汕头设置经济特区。在为期一年的准备阶段中,市领导首先面对实际吃透市情。130年前汕头就被辟为对外通商口岸。抗日战争后,汕头经济中落,解放后,又受"列强封锁""战备前沿"的束缚,建设发展不尽如人意,造成经济基础薄弱,建设资金缺乏,能源供应紧张,通讯设施落后等问题。基于这种情况,市领导认为,特区建设不能急于求成,也不能贪大求全,更不能躺在国家身上大手大脚地铺摊子,而是要量力而行,稳步前进。为此,在特区建设起步时,就坚持按特区发展总体规划,贯彻"开发一片,建设一片,投产一片,获益一片"的方针,让有限的资金较快地形成生产能力,使基建速度与规模效益尽可能地统一起来。

1981年11月,特区建设拉开了序幕。当时,特区范围只有1.6平方公里,尽管地盘小,也没有全面铺开,而是划为5个小片区分期进行开发。在建设程序上,则是"先地下,后地面",将电缆、通讯线路、给排水系统等地下基础设施一次完成,然后再进行地面工程的建设;坚持"边建设、边配套",通用厂房建好,交通、能源、通讯等配套设施同时"到位"。建成的片区基本摆满了项目;在一批企业投产、开业后,再开发另一个片区。因此,这里的通用厂房常常是供不应求,没有出现"放空"的情况。

　　1984年11月,汕头特区范围扩大到龙湖、广澳两个片区,面积为50.6平方公里,汕头市领导也没有撒手"大干快上",依然量力而行,坚持四个"一片"的建设方针。龙湖片区20.6平方公里,划分为工业区、农业区、旅游区等6个功能区进行开发。广澳片区30平方公里,是一片未开垦的处女地,划分为东湖、埭头工业区、南湖台商投资区和狮岭、后江加工区等小片区进行开发。通过小片区开发,逐步完善大环境,为引进大项目奠定良好的基础。这样,整个特区建设就有条不紊,按照规划的梯次顺利发展,没有"力不从心"之感。

　　汕头坚持从自身的实际情况出发建设特区,并不是安于现状、"听天由命",而是在尊重客观的基础上振奋精神,尽力而为,通过多渠道积极筹措,手中有了资金,再用于改善投资环境,进一步增强对外商的吸引力,终于形成了特区建设的良性循环。到去年底,汕头特区累计基建投资21亿元,其中国家拨款仅占3.8%,国家贷款占27%,其余都来自外商投资和自我积累。累计批准的外资项目1000余项,外商投资额4.2亿美元。今年上半年又批准90项外资项目,外商投资额为4500万美元。

　　目前,汕头根据自己的经济实力,着手进行六大基础设施的建设,其中有:深水港工程的3个深水泊位;装机容量为60万千瓦的燃煤发电厂;妈屿跨海大桥;广(州)梅(州)汕(头)铁路;深(圳)汕(头)专用公路;日供水量40万吨的水厂。可以相信,汕头特区经济建设的"雪球"将在良性循环中越滚越大!

(1991年9月18日)

俯首甘为孺子牛

——记潮汕历史文化研究中心创业者

成立于1991年8月的潮汕历史文化研究中心(简称研究中心),成员"年龄"大,但"少年气盛",经历了十二个春秋之后,已拥有一座八层的中心"大楼",编辑出版了十个系列、一百多本书,共八百多万字的《潮汕文库》和有关潮汕文化的专刊、专版;广泛征集、收藏有关潮汕文献、文史资料以及潮人人物传记、地方志、族谱家乘和海内外潮人各类著作一万五千余种,以及海内外潮籍书画名家三百多件作品,建起特色鲜明的"潮"字号资料库;征集了二万多封侨批原件,筹建别具一格的"侨伩文物馆";举办、协办了多次在海内外颇有影响的国际学术研讨会;大力推动国际汉学大师饶宗颐教授倡导的"潮学"研究。……可谓"修文存史,嘉惠后人"。

目睹如此丰硕的成果,许多人都觉得是精力充沛的年轻"团队"所为,其实,研究中心是由一批退役的"孺子牛"担纲。在研究中心里面唱主角的工作人员中,年纪最大的87岁,60多岁的只能屈居末位当"小弟弟"。

研究中心一、二届理事长,今年74周岁的刘峰,虽出生于泰国,却有一颗纯洁的中国心。6岁被父亲带回家乡揭阳念书,1944年就参加抗日游击小组,从此走上革命道路,那时才15岁。1946年,在当地党组织的动员下去泰国,在侨胞中进行革命宣传工作;1949年3月,终于重返家乡参加革命活动。改革开放后的1981年,时任中共普宁县委书记的刘峰被调回汕头,担负创办经济特区的重任,成为特区党委书记、管委会主任。1991年初,时任汕头市政协主席的刘峰,已开始考虑届满后如何继续发挥余热,这时,广东省政协原主席吴南生要他筹建潮汕历史文化研究中心,以弘扬潮汕文化优良传统、增强中华民族凝聚力。亲身经历过"文革"的刘峰,深知十年浩劫对文化的摧残,听到要振兴潮汕文化,便欣然受命。从此,这位经济特区的创业者,又带领着一批"老将",从零开始创办"文化特区"——潮汕历史文化研究中心,其中就有著名爱国侨领庄世平、国际汉学大师饶宗颐、香港爱国实业家陈伟南和香港爱国实业家林百欣等海内外知名人士。此时,他的老战友陈德鸿,还在市政协副主席的位子上,也提前"介入",协助刘峰进行筹建工作。经过艰苦努力,依托于市政协的潮汕历史文化研究中心终于问世,办公地点在一座旧楼里的一个只有10多平方米的房间,离休老干部王逸之为首任秘书长,和丘杰、林华达、池衡、陈嘉明等老同志一起挤在里面工作,开始谱写"中心"的创业史。刘峰又四处奔波,千方百计争取市政府、海外侨胞和本市企业的支持,建起了八层高的大楼,使研究中心有了一个像样的"家";同时成立潮汕历史文化研究传播基金会。所有这些,都为研究中心的可持续发展奠定了良好的基础。刘峰就这样又是干了十年,直到2001年改任研究中心名誉理事长,依然干劲十足地策划、组织筹建"侨批文物馆",并多方筹措专项基金。

潮汕历史文化研究中心的倪克屏、王琳乾、郭马风、陈历明等创业者们都没有把离退休看成是为人民服务的"休止符",而是把它作为奉献人生"剩余价值"的起点,立志甘为"孺子牛"。原先,他们有的是厅、处级领导,有的是教授、研究员,进到"中心"一切回归到"零",彼此平等相待。大家使用的是一家公司淘汰下来的旧桌子、旧椅子,用双铃马蹄表的铃声代替下班铃。每天的"车马费"只有18.33元,这个数对某些人来说是不屑一顾的,但大家不是冲钱而来,依然"不用扬鞭自奋蹄",不计报酬、不辞劳苦地耕耘着,可以说"吃的是草,挤出来的是奶"。

陈德鸿于1991年11月任研究中心副理事长,后来又兼任秘书长达5年之久。在这段时间里,正是"中心"大发展时期,工作格外繁忙,他全力以赴,协助刘峰统筹兼顾,除了忙于修建研究中心大楼、筹措基金,还接待

饶宗颐、林百欣、庄世平、陈伟南先生（自左至右）

来自海内外的专家学者、做好研讨会和各种活动的准备工作；建立、健全"中心"文件收发制度和档案管理制度；开源节流理好财，为"中心"的发展竭尽心力。

研究中心的耆宿蔡起贤顾问，是潮汕地区的著名学者，年轻时是我国著名学者詹安泰的学生。1946年，潮汕成立修志委员会，饶宗颐教授任总纂，蔡起贤被聘为秘书。他学识渊博，掌握资料丰富，治学严谨，工作勤奋，人称"潮汕文化活字典"，在潮汕历史文化研究方面有很大贡献。现在虽已到耄耋之年，仍勤奋研读、笔耕不辍。

72周岁的杜经国教授，原在兰州大学任教，1987年被汕头大学聘为历史系主任。他虽是安徽人，却钟情于潮汕文化，1988年就率先在历史系设"潮汕文化"专题课，并在吴南生等的支持下，创建了汕大潮汕文化研究中心。潮汕历史文化研究中心成立后，他积极加盟，成为研究中心副理事长兼学术委员会主任，积极组织林伦伦和黄挺等学者加强潮汕文化研究工作。在饶宗颐教授提出要创立"潮学"之后，他又倡议创办相关的理论刊物《潮学研究》。

现已近八旬的我的老师杨方笙,原为汕头市教育学院院长,祖籍重庆,青年时期是武汉大学的进步学生,1947年从香港辗转到大北山参加武装斗争,从此跟潮汕结下不解之缘。他1950年任广东金山中学副校长,年方25岁;1954年挑起创办广东潮安高级中学的重担。正当他意气风发、大展宏图时,被错划为"右派",但他并没有沉沦,而是顽强地活下去,以自己的行为表明对党和人民的忠诚,坚信总有一天"还我清白",并写下"割禾终日成虾背,脱皮容易换心难"和"休怜遍体无乾缕,满腹豪情看晚虹"的诗句以表心迹。度过了辉煌的"早春",又熬过了艰辛的"苦夏"和黯然的"深秋"之后,杨方笙终于进入金色的"暖冬"。他在潮汕工作、生活了半个多世纪,对潮汕文化也情有独钟。1993年,离休不久的他就到研究中心上岗,历任副秘书长、副理事长和顾问等职。参与《潮汕文库》和《潮学研究》的编审工作,又是《潮汕历史文化小丛书》的执行主编,现已出版4辑、40本书,形成完整的系列;经他审阅、修改的文章约200万字。汕头特区晚报社原社长、75岁的陈泽,解放前参加地下革命组织,投笔从戎。性格率直、乐观的他一退下来,就来到"研究中心"第二次"就业",跟幽默、豁达的吴奎信教授一起,老哥俩密切合作,共同编辑汕头特区晚报的"潮汕文化"专版317期、200多万字,并已汇编成4册,深受读者欢迎。他们还有其他社会工作,日程总是安排得满满当当,跟离休前没有多少差别,但他们都无怨无悔,总感到将自己人生的"剩余价值"奉献于此,值!

研究中心现任理事长吴勤生,退休前先后担任中共汕头市委常委、宣传部长和市人大常委会副主任。到研究中心上任后继续发扬这里的优良作风,待人和蔼可亲,工作认真严谨,提出切实可行的工作新思路,带领研究中心的工作人员,在前任的基础上再接再厉,编辑出版"潮人在海外""潮人遍神州""潮汕民俗""潮汕近现代文化史研究"和"潮汕历史资料丛编"五大系列丛书;积极筹建独具一格的"侨批文物馆",出版《潮汕侨批萃编》和《侨批文化研究》等等。他还带领有关人员,跟市教育局联袂举办"让潮汕文化进校园"活动,使中小学生更加了解家乡的发展历史,更好地继承发扬爱国爱乡的优良传统,自觉地肩负起建设新潮汕的历史使命。

研究中心副理事长兼秘书长麦友直,离休前是汕头市政协副主席,曾是"粤赣湘纵队"的老战士。他已69岁了,尽心尽责管好"中心"日常工作,他对花钱精打细算,严格把关,保证将海外侨胞、本地各界捐赠的款项用在"刀刃"上,产生最佳的效益。在他分管的办公室、资料室、财务室等部门的工作人员都勤勤恳恳、甘当无名英雄,后勤工作井井有条,营造良好的工作环境,更好地服务研究工作,真正做到了"保障有力"。

如今,潮汕历史文化研究中心被誉为"潮汕翰林院",成为根植在千年文化沃土上盛开的"金凤花"。了解研究中心创业者的人们,都称赞他们不仅抢救了宝贵的潮汕文化遗产,而且留下了"老骥伏枥、壮心不已,认真严谨、奋发敬业;团结协作、融洽和谐,淡泊名利、重在奉献"的可贵精神财富。在里面的工作人员都由衷地说:"在研究中心的最大收获,就是进一步懂得应当如何做人。"

创办《侨批文化》的思考(提要)

在广东省侨办领导的大力支持下,潮汕历史文化研究中心主办的刊物《侨批文化》,终于在 2008 年 11 月 14 日获得了省新闻出版局批准国内统一连续出版物号(即侨刊号),从这个意义上讲,《侨批文化》在广东省内诸多侨刊中,属"新生儿";而它作为内部刊物出版,至今已有 4 年时间。通过这段时间的实践,对如何办好侨刊的问题,有些切身的体会,现作初步阐述,就教于方家。

首先是力求突出侨刊的个性,凸显鲜明的特色。潮汕是我国的著名侨乡之一,潮汕文化蕴含着侨的"基因",潮汕历史文化研究中心曾考虑创办一个侨刊,但全国、全省的侨乡不少,假如要办,就必须办得有个性,成为侨乡文化"盛宴"的一道"特色菜",而不是面面俱到的"大拼盘"。2000 年 11 月,国际著名汉学家饶宗颐教授在研究中心举办的潮学讲座上首次指出,徽州特殊的是契据、契约等经济文件,而潮州可以和它媲美的是侨批,侨批等于徽州的契约,价值相等,而价值不是用金钱来衡量的。经饶教授的点拨,潮汕侨批作为一份珍贵民间档案文献遗产的历史价值便彰显出来。从此,研究中心决定实施"侨批文化工程",加大侨批的征集和研究力度,着重开发这一文化"富矿",创办《侨批文化》刊物便是其中的一个重要项目。《侨批文化》的个性就在于以侨批为研究对象,集乡土性、资料性、学术性于一体,成为广大侨批文化研究工作者百家争鸣、各抒己见的学术研究平台。至今,《侨批文化》已编辑出版了 9 期,颇受海内外专家学者的欢迎。

《侨批文化》刊物

其次,作为学术刊物应当突出重点,内容不能泛泛而谈。所谓重点包括两层意思:一是应经营好重点栏目,《侨批文化》共有十多个栏目,着重办好"侨批论坛"和"侨批史话"两个。"侨批论坛"的定位是体现刊物的学术水平,主要约请对侨批文化研究颇深的专家学者供稿;选登侨批文化研讨会的论文;转载有关刊物的论文。"侨批史话"主要转载有关史料,饶宗颐教授就特别强调,史料是进行研究的基础,因此,研究中心特地邀请一些史学者、老一辈侨批业者专做侨批史料钩沉;同时,专访年迈不能动笔的老侨批业者,留下他们的口述史料。二是要有重点题目,即有计划地在"侨批论坛"上进行专题研讨。《侨批文化》创刊后的一段时间,主要精力集中在对侨批蕴含的文化内涵上进行挖掘、研讨,如侨批文化与中华优秀传统文化、侨批文化与海洋文化的关系等。后一段时间,转入对侨批经济价值的研究,如清代潮帮侨批业对我国原始金融市场的促进与贡献、潮汕侨批与近现代汕头货币史、侨批的金融运作、侨批与跨国金融的互动等等。

再次,办好刊物的关键必须有一支相对稳定的作者队伍。因为这个问题直接关系到刊物的质量和"寿命",因此,研究中心在《侨批文化》创刊号出版之后,通过报纸和"潮人网"等媒体进行宣传,吸引海内外的侨批文化研究工作者加盟。在得到省内的广州、五邑、梅州、潮州、揭阳,福建的闽南,此外还有泰国、新加坡、马来西亚和中国香港、中国澳门等地专家学者的积极回应之后,便于2004年11月举办了首届侨批文化研讨会,有来自海内外的60位专家学者莅会,提交学术论文45篇;于2007年12月举办了第二届侨批文化研讨会,来自海内外的120位领导嘉宾和专家学者莅会,提交学术论文60多篇。此外,还在2005年7月举办了"抗日时期的侨批业"研讨会,纪念中国抗日战争胜利60周年。通过举办研讨会,汇聚了一批侨批文化研究工作者,形成了一支相对稳定的作者队伍。为防止会后"人走茶凉",研究中心专门编印了参加研讨的专家学者通讯录,将他们的姓名、单位、职衔、地址、邮编、电话号码等,详细地登记在册,以便加强联系。刊物出版后及时寄给大家,并通过传真、电话、电子邮件告知每期的组稿要点,通报研究动态;互致节日祝贺,以此巩固这支作者队伍。还在刊物专辟"笔谈"专栏,请专家学者就如何深化侨批文化研究的问题发表自己的见解。通过这些,与专家学者建立了友谊、加深了感情,如中华全国集邮联合会副会长常增书,香港《中国邮史》杂志社社长麦国培,福建泉州黄清海、万冬青等,前来参加研讨会时还将侨批原件、侨袋和装批的铁皮箱等文物馆赠给研究中心。

还有,就是在创办《侨批文化》时强调,不追求外表的奢华,防止办成"绣花枕头",而是注重内在的质量,因此,刊物的封面力求朴实,印有红头船、侨批的图案,体现出刊物的特色。

(2008年11月24日)

《潮汕侨批史》写作大纲

序言

第一章　潮汕侨批的起源

1.何谓侨批。按陈训先的解释,就是出国谋生的海外潮人寄回家乡赡养胞亲和禀报平安的民间寄汇,其主要特点是"银信合封",即"汇款与家书联襟"。

2.侨批的起源。"有侨才有批",要探索侨批之源,必然要先解读潮汕的华侨史,潮汕是闻名遐迩的侨乡,海外的潮籍侨胞逾千万。他们因国内生活所逼或躲避战乱,远渡重洋前往异国他乡谋生,都要把来之不易的血汗钱托寄回家乡,克尽赡养眷属的义务,侨批因此应运而生。

第二章　潮汕侨批业的产生发展

1.由水客递变而成,如潮阳的李阿梅与马阿隆、马秋盛三位水客合作,于1875年在泰国京都创办永和丰批馆就是其中一例;还有普宁的客头吴端响于1889年在越南宅郡和家乡分别创办吴财合侨批馆。水客的经营方式(见《广东文史资料》第六十九辑"银海纵横",页63—68)。

2.由钱(银)庄等经营,成为钱(银)庄业务的一部分。

3.侨批局的前身,批馆、民信局、批信局。关于潮汕地区创办最早的批馆的多种说法。

4.清代潮汕侨批业的兴起。

5.民国初期至抗战前潮汕侨批业的"黄金时代"。

6.抗战期间潮汕侨批业灾难深重。

7.抗战胜利后到解放前潮汕侨批业的恢复发展和遭受通货膨胀的严重影响。

8.解放后潮汕侨批业的变化,归口银行管理之后完成其历史使命。

第三章 潮汕各地侨批业

1.汕头侨批业。

　　附澄海、潮阳侨批业

2.潮州侨批业。

　　附潮安、饶平侨批业

3.揭阳侨批业。

　　附普宁侨批业

第四章 海外各地侨批业

东南亚各国的潮帮批(银)信业。

1.泰国潮帮银信业。

2.新加坡潮帮批信业。

3.马来西亚潮帮批信业。

4.印尼潮帮批信业。

5.印支三国潮帮批信业。

第五章 海内外著名的潮帮侨批局

1.汕头有信银庄(批局)(与新加坡、中国香港联号)。

2.汕头振盛兴批局(与泰国、澄海联号)。

3.汕头光益裕批局(与泰国联号)、玉合批局(与越南联号)。

4.潮州如陶批局。

5.澄海致成批局。

6.揭阳魏裕峰批局。
7.普宁协裕批局。
8.新加坡致成批局(与澄海联号)。
9.新加坡再和成伟记汇兑信局及裕尘汇兑信局。
10.泰国万成顺银信局。
11.马来西亚蔡福成信局。

第六章　潮汕侨批业的组织形态和业务经营

1.组织形态。
　①内部组织；②外部组织
2.业务经营及其特点。

第七章　潮汕侨批业的社会功能和历史作用

第八章　侨批深刻的文化内涵

第九章　相关资料附录

包括有关政府文件、业者的回忆录和客家、广府、闽南、海南有关侨批的资料。

《潮汕侨批志》写作大纲

凡　例

一、本志记述潮汕地区（指清代以前潮州府辖地）一个多世纪来，在华侨与侨眷之间，由民间传递侨汇和相关信息的一种文化现象的载体——"侨批"的形成、发展、变化和消亡过程的历史，称《潮汕侨批志》。

二、本志记述的"侨批"，是在丰富的"潮学""侨史"资源积淀的基础上孕育出来并打上潮汕胎记的文化瑰宝，具有无法替代的独特价值，故谨以"专志"体例、遵循"详近略远""述而不论"的原则进行全方位记述，使之发挥"存史、资治、教化"的功能作用。

三、本志断限：上限起自清道光年间，一些地方追溯到宋、元、明各朝的潮汕移民，下限止于上世纪 50 年代后期，时间跨度 150 年左右。

四、本志纪年：清代以前按各建制时期的历法记述，并注明公元年份；民国时期和解放后用公元纪年。

五、本志对国内外地名，在古称之后加注今称。

六、本志对国内外于同时期的政权、单位、人员及职务，照原有予以称呼，不冠以任何政治性褒贬之词，对日本侵华时期的机构名称，则在前面加上"日伪"字样。

七、本志对各个时期不同国别的货币，按该国其时货币名称及换算汇率进行记述。

八、本志遵循"生不立传"的原则。"人物传"只收入本籍对侨批业具有较大影响(包括正反面;"录"、"表"亦然)的已故人物;"人物录"收入非本籍(包括国内非潮籍和外籍)有影响的侨批界已故人物;"人物表"收入侨批界本、外籍一般性已故人物。对目前仍健在、曾在侨批界做过有益工作的人物采取"以事系人"的方法记述。

九、为利于本志在海内外传播,志书名称和"目录"(含内容)采用中英文分别印刷,内文用横排繁体字排印。

十、本志标点符号的使用和度量衡的换算按国家颁布的规定进行。

《潮汕侨批志》篇目设计

概述:概要记述本志主要内容

大事记:记载本志断限内各个年头发生的突出事件

第一章 潮汕侨批文化现象的产生和侨批业的出现

第一节 国际因素

 1.海洋文化推动潮汕海上丝绸之路向外拓展

 2.海外各国对潮人和潮货的接纳

第二节 国内因素

 1.开放海禁后潮汕出现的移民潮

 2.破产农民谋生养家的行为取向

 3.热爱故土赡养家室的民风使然

第三节 商业因素

 1.潮汕沿海港口业的兴起和红头船的热航

 2.与"过番"相伴而来的服务行当——侨批业应运而生

第二章 侨批传递的形式和路线

第一节 最早的侨批样式及变化过程

第二节 初期阶段的侨批业及其运作情况

第三节 侨批的业务种类、程序及沿革

第四节 前期侨批传递的水、陆路线及传递体系

第三章　潮汕各地的侨批机构和工作人员

第一节　潮汕首个侨批机构的诞生
第二节　潮汕侨批机构的组建和人员的职业分工
第三节　"侨批派送员"的业务技能和突出作用
第四节　潮汕侨批业的行业管理机构——"同业公会"的职能作用

第四章　潮汕侨批业作为新兴产业的三次发展机遇

第一节　清道光年间(1821—1850)形成了规模化经营
第二节　辛亥革命后形成城乡、海内外合作(联号)的经营网络
第三节　抗日战争胜利后出现复苏连接发展的新局面
第四节　潮汕侨批业的发展带动其他产业发展

第五章　潮人在南洋开办侨批机构拓展业务

第一节　潮汕与海外对应设立侨批局的必然性
第二节　南洋诸国设立侨批局的过程和成效
第三节　泰国曼谷三聘街成为"暹罗批局一条街"的成因及盛况
第四节　海内外侨批业务的协调与发展

第六章　潮汕各地侨批局的收费项目、价格及税赋

第一节　市区及各县侨批业的收费项目及价格
第二节　潮汕侨批市场收费的地区差别和价格浮动
第三节　同业公会对侨批市场收费的协调作用
第四节　税务机关对侨批业的税收征管

第七章　侨批局恪守职业道德备受信赖

第一节　侨批局制订职业道德规范的必要性和形成过程
第二节　各侨批局职业道德的核心和共性内容："博爱"

1.诚信为先

2.服务至上

3.安全快捷

4.方便有效

第三节　市、县侨批局遵循执行职业道德深得侨心

第八章　抗战时期侨批业的运作

第一节　侨批业出现梗阻及风险状态

第二节　侨批递送路线的改道变更

第三节　侨批递送过程的保全措施

第四节　抗战胜利后侨批业务恢复正常

第九章　侨批业在特定时期对国计民生的作用及新时期职能的转换

第一节　对清代、民国时期邮政业务不到位的一种补充

第二节　为广大华侨、侨眷提供了一条生命线

第三节　解放后侨汇由民间递送转换为国家经办的过程

第四节　中国人民银行管理侨批机构的职能及沿革

第十章　侨批在经济上对潮汕侨乡的历史性贡献

第一节　调节潮汕经济　有利于社会稳定

第二节　保持外汇平衡　促进金融业发展

第三节　支持慈善事业　襄助桑梓建设

第四节　赡养唐山亲人　扶植子女学业

第十一章　侨札(书信)的"民间文学"特色

1.情感性

2.通俗性

3.诙谐性

4.智慧性

第十二章 侨批文物的"存史、资治、教化"功用

1. 是了解亲情、乡情、社情、国情的宝贵史料
2. 是开发"潮学"领域及蕴含的标志性资源
3. 是研究侨史、制订华侨政策的佐证和借鉴
4. 是探索潮汕文物宝库的重大成果
5. 是对本、外籍潮人后代进行传统教育的好教材

第十三章 "存史当代、启迪后世"的重大举措

"潮汕侨批文物馆"的酿建和《侨批文化》杂志的出版

1. 专家学者建言献策
2. 党政领导推动促进
3. 侨领儒商相继襄助
4. 社会贤达八方支持

人物传(含录、表)

附录

记述本(外)籍侨批界有影响人物(具体见"凡例"说明)的传略(并附照片)。

收录国家、省、地、市有关重要文件、决定、布告、通知,或石刻碑文拓片等具有永久性保存价值的文字资料。

修志始末:交代修志原委过程。

参加侨批座谈会的银行界退休人员名单

林　峰	原侨批局工会主席	电话:89＊＊＊＊8
林　峥	原侨批局科长	电话:
黄木海	侨批员	电话:82＊＊＊＊1

现中行退休人员：

陈朝添	原侨批局领导（全国劳动模范）	电话:
陈绍铭	原侨批局领导（全国劳动模范）	电话:
徐　光	侨批员（原中行汕头市分行计划科长）	电话:86＊＊＊＊7
陈焕昭	原中行汕头市分行办公室主任	电话:88＊＊＊＊4
方卓娴	原侨批局资料员、侨批员	电话:82＊＊＊＊2
黄友瑞	侨批员	电话:84＊＊＊＊1
黄兆南	侨批员	电话:83＊＊＊＊5
蓝继绵	侨批员	电话:139＊＊＊＊0873(蓝宗平)
许锦海	资从人员,对海外侨批业务较了解	电话:
刘源珊	曾在电视台介绍汕头侨批情况	电话:83＊＊＊＊0
杨　源		电话:
方旭标		电话:
高　峰		电话:84＊＊＊＊7

现在农行退休人员：

陈镇岳	原侨批局工会组织委员	电话:82＊＊＊＊7
陈锦河		电话:83＊＊＊＊5

唐绍癸　侨批员　　　　　　　　　　　　电话:57＊＊＊＊0

内地（县侨批局）：

普宁县　肖国强（现在汕头中行退休）　　电话:84＊＊＊＊8

潮阳县　黄　庆（现在汕头中行退休）　　电话:82＊＊＊＊0

参加侨批座谈会的侨批剧团成员名单

张娴真　金新路＊＊号＊＊＊　　　　　　　电话:86＊＊＊＊0

郑御英(79岁)　绿茵庄＊＊幢＊＊＊房　　　电话:88＊＊＊＊4

沈淑珠　丽水庄中区＊＊幢＊梯＊＊＊　　　电话:88＊＊＊＊3

曾惠花　华侨新村路＊＊号＊＊＊　　　　　电话:82＊＊＊＊7

辛雪琴　丹霞庄西区＊＊幢＊＊＊　　　　　电话:83＊＊＊＊2

陈佩琴(69岁)　　　　　电话:00852-264＊＊＊＊6(1956年生)

郑名王　惠州　　　　　　　　　　　　电话:0752-21＊＊＊＊5

王镇昌　菊园西苑＊＊幢＊＊＊　　　　　　电话:86＊＊＊＊8

"老侨批"

黄伟初(99岁)　　　　　　　　　　　　　　电话:88＊＊＊＊8

97岁的杜邦　联新花园　　　　　　　　　　电话:84＊＊＊＊6

中学生眼中的抗战侨批

汕头市金荷中学　林佩玲　林鸿　蔡栋源　陈灿烽　李梦婕

按：本刊物刊登这篇文章，虽不是名人、大家之作，且"稚气"颇重，却体现出年轻一代对中华优秀传统文化的热爱。

一、前言

随着时间的流逝，有些事情会在人们的记忆里渐渐抹去，但是日本鬼子对中国的侵略、屠杀至今人们都记忆犹新。今年是中国抗日战争胜利60周年，在这个特别的日子里，我们也做了一件意义非凡的事情——研究"抗日战争时期的侨批业"。

二、背景

潮汕的"侨批"又俗称"番批"，从18世纪初叶开始，到20世纪80年代末结束。侨批在其鼎盛时期，每月有八九千万银元，最高年份超过一亿，是潮汕60%以上侨眷家庭的主要生活来源。

民国二十六年（1937）全面抗日战争爆发，广东省银行为了沟通战时侨汇，与潮汕地区原有民营侨批信局联系，银行收寄之穷乡僻壤的侨汇，在无法送达的情况下，则交民办的侨批局义务代为投交收批人。民办的侨批局在乡村多设有批信的投递点，有专职的投递人员，他们熟知荒村小巷,了解当地的侨胞家眷,任何寄往家乡僻壤的银信都能送到不误。战时侨批的寄送有其特别的方式和特殊的意义。

三、战时侨批特点

1.从侨胞情感看

(1)凝聚更深厚的爱国情感

古今中外,爱国主义都是一种最神圣、最深厚的情感,在日本百万军队的铁蹄下,中国人民没有屈服,反而觉醒,更多人直接投身于这场捍卫民族尊严的战争中,海外潮人侨胞同样如此。在"抗日时期的侨批业"研讨会上,陈训先生就向我们展示了一份有特殊爱国意义的侨批。澄海籍的旅泰青年侨胞苏君谦和他的同乡挚友郭子纲、黄奕3人,在国难当头的情况下毅然联手捐资200元国币,支援革命圣地延安抗日军政大学办学。当时八路军驻武汉办事处代表周恩来、叶剑英等对他们的爱国热忱大为赞赏,写了一份回批。相隔千里的飞鸿,把"爱国""爱乡""爱亲人"的情感融为一体。侨胞们对祖国、人民的忠肝义胆,对民族的强烈责任感,也由"侨批"这位特殊的使者传递到我们这一代人心中。

(2)更关心家乡战事

侨批是侨胞与家乡亲人情感联系的"鸿线"。战乱时,侨胞对亲人安危的惦记达到高潮,他们无一例外都关心着家乡战乱。有一封泰国同胞陈木香寄给饶平家人的侨批,寄出时间是1938年4月28日。书信中关心家乡战乱情况,询问家乡是否战乱。因为战乱时期寄信紧张,所以连同写与胞兄和舅母的信一齐寄出。这两信一封的侨批足见在外游子对处于危难中家乡亲人的无限牵挂。抗日战争期间,东南亚各国也陷入日本鬼子的铁蹄下,但他们"报喜不报忧"的多年习惯使他们更关心家乡战事,而极少提及自身的安危。

(3)秉承优良传统

"独在异乡为异客",华侨在海外艰苦创业,他们身上具有中华民族的许多优良传统。从侨批中,不仅能看出他们对亲人的关爱,更能看出潮汕人诚信、勇敢、勤俭、吃苦耐劳的优良品质。在抗日战争时期,这种品质更鲜明地展现出来。泰国同胞刘镇昌寄给家人的番批信中,对家乡战事十分关心,还特别提到战事期间家人要勤俭为先。这封侨批是抗战时期的信件,既见证了中国最黑暗的时间,也说出了在外侨胞对家乡亲人危难中人格品行的重视。此外,华侨十分重视人伦道德,他们告诫在国内的子女要"孝为百行先",无论遇到何种情形,都要懂得自己对家庭的责任义务。当然,他们也是身先士卒的。

2. 从批局经营看

(1)"诚"字当头排万难

从资料可知,批局是非常注重"诚信"的,所有的运作,都是为了准确无误地把批款送到收信人手中。抗战期间,诚信经营更是达到高峰。在研讨会上,陈训先生还向我们介绍了有人用"口批"把侨批传达回国内的史实。口批是抗战时期的一种特殊侨批,因为其时日寇封禁严酷,采用口传,可减少暴露的危险。口批是寄批人用"口头"说定,交款后由执事直接面授可信赖的"批脚"去分送。1938年泰国三青年就是用口批寄来200元作为延安抗日军政大学作办学经费。口批极有力说明了批局诚实守信这一传统。批局的诚信需要批脚们来维护,战乱时,邮路不通是经常的事,稍有贪念就可以私吞批款,要做到诚信是要经受许多考验的。许多批脚的家境并不宽裕,但即使在战乱期间,他们也没有私吞海外侨胞寄回的批信。

(2)形式多样安侨心

批局为急侨胞之所急,采用灵活多样的战时批寄方式。除了开辟战时秘密通道外,还采用"票根补寄"的办法,补救战时丢失信件的问题。由于抗战时期侨批由秘密通道寄递,安全没保证,批信时有丢失,批信局便用"票根补寄"的办法。侨胞陈深城、林应宜先生寄回家乡的票根,分别于民国廿九年十一月十二日和民国廿五年十月廿二日寄出,这些票根都显示了批局对寄批人信件的承诺。

总之,战乱对寄信人和批局都是非常不利的,但批局能站在顾客立场上,克服种种困难,诚信经营,把服务做到最好,这点也是值得我们现在的经营者学习的。

四、我们的感想

1.陈灿烽:侨批,这两个陌生的字眼,在我第一次听到这个词时,我认为"侨批"就是"一批批的华侨"。在老师的介绍下,我才知道原来"侨批"是海外侨胞通过民间渠道寄回国内、连带家书或简单附言的汇款凭证。因此,我对它产生了浓厚的兴趣,决心深入地了解它、研究它。

我们每天到潮汕历史文化研究中心,在那里搜索侨批资料、阅读相关书籍。这些书籍,使对侨批一无所知的我们,慢慢迈出了"无知"的困境。然而,在阅读书籍的过程中,我们又面临另一个困难:一些不懂的问题,怎么办?我们想到了老师的那一番话:"不懂的要先查资料,如果找不到,再去请教侨批文物馆的专家。"在书籍的帮助下,我们解决了5个问题。剩下的几个问题我们便请教了侨批文物馆的专家(附"采访录")。

采访录:

2005年7月25日上午10时许,我与林佩玲同学一起来到潮汕历史文化研究中心6楼的侨批文物馆,向侨批文物馆中的老师请教几个关于侨批文化的问题。下面是林佩玲同学与陈老师的对话:

林:请问您"藉批探路"是什么意思?

陈:因为在抗日期间,侨批业中断(除从秘密通道进行的),音讯杳无。抗战刚结束,华侨就藉着抗战后的第一封侨批探探自己的亲人是否还活着,还有没有亲人在世,先寄上少许的钱,候情况明了后才多寄。

林:请问侨批是从何时起完全由银行接管的?

陈:侨批是从1976年起完全由银行接管的,但是汕头的侨属比较多,侨批也多,所以汕头的侨批要到1978年末1979年初才由银行接管完毕,这表明国外的华侨还是比较相信侨批局的。

林:侨批从何时才要付邮资?

陈:应该是清朝邮政成立后,那时因为要付邮资,一封一封付,比较麻烦,也浪费钱,就把所有的侨批集在一起,以整个包裹寄到国内。而最省钱的一个例子就是泰国的侨批,它采用很薄的纸,而且一面是信封,另一面是信的内容,这样整个包裹就很轻,就会省下不少邮资。

林:现在,华侨还有没有用侨批的方式寄钱回来?

陈：有。上世纪的70年代银行取代了侨批局,而现在仍有少量侨批由海外侨批局向华侨收取后,然后由银行汇回国内,再由国内指定的人领出后分派到侨眷手中。

采访完陈老师后,我学到了不少有关侨批的知识。

2.**林佩玲**：研究"侨批"的路上,布满了许多的绊脚石,比如我们不得不面对的一块石头——缺少一些实物批信,我们几个人围坐着想了一个上午,才想到了解决的好办法——从书本找到后复印下来。俗话说："有志者事竟成!"正因为我们拥有对侨批热爱的"心",拥有不放弃的"心",所以,我们把前进道路上的绊脚石变成了垫脚石。

抗战时期的侨批局不也是这样?在道路受阻时,侨批局人员不畏险阻,寻找秘密通道,决不放弃任何微弱希望,执著地去完成自己的使命。从他们的身上,我学到了要成功就必须从小事做起,在精神上磨炼自己的意志,一心一意朝制定的目标前进,即使遇到困难,也要持之以恒,勇敢地去超越自我!

3.**蔡栋源**：在这次研究中,我学到了很多东西,不仅仅只是侨批发展史,更多的是来自侨批业中的传统美德。在抗日战争时期,为背井离乡的华侨们送批信的"批脚"冒着烈火与炮弹,无论经历多少艰难险阻,无论迎来多少严寒酷暑,都要为国内的亲人送上那一封封期盼已久的批信,这就是"诚实守信"的美德!可想而知,诚信是多么重要,只有这样,人与人之间才能多一分信任。

"勤"也是我从侨胞身上学到的。在生活困难时期,人们为了养家糊口,不得不到国外去打工。尽管他们起先只是一个搬运工,但他们十分勤奋,总是不辞劳苦地赚钱,一分分勤俭地攒着,想方设法地为潮汕地区亲人送来经济来源,养活了大量的潮汕人口。"勤劳、勤俭"的美德是我们现在青少年所缺少的,我要把这次活动的感想告诉更多没有参加活动的同学。

4.**林鸿**：侨批,它不仅是一张轻飘飘的纸,而是海外侨胞对家乡、对亲人、对朋友深深的思念,更是对那黄土地无比的恋情。抗战时侨批见证了当年烽烟四起的战乱,哭诉着妻离子散的悲哀,一封封充满急切心情的侨批,就是那一颗颗赤子爱国之心。无论历史怎么跌宕起伏,也阻挡不了侨胞们的爱国之心。回顾历史,就是要善于向历史学习,要不让前人的血白流。我们有幸参加潮汕历史文化研究中心于7月29日举行的"抗日时期的侨批业"研讨会,从无知到入门,我们的收获太大了。我们要缅怀前人所作出的牺牲,更要珍惜目前良好的学习环境,面对现在,营造未来,我们一定要把潮汕优良文化传统带给更多与我们以前一样无知的同学。接着,林老师(指导老师林应婉)又带领他们研究如何从潮汕侨批加深对中华传统美德的认识。

侨批见深情

汕头市丹霞小学金涛分校六年（2）班　廖伟南

侨批，这个名字对我来说，是既熟悉又陌生的。

今年暑假，妈妈带我到侨批文物馆参观。面对那一封封已经发黄，有些字迹已经模糊不清的侨批，我感到十分好奇。一个又一个的问题接二连三地涌现：侨批是什么？为什么会有侨批？当时没有银行吗？为什么要用侨批寄钱呢？……

回到家里，妈妈告诉了我，爷爷也有一些侨批。他可以解答我的问题。于是，在一个星期天，我来到爷爷家看侨批。爷爷从柜子里翻出一个生了锈的铁盒子，小心翼翼地打开它，数十封侨批呈现在我眼前。爷爷拿起侨批，神情凝重地向我讲述了这些侨批的故事。

这些侨批全都是爷爷的爸爸寄来的。在解放前夕，老爷爷为生活所迫，不得不离乡背井，远涉重洋出国谋生，在新加坡拼命工作、流血流汗，每月把所赚的钱寄回家，有时还会寄一些大米、白糖等食物回来，养家糊口。爷爷自幼丧母，家庭生活的重担落在爷爷的肩上，他要拼命工作养活五个弟妹。爷爷发出感叹："幸好有了你老爷爷这些钱，才使全家度过生活的难关。"

听完爷爷一席话，我感慨万千。我再一次来到侨批文物馆，再次面对这些因年代久远早已发黄的海外潮人的家庭书信（札），我（对侨批）有了新的认识，侨批，不仅仅是家书和汇款的凭证，它是千千万万海外潮人对家乡、对亲人的牵挂,它渗透着海外潮人的血泪和汗水,体现了他们对自己(家国)亲人关爱、负责的态度。

侨批,是历史的见证,是显示广大侨胞爱国爱乡的优良传统和高尚品德的文物。

这一封封小小的侨批,蕴含了侨胞对(祖国、)家(乡和亲人)的多少深情啊……

[点评] 该文通过饱经风霜的"爷爷"诉说侨批的故事,引出"我"的万千感慨,抒发了"我"对侨批的无限深情。这种写法很切合题材,文章结尾点题,令人回味。文中爷爷讲述侨批的故事是全文的中心,如能再展开就更充实生动了。

潮汕侨批被推荐申报世界记忆遗产的情况汇报

日前,广东省档案局拟推荐潮汕侨批申报世界记忆遗产,并派出工作组前来汕头市潮汕历史文化研究中心进行实地考察。

世界记忆遗产,又称"世界记忆工程",是联合国教科文组织于1992年发起的。它是"世界文化遗产名录项目"的延续,旨在对世界范围内所有人类文献遗产进行权威性的评估与登录,以促进对世界范围内正在老化、损毁、消失的人类记录进行抢救和保护。

潮汕是我国的著名侨乡之一,近代众多潮人从樟林港乘坐红头船,漂洋过海下南洋谋生之后,希望将历尽艰辛挣来的血汗钱托寄回家乡,恪尽赡养亲人的义务。侨批就是在当时金融邮政机构尚未建立或极不完善的情况下,海外侨胞通过民间渠道及后来的金融邮政机构寄回国内、连带家书或简单附言的汇款凭证。国际汉学大师饶宗颐教授在他总纂的《潮州志》中,专门对侨批的起源、沿革、业务等方面作了言简意赅的介绍。潮汕历史文化研究中心于1994年4月开始征集侨批,保护这一民间文化遗存。2000年11月,饶宗颐教授在潮汕历史文化研究中心举办的潮学讲座上,进一步对侨批作了画龙点睛的阐述:"徽州特殊的是有契据、契约等经济文件,而且保存很多","潮州可以和它媲美的是侨批,侨批等于徽州的契约,价值相等。价值不是用钱来衡量的,而是从经济史来看。"高度评价了侨批的文献价值。他还强调指出,由于侨批蕴藏着丰富的历史信息和深邃的文化内涵,因此尤其要重视侨批的批信,从文化层面上加强对它的研究。从此研究中心决定实施"侨批文化工程",加大侨批征集和学术研究的力度。时任研究中心理事长刘峰亲力亲为,在吴南生、庄世平、林百欣、陈伟南和饶宗颐等海内外知名人士的大力支持下,已征集到侨批10万封,其中侨批有原件3.6万多封,有5万多封刻录在光盘上收藏;创建了国内首家以侨批为主题的"侨批文物馆";创办了学术刊物《侨批文化》;编辑出版了3辑《潮汕侨批萃编》;2005年4月,与广西师范大学出版社联袂,将侨批文物馆收藏的10多万封侨批编辑出版《潮汕侨批集成》,预计2008年完成;先后举办了"首届侨批文化研讨会"和"抗日战争时期的侨批业研讨会","第二届侨批文化研讨会"于今年11月举办,将侨批文化研究继续引向深入;通过"让潮汕文化进校园"活动,研究中心在汕头金荷中学、峡山初级中学的支持下,分别成立了"侨批文化兴趣小组"和"侨批文化兴趣班",传播侨批文化。

专家学者们潜心研究的成果表明,饶宗颐教授关于侨批的论断非常正确、深刻。侨批对近代侨乡经济社会发展确有特殊贡献,海外侨胞通过它寄回大量批款,赡养了在家乡的众多眷属,成为他们赖以生存的主要经济来源;维系了海外侨胞与家乡亲人的情根;促进了家乡经济繁荣发展;海外侨胞还通过侨批捐资赈灾行善,实现报效桑梓的心愿等等。为此,饶宗颐教授在《潮州志》中充分肯定:"潮州经济之发展,以华侨力量为多,而有造侨运之发扬,应推华侨汇寄信款之侨批业。"侨批是历史最真实的记录,人们从中能够了解到祖国和侨胞居住国的"国情",海外风云变幻的"世情",侨胞故乡的"乡情",侨胞家庭的"家情"和侨胞与他们眷属之间的"亲情",可谓是记载翔实、内容丰富、语言朴素、感情真挚的"经济社会百科全书",成为研究社会史、金融史、邮政史以至海外交通史、海外移民史、国际关系史等的宝贵历史资料,可与典籍文献互相印证,补充典籍文献记载的不足,乃至纠正其谬误,能对当时的一些经济社会状况作更为深入的研究。因此,侨批可以说是于徽州契约文书之后,在历史文化上的又一重要发现。

由监督指导处处长延江蔚率领的广东省档案局工作组来到潮汕历史文化研究中心之后,认真听取了有关情况的汇报;饶有兴趣地参观了侨批文物馆的"潮汕侨批文化图片展"和"侨批珍藏室",目睹不同时期、地区、币制的侨批原件;察看了《潮汕侨批集成》编辑室,与有关人员亲切交谈;接受研究中心提供的《潮汕侨批萃编》《潮帮批信局》《侨批文化》和《潮汕地区侨批业资料》等相关书刊。最后,工作组表示,潮汕侨批可先向国家档案局申报世界记忆遗产立项,要求研究中心抓紧做好各项准备工作。

(2007年4月23日)

中国档案文献遗产申报表

潮汕侨批概述

侨批,是海外侨胞通过民间渠道及后来的金融邮政机构寄回国内、连带家书或简单附言的汇款凭证。

广东省潮汕地区是中国的著名侨乡,近代众多潮人出洋谋生之后,希望将得来不易的血汗钱托寄回家乡,克尽赡养亲人的义务,在当时金融邮政机构尚未建立或极不完善的情况下,侨批是最好的传递方式。潮汕侨批大约始于19世纪上半叶,直到1979年侨批业务归口中国银行管理,历时1个半世纪。从清代、民国(中经抗日战争)至中华人民共和国成立后,各个时期的侨批均有档案留存,约有10万封。

潮汕侨批是近代潮人的经济"生命线",潮汕地区40%—50%的民众,依赖它寄回的批款为生。据统计,1921年以后,潮汕地区每年通过侨批寄回的批款约1亿元,最多超两亿元,这个地区经常出现的外贸逆差,就靠它进行调节,以保持外汇平衡。当时,潮籍海外侨胞与家乡亲人的情根靠它维系,相互的信息也靠它沟通。

潮汕侨批都是来自民间,具有原始性、唯一性的文物性质,记载翔实、内容丰富、系统性强、涵盖面广,涉及经济、政治、军事、文化、国际关系以至社会生活等领域,可与典籍文献互为印证,补充典籍文献记载的不足,是研究近代华侨史、金融史、邮政史、海外交通史、国际关系史的珍贵档案文献。2006年4月,广西师范大学出版社总编辑在美国旧金山举行的北美亚洲年会上介绍了潮汕侨批之后,引起了与会各国专家学者的关注。

1. 基本情况

1.1 名称与保藏地点

1.1.1 申报文献名称:潮汕侨批

1.1.2 地区:中国广东省

1.1.3 地址:汕头市金湖路玫瑰园29幢西座

1.1.4 机构名称:汕头市潮汕历史文化研究中心

1.2 与法律相关的证明

1.2.1 文献所有者:汕头市潮汕历史文化研究中心

地址:汕头市金湖路玫瑰园29幢西座

1.2.2 保管者:汕头市潮汕历史文化研究中心

地址:汕头市金湖路玫瑰园29幢西座

1.2.3 法律身份

a)所有权类别:公有

b)使用范围:依据《中华人民共和国档案法》,这部分档案对社会开放利用

c)版权地位:版权归汕头市潮汕历史文化研究中心所有

1.2.4 行政主管机关:汕头市政协

1.3 申报文献说明

1.3.1 申报文献内容说明:汕头市潮汕历史文化研究中心保藏的潮汕侨批档案文献共有10万封,其中3.6万封为侨批原件,还有6万多封刻录在光盘。侨批原件都经过认真整理,已编集成册。2005年4月,汕头市潮汕历史文化研究中心与广西师范大学出版社合作,将保藏的10万封侨批按潮汕地区各县、乡镇、村庄以至家庭分拣整理,编辑出版约有100册左右的《潮汕侨批集成》,将于2008年完成,使侨批得以代代相传,远播海外。

1.3.2 编目与注册情况:汕头市潮汕历史文化研究中心已编辑出版《潮汕侨批萃编》三辑,第一辑精选寄自泰国、新加坡、马来西亚、越南、柬埔寨、印度尼西亚及中国香港等的493封侨批;第二辑精选潮汕著名侨乡澄海县(今为澄海区)隆都镇的471封侨批;第三辑精选了著名侨乡潮安

县东凤镇陈宏烈一家的433封侨批。同时编辑出版介绍潮人在海内外创办侨批局(即批信局)情况的《潮帮批信局》及其续集。还编辑出版《潮汕地区侨批资料》，摘编采自与潮汕地区侨批业有关的文献、专著、方志、论文、报刊和文史资料，以供研究潮汕侨批时方便查阅和参考。并且创办了国内首家以侨批为主题的"侨批文物馆"，馆内展出"潮汕侨批文化图片展"，共有300幅图片和市篮、批袋等文物，比较详细、系统地介绍侨批的产生、发展和历史贡献；设有"侨批珍藏室"保藏征集到的侨批。还举办侨批文化研讨会，从文化的角度，深层次地发掘蕴藏在侨批中的丰富内涵。创办《侨批文化》的学术刊物，为研究工作者提供切磋、探讨的平台。

1.3.3　辅助说明资料：照片10张；档案复印件19页。

1.3.4　文献形成时间：19世纪上半叶至1979年。

1.3.5　目录：《潮汕侨批萃编》共3辑；《潮帮批信局》及其续集共2册；《潮汕侨批集成》已编出60册。

1.3.6　证明文献价值的有关部门专家证明人的姓名、职务、资格证明及联系地址：饶宗颐，当代国学大师，中国文化研究所、香港中文大学荣誉讲座教授，先后获法国索邦高等研究院授予的荣誉国家博士学位，还获得另外6个荣誉博士学位，联系电话：00852-2873＊＊＊＊；杜经国，1955年毕业于北京大学历史系，历任兰州大学、汕头大学教授，联系电话：0754-831＊＊＊＊；黄挺，曾任汕头大学教授，现任韩山师范学院教授，联系电话：0754-888＊＊＊＊；……

1.4　申报理由

1.4.1　申报文献的真实性：该部分档案征集手续齐全，来源确切。

1.4.2　文献的意义：潮汕侨批是国内反映侨乡历史最完整、数量最多的档案文献，成为研究中国近代社会政治、经济、历史、文化的珍贵档案文献。

1.4.3　申报文献价值评估：

时间：潮汕侨批时间跨度大，纵贯中国近代社会150年，历经清代、民国以至中华人民共和国成立以后。

地区：潮汕侨批在国内涉及包括今汕头、潮州、揭阳三市和今梅州市所辖的丰顺、大埔县的潮汕地区；现属梅州市的大量侨批，过去也由汕头的侨批局转送。在国外主要涉及东南亚的泰国、新加坡、马来西亚、越南、柬埔寨和印度尼西亚、文莱等国家。据《潮州志》记载,民国三十五年(1946)在潮汕地区的潮帮侨批局有131家;在东南亚地区的潮帮侨批局达451家,因而又形成了潮汕侨批的另一个特色——国际性。

主题内容:潮汕侨批是近代中国沿海地区社会生活的真实记录,内容极其丰富,大至近代社会的经济、政治、军事、文化,小至社会的"细胞"家庭状况,既能反映出祖国和侨胞居住国的"国情"和海外风云变幻的"世情",又可解读出侨胞家乡的"乡情"和侨胞与眷属之间的"亲情"。

形式风格:潮汕侨批的形式风格特色鲜明、独树一帜,简要概括为"银信合封",这是因为当时金融邮政机构尚未建立或极不完善,海外潮籍侨胞就靠民间自发兴起、专门办理侨批业务的特殊金融机构——侨批局——将赡家款项和家书或简单附言一并托寄给家乡亲人。因此,侨批本身就由互相关联的两部分——批信(即家书或简单附言)和批款构成,一般在批封上写着"外付大洋XX元"、"外付国币XX元"或"外付港币XX元"等等,批信中也提及寄去款项的数额,两者相符。

系统完整性:潮汕侨批在反映近代中国社会生活方面,具有很强的系统完整性,在时间上,跨越清代、民国以至中华人民共和国成立后各个时期,从中可以清晰地看到近代中国历史发展的轨迹。一个地区、一个家族的侨批,也有很强的完整系统性,如澄海隆都镇的侨批,目前已保藏1700多封,最早的是1925年,最晚至1979年;潮安东凤镇二房后厝(村名)陈宏烈一家,包括他4个儿子的侨批,目前已保藏566封,最早的是1912年(民国元年),最晚为1958年。这样更有研究价值。

稀有性:潮汕侨批原本数量很多,都散落在民间。随着时间的推移和侨批业中止经营,加上土改、"四清""文革"等政治运动的影响,大部分被销毁或因保存不当而破损、烂掉,变得更为稀有、珍贵。

1.5 地方申报磋商情况:本组档案文献经"广东省申报中国档案文献遗产评审小组"评审通过,同意上报。

1.6 抢救管理计划:(1)编辑潮汕侨批专题目录,实行微机检索;(2)设立潮汕侨批珍藏室专门保管;(3)缩微全部潮汕侨批档案。

1.7 提名申报者

1.7.1 名称:汕头市潮汕历史文化研究中心

1.7.2 与文献的关系:文献保存管理者

1.7.3 申报联系人:广东省申报中国档案文献遗产评审小组

1.7.4 详细地址、电话

地址:广州市天河区龙口中路＊＊＊号＊＊＊＊室

电话:020-3874＊＊＊＊

2.参考情况

2.1 对文献损毁程度的评估:潮汕侨批由于年代久远,部分损毁严重,急需修裱抢救。

2.2 保管状况评价

2.2.1 保管历史:潮汕侨批长期散落在民间,1994年开始,汕头市潮汕历史文化研究中心耗费大量人力、物力和财力,采取多种方式进行征集。

2.2.2 当前保管方式:现将潮汕侨批原件整理成册,跟刻录有侨批的光盘一起置于"侨批珍藏室"的特制樟木橱中。室内有空调、防潮、防虫等设施。

2.2.3 负责保管单位:

汕头市潮汕历史文化研究中心侨批文物馆。

（2007年6月2日）

关于汕头、江门两市联合申报"广东侨批"为国家档案文献遗产和世界记忆遗产的情况汇报

7月16日至17日,广东省档案局监督指导处处长吴晓琼受省档案局领导的委托,带领江门市相关部门负责同志一行8人,前来汕头市潮汕历史文化研究中心,座谈如何联合申报"广东侨批"为国家档案文献遗产和世界记忆遗产问题。参加座谈会的有:汕头市潮汕历史文化研究中心副理事长王炜中、副秘书长杨群熙、陈骅、陈义平、理事汤权,汕头市档案局长肖汉铿、副局长林伟雄;江门市档案局长黎秀芳、文化广电新闻出版局副局长王炳森、江门五邑大学党委宣传部长张国雄博士及有关工作人员。

座谈会在吴处长的主持下,经过两场的认真讨论,达成以下几项共识:

一、大家一致赞同,以"广东侨批"名义申报国家档案文献遗产和世界记忆遗产。去年6月,省档案局已推荐潮汕侨批申报国家档案文献遗产,待获准之后再行申报世界记忆遗产。由于广东省内还有江门五邑银信、梅州侨批等,五邑银信也已要求申报。故国家档案局和省档案局认为统一以"广东侨批"名义申报国家档案文献遗产更为合适,言简意赅、高度概括,便于今后申报世界记忆遗产,因为在这方面已有先例,即福建土楼,主要分布在永定、南靖、华安3处,在申报非物质遗产时,"合三而一"统称为"福建土楼"而获准。经过充分讨论,与会者一致同意这个建议,

在申报时,统一按潮汕侨批、五邑银信、梅州侨批的顺序排列。其次,汕头、江门两市联合申报,实现了优势组合,形成合力。目前,福建已经提出将该省侨批申报世界记忆遗产,其申报工作已经启动,这便增加了"广东侨批"申报工作的紧迫感,因此,必须尽快以"广东侨批"立项,向国家档案局申报,加快申报速度、加大申报力度。

二、申报"广东侨批"为世界记忆遗产具有重要的现实意义。首先,侨批是维系海外侨胞与祖国感情的重要纽带,充分体现了侨胞热爱祖国、热爱家乡的高尚情操。海外侨批通过它对祖国家乡作出重大贡献,是爱国主义教育的好教材,通过"申遗",可进一步凝聚侨心、激发侨力,加快广东发展。同时,广东正在进行文化大省建设,而侨批、银信均属于内涵丰富的珍贵文化资源,因此,广东侨批"申遗",便是建设文化大省的一项重要内容。

三、鉴于申报工作是一项系统工程,为此建议:

1. 将"广东侨批"申报世界记忆遗产列为文化大省建设的重点工程,成立专门领导机构,由分管副省长主抓,省档案局、省侨务办、省文化厅及有关市的主要领导和分管副市长组成领导小组,下设办公室、专家组,负责申报的日常具体工作。

2. 继续进行"广东侨批"的挖掘、整理、研究工作。

3. 运用各种宣传形式,大力宣传"广东侨批"申报世界记忆遗产的现实意义及其进展的信息,以引起海外华侨华人和全省人民的重视,促进申报工作的开展。

4. 落实申报经费。申报工作启动经费估算为1200万元(包括申报经费、抢救经费、整理出版经费等)。经费分摊原则,由省和相关市共同承担。省财政承担80%,汕头、江门各分担10%。

最后,省档案局吴处长表示返回广州后负责向局领导汇报,然后由省档案局上报省政府。

(2007年7月24日)

为饶宗颐教授拟评估意见书

尊敬的饒宗頤教授：

您好！

爲了讓您少費神，斗膽爲您草擬了對潮汕僑批的評估意見，請斧正。草擬的評估意見如下。

潮汕是中國著名的僑鄉，近代潮人依賴僑批為生者幾占十之四五，而都市大企業及公益交通各建設多由華僑投資而成；內地鄉村所有新祠夏屋，更是十之八九系出僑資蓋建；且潮汕每年入超甚大，所以繁榮不衰落者，無非賴批款之挹注。故潮汕經濟的發展，以華僑力量為多，而有造于僑運之發揚，應推華僑匯寄信款的僑批業。

徽州特殊的是有契據、契約等經濟文件，而潮汕能與之媲美的是僑批。僑批等于徽州契約，其價值相等。來自民間的僑批記載翔實，內容豐富，從中可以看到祖國與僑胞居住國的國情、僑胞故鄉的鄉情、僑胞家庭的家情和僑胞與他們眷屬的親情，是研究社會史、金融史、郵政史以至海外移民史、海外交通史、國際關係史的寶貴歷史資料，與典籍文獻互相印證，補充典籍文獻記載之不足，可謂是繼徽州契約文書之后在歷史文化上的又一重大發現。

潮汕歷史文化研究中心

2007年4月25日

饶宗颐教授评估意见书

潮汕是中國著名的僑鄉，近代潮人依賴僑批為生者幾占十之四五，而都市大企業及公益交通各建設多由華僑投資而成；內地鄉村所有新祠夏屋，更是十之八九系出僑資蓋建；且潮汕每年入超甚大，所以繁榮不衰落者，無非賴批款之挹注。故潮汕經濟的發展，以華僑力量為多，而有造于僑運之發揚，應推華僑匯寄信款的僑批業。

徽州特殊的是有契據、契約等經濟文件，而潮汕能與之媲美的是僑批。僑批等于徽州契約，其價值相等。來自民間的僑批記載翔實，內容豐富，從中可以看到祖國與僑胞居住國的國情、僑胞故鄉的鄉情、僑胞家庭的家情和僑胞與他們眷屬的親情。是研究社會史、金融史、郵政史以至海外移民史、海外交通史、國際關系史的寶貴歷史資料，與典籍文獻互相印證，補充典籍文獻記載之不足，可謂是繼徽州契約文書之後在歷史文化上的又一重大發現。

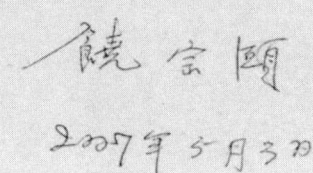

饒宗頤
2007年5月370

陈伟南先生致国家档案局信鉴

香港潮屬社團總會
FEDERATION OF HONG KONG CHIU CHOW COMMUNITY ORGANIZATIONS

國家檔案局領導台鑒：

獲悉包括潮汕僑批、五邑銀信和梅州僑批在內的廣東僑批，在廣東省檔案局的極力推薦下申報國家檔案文獻遺產，香港潮屬社團總會對此表示大力支持。

廣東是我國的著名僑鄉，眾多海外僑胞有著強烈的"根"的意識，他們在異邦不怕艱辛，刻苦耐勞，希望將得來不易血汗錢托寄回家鄉贍養親人，並與親人溝通資訊，在海內外金融機構尚未建立或極不完善的情況，僑批便成為理想的傳遞方式。目前，僅潮汕地區就收藏了10萬餘封各類僑批。

廣東僑批是一種原生態的檔案文獻，民間特色非常鮮明，經歷了清朝、民國到中華人民共和國成立以後一個半世紀左右的時間，比較完整系統地反映了時代的變遷、社會的演進和經濟的發展；內容翔實豐富，從中能夠解讀出僑胞家庭的"家情"，僑胞與眷屬之間的"親情"，僑胞故鄉的"鄉情"，僑胞祖居國和所在國的"國情"，乃至世界風雲變幻的"世情"；並且涵蓋面很擴，涉及當時的金融、郵政；政治、經濟、文化、交通以至普通百姓生活等領域。由於廣東僑批直接產生於當時的經濟社會發展的過程中，是當歷史的真實紀錄，因此，可與有關曲籍文獻互為印證，補充典籍文獻記載的不足，將成為華僑史、金融史、郵政史、中外交流史和海外交通史等學科領域研究的寶貴檔案文獻。為此，國際著名漢學大師、香港大學饒宗頤教授指出，"徽州特殊的是有契據契約等經濟條件"，而潮汕"可以和它媲美的是僑批，僑批等於徽州的契約，價值相等。價值不是用錢來衡量的"，僑批的發掘，可謂是繼徽州契約文書之後在歷史文化上的又一重大發現。已故的中華全國歸國華僑聯合會副主席、香港知名人士莊世平先生高度評價僑批反映出的熱愛祖國，情系故里，堅忍不拔，吃苦耐勞，勇於開拓，篤神守信的高尚品格"是中華民族偉大精神的具體體現"。

廣東僑批推薦申報國家檔案文獻遺產，實際是對廣大華僑歷史貢獻的肯定，對進一步凝聚僑心、為祖國富強、家鄉繁榮共同奮鬥具有重大意義。衷心祝願廣東僑批"申遺"成功！

謹致
敬禮！

香港潮屬社團總會

陳偉南

創會主席　陳偉南
2008年10月23日

附件：香港潮屬社團總會簡介及會董會芳名

洪林女士致国家档案局信函

敬启者：

兹悉省档案局出面，为潮、梅、五邑侨批以"广东侨批"名义申报国家档案文献遗产，这是海外千千万万华侨华人一件大事，敝会亦为之击案支持！

海外侨批文化牵连着无数华侨血泪史，其中包括千丝万缕拼搏在海外华侨骨肉情、乡梓情和有关昔年金融之兴起。从中窥见东南亚尤其是泰国华侨史之主要内涵所在。倘若国家能从侨务政策、华侨史角度去审度，则"广东侨批"被列为国家档案文献遗产，无疑是落实侨务政策一重要贡献。我们作为从事泰中文化交流、侨史研究者，能为这一重要申报贡献一己之力量而感荣幸。

泰中学会为此大力支持此一申报行动，冀望早日看到"广东侨批"申报国家档案文献遗产成功！

专此　敬呈
国家档案局

泰 中 学 会 会 长
洪　林
2008 年 10 月 21 日晚

侨批：民间文献遗存的奇观

《中国档案》杂志记者　刘守华

"批一封，银二元，叫妻刻苦勿愁烦，仔儿着支持，教伊勿赌钱，田园着种作，猪仔哩着饲，待到赚有猛猛归家来团圆。"这首具有浓浓的潮汕韵味的民谣，曾在广东地区广为流传，歌谣既是当年下南洋华侨心态的流露，也是国内侨属生活状态的描述。其中，"批一封，银二元"则道出了潮汕地区旅外华侨向国内亲眷寄信汇款的一种特殊形式——侨批。

尽管一路高速，但从广州到汕头仍需驱车5个小时，我们此行的目的便是探访曾有耳闻却又不甚了解并且颇感神秘的"侨批"。很幸运，此时到汕头看"侨批"，已经不用到民间去艰难地寻找了，在"侨批文物馆"，10万封各个时代、各个国家的侨批，蔚为大观，让人颇为解渴地披阅之余，由衷地叹为观止。

侨批的产生和流传

博物馆隶属于潮汕历史文化研究中心，这是一个民间机构，一批已退休的老领导和专家学者，几近无偿地孜孜耕耘于此，致力于家乡文化的传承和弘扬。在那间散发着浓郁樟木香气的办公室里，儒雅、博学的中心理事长王炜中先生接待了我们。他从樟木柜里拿出了一本厚厚的影集，里面嵌满了用塑料薄膜包裹着的各式各样的侨批原件。

这就是传说中的侨批！无异于今天的信封，所不同的是，上面除写有收信人的地址、姓名外，还注明了汇寄的款额和简短的寄语。曾经是新华社记者的王炜中先生，用记者惯有的简练而生动的语言，向我们介绍侨批的缘起和流传的经过。

侨批，简言之就是"银信合封"，即汇款和家书的连襟，是海外侨胞通过民间渠道及后来的金融邮讯机构，寄回国内的连带附言和家书的汇款凭证。

潮人一向持有"百善孝为先"的传统伦理，因此，初抵海外，他们便强烈地渴望迅速寄钱回家，克尽赡养义务。信不在长短，钱不在多寡，即便一两元也不嫌少，而其时南洋各国的金融邮讯机构尚未建立或极不完善，海外潮人只能借助应运而生的水客，递送侨批，并从侨眷那里索得乡梓回音。

随着国内出洋人数的增多，水客已经适应不了需求，此外，他们的行踪不定、人品不一也让侨胞们心存疑虑。于是，一些托寄大宗批额的侨胞便自己雇专人递送。有时，他们也把同乡亲友的批款集中起来，统一由专人携带回乡。渐渐地，承办这种业务的户头，生意量越来越大，于是索性成立了私人金融机构——侨批局，专事投款托书的侨批业务。19 世纪 30 年代，海内外潮人兴办的侨批局迅速发展，成为侨批业的主力。

本土潮人和海外潮人之间一直存有极其密切的互动关系，侨眷对海外亲人经济上的仰赖程度究竟有多大？从 19 世纪中叶侨批业产生到 1979 年侨批局并入国家银行告终，150 年间流入潮汕地区的侨批款额究竟多少？《潮州志》这样记载："潮人仰赖批款为生者几占全人口十之四五，而都市大企业及公益交通事业各建设多由华侨投资而成，内地乡村所有新祠厦屋更有十之八九系侨资盖建。且潮州每年入超甚大，所以能繁荣而不衰落者，无非赖侨批之挹注。"

对侨批的抢救和研究

都说"海内一个潮汕、海外一个潮汕"，有潮水的地方就有潮人，由此可见，原本散落在潮汕民间的侨批数量，以千百万计都不为过。然而情况并非如此，随着时间的推移及侨批业中止经营，加上政治运动的影响，大部分侨批遭到销毁，即便侥幸存留，也因保存不当而破损、烂掉。有鉴于此，对侨批的抢救迫在眉睫。

1994年4月，潮汕历史文化研究中心得知，澄海邮电局邹金盛手里存有近万封侨批件，他们兴奋了，研究中心资料库中，具有浓郁潮汕特色的侨批尚是缺憾，这次如果征集成功，岂不填补了空白？于是几位有责任感的文化老人，启动了艰巨的"侨批文化工程"。

文化工程的第一步是打开征集的大门，为此，中心领导亲自拜访邹金盛，但邹是集邮爱好者，对自己的藏品当然舍不得割爱。双方协商，由中心提供一台新复印机并配套供应纸张，请邹复印一批侨批封，无偿捐赠中心收藏。就这样，第一批侨批在中心的资料库里落户了，共3028页、6210件，尽管都是复印件，中心的老人们仍欣慰不已。

让"侨批文化工程"发生质变的，是2000年11月22日的那次潮学讲座。国际著名汉学家饶宗颐教授应邀授课，谈到侨批，他说："徽州特殊的是契据、契约等经济文件，而且保存很多，历史一过就很不容易找到了。我们潮州可以和它媲美的是侨批，侨批等于徽州的契约，价值相等。价值不是用钱来衡量的，而是从经济史来看的。"

这是专家对侨批价值的明确肯定，时任中心理事长刘峰、副理事长吴勤生马上决定制订方案，迅速出击，征集侨批原件。他们一面联络侨联发出征集通告，一面派人到侨乡摸底寻访，终于得到了首批1090封侨批原件。2002年，他们还通过努力，成就了最大一笔捐赠：当时汕头的麦保尔先生手里有数量可观的侨批原件堆放在家里，中心了解到这一情况后，与麦达成协议，由中心负责派人整理这些侨批，再由麦保尔负责扫描，将3万多封侨批刻录成32张光盘，捐赠给中心保存。

作为民间机构，开展文化活动最大的障碍就是缺乏资金。2003年3月的一个夜晚，利用潮汕历史文化研究传播中心荣誉会长陈伟南先生到汕头之际，中心领导们集体拜访了陈先生，详细汇报了侨批工程进展情况，并恳请陈先生率先捐资，支持侨批工程。陈伟南慷慨认捐50万元人民币，随后泰国泰中友好协会副会长陈汉士又捐资20万元人民币，工程终于可以进入实质性的操作阶段了。他们举办了一次侨批收藏者座谈会,提出"有偿转让""无偿捐赠""联合出版"三种方式,没想到,短短几天,征集收购就取得了突破性进展,中心共收获侨批原件23000封。

饶宗颐先生闻讯,致电中心,盛赞他们做了一件功德无量的好事,建议成立侨批文物馆。而此时,一些海外华侨又不断送来捐款,侨批专项资金募集总额达到139万元。万事俱备,2004年4月,汕头侨批文物馆建成揭幕,并举办了"潮汕侨批文化图片展",成为全国首家以侨批为主题的文物馆。到目前为止,文物馆存有侨批档案文献10万封,其中3.6万封为侨批原件,6万多封刻录在光盘。

收集侨批,"藏"并不是目的,修文存史,嘉惠后人,中心的创业者们希望通过自己的研究,挽救并为后辈留下这笔文化遗产。陪同我们采访的省档案局吴晓琼女士一再说,中心的文化老人太让人感动了,他们都是一些离退休的领导干部和专家学者,年纪最大的已有80多岁,60多岁还算"年轻力壮"。为了潮汕文化的传承,为了侨批的存留,他们不计报酬,不辞辛苦,常常自嘲是"价廉物美、经久耐用"的打工者。

几年的努力,侨批已经越来越受社会关注,而具备原始性、唯一性等档案特征的侨批,也早已进入档案界的视野,广东省档案局已将其申报为中国档案文献遗产。未来,在研究华侨史、传承潮汕文化方面,有"海邦剩馥"之称的侨批,将更加凸显其重要的地位。

《潮汕侨批研究》纲要

侨批,是海外侨胞通过民间渠道及后来的金融邮政机构寄回国内、连带家书或简单附言的汇款凭证,兼有邮传信递、金融汇兑的功能,其基本特征为"银信合一",即汇款与家书"联襟"的民间寄汇。

潮汕侨批大约于19世纪前半叶问世,至今已有150多年的历史。早在1946年,国际著名汉学大师饶宗颐在其总纂的《潮州志》中,特辟了"侨批业"条目,对侨批的起源、沿革、运营、同业商号等作了全面的阐述,并明确指出:"潮州经济之发展,以华侨力量为多。而有造于侨运之发扬,应推华侨汇寄信款之侨批业。"2000年11月,兼任潮汕历史文化研究中心顾问的饶宗颐教授在研究中心举办的潮学讲座上,对潮汕侨批作了精辟的论述:"徽州特殊的是契据、契约等经济文件,而且保存很多","潮州可以和它媲美的是侨批,侨批等于徽州的契约,价值相等。价值不是用钱来衡量的,而是从经济史来看的。"并且将潮汕侨批誉为"海邦剩馥"。2007年5月,潮汕侨批申报为国家档案文献遗产,饶宗颐教授再次作了高度评价:"来自民间的侨批记载翔实,内容丰富,从中可以看到祖国与侨胞居住国的国情,侨胞故乡的乡情,侨胞家庭的家情和侨胞与他们眷属的亲情,是研究社会史、金融史、邮政史以至海外移民史、海外交通史、国际关系史的宝贵历史资料,与典籍文献互相印证,补充典籍文献记载之不足,可谓是继徽州契约文书之后,在历史文化上的又一重大发现。"

在2010年2月22日"中国档案文献遗产工程"国家咨询委员会召开的会议上,以潮汕侨批为重要组成部分的"侨批档案",被评定入选《中国档案文献遗产目录》,并再接再厉,着手申报为《世界记忆遗产》,使尘封了多年的华侨文化瑰宝,焕发出夺目的光彩。如今,侨批已成为海外潮人族群文化研究一个重要方面,并引起国外专家学者的关注。

第一章　潮汕侨批产生的社会背景

潮汕侨批的问世,源于海外移民,故有侨才有批。

潮汕地区海外移民的主要原因:

首先,这里早就是一个人口大州府,人多地少的矛盾甚为尖锐,土地不堪重负,北宋时每平方公里的平均户数,在全广东23个州府中名列第5;明代的天顺及嘉靖、隆庆年间,潮州府的人户数仅次于广州,在广州各府中名列第2;清代的嘉庆年间,潮州府每平方公里的平均人数,仍在广东乡府中名列第2;至清代宣统二年(1910),潮汕地区人口已达540万,约占广东人口总数的1/6。故有"地狭人众,纵有大年,不足三月粮"之说。

同时,台风、洪水、地震、干旱、冰雹、害虫等自然灾害常有发生,这对人口密集、土地不堪重负的潮汕地区来说,无疑是雪上加霜。

还有,就是兵燹战乱,社会动荡,民不聊生。因此,许多潮人被迫离乡别井,冒险出洋谋生。从19世纪60年代至20世纪30年代,形成了近代的移民高潮,据《汕头海关志》记载,1864—1911年,潮汕地区海外移民共有294万人。

海外潮籍侨胞在海外历尽艰辛,仍恪守中华民族传统伦理道德,形成了强烈的"根"的意识,希望将千辛万苦挣来的血汗钱托寄回家乡,力尽赡养长辈和妻儿的义务。在金融和邮政机构尚未建成或极不完善的情况下,侨批便应运而生,成为海外侨胞理想的托寄方式。

第二章　潮汕侨批业的业态和经营方式

侨批的问世催生了一个新兴行业,即侨批业。

第一节 潮汕侨批业的发展轨迹

大致有三种形态：

一、水客递送。侨批最早是由水客递送，所谓水客（或称客头），就是经常往来于国内外，专为海外侨胞和家乡侨眷递送侨批、回批或物品的人员。后来，水客的业务范围扩大，到海外寻找亲人和谋求生路的新客（即新出洋者）或海外侨胞后裔初回家乡寻根认祖者，皆由他们带出去、领进来。

二、批局承办。随着出洋人数激增，水客承接业务的传统做法已不能适应新的需求，加上水客行踪不定、人品不一，侨胞感到不便，较有积蓄的侨胞或托寄大宗款项的侨户便改为派出专人携带回家乡，并帮亲人集中托寄大额批款。这些专门递送侨批的户头，便是侨批局的雏形。侨批局是一种民间自发兴起、专门办理侨批业务的民营金融机构，并在19世纪30年代以后，成为侨批业的主力军。

三、归口银行。新中国成立后，中央政府仍鼓励侨批业协力扩大收汇业务，给民间侨批局颁发执照。"文化大革命"中的1968年，与海外保持直接业务联系的甲种侨批局在原有合址经营的基础上，统一经营、统一核算、共负盈亏。1973年，国务院下达文件，指示"侨批业应归口银行"。由于潮汕地区是著名侨乡，海外侨胞和家乡侨眷众多，情况比较特殊，故延至1976年实施，1979年归口工作才结束，此后的侨批业务改由中国银行汕头分行承办。

第二节 潮汕本土侨批业的状况

1.汕头的侨批业。汕头开埠后成为中国出入境的主要口岸之一，侨胞出入的人数居国内各口岸之首。清光绪八年（1882），汕头已有12家批局，并设立南侨批业公所，民国十五年（1926）改为汕头华侨批业公会，民国二十年（1931）又改称为汕头市侨批业同业公会。民国二十一年（1932），汕头批局已有66家。直至民国三十五年（1946），汕头批局增加到73家。

2.潮州的侨批业。形成于辛亥革命期间，至1948年，批局和兼营侨批业务的商号共12家。

3.揭阳的侨批业。产生于清代后期,至新中国成立前,汕头邮政局登记在册的批局揭阳分号共有 14 家。至 1946 年,潮汕地区的批局共有 131 家。

第三节　海外潮帮侨批局的状况

潮汕侨批业首先是在海外各地产生,主要集中在南洋,即东南亚地区。

一、泰国的侨批业。泰国是南洋各地潮籍侨胞最多的国家。1946 年,泰国的潮帮(即潮籍侨胞创办)侨批局达 118 家。

二、新加坡的侨批业。据历史资料记载,最早在新加坡创办的潮帮侨批局为 1835 年开业的致成批局,至 1887 年,增加到 34 家,1946 年达 80 家。

三、马来西亚的侨批业。1946 年,马来西亚(除新加坡)的潮帮侨批局有 90 多家。

四、印支三国的侨批业。印支的越南、柬埔寨、老挝三国,在太平洋战争爆发之前共有批局 48 家。

第四节　潮汕侨批业的组织结构和经营特点

一、潮汕侨批业的组织结构

1.侨批局内部组织结构,从业人员一般有如下 7 种职别:东主,即侨批局的财东;司理或总经理,总理批局日常事务;经理是批局某一部门或某一分号业务的负责人,襄理是协助经理工作;管库,负责侨批局现款保管工作;司账,负责侨批局账务;收账,负责侨批局出纳事实;批脚,负责分发各批信、批款。

2.侨批局的同业组织

为了增强业内团结,维护自身的合法权益,保证本行业的生存、发展,海内潮帮侨批局的同业组织问世。

清光绪中叶,汕头成立南批业公所,民国十五年(1926)改为汕头华侨批业公会,成为各县侨批业同业公会的总枢纽。侨批业同业组织订有章程和保护、奖恤、追究等办法,以联络同业感情,增进同业之公共利益,矫正营业弊端,负有保障解付侨批安全的责任等。

二、潮汕侨批业的经营特点

1.经营的地域广（海内外），经营的网络几乎涵盖了海内外潮人所在的各个角落，深深扎根于海外侨胞和家乡的侨眷之中。

2.侨批局纯属民营性质，民间特色尤为鲜明。

3.侨批局的服务虽是商业性运作，但依然坚持以诚信为本，主动热情、深入细致。

4.侨批局内部成员和服务对象，都具有明显的乡族性。

三、潮帮侨批业的具体运作过程

1.揽批承汇。

2.信款递送。

3.信款解付。

4.非正常情况下的运作方式。

第三章 潮汕侨批业的历史贡献

一、赡养众多的侨胞眷属

近代的潮汕地区，有一半以上的人靠海外侨胞托寄的批款过活，不少乡村靠批款维持生活的人口占总人口的 80% 以上。据统计，民国十九年（1930）汇入潮汕地区的批款就达 1 亿银元；民国三十六年（1947）至三十八年（1949），汕头共收到海外侨胞寄来的侨批 500 余万封，批款总额达 3.2 亿港元之多。因此，侨批成了侨乡民众的"生命线"。

海外侨胞汇入的大量批款，大约有 80% 用于赡养侨胞眷属，其余用于偿还债务、祭祀祖先、购置物业以至赈灾、兴办公益事业等。

维系海外侨胞与家乡亲人的密切关系。远离家乡的侨胞在海内外金融和邮政机构尚未建立或极不完善的情况下，侨批就成为他们之间进行感情交流的重要纽带和沟通信息的重要渠道。侨批中流露的感情既真实、朴素，又丰富、深沉，其中包括对父母长辈的孝敬之情，对妻子（丈夫）的思念之情，对子女的舐犊之情，对祖国家乡的眷恋之情。

二、促进侨乡经济社会发展

潮汕的外贸虽发达，经营常出现贸易逆差，在此情况下，潮汕经济仍有较大发展,其中的一个重要原因,就是有大量的批款进行调节,既保持外汇平衡;又增强社会购买力,从而使各业协调发展、社会平稳安定。侨批业还推动潮汕金融发展,促进国家法币、"光绪元宝"龙银的诞生。并且给银庄注入了活力。

三、实现海外侨胞报效桑梓的夙愿

众多侨胞事业有成后,通过侨批或银行寄汇在家办建房屋、办医院、修道路、兴教育,创办各种公益事业,还捐资赈灾等。

四、倾力支持祖国人民的正义斗争

包括海外侨胞通过侨批或银行寄汇,捐资支持孙中山领导的革命活动,支持祖国抗日救亡活动。

第四章　潮汕侨批业的文献价值

一、民间特色鲜明。潮汕侨批是原生态的"草根"档案文献,它发轫于民间,流转于民间,经营于民间,收藏于民间。

二、内容真实丰富。"原汁原味"地反映出大至国家、世界,小至社会"细胞"——众多家庭的具体状况。从侨批中可解读出侨胞家庭的"家情",侨胞与眷属的"亲情",侨胞故里的"乡情",侨胞祖居国和居住国的"国情",海外风云变幻的"世情"。

三、记载系统完整。从时间上看,产生于19世纪前半叶的潮汕侨批与敦煌文书,比较系统完整地反映出时代的变迁、社会的演进和经济的发展。从空间上看,潮汕侨批的完整性、归属性也很强,寄托地主要集中在东南亚诸国,收批地集中在原潮州府属的9县。从而,又体现出潮汕侨批的国际性。

四、正由于潮汕侨批民间特征很鲜明,每封侨批就仅只一份,不可能一式多份,又体现出它的唯一性,不可代替性。

综上所述,都充分说明了潮汕侨批具有很高的文献价值,国际著名的汉学大师饶宗颐教授对此作了精辟的阐述:"徽州特殊的有契据、契约等经济文件,而潮汕能与之媲美的是侨批。侨批等于徽州契约,其价值相等。来自民间的侨批记载翔实,内容丰富,从中可以了解到祖国和侨胞居住国的国情,侨胞故乡的乡情,侨胞家庭的家情和侨胞与他们眷属的亲情,是研究社会史、金融史、邮政史以至海外移民史、海外交通史、国际关系史的宝贵历史资料,与典籍文献互相印证,补充典籍文献记载之不足,可谓是继徽州契约文书之后在历史文化上的又一重大发现。"因此,有"海邦剩馥"之美称,成为海内外潮人社会生活的"百科全书"。

《潮汕侨批论稿》序言

潮汕历史文化研究中心王炜中等五位同志,接受广东省社科联的委托,所编写的《潮汕侨批论稿》拟近期付梓出版,我在此写上几句话。

记得2007年8月,我应邀为王炜中、杨群熙、陈骅编著的《潮汕侨批简史》撰写的"序言"中写道:"这部书是反映潮汕侨批历史的第一部,我们认为仍有待深化,其粗糙、错漏在所难免,祈盼更多的读者、专家学者多提出意见、建议,在将来需要再次增订时加以补正充实。"5年之后的今天,他们3位和王汉武、林庆熙联袂撰写的《潮汕侨批论稿》便告成了。

《潮汕侨批论稿》(下简称"侨批论稿")一开始是简明扼要地介绍了侨批的"家史",是源于海外移民,即"有侨才有批",为侨批溯源。这将让人们了解侨批的"前世今生",有助于客观、全面地了解它,准确、科学地评价它。

接着"侨批论稿"对侨批业的业态和经营方式、侨批的历史贡献,分别作了比较详尽的阐述。从侨批业的业态、经营方式中清晰地揭示出侨批业的实质,在于它融汇了汇兑和邮传功能于一体,而银钱汇兑的金融功能是业中之重,正因为如此,才由个体作业的水客递送,衍传发展为规模不小、影响甚大的行业,并跟银行、银庄一起,催生了地方虚位货币——"直平七兑银""七兑银票"。对侨批的历史贡献的论述,为尘封多年的珍贵文化遗存作出公允全面的评价。

《侨批论稿》对这些年来侨批文化研究思路和开展的状况,做了比较系统详尽的评述,明确地指出这一研究正从自发到自觉、从无序到有序、从分散到集中、从必然到自由的过渡,实事求是地肯定了所取得的成果。与此同时也指出了当前存在的若干问题,这对于今后的研究向纵深发展也有所帮助。

《侨批论稿》对侨批基本属性与文献价值的论述也很值得人们去深入探讨。在第四章中对侨批本质的民间特色、跨国特征、系统翔实等的几个基本属性进行了论证,并从侨批的产生、流转、经营等方面说明它的确是深深扎根于民间的原生态"草根"档案文献。侨批是在跨国环境中诞生,侨批业是在跨国渠道中运作,海外侨胞和家乡亲人的信息,也在跨国网络中交流,跨国特征突出。侨批的时空系统性甚强,以潮汕侨批为例,就经历了清朝、民国、新中国几个历史时期,它涵盖的空间也相当固定,主要集中在本土的潮汕地区和海外南洋(即东南亚)诸国,而侨批都出自平常百姓之手,因此显得格外朴素、真实,"原汁原味"地反映了当时海内外社会的具体状况,且内容相当丰富,囊括了家情、乡情、国情以至世情。这些基本属性表明,侨批可谓是海内外华侨华人社会的"百科全书",涉及经济、政治、海外移民、国际关系等多个领域,与典籍文献互为印证,并补充典籍文献记载的不足,成为人类记忆体系的重要组成部分。广大研究工作者不仅可以从中窥视到历史发展的履痕,而且能够透过社会细胞的家庭,从最基层的视角,更为深入、客观地审视历史、研究问题。数字化记忆方式的问世,侨批越来越显得珍贵,这就使尘封了60多年的侨批所具有的文献价值充分地凸显出来,其世界意义也为世人所认同。正因为如此,包括潮汕侨批在内的"侨批档案",2010年被列入我国《国家档案文献遗产名录》,今年则成功晋级,被列入《世界记忆亚太地区名录》。"申遗"的成功,这就意味着对侨批的研究要进一步引向深入,《潮汕侨批论稿》的问世,对此会起一定的积极的作用,这也是作者所期盼的。

刘峰(签名)
2012年8月29日

潮汕侨批文化研究和申遗纪略

（1994.4—2010.3）

《潮汕侨批文化研究和申遗纪略》编写组

一、侨批文化的奠基者——饶宗颐教授

　　国际著名学者、潮学倡导者饶宗颐教授,是世界上侨批文化研究之首倡者。饶宗颐与侨批文化的情结绝不是偶然的,早在半个多世纪前他就已高度关注发生在潮汕与东南亚的近代侨批特殊互动现象,1948年饶宗颐教授于《潮州志》中充分肯定:"潮州经济之发展,以华侨力量为多,而有造侨运之发扬,应推华侨汇寄信款之侨批业。"并在《潮州志·商业》中首辟"侨批业"条目,对侨批的起源、沿革、业务、同业商号等作了全面的表述,为后来的研究者辟开一条学术新路。

　　2000年11月22日　在潮汕历史文化研究中心（以下简称"研究中心"）举办的潮学讲座上,饶宗颐教授画龙点睛地指出:"徽州学我们国家已承认,国际上也承认。徽州特殊的是有契据、契约等经济文件,而且保存很多","我们潮州可以和它媲美的是侨批,侨批等于徽州的契约,价值相等。价值不是用钱来衡量的……"饶宗颐教授还说,潮汕侨批有特点,是潮汕历史的一部分,也反映潮汕移民史。他的精辟论断,科学地揭示了侨批的文献价值,为今后的侨批研究工作指明了方向,也为侨批文化研究

奠定了牢固的基础。一个以研究中心为龙头的抢救、挖掘、研究、弘扬侨批文化的系统工程正式拉开序幕。

2003年3月18日 在研究中心顾问组第40次会议上,研究中心创会理事长刘峰同志传达了饶宗颐教授的话:"潮汕侨批有特点,是潮汕历史的一部分,也反映潮汕的移民史。"饶宗颐教授高瞻远瞩,观点鲜明,自始至今都主导着侨批文化研究的潮流。

2003年5月 刘峰同志与在香港的饶老通话,话筒中传来了饶老铿锵有力的声音:"应该建立侨批馆!"饶老一语中的,创设国内的首个侨批文物馆,给整个研究中心注入了新的活力和希望,使侨批文化研究再跃上新台阶。

二、抢救珍贵遗产:
侨批的征集工作是研究中心首要的历史使命

1994年4月27日 研究中心召开第三次理事会,理事陈训先同志在会上发言时谈到:澄海邮电局邹金盛先生收藏了近万封侨批和侨批封,建议向其征集,充实刚建立不久的潮汕历史文化资料库。陈训先的发言引起研究中心领导的重视,决定由陈德鸿(时任副理事长兼秘书长)、杜经国(时任副理事长)专程赴澄海拜访邹金盛先生,商定由研究中心提供一台新复印机(配套纸张),由邹金盛利用业余时间复印他收藏的一批侨批和侨批封。至1995年8月,邹金盛将侨批和侨批封复印件3028页共6210封,赠送研究中心资料库收藏。这是研究中心征集到的第一批侨批资料,填补了资料库在侨批收藏方面的空白。

2001年2—5月 研究中心工作人员陈璇珠同志赴澄海家乡征集到侨批原件1090封,其中泰国1007封,新加坡、越南、美国共83封,这是研究中心首次征集、收藏的侨批原件。

2002年4月5日 研究中心制订了《关于征集整理出版〈潮汕侨批〉初步意见》,内容包括着手启动前期工作,先整理已征集的侨批资料;成立专门小组,设立临时工作室,包干整理麦保尔先生收藏的30000多封侨批;同潮汕三市侨联加强合作,发动征集侨批;着手筹措出版资金。经过近四个月的努力,一共整理了麦保尔先生收藏的31839封侨批,并由麦保尔先生刻录成光盘,无偿捐赠给研究中心收藏。

2003年5月20日　刘峰、陈德鸿、倪克屏、王琳乾、陈泽、李福光等同志到侨批收藏者陈坚成处,以人民币15万元收购其所藏侨批原件15349封。研究中心又从另二位收藏者手中购进侨批原件3910封。至6月10日,研究中心已拥有侨批原件达23000封。

三、研究中心是潮汕侨批文化的发掘、研究及传播的平台

1.工作人员的"田野调查",多渠道悉心发掘宝贵的侨批遗产

2003年9月16日　研究中心与中国银行汕头分行联合在中行汕头分行召开"侨批文化座谈会"。应邀参加座谈会的10位潮汕各县市侨批局原工作人员在会上回忆当年岁月,并为筹建"侨批文物馆"出谋献策。时任研究中心理事长吴勤生、中行汕头分行副行长林炜江到会并讲话。两个单位的有关部门负责人参加了座谈会。会上,中行高级经济师萧国强将其精心保存的解放初期中央和各级党政机关贯彻党的侨务、侨汇政策的一些相关历史文件资料等赠送研究中心收藏、研究。

2009年2—4月　为多方位体现侨批文化的丰富内涵,抢救即将被遗忘的记忆,防止断层,研究中心理事长王炜中提出侨批研究田野调查计划。并率研究中心工作人员多次到澄海、揭阳、潮州进行田野调查,对侨批局遗址采访、拍照,与老侨批局现存人员、家属实地访谈,挖掘侨批历史中弥足珍贵的口述资料。

2009年4月8日　王炜中、林庆熙、汤权等同志一行走访中国银行汕头分行,与行长、党委书记余未迟就开发侨批研究等问题作了深入的探讨。

2.审时度势、有的放矢、逐步深化,检阅学术研究成果的"侨批文化研讨会"

1995年2月22日　在研究中心与汕头华侨历史学会联合举办的"潮汕华侨华人与侨乡经济学术研讨会"上,研究中心理事王琳乾作题为

"浅谈潮汕过去的一个特殊行业——侨批"的发言；时任汕头侨史学会副会长兼秘书长杜桂芳作题为"侨批与潮汕传统文化引力场"的发言。他们的发言，引发了与会者对侨批的进一步关注和讨论。

2004年11月7—8日　由研究中心、汕头市政协学习和文史委员会主办，中国银行汕头市分行、澄海区侨联协办的"首届侨批文化研讨会"在汕头市政协联谊中心举行。这是一次综合性的研讨会。有来自潮汕三市和广州、梅州、福州、厦门、泉州等以及泰国、新加坡和中国香港等的60多位专家学者出席研讨会，提交论文42篇。

2005年7月29日　为纪念抗日战争胜利60周年，研究中心举办"抗日时期的侨批业研讨会"，并在侨批文物馆展示抗日战争期间的部分侨批。来自泰国和中国香港、广州、江门、潮州、汕头的57位专家学者，就潮汕侨批的渊源、抗日时期艰苦环境下侨批邮路的开拓及产生的深远影响进行了积极的探讨。刘峰同志参加座谈会并讲话。汕头市金荷中学派出侨批文化兴趣小组10人参加座谈会。

2005年11月6日　时任研究中心理事长李衍平、侨批文物馆副馆长沈建华专程赴泰国参加由泰国泰中学会主办的第二次侨批研究座谈会，该会主题为"和平前后泰国侨批与侨批业"。

2007年12月8—10日　由研究中心、潮州市政协文教体卫史委员会、东山湖温泉度假村联合主办的"第二届侨批文化研讨会"，在潮州市东山湖度假村举行。这届研讨会的主题是侨批与金融。来自北京、广西、福建、广东和泰国、中国香港、中国台湾等地的80多位专家学者以及汕头、潮州、揭阳市政协有关部门领导、嘉宾共120多人出席开幕式。由研究中心、广西师范大学出版社合编的《潮汕侨批集成》第一辑36册出版并在研讨会上首发。

2008年3月8—9日　研究中心与潮州淡浮院联合举办"潮学论坛"。来自福建泉州、漳州和广东潮汕地区的20多位专家学者，围绕如何深化侨批文化研究问题进行探讨。

2008年12月25日　由广东省华侨华人研究会主办、研究中心协办的"广东省华侨文化与侨批文化学术研讨会"在研究中心八楼会议厅举行。研讨会收到论文27篇。来自广州、汕头、潮州、揭阳、江门、梅州等地的30多位专家学者及有关人员参加研讨。广东省侨办副主任、广东华侨华人研究会副会长吴行赐、秘书长王明惠分别作主题讲话和总结发言。

2010年1月6—8日　由研究中心与揭阳市政协教科文卫体委员会联合主办的"第三届侨批文化研讨会"在揭阳市举行。这届研讨会的主题是继续挖掘侨批文化丰富的内涵,探讨如何深化侨批文化研究。来自泰国和中国香港、北京、福建、广州、江门、汕尾、汕头、潮州、揭阳等地的140多位专家学者和有关负责人出席。会议收到学术论文57篇。由汕头市档案局、档案馆、侨批文物馆和潮汕侨批档案馆合编的《潮汕侨批业档案选编》一书在这次研讨会上首发。

3.侨批文物馆的诞生,回放侨批史的原貌,留下了嘉宾的足印、墨迹,激发海外赤子的爱国情思

侨批文化工程是研究中心启动的一项深具特色的重大课题,侨批文物馆对保存侨批文物,推动潮汕移民史及侨史研究,具有深远的意义。侨批文物馆的建立,得到了包括庄世平、陈伟南、林百欣和陈汉士诸先生等广大海外潮籍热心人士的大力支持。

2003年4月　就在侨批征集收购取得突破性进展之际,刘峰同志及时向一直关注此事的饶宗颐教授汇报。饶老听后大喜,在电话中连声说:"功德无量,功德无量,功德无量!应该建立侨批馆。"刘峰同志赞同饶老的建议,当即请他为馆名题签,饶老也满口答应,不久就把写好的墨宝送来。后经庄世平先生斟酌,建议馆名加上"文物"二字,称"侨批文物馆",饶老又重书一次。香港实业家陈伟南也高度评价:侨批馆和潮汕文化是息息相关的,非常有关系,把这些侨批收集起来,将来给后人可以学习,可以参考。时任研究中心理事长吴勤生同志说:"潮汕历来对侨批非常重视,而侨批涉及内容非常广泛,侨史、移民史、金融史、邮政史在侨批中都有反映,对潮学研究来说也是很重要的。侨批文物馆是展示、收藏、研究侨批的场所。"

2004年4月24日　国内首家以侨批为主题的侨批文物馆正式开馆。庄世平、陈伟南先生为侨批文物馆揭幕。

2004年5月18日　汕头市文化体制改革和文化大市建设领导小组办公室印发《关于上报文化大市重点工程建设项目领导机构的通知》,

"侨批文物馆"被列为八项重点建设工程的第二项。

2007年10月　省侨务办公室、省文化厅、省旅游局将潮汕历史文化研究中心及侨批文物馆确定为"中华文化传承基地"。

4.发掘、整理侨批文化遗产,连续出版有关侨批文化书刊,向海内外推介侨批文化,为专家、学者提供研究空间

1999年1月　出版《潮汕侨批》(杜桂芳著,花城出版社出版《潮汕历史文化小丛书》第二辑);

2003年10—12月　编辑出版《潮汕侨批萃编》一、二、三辑;

2004年7—2009年7月　编辑出版《侨批文化》1—10期;

2004年11月　出版《首届侨批文化研讨会论文集》;

2006年1月14日　出版《潮帮批信局》(邹金盛著、研究中心编);

2007年8月　出版《潮汕侨批简史》;

2007年10月　出版《潮汕侨批》(王炜中著,广东省出版集团、广东人民出版社出版);

2007年12月　出版《潮汕侨批集成》第1—36册(研究中心、广西师范大学出版社合编);

2008年5月　出版《第二届侨批文化研讨会论文选》;

2010年1月　出版《潮汕侨批业档案选编》。

四、各级党政机关及海内外知名人士对侨批文化的重视和支持

2003年3月18日　在研究中心顾问组第40次会议上,刘峰同志介绍赴港情况:关于征集出版专项资金问题,庄世平先生表示要请陈伟南、林百欣、陈汉士先生等资助;经会议讨论提出具体操作方法:①把侨批原件全部制作成光盘;②印成复印件,可供查阅、研究;③根据"邹藏""麦藏"及研究中心收藏的侨批分期分批出版;④筹集资金,成立编辑出版机构。

2003年3月31日　刘峰、吴勤生、陈德鸿、麦友直、李福光等同志向陈伟南先生汇报征集、收购侨批和拟出版《潮汕侨批萃编》、募集专项资

陈伟南先生(右二)、高佩璇女士(右一)聆听研究中心负责人汇报侨批原件的馆藏情况

省档案局吴晓琼副处长(右一)在市档案局肖汉铿局长(左二)的陪同下在潮汕历史文化研究中心与王炜中理事长共商"广东侨批"申遗事宜

潮汕历史文化研究中心创会理事长刘峰(后左一)与老同志一起整理侨批

金计划,恳请陈伟南先生带头捐资启动。陈伟南先生听后,欣然答应并乐捐人民币50万元。

2003年4月中旬　由庄世平先生出面联系,泰国陈汉士先生乐捐人民币20万元作为侨批征集和研究的专项资金。

2003年7月8日　筹集侨批征集出版专项基金的工作又有进展,中国香港罗志清先生认捐5万元、陈伟先生认捐4万元,泰国郭国英先生认捐2万元,研究中心顾问组建议再向中国(包括香港、澳门、台湾)及海外的大企业家发动捐助。

2005年1月7日　广东省政协原主席、研究中心名誉理事长吴南生莅临研究中心指导工作、参观侨批文物馆后写下了"诚信——侨批文化见证潮汕人笃信、艰苦奋斗的精神"题词。

2005年6月—2009年10月　国务院外事办、广东省委宣传部、广东省侨务办公室、中国侨联、汕头市侨联、广州海关及国内主流媒体采访团,前来研究中心考察、指导。

2008年3月5日　汕头市委常委、市委宣传部长陈茸带领专题调研组一行14人,莅临研究中心,实地察看了侨批文物馆;与研究中心顾问组和理事会成员座谈。陈茸同志对研究中心成立17年来取得的丰硕成果给予肯定,对老领导、老专家们淡泊名利、无私奉献,积极收集、发掘、抢救、整理潮汕历史文化资料,使工作得以薪火相传表示衷心感谢。

2008年11月9—12日　市委宣传部为配合首届粤东侨博会,在汕头市博物馆隆重举办《潮汕华侨历史文化图片展》,研究中心为"潮汕侨批"展厅提供了大量的图文资料。

2008年11月14日　广东省新闻出版局发文《关于同意出版创办〈侨批文化〉的批复》(粤新出报刊[2008]99号),批准潮汕历史文化研究中心创办出版的《侨批文化》为国内统一连续侨刊出版物,刊号为:CN44-(Q)1125号。办刊宗旨为:研究侨批在侨史中的地位和作用,探讨侨批研究过程中的重要问题,挖掘侨批深刻的文化内涵,交流海内外侨批研究成果。

2008年11月19日　汕头市副市长余健明到研究中心考察指导工作。听取汇报后,对研究中心多年来的工作成果给予充分肯定。

2009年　香港高佩璇女士向研究中心乐捐人民币100万元,支持研究中心研究出版工作。

2009年　省档案局划拨专款4万元用于侨批档案馆建设资金。

2009年7月20日　由广东省档案局(馆)、汕头市档案局(馆)、江门市档案局(馆)、梅州市档案局(馆)与潮汕侨批档案馆联合主办的《海邦剩馥——广东侨批档案展》在省档案馆举行。国家档案局王雁宾副司长在致辞中对这次展览作了充分的肯定,他认为广东集中收藏的14万余封侨批,在近现代的中国华侨史上扮演了十分特殊的角色并作出了特殊的贡献,成为维系海外侨胞与国内亲人情感特殊的纽带。省档案局监督指导处副处长吴晓琼说,广东侨批作为原生态"草根"档案文献,可与官方典籍文献互为印证、互为补充,为华侨史、金融史、邮政史等学科研究提供宝贵基础资料。

2010年1月7日　陈伟南先生与高佩璇女士向研究中心乐捐人民币50万元,继续支持研究中心的研究出版工作。

2010年3月29日　省档案局监督指导处在《广东侨批档案入选〈中

国档案文献遗产名录〉纪实》中称:该项工作("广东侨批档案"的申遗工作)得到了各级领导的高度重视,如省委常委、副省长肖志恒同志到省档案局调研时表示:"广东侨批申遗要好好论证,我会全力支持。"雷于蓝副省长和杨绍森副秘书长又对广东侨批档案申遗工作分别作出了重要批示:"第一步:申报中国档案文献遗产;第二步:申报世界记忆工程。"

五、海内外传媒对潮汕侨批文化的关注,及时、客观的报道

多年来,国内外诸多媒体都密切关注并参与侨批文化的发掘、研究、传承工作,积极对研究中心侨批档案申遗进程进行及时、客观的报道及评述,对申遗和入选发挥了重要促进作用的有:新华社、中国新闻社;《人民日报》(海外版)、《中国档案报》、《南方日报(海外版)》、《广州日报》、《羊城晚报》、《文汇报》(香港)、《汕头日报》、《汕头特区晚报》、《汕头都市报》、《潮州日报》、《揭阳日报》、《石狮日报》(福建)、《星暹日报》(泰国);《中国档案》、《广东档案》、《汕头档案》、《泰中学刊》;中央电视台第四频道、凤凰台、广东电视台、汕头电视台、潮州电视台、揭阳电视台、中国国际广播电台、香港电台电视部;人民网、广东档案信息网、汕头档案信息网、人民网、大华网、潮人网等国内外上百家媒体。

六、侨批档案"申遗"工程的成功,研究中心与国家、省、市档案局密切配合是关键因素

2007年1月　在省人大十届五次代表会议上,省人大代表、汕头市社科联主席陈汉初同志在会上提出关于"潮汕侨批"申报世界记忆遗产的议案,引起省有关部门的重视,潮汕侨批"申遗"工作由此开始提上日程。

2007年4月16日　广东省档案局(馆)处长延江蒿、副处长吴晓琼及李彩香同志等一行4人前来侨批文物馆考察,并召开座谈会,了解侨批的历史价值,准备申报世界记忆遗产。时任研究中心副理事长王炜中、副

秘书长杨群熙、陈骅、陈焕溪等参加座谈会。

2007年5月25日　研究中心正式向省档案局报送材料,申报将"潮汕侨批"列入世界记忆遗产。省有关部门初步同意将"潮汕侨批"列入世界记忆遗产上报国家档案局。

2007年6月13日　广东省档案局一行5人到研究中心考察,再次就"潮汕侨批"申报世界记忆遗产一事作具体技术指导,鉴于侨批文化工程取得的显著成果,广东省档案局决定将潮汕侨批作为"世界记忆遗产"向国家档案局申报立项。

2007年7月16日　省档案局吴晓琼副处长带领江门市档案局、文化局、五邑大学有关负责同志前来研究中心,商议侨批如何向国家档案局"申遗"问题。经过讨论商议,同意省档案局的方案,由汕头、江门、梅州三市联合以"广东侨批"的名义,由省档案局向国家档案局申报为"中国档案文献遗产",候申报成功后再向联合国申报为"世界记忆遗产"。

2009年2月5日　汕头市档案局局长肖汉铿、副局长林伟雄等一行4人莅临研究中心,与王炜中同志等商议设立潮汕侨批档案馆事宜。

2009年2月12日　汕头市档案局发文《关于同意成立潮汕侨批档案馆的批复》(汕市档〈2009〉2号),同意研究中心成立潮汕侨批档案馆。

2009年2月26日　王炜中同志带队到市档案局(馆)参观学习,与肖汉铿局长商议"潮汕侨批档案馆"相关工作。

2009年3月27日　国家档案局副司长王雁宾在市档案局局长肖汉铿等陪同下,参观了侨批文物馆,听取了王炜中同志的简要汇报。刘峰同志会见了王雁宾副司长,进行了亲切的交谈。王副司长对研究中心十几年来对潮汕侨批的抢救、收集、整理、研究所做的大量工作所取得的丰硕成果表示满意和赞赏,认为这是一份很有特色的珍贵民间历史文献,应该妥善保存,深入研究,服务社会。

2009年5月14日　省档案局吴晓琼副处长在市档案局局长肖汉铿陪同下专程到研究中心与王炜中同志商谈广东省档案馆筹办《海邦剩馥——广东侨批档案展》布展事宜。

2009年6月11日　省档案局吴晓琼副处长在市档案局局长肖汉铿、副局长林伟雄的陪同下,专程到研究中心为"广东侨批展厅"收集展品。

王炜中同志表示,研究中心将全力以赴配合省档案局的"申遗"工作。随后,按照省档案局的要求,研究中心提供了一批有关潮汕侨批的书籍、侨批原件、文物以及雕塑等展品。

2009年7月20日 《海邦剩馥——广东侨批档案展》于广东省档案馆隆重揭幕,广东侨批申报"中国档案文献遗产"工作进入"快车道"。

2009年9月18日 市档案局局长肖汉铿等一行3人到研究中心商讨出版《潮汕侨批业档案选编》的有关细则。

2010年2月4—6日 由省电视台、省档案局、潮汕历史文化研究中心制作的专题片《生死侨批》在省电视台新闻频道《解密档案》栏目播出。

2010年3月3日 研究中心接国家档案局档函[2010]44号文通知:2010年2月22日,"中国档案文献遗产工程"国家咨询委员会召开会议,按照"中国档案文献遗产"入选标准,评定《侨批档案》入选《中国档案文献遗产名录》。

2010年3月11日 广东省委原书记吴南生在研究中心创会理事长刘峰、市政协副主席蔡婵英、市文广新局局长姚英杰的陪同下,到研究中心视察。受到研究中心顾问黄赞发、吴勤生、陈德辉、麦友直、杜经国、杨方笙、陈泽,以及理事长王炜中、副理事长陈焕溪、康业丰和全体工作人员的热烈欢迎。吴南生同志和研究中心全体人员举行座谈会,听取了王炜中理事长的工作汇报。吴南生同志首先肯定了研究中心多年来所取得的成果。他说:侨批研究是有成绩的,侨批涉及历史和文化两个领域,是一件大事,这件事办得好,希望在这方面要继续。吴南生同志指出,潮汕历史文化要做的事很多,需要很多人来做。我们可做历史资料的收集、整理、出版的工作,做我们能做的,就是鼓吹、提倡、促进。吴南生同志最后勉励大家,要把潮汕历史文化研究作为一个事业,一代一代地把它做好,让更多的年轻人参与进来,一代一代地延续下去。吴南生同志还参观了研究中心的藏书库、书画室、侨批文物馆,并和研究中心的全体工作人员合影留念。

文稿

许有智记忆中的侨批

他的大名叫许有智,汕头鸥汀人氏,今年虽已86周岁,依然精神矍铄,谈锋甚健,提起他当侨批员的事来,仍记忆犹新。

许有智出生于一个贫寒的家庭,好不容易读到小学毕业,因父亲失业、母亲无业,经济拮据,只好放弃了升初中的机会,13周岁就去鸿发钱庄当学徒,每天早上起床以后,首先要干的活就是洗涮痰盂和8个夜壶。他进钱庄不久,就发现里面的地上、桌上以至楼梯上都"搁"有钱,这对月薪只有一块银元的他来说,的确有很大的诱惑力。原来,这是老板故意丢在那里"考验"他,看他手脚是否干净,但他从不染指,穷得清白。

1934年,17周岁的许有智跨进新潮兴街陈长发侨批局的大门,正式开始侨批员的生涯,直到1939年日寇侵占汕头,侨批局歇业。他回忆说,陈长发侨批局主要是经营槟榔屿的侨批,在那里的潮籍侨胞将款和批交给当地的荣泰昌侨批局,由它集中盖上当地邮局的邮戳,然后通过海上邮路送到汕头邮局。当时,每封侨批还附有一个小批封,供侨眷托寄回批之用。海外侨批局通过香港,将侨胞的汇款兑换成香港汇票,最后到汕头银行公所,按当日的汇率兑成现金。

许有智和伙计们按槟榔屿轮船抵达汕头的时间,提前到邮局等候,将侨批包裹领出来后,就赶回批局拆开,按县份分拣归类,然后分别送到澄海、潮阳、普宁等地设在汕头的友信、四兴、洪万丰批局等,再由他们把侨批直接送到各批户的手里;批户拿到的现金与侨胞汇来的数额相符。如果侨批失落,批户所在地的政府要负责赔偿,保证侨胞和他们的眷属不受损失。批局向收到侨批的批户收取汇款额10%的手续费,侨批员的薪金就从手续费里面提取。侨批解付后第二天,侨批员又要到批户那里收回批,寄给他们的海外亲人。从槟榔屿邮寄来的侨批,每月大约有两次,陈长发批局每月经手的侨汇,有近万元国币。为了赶在返回槟榔屿的客轮出发前将收集的回批及时送达邮局,侨批员总是行色匆匆,甚至要跑步前进。有时,将迟到的回批送到邮局时,里面的工作人员已经包装完毕并打上火漆,侨批员便好言恳求他们把迟到的回批打成小包送出,免得误了船期而使海外侨胞心急如焚地等待、担忧。

当时,许有智具体负责解付汕头市内的侨批。一次,有封侨批的批户地址错写成"华乌街",他便不厌其烦地查找、分析,最后判断可能是"华坞路"的笔误,就跑到那条路去,一家一家地询问批户户主的名字是什么,海外亲人是在哪个地方。终于有一户对上了号,将这封差点"死火"的侨批解付出去。许有智工作如此辛苦,月薪才10多元国币,要养父母、两个无业的叔父和一个弟弟,家境困难状况可想而知。

如今,许有智老人已退休颐养天年,每天都到海滨长廊、人民广场锻炼、散步,到朋友家聊天、喝功夫茶,日子过得相当惬意。

(《侨批文化》2003年10月创刊号)

侨批三题

不久前,为筹建侨批文物馆,我们走访了潮汕一些著名侨乡,收集到不少有关侨批的历史资料和故事,现择要记述之。

果陇有个"侨批世家"

位于普宁市燎原镇的果陇村,有一个专门经营侨批业务的"侨批世家",它就是全国侨联副主席、香港知名人士庄世平先生的家族。

由于庄世平的祖父庄书良老先生经营有方,于是形成一个繁荣的家族集团——"协裕"。庄书良的7个儿子中,除老二早年夭折外,有五个经营侨批的业务,即老三在泰国经营"胜裕兴批馆",老五在马来西亚槟城经营"潮顺兴批馆",老六、老七在汕头经营"增裕银庄";老四也就是庄世平的父亲庄锡竹,则在当地经营着代表本家族旗号的"协裕批馆"。庄家堪称"侨批世家"。庄锡竹志趣与庄老先生相似,理财经营似乎更胜一筹,显得游刃有余,故深得老先生的宠爱,曾让他前往马来西亚槟城主持"潮顺兴批馆"事务,几年后又召回家乡,再次主持"协裕批馆"。

"协裕批馆"是庄家大院的火巷内一座3层楼高的建筑,随着岁月的流逝,尽管显得苍老,但还相当"硬朗",大门上"源远流长"四个字依稀可见。楼的一、二层的面积各有80平方米,底层一进门是前厅,用于分拣侨批和接待客人,厅后是账房;二层主要是雇员住宿的地方,可谓颇具规模。在"协裕批馆"附近,是1987年重修的庄氏宗祠——"辛祖祠堂",原宗祠称为"润德堂",1928年毁于火灾。在庄世趾撰写的"辛祖祠重光记"中,就有庄氏家族经营侨批业的记述:"我家世代书香,闻人辈出,伯叔父年青远涉重洋,创业海外,为侨汇服务。"正因为如此,庄世平先生对侨批特别有感情,他说:"我是侨界中人,父亲和两位叔父分别在潮汕和泰国、马来西亚经营侨批馆,所以对此有深切体会。"

"侨批世家"所在地果陇村,因一望平川、果木掩映田垅而得名,现有人口1.8万人,而旅外的侨胞、港澳台同胞达8万多人。几年来,果陇的海内外乡亲捐资3800多万元,兴办了学校、幼儿园、自来水厂等50多个公益项目,为家乡的可持续发展奠定了坚实的基础。

祖孙三代送批忙

澄海市隆都镇也是著名侨乡,在海外的侨胞和港澳同胞人数相当于全镇人口的1.5倍左右,侨眷人口占全镇总人口的70%,侨批业也相当发达。

这个镇的堤兜村潘得敖家,祖孙三代都曾派送侨批。85岁的潘得敖说,他祖父、父亲和他三兄弟,都从事同一个职业——侨批派送员(俗称"批脚")。得敖兄弟为之送批的潘合利银信局1906年开业,司理人潘家添在家乡隆都设投递局,在泰国设本号批局专门接收批信;在汕头设本号批信中转批局,并与汕头的马德发、光益裕、有信、裕益、永安等批局联号,是一家大型的投递批局。

据潘得敖和79岁的弟弟潘得勤回忆,当年送批时,将汇款和信件包在潮汕特有的水布里,然后缠在腰间,后来改用布袋("批袋")装起来背着走,每天从早到黑,都靠双腿行走,将汇款和批信一分不差、一件不少地送到隆都和潮安县的官塘、铁铺一家家侨眷手里,然后又一家家地将侨眷的回批收集起来,送回潘合利批局,再由潘合利批局发往暹罗(泰国)、叻呦(今新加坡)、安南(今越南)和中国香港等。解放前,在国币贬值的时候,他们还得挑着两布袋重约30斤的纸币,在乡村小道上奔波,一天走下来要近百里路,最多时要送100多件侨批,晚上回不去就住在侨眷家,第二天吃过早饭后再继续上路。就这样,每天一个人的酬劳是两斤米或一元国币,外加几角钱用于过渡、吃饭。尽管如此辛苦,得敖兄弟和其他侨批派送员一样讲信用,一定要按时、如数地将侨批送达;虽然自家生活贫穷,但是从来都没有侵吞海外侨胞的汇款或丢失他们的侨批。

潘得敖兄弟3人,其中的二弟已经去世,只有他和得勤健在。现在,得敖有3个儿子,大儿子收购肉类,二儿子承包14亩地种菜,三儿子做建筑、装修,每人都有一座两层楼,生活相当不错。他虽年逾八旬,还是那样精干有神,走起路来稳健有力,大概是送批生涯磨炼出来的。得勤有4个儿子,也是每人盖了一座楼。

两次出国的市篮

潮汕地区的老一辈,对市篮并不陌生。早年,许多乡亲为生活所逼,就背着它,里面装着不易发霉又很顶饿的甜粿,登上红头船,从海上漂泊到异国他乡谋生;不少水客也背着它往返于他国、家乡之间,为海外侨胞带送侨批。

不久前,在隆都镇的陈钟富家,目睹到一只不寻常的市篮。这是一只曾经两次出国的市篮,年逾七旬的陈钟富一面抚摸着"年龄"比他大10岁的市篮,一面讲述着它的故事。钟富家几代人都出国"过番",他的1个伯父和3个叔父目前还在泰国,整个家族粗算起来有上百人。其中二叔陈英歆,就是这个市篮的主人。1921年,英歆叔刚20岁就背上市篮,告别了母亲乘船远行,靠带在身上的甜粿充饥。抵达泰国曼谷之后,在运稻谷的船上当船工,过着浮萍般的动荡生活,忍受着孤独、思乡之苦。到23岁时,奉母亲之命,背着出洋时的市篮,回到家乡娶亲。几个月后,惜别新婚的妻子,重新漂洋过海去曼谷,再度登上运谷船。28岁时,在母亲的召唤下,依然背着那个市篮返回故里,从此就再也没出去了,守在家里生儿育女,侍奉老母亲。而他旅泰的三叔陈慕禅,不仅对中医、佛教经典有深湛的研究,而且对中国文学造诣亦深,被泰国政府聘为整理中泰历史委员会委员,获泰皇多次召见,他的7个孩子有6个获得博士学位。

这个市篮经历了人间沧桑,人们从它那里,可以解读出当年侨胞的血泪史,而且还有两次出国又两次回乡的经历,因此,陈钟富把它当成宝贝保存至今。当他获悉潮汕历史文化研究中心创建我国首家侨批文物馆时,便把这个市篮无偿赠送给侨批文物馆珍藏。钟富年轻时参加了志愿军,在朝鲜战场上荣立过三等功。在部队期间,因为他有初中文化程度,一开始就搞测量,1959年复员转到地质部。1961年回家乡,在信用社工作直到退休。尽管他现在生活很好,住上了洋楼,但依然没有忘记前辈们的苦难生活。

(《侨批文化》2004年3月第二期)

令人瞩目的侨批文物馆

今年4月24日,潮汕历史文化研究中心侨批文物馆举行了隆重的揭幕仪式,正式向人们展示它的独特风采。这是国内首家以侨批为主题的文物馆。它的揭幕仪式与第五届潮学奖颁奖大会同时举行,全国侨联副主席庄世平、香港潮属社团总会创会主席陈伟南和香港潮属社团总会主席蔡衍涛等香港知名人士、汕头市市长黄志光、市政协主席赖益成等汕头市领导莅会祝贺。未能与会的广东省政协原主席吴南生、国际汉学大师饶宗颐、香港知名人士林百欣、泰中友好协会副会长陈汉士等,则在会上发表书面讲话,他们对侨批文物馆建成作了高度评价。庄世平先生在揭幕仪式上发表讲话时深情地说:"我是侨界中人,父亲和两位叔父分别在潮汕和泰国、马来西亚经营侨批馆,因此,我对侨批文物馆的建成揭幕,感到格外高兴。"陈伟南先生在讲话中由衷地表示:"侨批文物馆在海内外热心人士的关心支持和潮汕历史文化研究中心同仁的积极努力下,在很短的时间就筹建成功,我深感钦佩!"庄世平、陈伟南、黄志光和赖益成还为侨批文物馆揭牌,然后兴致勃勃地参观了"潮汕侨批文化图片展"。与会的香港潮属社团总会、香港潮州商会潮汕访问团和香港潮属社团秘书潮汕访问团的50多位嘉宾一起参观了文物馆和展览。

侨批文物馆一开馆,工作人员就开始了繁忙的接待工作。举行揭幕仪式后的第二天,原黄潮兴批局经理杨亦欣先生的3个女儿就相约前来侨批文物馆参观。杨丽琼等3位女士看到新加坡原有信批局陈应昌先生寄来的侨批图片和他一家的合影,感到非常高兴,因为陈应昌先生的夫人正是她们的表姐。杨丽琼还表示愿意当侨批文物馆的义务讲解员,并留下家里的电话、手机号码,需要她帮忙时随叫随到。

日寇侵华期间,批款一度中断,为救华侨眷属于水火,汕头侨批公会理事长、万兴昌批局经理许自让亲自组织武装员工,历尽千辛万苦,将境外的批款安全地押送到潮汕地区,再分派到侨户手里。许自让先生的儿子、澄海隆都镇侨联主席许守质得悉侨批文物馆在征集文物时,特地将他父亲的遗照送来;侨批文物馆开馆后,又专门赶来参观,亲眼看看展览图片中父亲的形象。

在汕头旅游总公司工作的魏洁,是揭阳魏启峰批局创始人魏福罗先生的后裔。当他得知侨批文物馆已开馆后,便匆匆来参观,开始寻错了地方,跑到汕头博物馆去了,直到5月11日才找对了"门楼"。事后,她又请叔叔魏壁光前来参观,因为展览图片中就有一张魏启峰批局旧址的照片。原福安批局经理陈植芳先生的儿子陈汉宁等侨批业者的后裔,也纷纷前来侨批文物馆参观。

汕头市政协有关部门,龙湖区政府,市档案局、公路局、港务集团、汽车运输公司、旅游总公司,汕头大学商学院,市老年大学,市旅游总公司,市集邮协会,金山中学,澄海区党史办和汕头、潮州、揭阳三市新闻媒体等单位的参观者也先后到来。侨批文物学会洪林女士写下"弘扬侨史、名留青史"的题词。

6月25日,新加坡潮州八邑会馆潮汕文化考察团一行50多人,前来潮汕历史文化研究中心,听取了研究中心理事长吴勤生关于潮汕历史文化概况的介绍后参观了侨批文物馆。考察团的名誉领队、新加坡国立大学李志贤博士说,侨批文物馆的建成,是潮汕历史文化研究中心事业发展的一个里程碑。考察团领队陈好钿则在留言簿上写下"侨乡文化精萃"的题词,盛赞侨批文物馆。考察团的其他成员在参观过程中,兴奋地用地道的潮汕话交谈、议论着,其中的黄业敬先生说,自己是汕头有信批局总经理黄峻六的后裔,并边看展览图片边回忆先辈的往事。不少人还站在图片展览跟前合影留念,有些人驻足展柜前,仔细地观看着寄自新加坡的侨批原件。考察团里的吴雅芸、吴雅儿、吴雅雯三姐妹,参观后已近中午,她们干脆不返回酒店用餐,而是在研究中心的同乡吴奕琛的陪同下,乘出租车直奔她们的祖居地——潮安县彩塘镇院前村,去谒祖、会亲,看父母居住过的老屋。

现在,侨批文物馆已被确定为汕头市八大文化工程之一,成了潮汕地区一个令人瞩目的文化热点。

(《侨批文化》2004年10月第三期)

初析侨批情结

2000年11月,国际汉学大师饶宗颐在潮汕历史文化研究中心举办的潮学讲座上指出,潮汕地区的侨批可与徽州的契约相媲美。此后,侨批更受世人关注。

从已征集到的大量侨批原件中可以发现,海外侨胞寄回国内的侨批,不仅是维持家乡亲人生活的主要经济来源,而且是维系他们情根的重要纽带。

侨批情结的形成

众所周知,潮汕是中国的著名侨乡之一,据专家考证,宋、元时已有潮汕先民移居海外;明朝和清朝初期虽实行过"海禁",潮人移民海外仍呈发展的趋势;近代以来,潮汕先民或因生活所迫,或为躲避战乱,离乡背井,从樟林古港乘坐红头船,冒险前往东南亚等地谋生者,更是源源不绝,尤其是汕头被列为对外通商口岸以后发展至高峰。在异国他乡的先民们与当地人民和睦相处,任劳任怨、辛勤劳作,并将来之不易的血汗钱托寄回家乡,真诚地践行离开家乡前的郑重承诺,克尽赡养父母妻儿的义务。这种"银信合封"的特殊汇款凭证——侨批——便应运而生。潮汕侨批业大约始于清代,距今已有一百多年。起初侨批是靠经常往来于国内外的水客递送,他们乘坐定期往返于国内外的船只,专门将海外侨胞托寄的侨批和物件送到国内的眷属手里,又不断将国内眷属的回批或口信带给海外侨胞。潮汕侨批业兴起后,除第二次世界大战期间外,呈不断发展的趋势。当时,潮籍侨胞主要聚集在东南亚各国,那里的金融邮讯机构尚未建立或极不完善,而侨胞又远离家乡亲人,侨批便成为他们之间进行感情交流的重要渠道。一封封侨批,饱含着双方的一片深情,经过长期积淀,形成了难解难分的侨批情结。这情结蕴含的感情既非常真实、丰富,又十分深沉、复杂,从中不仅可以窥视到海外侨胞和家乡亲人的内心世界,并且能够折射出当时海内外经济和社会的历史状况,成为华侨史、海外关系史等学科研究的重要文献。

侨批情结的要素

通过对部分侨批原件内容的初步分析,我们认为侨批情结有如下的几种感情要素。

对父母长辈的孝敬之情。只要稍为认真地阅读侨批,便能深深地感觉到,众多的海外侨胞虽长年生活在异域,但对在家乡的父母长辈依然十分孝敬。

家在澄海隆都前美乡下底园的侨胞陈鸿程,于20世纪二三十年代前往泰国谋生。他和妻子、几个儿女在海外,留下长子陈修贤和3个孙子陪伴在家乡的母亲。1975年农历四月底,陈鸿程的母亲不幸摔伤,他闻讯以后心急如焚,于五月初一写信给母亲,信中写道:

"慈亲大人尊前敬启者,今天由朱锦渠邮信内云及,母于上月底不幸跌伤,势颇严重,恕儿在外未能晨昏奉侍,实深遗憾。伤势如何,祈续示知,兹付港银五百元,为大人留身边零用。儿陈鸿程 农历五月初一日。"

与此同时,写一封信给长子:

"修贤吾儿知之,今天承朱丈邮信,内云祖母于上月不幸摔伤,闻讯忧之。你们在近左右,须与朱丈等轮流看守勿忽烈(略),于溪伯、如林叔亦应登门向祈禀知,可同帮忙。但伤如何,祈续报来知,兹付港银叁佰元查收,外一信交祖母亲收伍佰元查问。陈鸿程 农历五月初一。"

在信里一再叮嘱修贤要细心服侍祖母,请亲戚帮忙护理。在这期间,由于泰国政局动荡不安,各行各业一落千丈,人心惶惶不可终日,"不知将来何日变作难民,恕难预料"(见陈鸿程 1975 年 7 月 29 日给母亲信)。在如此艰难的情况下,陈鸿程仍先后两次共寄回港币四百元,供母亲治伤。并告知母亲,她的身后事已经办妥,请尽管放心。这些侨批,充分体现了陈鸿程对母亲的一片孝心。

家在澄海程洋冈乡的蔡涌泉、蔡淇泉兄弟俩,在马来西亚谋生,虽景况不佳,仍竭尽所能想方设法筹钱给在家乡的母亲应急。他们在信中这样写道:

"慈亲大人膝下敬禀者,日前接读来谕,获悉所嘱之事,本应如命调取,只因现时外洋行情艰竭,求利艰难,移挪亦不易。而吾弟月薪到月屡屡不发,实在难言,因此吾弟不得不先向人抽调,以赴应用。兹先奉上华币贰拾元,到祈查收,从中发落,其余候缓些正行寄上接用,免介。"

旅居越南的侨胞陈克绍,因为那里"行情冷淡,生意取利甚难",并无厚利可得,所以寄给家乡的批款数量不多,他为此深感内疚,觉得自己没有尽好赡养长辈的义务,于是他在给父母的信中特别表明:"候有(厚利)自当奉上。"新加坡侨胞陈应传在外谋生十分艰难,"奔波十余载,尚赤手空拳,未得酬愿",本应多寄批款回家乡澄海给母亲买新谷,无奈力与心违而深深自责。他在给母亲的信中写道:"非传不知家中之痛苦,奈命生如此,惟有昂首向天叹息而已",总感到对不起母亲。

在家乡的长辈仙逝,海外侨胞则不胜悲痛,为自己未能随侍在侧亲视含殓而倍感遗憾,后来都寄回批款,请亲属代为扫墓尽孝。泰国侨胞陈龙添在 1947 年 11 月 21 日寄给他三嫂的信中就写道:"吾父母之墓,在于每年你等至切买办礼物到墓前扫墓,至切勿误。"而泰国侨胞李广基在母亲去世以后,依然十分想念,他在 1950 年给他妹妹婵花的信中写道:"近来在于十月二十二晚,一度梦见我母,立而面无喜色,使我醒来,日无宁心。然我所梦之夜,即先母忌辰之前一日也。"爱母之心,由此可见一斑!

20世纪60年代,国内经济困难,也牵动了海外侨胞的心,他们经常将食物、用品寄回家乡,给年迈的父母长辈补养身体。比如新加坡侨胞张德贞,1961年6月6日一次就寄回新米、鱼干等物,外加港币10元,并在信中提醒:"父亲每晚烹粥之时,可烹多些,分给吾母多少吃为要。"有的侨胞则寄回面粉、奶粉、猪油、衣服、布料等物。

综上所述,就足见海外侨胞对父母长辈的孝心。

对妻子(丈夫)的思念之情。可以这么说,出洋的侨胞绝大多数是男子汉,而且是为了养家糊口才远走他乡,不得不过着"牛郎织女"的生活,甚至比"牛郎织女"还不如,因为"牛郎织女"每年农历七月初七晚上还能相会一次,而他们由于支付不了路费而长年在外,夫妻的思念之情,就只能通过侨批互诉衷肠。泰国侨胞郑钦桂出洋之后,他的妻子曾希望携儿前往团聚。本来,这也是郑钦桂所盼望的,但因力不从心,只能在寄给妻子的批信里诉说自己的苦衷。他写道,当年出洋"原为家庭所致,再有来暹,亦非快乐喜居",妻儿要来不可能,原因就是"舟费太多,并暹行情劳苦"。夫妻"欲聚不能",其心情之痛苦可想而知。

1946年9月,泰国侨胞陈汉澄在家乡澄海银砂乡市村的妻子即将分娩,但他又没有办法回到她身边,只能在批信中向妻子倾诉自己对她的思念:"贤妻妆鉴,自别之后,无时或释。想愚今日远离乡井,亦为环境所迫,虽人在外,终朝都是为挂于家庭。想妻你将欲生产,家无亲爱偎互,为夫实在难过。"为了使妻子分娩后得到照顾,他就提出解决的办法,建议请她的母亲过去同住数月。同时还告诉妻子,以后对他的来信要注意内外有别,"有信封的信,便是有重要事","如无信封之信,便可公开"。

有的家庭则是妻子出外、丈夫在家,夫妻之间的思念同样情深意切。家在澄海金砂乡的徐桂英,也是出于不得已才远去新加坡,因此,她在给丈夫的信中写道:"夫君镜鉴,久未修书,怀念殊深,遥想起居纳福玉体康健为慰。兹启者,妾自与君分别来叻之后,家中诸务全赖吾夫鼎力维持及儿女辈尽为之培养,则妾之幸也",而对自己出洋之举,再次"望夫海涵"。

对自己子女的舐犊之情。许多侨胞虽在海外辛苦劳作,但对留在家乡的"心头肉"——自己的子女呵护有加。旅泰的侨胞杨捷从赚到一笔血汗钱以后,首先想到的是为生活所逼而卖出去的苦命女儿,因此,当他寄出 5 万元国币给妻子时，专门在侨批上留下附言，嘱咐她收到批后，"至切赎回吾女回家"。而侨胞陈松锦，在泰国得知自己的儿子在家乡澄海隆都居美后陈乡出世之后，欣喜异常，于 1935 年 4 月 25 日晚在灯下疾书，一口气为小儿拟了"济南、济民、俊臣、俊仁、潮民、友民、礼民、华民、济民、壮强、永强、世世、厚忠、乐忠"15 个名字，请家中亲人"将此数名评论，择一个最合意者写来吾知"。

海外侨胞尽管历尽艰辛，仍充满着对未来的憧憬，把希望寄托在下一代身上。在家乡的子女长大以后，又非常重视对他们的教育、培养。马来西亚的侨胞蔡涌泉，在寄回澄海程洋冈老家的侨批中，有一封信是专门给儿子蔡金钱的，希望他"切要谨慎从事，不可在外放荡，以免养成不良习惯"，同时，在给他母亲的一封信中又强调"金钱在家或在外面，切欲学习正当事业，留心进取，不可闲游过日，以免颓唐"。20 世纪 50 年代初，新加坡当局对侨胞"禁令甚严，若非有重大事务，回中国后即不能再来"，在这种情况下，侨胞陈应传就通过侨批，对在家乡的儿子进行"远程教育"，信中写道："希你善待祖母、勿骄勿逸，学业要多学习，方不致贻误未来。"

许多海外侨胞并不富裕，但在寄回家乡的批款中，特地拨出一部分作为供子女求学的"专款"。1934 年出生于普宁流沙镇的朱诗发，其父母于 1940 年和 1948 年两度漂泊泰国谋生。朱诗发的父亲旅泰数十年，主要是从事分发中文报纸和代办侨批业务，收入微薄，仍不断寄回批款，除赡养朱训发的祖母和协助其伯父维持生计外，还为朱诗发和他妹妹求学提供费用。1955 年 8 月，朱诗发考进广州华南工学院（现华南理工大学），朱诗发的伯父正为出门的费用担忧，就在他赴广州报到的前几天，父亲及时寄来港币 250 元，好比久旱甘霖，解了燃眉之急。此后，朱诗发双亲仍节衣缩食，不定期寄来批款供他学习之用，直到他毕业留校当助教之后还是如此。1966 年，朱诗发的父亲去世以后，给人家洗衣服的母亲及其他亲属又继续寄来批款，直到 1985 年。朱诗发真正是依靠父母的侨批完成大学的学业，他终于不负父母的厚望，从一个农家子弟，成长为大学副教授。由此可见海外侨胞的拳拳赤子心和殷殷爱子情。潮阳成田镇的海外侨胞，还集资寄回大量批款，在家乡创办中民学校，分男校与女校两栋大楼，培养乡亲们的子女。

对祖国家乡的眷恋之情。海外侨胞虽身居异地，但时刻关心着祖国的前途命运和家乡的发展兴旺。

新加坡侨胞陈应昌，现已年届八旬，1946年开始就任新加坡有信庄（批局）经理，后又任金生实业有限董事局主席，在当地颇有信誉。他跟许多老一辈的侨胞一样，过去在外克勤克俭、艰苦创业，不少人已有一定的经济实力，仍不免受到歧视，因此，都渴望祖国富强昌盛，只要得知祖国有新发展、新成就，无不感到欢欣鼓舞。1970年7月24日，我国成功发射了第一颗人造地球卫星，陈应昌和妻子李俊华便联袂给他母亲和岳母去信，信中写道："近我政府发射人造卫星誉美全球，海外侨民普天同庆。"兴奋之情溢于言表。1972年2月21日至28日，美国总统来华访问，并发表《中美联合公报》，美方承认"台湾是中国的一部分"。陈应昌又跟妻子一起写信给他母亲和岳母："我国外交胜利，中外咸钦，声誉日隆，侨情洋溢。"充满着对祖国强盛的自豪感。

一代伟人周恩来说过："一个热爱祖国的人，没有不爱自己的家乡的。"广大海外侨胞正是如此，无时不梦魂常绕家乡。泰国侨胞陈何桐给在家乡澄海樟林梅垅乡的胞弟陈林桐诗曰："裁笺握管愁难开，雁阵鸳翼各东西。谁怜海外飘零客，未卜何时解愁眉。"充分表达了眷恋家乡及亲人的游子情。出洋多年的泰国侨胞陈作丰夫妇在1949年4月给居住在家乡潮安官塘巷头社父母的信中就写道："近读古诗'每逢佳节倍思亲'，诚不谬。"日寇侵略中国，泰国侨胞陈维耀不知家乡澄海情况如何，为此牵肠挂肚，就由他妻子写信给在家的母亲，信中写道："闻得潮汕战事日甚紧张，未卜俺附近岂受猖獗，至家人岂受惊惶否。因交通不便，消息少通，以致儿媳在外实深怀念，日慕佳音以慰我怀耳。"印尼侨胞李芝敏，得知家乡澄海莲阳镇下社陈厝南光戏院"时常有潮州戏来表演，计有'源正班''赛金班''怡梨班''老正顺班''三正顺班''玉梨班'等"，勾起了他对家乡的眷恋之情，但自己却远在"千岛之国"，心情十分惆怅，因而在1954年6月寄给母亲的信中写道："有这名班潮州戏，切思儿身居于'印尼'不能前往参观，只有夜间在作梦也！！！"在这之前的1949年阴历二月，他决意回家乡娶杜爱群女士为妻，把"根"留在家乡。李芝敏在给母亲的信中明确表示："对此亲事今决定合意，儿于是月十六日由有方批局寄上金元券叁万元,到祈查收此款,以供买金戒指,何日决定,望母亲赐音示知",并且请"母亲可将此事告知爱群及她之父亲。"

许多海外侨胞吃苦耐劳、克勤克俭的目的,除了为赡养父母妻儿或积蓄下来谋求发展之外,就是希望能"落叶归根",返回祖国故里与亲人相聚。汕头市药业公司退休职工,年近八旬的李秀深,其姑丈莫木意出生于清光绪十九年(1893),十多岁便随亲友"过番",前往新加坡谋生,数年后回乡娶李秀深的姑母为妻,并先后返新加坡。直到新中国成立前,年过半百的姑母、姑丈仍有"少小离家老大回"之念,托李秀深在汕头购置一座面积80多平方米的楼房,预留作年老返乡长住及儿孙往来居住之所。同时,李秀深还听著名的旅泰华侨实业家陈慈黉的孙女说过,清末民国初,她爷爷和父亲在家乡澄海隆都前美乡建宅第时,有些儿子认为由汕头往隆都要转两次车,过一座桥、渡两条江,还得步行两华里,甚是不便,于是请求在香港购地建房,她父亲说什么也不同意,他讲:"在香港购地建房,你们将来不想回乡。"可见海外侨胞对家乡一往情深。

侨批情结的"基因"

美国的斯图尔特和贝尔特曾深刻指出:"文化是当今世界所面临的许多事件的真正根源。"从近代便开始形成的侨批情结,所以这样难解难分,主要是由于它是以中华民族的传统精神文化为基础。

伦理道德是中华民族传统精神文化的核心,也是侨批情结的"基因",其价值原则主要有仁爱孝悌、重义轻利、谦和礼让、真诚有信。有专家指出,仁是重在对他人,孝顺父母,敬爱兄长,是仁爱的基础,在汉代,孝被置于最高位置,强调"百善孝为先"。义重在对自我,是一种行为准则,儒家学者强调君子看重的是自己的行为是否合乎道义,小人看重的则是个人的利害得失,重义者荣、重利者辱。谦让就是严以律己、宽以待人,使人与人之间关系和谐。而诚是指人能够保持内心的本真、不自欺欺人,信就是要讲信用、互相信任。

一代代的海外侨胞,正是在这种传统伦理道德的熏陶下,形成了强烈的"根"的意识,对长辈竭尽孝道,对妻子情有独钟,对儿女倍加关爱,对祖国、家乡无比热爱。他们出洋之初,生活艰苦困苦,寄回家乡的赡家批银不多,因此,在写给亲人的信中一次又一次地承诺:"以后有利自当继续奉上""候有厚利入手,自当多寄""候有业可任自当厚寄,决不致(置)于脑后",事实表明,他们都没有食言。许多海外侨胞尽管在家乡已无嫡系亲属,依然慷慨解囊,在"生于斯"的故土上兴办各种公益事业。家在潮安县东凤镇二房后厝的陈宏烈,前往新加坡谋生以后,他的4个儿子也陆续出洋,但他们一直怀念着祖国家乡和亲人,不断地寄回侨批,其中有566封侨批为汕头麦保尔先生所珍藏,最早寄出的时间是1912年,最晚是到20世纪60年代,实在令人感叹不已。德国的著名哲学家黑格尔说过:"中国纯粹建筑在这一种道德的结合上,国家的特征便是客观的'家庭孝敬'。中国人把自己看做是属于他们家庭的,而同时又是国家的儿女。"侨批情结正生动地体现了这一点。反映出海外侨胞"热爱祖国,情系故里,吃苦耐劳,勇于开拓,聪明睿智、笃诚守信"的海外潮人精神,成为潮汕优秀传统文化的有机组成部分。

(《首届侨批文化研讨会论文集》2004年11月)

参考文献:

《潮汕侨批萃编》第一辑,潮汕历史文化研究中心编,香港:公元出版有限公司,2003年10月。

《侨批文化》第一、二期,潮汕历史文化研究中心编,2004年。

《中国文化史观》,谭元亨著,广州:广东高等教育出版社,2002年。

《中国文化概论》,王宁主编,长沙:湖南师范大学出版社,2000年。

《美国文化模式》,(美)爱德华C·斯图尔特、密尔顿小贝内特著,天津:百花文艺出版社,2000年。

侨批文化馆收藏的侨批原件。

关注侨批文化研究的庄世平先生

已届耄耋之年的潮汕历史文化研究中心顾问庄世平先生,仍一如既往地关注着侨批文化研究的进展。

今年4月16日、20日,95高龄的庄老先后通过电话,与研究中心名誉理事长刘峰交谈时再次强调,侨批有很大的文化价值,意义深远,应进一步加强研究,挖掘其丰富的内涵。他还对刘峰说,创办潮汕历史文化研究中心,是一项千秋万代的"工程",意义重大,不亚于创办汕头经济特区,能参加这项"工程"建设,应该是十分幸运。

庄老指出,特殊的侨批文化,是潮汕文化的重要组成部分。唐代诗圣杜甫在《春望》一诗中写道"家书抵万金",众多侨胞离乡别井漂泊海外,在邮讯机构尚未建立或极不完善的情况下,就靠侨批跟家乡的亲人沟通,侨批就成为维系海内外亲人情根的重要纽带,中华文化与海外文化,也通过侨批进行交流。许多侨批都洋溢着浓烈的爱国味、乡情味和人情味,洋溢着浓厚的民族感情,内容既真实、丰富,又广泛、深刻,因此,侨批文化应加强宣传、扩大影响,还要挑选一批有代表性的侨批深入研究,进一步弘扬爱国精神和传统美德。

庄老一向关心包括侨批文化在内的潮汕文化研究,1992年就指出,成立潮汕历史文化研究中心:"不是要独树一帜、树立于中华民族文化之外,而是在中华民族整个文化之内,放出我们潮汕文化的光彩来。"数年后,他又说:"开展对乡邦文化的宣传、传播、讨论,将会从感情深处打动海内外乡亲,使之更加眷恋乡土故园,促进潮汕文化的优良传统弘扬于五湖四海。"

2001年,在潮汕历史文化研究中心成立十周年庆典上,被授予"弘扬潮汕文化特别荣誉奖"的庄老,进一步阐明弘扬潮汕文化优良传统的深远意义。他说:"潮汕文化是历代潮人秉承中华文化精神血脉,用自己的智慧和劳动共同创造的地方文明,源远流长,非常广博,被人们视为奇珍瑰宝,这是潮人的骄傲。弘扬潮汕文化是功留千秋、造福当代、惠及后代。"

2003年6月,为侨批文化研究工作者提供百家争鸣、各抒己见"平台"的刊物《侨批文化》即将问世时,庄老欣然命笔写下"弘扬侨批文化"贺词。同是2003年,研究中心正在积极筹建"侨批文物馆",庄老在跟陈伟南、饶宗颐等知名人士讨论馆名时,经过认真的斟酌,提出将原拟的"潮汕侨批馆"改为现名,获得大家的认同。同年,研究中心编辑的《潮汕侨批萃编》第一辑要出版,庄老又为它作序,深刻指出侨批:"不仅是一张汇款凭证,而且是历史真实的见证",也是"研究中国近代史和华侨史的重要文献,为海内外研究潮学的专家学者提供丰富翔实的历史资料。对潮汕人民来说,也是了解家情、乡情,进行爱国主义教育的好教材。"他还深情地写道:"我是侨界中人,父亲和两位叔父分别在家乡潮汕和泰国、马来西亚经营侨批馆,所以对此有深切的体会。"

2004年4月,国内首家以侨批为主题的侨批文物馆落成时,庄老专程前来参加庆典并亲自揭幕。他在落成庆典仪式上的讲话中深刻指出,侨批:"渗透着海外侨胞对祖国和桑梓的无限深情,反映了他们热爱祖国,情系故里,吃苦耐劳,勇于开拓,笃诚守信的高贵精神",希望重视和加强对潮汕侨批的研究,使潮学研究更富有特色。同年11月,首届侨批研讨会在汕头隆重举行,未能莅会的庄老特地来函祝贺,坚信:"侨批文化这株已经破土而出的新苗,在众多专家、学者和热心人士的共同耕耘和精心培育下,必将绽开出绚丽的花朵,结出丰硕的果实。"

庄世平先生对侨批文化的深切关怀,将激励着研究工作者勇往直前。

(《侨批文化》2005年4月第四期)

侨学前导

——首届侨批文化研讨会述评

2004年11月7日至8日,首届侨批文化研讨会在汕头市政协联谊中心隆重召开。

这次研讨会由潮汕历史文化研究中心、汕头市政协学习和文史委员会主办,中国银行汕头市分行、澄海区侨联协办。广东省政协原主席吴南生、全国侨联副主席庄世平、香港潮属社团总会创会主席陈伟南、泰中友好协会副会长陈汉士等海内外知名人士和厦门市闽南文化学术研究会、汕头市集邮协会发来了贺函;未能莅会的国际汉学大师饶宗颐、中华全国集邮联合会副会长常增书,分别寄来他们题写的"侨学前导"和"研究侨批历史意义,弘扬华侨爱国精神"的贺词,给研讨会增添了光彩。潮汕历史文化研究中心名誉理事长刘峰和顾问们,对如何开好这次研讨会提出了很好的意见和建议;汕头市政协主席赖益成莅会并发表了热情洋溢的讲话。来自各地的60位专家学者莅会并提交45篇学术论文。在研讨会开幕式上,泰国泰中学会顾问许茂春捐赠人民币2万元作为侨批文化研究经费,并表示要捐赠1封清代的侨批原件,这将成为侨批文物馆"镇馆之宝";中国香港《中国邮史》杂志社社长麦国培,捐赠333封侨批原件给侨批文物馆;中国银行泉州市分行的黄清海,向侨批文物馆捐赠1个中国银行解付侨批的铁皮箱。

首届侨批文化研讨会开得颇有特色,概括起来是:开创、开放、开明。

开创，就是首次明确地将侨批提升到文化层面来研究。这次研讨会的名称已经表明，有识之士不仅把侨批看成是一种经济现象，而且认为是一种特殊的文化现象、一份宝贵的文化遗存。它存储着丰富的历史信息，真实地折射出人们在不同历史时期的价值观念、伦理道德以至内心的感情世界，有两位美国学者提出："文化是当今世界所面临的许多事件的真正根源。"从文化的角度切入研究侨批，就能更加深刻地发掘它的丰富内涵。在这一点上，许多专家学者已达成了共识。吴南生在给研讨会的贺函中就指出，这次会议："把侨批文化的工作提高到一个新的层次，这对于进一步研究海外华人文化、发扬海外华人的优良传统，对于推动潮汕地区的经济和社会发展都是极有意义的。"庄世平在贺函中也强调："（侨批）文化内涵极其丰富，值得认真研究、探讨，是深入开展潮学研究中一篇很有特色的文章。"

开放，就是敞开学术研究大门，喜迎各方专家学者。这次研讨会兼容性强，参加此次盛会的专家学者，有来自我国主要侨乡的福建厦门、泉州、福州和广东的汕头、梅州、潮州、揭阳，其中梅州一下来了7位；北京的陈建波，广州的余耀强、王锡亭和台湾的唐存政未能赴会，也寄来各自的论文参加研讨。海外莅会的专家学者，泰国有黎道纲、洪林伉俪；新加坡有柯木林，陈丽园虽没有参加，也寄来一篇《情系家计——以澄邑山边乡陈宅家批为例论侨批的本质》的论文。莅会的专家学者中，既有集邮侨批收藏"三巨头"的许茂春、麦保尔及邹金盛，又有史学界、文艺界、金融界的专家学者，大家从不同的角度，协力探求侨批文化的真谛。

开明，就是提倡"百花齐放，百家争鸣"，让专家学者在这个既科学、又民主的平台上畅所欲言、各抒己见。广东澄海的陈训先以《试论清代潮帮侨批业对我国原始金融市场的促进与贡献》为题，发表了自己的见解，得到与会不少专家学者的认同，感到今后要加强这方面的探讨，从金融的角度剖析侨批，更充分地认识它对推动经济社会发展的作用。专家学者们还对什么是"批"和"侨批"的问题展开了热烈的讨论，来自闽南的陈耕、杨浩存和来自梅州的房学嘉等都在会上阐述各自的观点，最后，大多数专家学者比较赞同这种看法，即"批"就是闽南语的信，"侨批"是海外侨胞通过民间渠道的寄汇方式，其基本特征为"银信合封"，是汇款与家书的联襟;并建议会后再进行深入探讨。因此,与会者普遍认为,这次研讨会学术气氛浓厚,开得相当活跃、宽松,大家发言非常踊跃。专家学者们除几位有特殊原因先离会外,都有始有终,直到参加闭幕式。他们还利用晚上休息时间聚集在一起,对今后如何深化侨批文化的研究,畅谈了自己的看法。他们提出,召开会议研讨与经常性研讨相结合,可举办小型的"月谈会""季谈会",使侨批文化研究"长流水、不断线";邀请专家学者参与制订侨批文化研究的规划,确定研究课题,使研究工作更加有序、有效地进行;建立一支相对稳定的侨批文化研究队伍,由研究中心侨批文物馆具体负责加强联系、收发有关材料、通报相关信息、交流研究成果等;要从文、物、音、像着手,全面征集、保存侨批文物资料,尤其是高龄"老侨批"的口头资料,更要加快"抢救"收集;将侨批文物馆、《侨批文化》刊物和侨批文化研究队伍等要素进行整合,逐步形成侨批文化研究体系;适当的时候建立"侨批学"。会后,福建省图书馆的许建平意犹未尽,接连给研究中心有关人员来信,进一步阐述自己的观点,提出具体的建议。广州学者余耀强因故未能参加这次研讨会,会后特地赶来研究中心了解会议情况、参观侨批馆,并反映说,新加坡、马来西亚的一些专家学者因未能赴会而感到遗憾。因此,他多要了几本《首届侨批文化研讨会论文集》和其他有关资料,准备送给他们。同时,希望侨批文物馆进一步加强与海外专家学者的联系。

今年3月,研究中心又邀请部分专家学者座谈,就今后如何有计划、有步骤地深化侨批文化研究,进一步提高《侨批文化》刊物的质量和调整、充实侨批文物馆展示内容,充分利用潮人网宣传侨批文化等问题,进行认真探讨。他们认为,侨批文化研究应全盘规划、抓住重点、集中力量、纵深研讨,可将"侨批与金融"定为明年的研究课题;《侨批文化》每一期应有一个重点和相关的重头文章,以体现侨批文化的研究成果,还可选登侨批的精品,并适当加以评注;增设专门的栏目,介绍外地研究侨批文化的进展和成果;侨批文物馆图片展览要增加日寇侵华时期和新中国成立前通货膨胀情况下的潮汕侨批业和侨批对潮汕经济社会发展的作用、蚁光炎等侨领的感人事迹等内容,还要充实潮汕先民出洋艰苦创业的内容和侨批文物的展示;与海外潮人同乡会加强联系,协助宣传侨批文物馆、收集有关文物;可通过"潮人网"介绍侨批文物馆,分期介绍展览的各部分内容,还可跟海外潮人会馆联网等。

　　首届侨批文化研讨会虽已落下了帷幕,陈伟南称之为"是侨批文化研究工作一桩盛事",但这仅仅是"破题",今后的侨批文化研究仍任重道远,因此,必须戒骄戒躁,以务实的精神和科学的态度,一步一个脚印地往前走,才不会辜负前辈们和海内外热心人士的殷切期望,真正成为"侨学前导"。

(《侨批文化》2005年4月第四期)

侨批,让我们铭记这段历史

——记"抗日时期的侨批"研讨会

为了纪念中国抗日战争胜利 60 周年,潮汕历史文化研究中心于 7 月 29 日举行了"抗日时期的侨批"研讨会,并在侨批文物馆展示抗日战争期间的侨批。

中华全国集邮联合会副会长常增书,潮汕历史文化研究中心名誉理事长刘峰、理事长李衍平,泰国泰中学会会长洪林、副会长黎道纲、秘书长何纪文,中国香港《中国邮史》杂志社社长麦国培,江门市华侨历史学会副会长梅伟强,五邑大学华侨研究所博士、教授张国雄,侨批收藏家麦保尔、邹金盛等专家学者和汕头金荷中学侨批文化兴趣小组的老师、同学 50 多人莅会。常增书和麦国培还在会上将一批侨批原件赠给侨批文物馆。研讨会由潮汕历史文化研究中心副理事长、侨批文物馆馆长王炜中主持。

以"银信合封"为主要特征的侨批,蕴藏着宝贵的精神财富;抗日战争时期的一封封侨批,就像一个个画面,组合成一部历史"纪录片"。会上,通过对这部"纪录片"的"回放"和初步研讨,再现了这段刻骨铭心的历史,使人们从中得到了重要的启示。

首先是不忘过去,居安思危。在已收集到的侨批中,不少是以铁的事实,控诉了日寇犯下的滔天罪行。如泰国侨胞林圣源于 1937 年 10 月 31 日(即日寇侵沪两个月后),通过泰国陈炳春信局寄给澄邑(今澄海区)南砂乡林松炎侄儿的侨批中,就写到当时日寇以18万兵力之众,在飞机、大炮、坦克车的掩护、轰炸下杀向上海,大场阵地尽遭破坏:"眼下闸北一带,悉遭敌人焚烧,仅存一片焦土而已,言之痛心,现沪上难民闻达百万之众,诚属可怜。"日寇对我国海外侨胞也不放过,印尼侨胞吴道善在1945年抗战胜利后寄给揭邑(今揭阳)曲溪吴健记本号的侨批中就这样写道,印尼坤甸:"倭鬼手段毒辣,每欲拿华人,都逢节日分多次进行,此二三年,华人被处死有二千余人之度","倭奴实是采取灭种辣手,当时连接被拿的人,众人家属推测,俺等是国人一份子,受拿拘禁,候战事和平,满望释放。讵料倭鬼八月十五屈膝投降,9月2日联军代表抵坤,宣布倭子投降,指出地点集中,改(解)除武装,而华人家属向联军要求释放华人,拘禁四处,找寻无一人存在,呜呼!哀哉!倭奴太无人道。"侨批中还披露:"根据人事后陈述,倭奴已下令各办事处将华人户口证集中检查,分别年龄,指定地点,使人集中用机关枪诛杀。天公有眼,不数日间美国新型飞机十余飞翔投弹于坤属倭奴机关、工厂,使倭兵惶惶汲汲,无从应付,不得实现其毒手。"经中国历史学家多年考证,在抗日战争期间,中国军民伤亡共3500万人,财产损失及战争消耗达5600多亿美元。这场罪恶的战争结束已届60年,但留在人们心灵上的创伤仍没有消失,而日本的右翼分子竟然拒不认罪。面对这种现实,我们决不能患历史"健忘症",而是要居安思危、自强不息,继续发扬不畏强暴、不怕牺牲的伟大民族精神,坚决回击敢于轻举妄动的侵略者。

其二是国家兴亡,匹夫有责。从"九一八"事变到"七七"卢沟桥事变以后,中国燃起了抗击日寇的烈焰,海内外各界抗日团体纷纷成立,广大民众同仇敌忾,以实际行动支援抗日战争。澄海籍的旅泰青年侨领苏君谦和他的同乡挚友郭子纲、黄奕3人,在国难当头毅然联手捐资200元国币,支援革命圣地延安抗日军政大学办学。这笔款是以"口批"(即由寄批人口头说定)的方式,通过澄海建阳村在泰国开设的增顺批局送达信宁村的挚友詹欧波,再由他转交给国民革命军第十八集团军(八路军)武汉办事处。1938年9月21日,八路军驻武汉办事处代表周恩来、叶剑英和驻粤办事处代表潘汉年、廖承志联名给苏君谦等3人复函,表示他们的爱国热忱"殊堪钦敬",盼望他们在泰国"鼓励彼方青年前来(延安)学习抗日知识"。此函件由詹欧波的儿子詹家镇一家珍藏了60多年。澄海学者陈训先特地将它的复印件带到研讨会展示。有的学者在会上介绍,在抗战期间,遍布世界各地的中国侨胞节衣缩食,以年捐、月捐、节日特别捐、结婚祝寿喜筵节约捐等形式捐款救国,据各方面统计,海外侨胞每月捐赠约达2000万元国币,相当于国内每月军费的三分之一。这些捐款都是通过侨批或银行寄汇输入国内的。当时侨批局,也积极开展抗日宣传,有的在侨批信笺上印有19路军军长蔡廷锴的近照和"救国英雄"4个字。这种"国家兴亡,匹夫有责"的爱国精神,今天仍须大力发扬,以实现中华民族的伟大复兴。

其三是尽心尽责,笃诚守信。专门经营侨批业务的民间金融机构——侨批局——的许多从业人员,在这方面表现相当突出。《铁蹄下的"东兴汇路"启示录》,是侨批业从业人员的后代江宁提交给研讨会的一篇论文,文中对这种高尚品格作了具体的阐述。1941年12月太平洋战争爆发,使得海外通过侨批寄回侨乡潮汕的汇路完全中断,长期依靠批款生活的众多侨胞的眷属在灾难中艰苦挣扎。为了救上百万侨胞眷属于水火之中,在有和祥庄批局任职的陈植芳不畏艰险,先后辗转于越南的老街、谅山、同登、海防、芒街等地,经过半年左右的探索,在同仁们的支持下,终于在1942年初开辟了寄送侨批的秘密通道"东兴汇路",越南、老挝、柬埔寨和泰国的侨批先后汇集到当时的广东省防城县的边陲小镇东兴,由各侨批局派从业人员长途跋涉,经钦州、韶关、兴宁等地,将侨批(包括批信、批款)如数送到侨胞眷属手中,中间需1个月以至3个月时间,而且历尽艰辛。直到1946年,由于中国香港、东南亚各国的空、海运已经畅通,"东兴汇路"才完成它的历史使命,在潮汕华侨史、经济史上写下了令人难以忘怀的一页。许多侨批派送员尽管家境贫穷、收入菲薄,但都没有侵吞海外侨胞寄回的批款或丢失他们寄回的批信。今天,这种"尽心尽责、笃诚守信"的操守如得到进一步弘扬,把我国建设成繁荣、文明的社会主义强国的目标就一定能够实现。

与会者认为,包括抗日时期在内的侨批,的确是一份难得的民间文化遗存,是历史真实的见证,当今进行爱国主义教育的生动教材。

(《侨批文化》2005年10月第五期)

潮帮批局与西帮票号之比较

国际汉学大师饶宗颐教授在潮汕历史文化研究中心举办的潮学讲座上曾明确指出,可与徽州契约(据)相媲美的是潮州侨批。那么,潮汕侨批局(下简称批局)与山西票号相比又如何?最近就此作了初步尝试,发现有不少相同之处,主要如下。

产生的背景相同

潮帮批局与西帮票号的产生,都源于当地民众的大量迁徙,而且两地的移民高潮也都在明清两代。

潮人远涉重洋侨居海外,大约始于宋元。进入明清时期,沿海各地商品经济大发展,对外贸易逐渐繁荣,民众出国侨居的风气日盛,称为自由移民。清康熙二十三年(1684)解除海禁,乾隆十二年(1747)又准许海商前往暹罗(泰国)采购大米、木材,以解闽粤沿海缺粮之困,使潮汕的对外贸易进一步发展,开始了向南洋移民的新时期。位于韩江出海口的澄海樟林港,不仅是潮汕地区最大的贸易港口,而且成为粤东地区(包括梅州)以至福建闽南民众下南洋的移民口岸。据史载,在乾隆、嘉庆、道光、咸丰的一百年间,从樟林港乘红头船到暹罗的潮人就达150万人之多。

第二次鸦片战争(1856—1860)后至1949年新中国成立前,是潮汕地区海外移民的高峰期。19世纪中后期,西方资本主义加快了工业化进程,需要大批劳动力,就把目标锁定在中国。早在汕头开埠前,殖民者就在潮汕沿海一带进行罪恶的"猪仔贸易",将华工当成牲畜一般贩卖到海外,成为没有人身自由的"契约华工"。由于外国资本的进入,国内广大农村自给自足的经济遭到破坏,大批破产农民和手工业者生活无着落。潮汕地区更是祸不单行,洪涝、地震、瘟疫等灾害频频发生,这样,极度贫困的民众就被迫走上下南洋卖苦力的道路,而1860年汕头开埠,直接促进海外移民浪潮的形成。据《汕头海关志》记载,1864—1911年间"潮汕地区约有294万人离乡别井,远涉重洋谋生"。1927年,由于国内外形势变化,社会秩序混乱,百姓生活动荡,出洋者甚众。抗日战争后,由于金融波动,商业颓败,物价上涨,粮荒和高利贷逼人,再次掀起海外移民高潮。如今,海外潮人有1000多万,跟潮汕本土的人口相当,主要集中在东南亚(即南洋)各国。

历代下南洋的侨胞尽管漂泊海外,但依然遵循着中华民族的传统伦理道德,有强烈的"根"的意识,不论是当苦力还是做杂工,都任劳任怨、克勤克俭,希望将得来不易的血汗钱寄回家乡,力尽赡养长辈和妻儿的义务。于是,由海外侨胞通过民间渠道寄回国内、连带家书或简单附言的汇款凭证,即"银信合封"的民间寄汇——侨批——便应运而生。

侨批最早是由经常往来于国内外的"水客"专门递送的。19世纪30年代以后,随着潮汕地区出洋者的不断增加,单枪匹马的水客承接递送侨批的能力已经不能适应新的需求。此外,由于水客行踪不定、人品不一,海外侨胞感到不便,较有积蓄的侨胞或托寄大宗款项的侨户就改为派出专人携带回家乡,同时也递送亲友集中托寄的大额批款。这些专营侨批递送的户头,便是侨批局的雏形。侨胞出洋、侨批问世,催生了一种新兴的行业——侨批业。

批局是由民间自发兴起、专门办理侨批业务的私营金融机构。潮汕地区的批局,一种是由水客直接递变而成,一种是由精明的潮商抓住机遇创办起来的。日寇投降后,由于陆路无阻,海空通航,邮路恢复,送批正常,众多海外侨胞迫不及待,纷纷与家乡家人沟通信息,结果侨批激增,是批局在历史上最兴旺的时期。据《潮州志·实业志》载,民国三十五年(1946)潮汕地区的批局就有131家,其中汕头占了73家;在南洋各国的潮帮批局达451家,其中泰国曼谷就占117家。在侨批业最兴旺的1947

年12月,由汕头批局中转经办的侨批多达14万件。

如果说潮汕通过"下南洋"的移民出现了华侨新群体,从而催生了潮帮批局,那么山西则通过"走西口"的移民磨炼出晋商的劲旅,从而造就了西帮票号。

山西自然条件非常恶劣,有人曾如此描述:"无平地沃土之饶,无水泉灌溉之益,无舟车渔米之利,乡民惟以垦种上岭下坂,汗牛痛仆,仰天续命。"种出的粮食仍不够糊口。这里不仅土地贫瘠,而且自然灾害频繁,在清代的近200年时间里,全省性灾害就达100多次,其中时间最长的一次旱灾达11年之久。一方水土养不了一方人,山西的民众只得"走西口"去谋生路。最初的西口,指的是位于山西西北端与内蒙交界处的右玉县境内长城上的一道关隘——杀虎口。山西民众通过这道关隘进入内蒙谋生,大约始于明代,而这样的移民高潮是在明末清初形成。

称雄国内商界的晋商,正是在"走西口"的过程中崛起。在明代早期为了防止蒙古骑兵南下,在杀虎口曾驻扎大量军队。到明政权与蒙古部族的关系缓和后,这里被开辟为双方进行贸易的市场,山西民众便纷纷赶去西口捕捉商机。"走西口"要穿越草原、沙漠,数日不见人烟,夏季酷热,头顶烈日、足履灼沙,冬季严寒,途中冻死者时而有之,春秋风沙骤起,天昏地黑,他们正是以吃苦耐劳的精神,开拓出数千里长的商路。正当徽商活跃在沿江、沿河和东南城镇时,晋商在默默地开拓着西北、蒙古以至俄国的恰克图。由于康熙、雍正、乾隆的屡次征战,终于平定西北叛乱,稳定了国家局势,为晋商的发展创造了非常有利的条件。战争结束后,西口又成为晋商和百姓进入西北地区的门户,从这里一直走,就可以到大同、包头、呼和浩特等地,商业一度相当繁荣。包头原来只是一个名叫包克图的小村庄,由于晋商到那里做生意,才有今天这座城市的雏形,至今仍流传着"先有复盛公,后有包头城"的说法。复盛公就是山西祁县乔家堡的乔贵发在100多年前创办的商号名称,而乔贵发开始是以卖苦力、为别人拉骆驼为生。后来,晋商不仅垄断了中国北方贸易,而且涉足中亚地区,甚至将触角伸向欧洲市场,东起日本、西到喀什噶尔,南自加尔各答、北至俄国,都有晋商的履痕,比如太谷北洸村的曹三喜原以种菜、养猪、磨豆腐为生,后来发展成为大商家,经营范围扩大到日本的东京,朝鲜的平壤,俄国的伊尔库茨克、恰克图,蒙古的乌兰巴托以至德国的柏林,法国的巴黎,英国的伦敦等地,下属商号达640多处,雇员万余人,资产1000多万两白银。故有"凡有麻雀飞过的地方,就有山西商人"之说。

由于晋商的崛起、商业的繁荣,不少资本雄厚的大商号的总号在各地设置分号,形成庞大的商业网络,经营大宗批发、运销业务,往来就得雇请镖局递解大量现银。但现银递解既耗时又费用大,在途中还有被劫的危险,因此迫切需要一种新的方式,来适应商业的大发展的新形势,以经营汇兑业务为主的票号便因此诞生。票号又称票庄、汇兑庄,产生于清道光初年。当时票号汇兑采用票汇和信汇两种方式:票汇是汇款人将银两交给票号,票号开具汇票交汇款人,汇款人将汇票寄给收款人,收款人持汇票向当地票号(分号或联号)取款,普通汇款多采用此方式;信汇则是汇款人将款项交给票号后,写信给收款人,票号也同时写信通知汇款地的分号或联号,分号或联号根据收款人的信和本号的交款通知付给款项。到了光绪三十一年(1905)前后,山西票号进入极盛时期,多达33家,分号400多处,基本垄断了全国的汇兑业务;并在日本的东京、大阪、神户,俄国的莫斯科,以及东南亚等地设有分号。这时的山西票号,已经具有"一纸之符信遥传,万两之白银立集"的经营能力。山西票号的崛起还与信局的出现有关,信局是在嘉(庆)道(光)年间由宁波人创设的。信局"通行各省,信函之外,兼又携带银洋杂物,民皆便之",从而改变了我国封建社会民间不通书信的状况,山西票号的票汇、信汇,都是凭借信局寄送的。有了信局,山西票号才能"汇通天下"。

创业的起点相同

从现有的史料看,潮帮批局和西帮票号,最早都是由有眼光的商家创办起来。

潮帮的首家批局——致成批局的创办者黄继英,祖籍是广东澄海。清嘉庆二十年(1815),澄海等地因决堤闹水灾,田园被洪水淹没,颗粒无收,饿殍遍野,黄继英在走投无路的情况下,只得告别慈母,带着弟弟乘红头船到马来西亚的槟榔屿码头当苦力。1819年,喷叻(新加坡)开埠后,黄继英兄弟便辗转到那里继续做苦力和泥瓦匠谋生。道光五年(1825)再转到印度人开办的织布厂干活。由于他们刻苦耐劳、淳朴善良,在各方支持下,于道光九年(1829)从破产的印度老板那里购得一块晒布场,创办了"致成染坊",聚集了许多澄海老乡,从事洗染加工"致成乌(布)"。后来又购得一块地皮,盖起厂房和店面,改称"致成栈",既作染坊的仓库,又成售布的门市部。由于"致成乌(布)"价廉耐穿,不会褪色,在东南亚销路甚旺,成为粤东以至闽南百姓喜爱的名牌货,海外侨胞回家乡都要多买几匹作为礼品。道光十二年(1832),事业有成的黄继英首次回乡探亲,备受苦难的乡亲得知之后,纷纷漂洋过海去新加坡找他谋生路,黄继英都以诚相待,凡愿意在致成号干活的都给予安排。以后找他的乡亲越来越多,致成号又成为初出洋乡亲的临时落脚点。

流落到新加坡的乡亲有了一定的收入之后,便希望寄送回去赡养亲人,于是,每逢致成号押货回家乡,黄继英便自派水客(经常往来于国内外、专门为侨胞递送侨批的人),将乡亲托寄的侨批带回去。后来,托寄的人不断增多,黄继英从中国古代的邮驿那里得到启发,决定每次对托寄者收取一定比例的手续费,托寄者依然有增无减,于是,黄继英就在道光十五年(1835)正式挂起"致成信局"(后为批局)的招牌。为了便于业务的开展,致成批局统一了信封的规格,并印制好回执,托寄者先填写好有关表格,包括收批人姓名、地址和批款的数额及托寄人的姓名、地址,然后到批局交款;批局伙计将这些内容抄上账本编上号、再交司柜汇入总账;经理室又综合复制出一份清单,交有关人员回家乡时直送设在东湖的致成批馆,再按清单送到侨眷手里。

道光二十年(1840)以后,致成号继续发展,还开办"致合丰"专营绸缎和专营汇兑业务的"森峰栈"。咸丰十年(1860)汕头开埠后,又在这里开办"森峰栈",委托外埔族人黄松亭为经理,并设立"有余银庄",专门从事唛叻等地的货运及银钱的周转;并负责将澄籍乡亲的侨批,直接转到东湖的致成馆派送。随后,又有致华丰、永丰发、永和丰等批馆(局)创办,到光绪八年(1882),汕头已有12家批馆(局)。

潮帮的首家批局产生于染坊,而西帮的首家票号诞生于颜料庄,即清道光三年(1823)由平遥商人雷履泰创办的日升昌,比潮帮的致成批局早了一些,在历史长河中,两者差不多在同一条起跑线上。

生于乾隆三十四年(1769)的雷履泰从小聪明好学,学识超群,开始在平遥西达蒲村李家创办的西裕成颜料庄学徒,后在天津主持西裕成分号的业务,铺号就叫日升昌。为了确保商品质量,雷履泰经常不辞劳苦,亲自入川采购铜绿等颜料。当时所奉行的交易原则是现款(银两)易现货,不能延期付款,而四川交通极不便利,雷履泰出入四川,都得携带大批银两,不仅运输上麻烦,而且风险大、不安全,使雷履泰深感这种交易方式必须改革。那时,正值清嘉庆末年,社会商品经济发展,埠际之间货币流通量大增,许多商家同样感到携巨款的交易方式非常不便,其中山西的平遥、介休、祁县、太谷、榆次等县在北京的商家,每逢年终结账,都得往老家捎银两,交由镖局押运。

此时,有位在京师做干果生意的西帮商人,与相识的西裕成颜料庄京号的掌柜商量,他将要捎回山西老家的银两先交付西裕成京号,由西裕成京号写信给平遥的西裕成总号,等他回到家后,再到西裕成总号取银,西裕成京号掌柜表示同意,从此就创了异地汇兑的先例。开始是无偿兑拨,后来西帮的商人渐渐感到这种调度银两的方法比镖局运现安全、便捷得多,便纷纷要求这样兑拨,并表示愿付一定的汇水(即汇费)。慧眼独到的雷履泰敏锐地洞察出其中的巨大商机,认为汇水虽少,但以钱生钱,来得容易,既运作方便,又大大降低了成本和风险,假如广为推行,获利必丰。于是,他便按照路途远近、银根松紧、银两成色3个主要因素,计算出收取汇水的标准,开创了雷氏汇兑法。经西裕成总号财东的认可,他就在自己主持的商铺日升昌试营业,最初是按汇款额10%的比例收取汇费,与镖局运现的收费相比,可谓微乎其微,极具吸引力,结果收益甚好,就开始兼营汇兑业。由于他重信誉,并选派诚实干练的伙友,主动到南北各大码头设庄揽汇,生意便越做越旺。其他商家也效仿起日升昌,沿用雷履泰的汇兑法。这又使他看到了发展汇兑业的巨大潜力:可以由民用家资扩展到商家货款,由京晋两地扩展到全国各地,由出口外的西帮扩展到活跃江南的茶帮、米帮、丝帮……,从而萌发了创办专营汇兑业务的票号的想法。经过认真的考察、研究之后,就着手草拟创办票号的方案,其内容包括对当时形势的详尽分析,票号的发展战略和经营管理方略及系统、完整的规章制度等等。并且建议,以他主持的商铺名字日升昌作为票号的名称,因为经雷履泰的苦心经营,日升昌的可信度、美誉度很高,已成为一块"金字招牌",广为客户所接受,不必花大量的宣传费用。财东便明确表示,所创的票号就叫日升昌,并聘用雷履泰为日升昌的大掌柜,全权负责一切具体事务。道光初年,西裕成颜料庄就更名为日升昌票号,专营汇兑业务,成为现代银行的前身。此举使整个国家埠际之间的货币清算,走向以汇兑为主代替以运现为主的时代,开始了中国金融业的新纪元。后来,日升昌在国内的北京、天津、太原、青岛、杭州、蚌埠、南昌、福州、汉中、郑州、上海、苏州、汉口、厦门、宜昌、桂林、昆明、广州、汕头、琼州、重庆等地设40多处分号,成为网点最多的票号。在此之后,与日升昌只隔一家烧饼铺的侯氏蔚泰厚绸缎庄,也于道光十四年(1834)正式改组为票号。由于日升昌开了先河,山西票号便风起云涌、四处开花。

价值的取向相同

潮帮批局和西帮票号都坚持"信用高于一切"的价值取向,以笃诚守信作为它们的职业道德准则。

潮帮批局的侨批派送员,则肩负褡裢、市篮,手持长柄雨伞送批,只要有线索可循,他们都会跋山涉水,千方百计将海外侨胞托寄的侨批送到他们的亲人手里。澄海隆都镇堤兜村潘得敖,其祖父、父亲和得敖三兄弟都是侨批派送员,开始送批时,把批信和批款包在水布里,然后缠在腰间(后改用批袋),每天从早到黑都靠两条腿走路,把侨批送到侨眷手中,然后又一家家地将侨眷的回批收集起来,再交给批局寄往海外,一天得走近百华里,送批百封左右,要是晚上回不去,就在侨眷家借宿,翌日清晨继续赶路。送批如此辛苦,每人一天的报酬仅两斤大米,即便如此,他三兄弟都把批信一件不少、批款一分不差地送到侨眷手中;自己的家境贫穷,也从来都没有侵吞海外侨胞寄回的批款。普宁的侨批派送员黄炳轩,负责派送梅林等4个镇的侨批,这一带的面积达600平方公里,又是山区,有时要扛着自行车步行50多里陡峭、曲折的山路,他都不叫一声苦。有些海外侨胞准备返回家乡安度晚年,黄炳轩就热情地帮助理财,将他们寄回的批款妥为处理,除按交代将一部分交给眷属改善生活之外,其余作为定期储蓄存入银行,让他们回来以颐养天年。不少批局还对海外从事劳工、经济并不宽裕的侨胞,采取先登记、代汇款的方式,等他们发工资时再抵还;有的还代为家乡的侨眷书写回批等等。在东南亚的潮帮批局将服务网点延伸到潮人聚居的地方,便于侨胞托寄侨批,并且将有侨批、回批往来的侨户及其眷属的基本情况,一一建档存查,为他们提供更为便捷、周到的服务。

1939年6月,日寇侵占汕头,潮汕侨批业处于停顿状态,上百万依靠批款生活的侨眷濒于绝境。1941年12月太平洋战争爆发,海外侨胞寄回家乡的侨批中断,侨眷生活雪上加霜。此时,为了救侨眷于水火,潮帮批局从业人员冒着生命危险,努力开辟寄送侨批的新汇路。和祥庄批局的代理人陈植芳,先后在越南老街、同登、芒街等地进行深入调查,结果发现与芒街隔(北仑)河相望的广西边陲小镇东兴条件不错,广东省银行已在那里设办事处,还有旅店和钱庄找换店等,交通也比较便利,就到邮局试汇两笔款回潮汕,都能顺利送达。于是便请其他批局业者前往作实地考察,终于得到同行支持,在1942年初协力拓出"东兴汇路",从7月份起每月汇回潮汕的批款值越币1000多万元。陈协盛批局的司理陈传治,在汕头沦陷后回到老家潮安凤凰镇,目睹了那里的1万多名侨眷生活陷入困境而心急如焚,得知梅县香港之间的电讯已经开通之后,也不顾大病初愈,约了两位好友步行120多华里到大埔高陂,再乘船经松口到梅县,马上通过电报与香港信盛联系,请它转告泰国和越南的潮帮批局,尽快收揽侨批后,将批款汇至香港,再转到已迁往饶平的广东省银行,由这家银行通知陈传治前去取回凤凰派送。所有这些,都充分地体现了潮帮批局笃诚守信的职业道德。

山西票号并不讳言他们从商的动机和目的就是要获取利润,但他们也是遵循"君子爱财,取之有道"的古训,坚持"信用高于一切"的价值取向,将"以义制义、取利守义"作为自己的商业道德准则,比较好地处理了利与义的关系。

1900年八国联军攻占北京,由于京城的储户逃得仓皇,其中的许多豪门贵族甚至来不及收拾家中的金银细软,随身携带的只有山西票号的存折,走到山西就纷纷跑到票号,急着兑换银子。而山西票号在这次战乱中损失惨重,它们设在北京的分号不但银两被洗劫一空,而且账簿被付之一炬。没了账簿,就无从知道有谁在票号存过银子、到底存过多少银子。在这种情况下,西帮票号完全可以向京城来的储户说明自己的难处,候总号重新清理账目之后再作安排。但日升昌等西帮票号并没有这么做,只要跑到山西的储户拿出存银的折子,不管银两的数目有多大,它们都一律兑现,"宁可亏银子,也不亏信义"。山西票号如此处理,是要承担众人挤兑的风险的,再加上存银的折子真假难辨,稍有不慎,自己的生意就会遭到灭顶之灾。日升昌却认识到,灾难迟早总会过去的,来山西兑银的又多是王公贵族,他们在京城的政治、经济实力都不容忽视,从长远考虑,现在冒一定的风险,以后可能会给自己带来更多的机会,即风险与机遇并存。结果证实了日升昌的判断,战乱之后,当山西票号在北京的分号重新开业时,不仅普通百姓纷纷将自己的积蓄放心地存入,而且朝廷也将大笔的官银交给他们汇兑、收存。

具有远见卓识的山西票号老帮李宏龄也是笃守信义的商业道德的代表,年轻时进蔚丰厚票号当伙计,在接受考核时,就在纸上写下"厚德载物,丰我蔚号"八个大字。后来当过汉口、北京、上海等分号的老帮,主持汇兑业务。不论在哪里,他都强调"诚招天下客,义纳八方财",对顾客须讲信义,决不可欺诈他们,以达到"人己两益"的目的。只有这样,主顾才会增多,生意就愈兴隆。同样在1900年京师陷落后,逃至上海的京官持京城的存折要求兑换银两,上海诸多票号考虑到时局紧张,皆不予兑换,但李宏龄却认为应当照顾储户利益,酌量予以兑换,结果跟日升昌一样,蔚丰厚票号生意愈盛。

为了保证商业道德准则的践行,山西票号对经理和店员、学徒的要求都十分严格,都要经过长达数年的观察:远使以观其忠,近使以观其敬,烦使以观其能,卒使以观其智,急使以观其信,委财以观其仁,告危以观其节,派往繁华以观其色。日升昌的学徒入号后,除了进行珠算、习字、记账、外语和熟记银两成色等业务技术训练,还要接受职业道德训练,主要内容有重信义、除虚伪、节情欲、敦品行、贵忠诚、鄙利己、奉博爱、薄嫉恨、幸辛苦、戒奢华。同时,要求所有人员必须严格遵守号规,比如各分号的经理务须尽心号事,不得懈怠偷安、恣意奢华。凡一般人员应和衷为贵,职务高者对下要宽容爱护,慎勿偏袒;职务低者也应体量自重,不得放大。不论何人,吸食鸦片均为号禁。各分号难免有赌钱之风,今后不管平时过节,铺里铺外,老少人等,一概不准,犯者出号等等。此外,票号还严格实行包括流水账、浮账(即活期存款)、汇兑账、存款账、放款账及各地往来总账、本埠往来总账等十几种类别的账簿制度。

潮帮批局和西帮票号的实践表明,笃诚守信、取利守义永远是商家的天则。正如一位学者所言,商业活动空间如此之大,法律的网也不能那么紧密,在这种情况下,如果没有这种道德支撑的话,没有一件事能做成。

机构的性质相同

潮帮批局与西帮票号,就其所有制性质而言,可以说都是属于民营。

如上所述,潮汕近代相当多批局是精明的潮商创办起来的,除了黄继英,还有振盛兴批局创办者、澄海图濠村的曾仰梅,早年在泰国曼谷当泥瓦匠,后来开办凉果店,他的合作者蔡永盛原来则是开织布厂和纱布行的。

由于侨批业有利可图,光绪二十二年(1896)大清邮政局正式成立后,就对民营的批局加以限制,想夺取侨批业的经营权,规定不准民信(批)局使用轮船运输其邮件;国外批局须将侨批装成总包,到所在国的邮政局寄交大清邮政;如私带、私运侨批,要处重罚等等。1918年,国家邮政局准备将民信(批)局一律取消,汕头埠侨批业同仁即派出代表抗争,结果得以无限展期,候国家邮政发展到有可能派发侨批时再作决定。1928年,全国交通会议决定取消民信(批)局,旅居南洋的华侨团体奋起力争,阐明侨批业便利海外侨胞、服务国内侨眷,并非单纯代客送信,最后当局决定将从民信(批)局中分出批信局(即侨批局),民信局专营信件传递,批信局专营国外寄出的侨批,但只准投递南洋等地批局寄来的侨批和收寄国内侨眷寄往南洋等地的回批,不得收寄其他普通信件,还须向邮政局领取《批信局执照》方可营业。1931年,全国工商业组织同业公会提出:批局删去"华侨"字样难以明确昭示它的业务职能,当局接受意见,将批业定名为侨批业。然而,政府与民间的侨批业"争夺战"并未就此结束。1933年,国家邮政局又宣布停发批信局执照,以抑制民营侨批业发展。1935年,当局又以加强金融管理和统一邮政主权为由,在取缔民信局的同时将批局并入取缔之列。但因侨批业务特殊,服务网点延伸至穷乡僻壤,服务对象大多为民众,并且总局大多设在海外,国家邮政仍未有能力取而代之,因此,尽管官方多方压制,民营批局仍保持它的独立性,顽强地生存着,并有一定的发展。据统计,1934年至1935年,仅汕头一处持有营业执照的批局还有70多家,1934年汕头批局收到的侨批达200多万封;1946年在潮汕地区的潮帮批局多达131家,海外潮帮批局则达541家。1947年,当局又来一手,规定国内各批局不得受理国外非分号的批包,国内未设分号的地方不准再增设,在国外也不准增设分号等等。

新中国成立后,国家明确宣布了对民营侨批业实行"维护保护,使其长期存在"的政策,给批局颁发营业执照,给予一定的合法利润,鼓励它们扩大收汇业务。1956年公私合营时,侨批业仍维持民营,沿用原来批局的名称继续分散经营;侨批业的资金,不论新中国成立前开业或新中国成立后开业,一律按照私人股金处理。直到"文革"中的1973年,国务院才指示"侨批业应归口银行",汕头延至1976年实行,至1979年结束。在此之前,潮汕批局一直是民营的。

潮帮批局的性质非常清晰,就是民营的金融汇兑机构,集中服务于侨胞及其眷属。而西帮票号虽也是民营,但它的服务对象大多是商家和王公贵族,后来带有浓烈的"官商"甚至是"皇商"的色彩。

山西票号经商能力很强,且资本雄厚,至咸丰三年(1853),在京城的西帮票号、账局多达110家以上,各有本银一千数百万两,引起了清廷的注意,并开始向他们摊派,以缓解因战争导致的财政危机。据清朝档案记载,到咸丰三年底,晋商向朝廷捐献的军饷已超过270万两白银,占当时全国商民捐款总额的近一半。西帮票号看好各地官府的官款和贵族显宦的积蓄,于是便想方设法来密切与清廷官员的关系,比如资助穷儒寒士上京应试以至走马上任,为他们垫款、运动差事等;揽办捐输银两买官和虚衔转为实官、高官等"业务";票号财东或经理直接捐输银两买下官衔和封典,取得政治特权。如日升昌票号财东李箴视,不仅自捐官衔,而且为已去世的父亲、祖父以至曾祖父捐衔。深化与清廷官府关系,加上票号信用好、官员存款不泄密,无危险之虑,而且存入公款时官员个人又能得到好处,官府急需筹款时还可透支、挪借,这样,官府的官款和贵族显宦的积蓄便逐渐流入票号。后来,各行省长官以"道路不宁、装鞘运现风险太大"为由,要求朝廷准许以汇兑代替运现,至同治二年(1863),清廷终于取消山西票号不准汇兑官款的禁令,而存入官款的票号可不予利息,因此获利甚丰。

为了争取朝廷认同汇兑,西帮票号也付出很大的代价,最终把整个票号的命运,押在毫无希望的清末朝廷身上。清朝的京饷,年额达六百万至七百万两,主要来源于南方的富庶省份,以现银解运京城。在太平天国革命和捻军起义时节,解运京饷的道路被切断;而清廷为了镇压起义等也要运送军饷,各省又得运送协助"剿乱"的协饷,都因道路被切断难以运作。在这种情况下,政府的京饷、军饷和协饷就交由票号汇兑;除了这些,票号还为清廷筹借汇兑抵还外债。这就使票号进入鼎盛时期,成为清朝的财政支柱,故有清政府"财政部"之称。

八国联军攻陷北京,慈禧、光绪仓皇出逃,要途经山西祁县。已从跟随慈禧、光绪西行的内阁学士桂春那里得到消息的大德通票号大掌柜高钰,便事先将票号大加装饰,作为临时行宫,上至太后、皇上,下至护驾王爷、文武大臣的饮食起居、沿途所需和护驾兵丁的食用、马匹草料的补给,都由大德通安排妥帖,并且筹好银两作为他们的旅费。1900年八月初十,慈禧和光绪驻跸大德通,翌日大早便离去,时间虽很短,但晋商的尽心接待给皇太后留下深刻的印象,后来她宣布,各省督府解缴朝廷的款项,全部由山西票号经营;将庚子赔款连本带息,约十亿两白银也交由山西票号经营,使山西票号发展到了顶峰。再以大德通为例,光绪十四年(1888)票号每股分红850两,到光绪三十四年(1908),每股分红增至1700两。另据当时的户部档案记载,到光绪三十二年(1906),户部有三分之一的银两存在各家山西票号之中。包括票号在内的晋商所以紧紧地依附官府、朝廷,主要因为这是一种最有效的生财之道,同时也是保障自身安全的最可靠的办法。

西帮票号本身就存在缺陷,主要是缺乏对经营者的责任追究机制和对其经营行为的监督机制;票号皆为信用放款,没有采取抵押放款的方式,加大了倒账的风险;在后期因经营者(大掌柜)因循守旧,错失了票号向银行转变的良机等等。加上户部和各省官办银行相继成立,外国银行也扦手汇兑,使票号面临激烈的竞争。最后,孙中山领导的辛亥革命推翻了清朝统治,使票号遭受了致命的打击,随着清王朝的灭亡而走到了它的尽头。1912年(一说1914年),山西票号的"开山祖"日升昌终于倒闭了,象征着晋商左右中国近一个世纪的历史宣告结束。

初步的结论

通过上述比较可以看出,潮汕批局在中国近代金融业中也占有一席之地,它所经营的侨批,跟西帮票号经营的汇票一样,都是中国近代金融史研究的宝贵历史资料。

山西票号在中国近代金融史上的地位和作用,已有不少专家学者作了评价,就不再赘述,这里引用梁启超的一句话概括之,那就是"执中国金融界牛耳"。而潮汕批局和侨批,是在10多年前经饶宗颐教授的点拨,才为世人所重视。

据史料记载,汕头开埠后,就有诚敬、汇安、德万昌、振大兴、协兴昌、裕兴福等多家银庄出现,最早开展汇兑业务的,正是山西票号的汇票。有些设在汕头的银庄还在南洋设分号,兼营侨批业务,接收批信并代为南洋批局转驳批款。由于银庄资本雄厚,海外侨胞通过它们寄送侨批较为放心。此外,汇兑业、收找业、客栈业、南商业等都有兼营侨批的业务,直到抗战后,侨批业才独当一面,尽管如此,批局的金融功能依然显著;在海外的潮帮批局,则干脆称银信局或汇兑信局,金融功能更为明显。对潮汕近代经济社会发展的贡献实不可没,主要有以下几方面。

首先,赡养了众多海外侨胞的眷属。潮汕地区是我国的著名侨乡,海外侨胞的眷属很多,据统计,截至1949年以前,潮汕靠海外华侨寄回批款为生的,占总人口的40%-50%,有些乡村则占总人口的70%-80%;如按侨眷家庭计算,平均每月所得的批款,约占家庭总收入的80%。据民国政府侨委会统计,民国期间海外侨胞每年汇入潮汕地区的批款有八九千万银元,最高年份超两亿银元。据1936年汕头邮政局估计,当时每年通过批局经营的侨汇,占当地侨汇总额的80%以上,抗战前由东南亚侨胞汇入汕头的批款,每年在5千万至1亿港币之间;抗战胜利后,每年也在6千万至1亿港币之间,其中大部分是通过批局经营。

在20世纪30年代,仅汕头市光益裕批局每月按送的侨批约2.4万封,批款35万元。当时海外侨胞汇回的批款,大约有80%是用于赡养在家乡的眷属,其余用于偿还债务、祭祀、购置物业和兴办公益事业等。1941年12月太平洋战争爆发,由于汇路中断,潮汕地区的侨眷生活即陷入困境,许多人流落到江西、福建,有的活活饿死或被迫改嫁,如澄海上华镇冠山村原有9800多人,饿死的有280多人,绝户的190多人。由此可见,侨批成了广大侨眷的经济"生命线"。

同时,有效地维持了当地外汇平衡,减少外贸逆差。近代潮汕地区对外贸易虽发达,但经济产生贸易逆差,从光绪二十一年(1895)至宣统三年(1911)的16年间,每年都有外贸逆差,其中的宣统二年(1910)进口商品总值是出口商品总值的2.6倍。在这种情况下,潮汕经济仍有较大发展,其中一个重要原因就是有大量批款的调节,既维持了外汇平衡,又增强了社会购买力。由此可见,批款成了"无形输出",好比是出口工业品、农业品换取回来的外汇,成了当时经济的"补血针"。

还有,就是繁荣当地的经济。海外侨胞还通过批局和后来的银行寄汇,投资工商、房地产等。如澄海的旅泰实业家高绳之,在父亲、叔父的大力支持下,先后在汕头投资创办自来水公司、电灯公司、织布厂等企业,为汕头早期经济发展作出相当大的贡献。再如在泰国建基立业的陈慈黉家族,除了经营侨批业,还在汕头投资房地产业,在20世纪20年代至30年代,估计至少投入500万两银子,在市中心兴建了400多座新楼房,约占当时全市楼房总数的十分之一。而在乡村新建的住宅,由海外侨胞投资的占80%以上。故国际著名汉学家饶宗颐教授在总纂的《潮州志》中如是说:"都市大企业及公益、交通各建设,多由华侨投资而成,内地乡村所有新祠夏屋更十之八九系出侨资盖建。且潮州每年入超甚大所以能繁荣而不衰落者,无非赖批款之挹注。"因此,在研究中国近代金融史时,不可忽视潮帮侨批局和它所经营的侨批。

(《侨批文化》2006年6月第六期)

参考书目:《潮州学》、《首届侨批文化研讨会论文集》、《第六届潮学国际研讨会论文集》、《票商兴衰史》、《中国第一商道》、电视纪录片《晋商》解说词等。

泰国侨批与潮汕侨批的密切关系

潮汕地区是中国著名的侨乡之一。泰国则是海外潮籍侨胞的主要聚居地。据泰国政府 1983 年公布的数字,泰国的华侨、华人共有 630 万人,占泰国总人口的 13%。目前,一般估计泰国华侨、华人总数在 700 万人左右,约占泰国总人口的 12%。

澄海是一个较早出现华侨的县份(现为澄海区)。昔年,潮汕先民就从澄海的樟林港乘坐红头船,远渡重洋前往泰国等地,国际汉学大师饶宗颐教授就如是说:"初弛海禁后,第一艘红头船出海就是从樟林港驶出的。"为纪念红头船在泰中两国友好关系史上的历史功勋,曼谷王朝拉玛三世(1824—1850 年在位)制作了红头船模型,存在岩尼瓦寺。为纪念当年华侨到泰国,在首都曼谷湄南河畔又建成红头船模型。据澄海县 1987 年统计,县里的泰国华侨、华人有 34.56 万人,占全县国外华侨、华人和港澳同胞总数的 61%;如不计港澳同胞,则占 74%。由此可见,泰国与潮汕的关系非同一般。

有华侨才有侨批。泰国的侨胞与当地人民和睦相处,能尊重当地律法,且辛勤劳作,为当地经济社会发展作出应有的贡献,并将部分劳动所得托寄回家乡,克尽赡养父母妻儿的义务。开始,"银信合封"即"汇款家书联襟"的侨批是通过经常往来于泰国、潮汕的"水客"送到侨胞的亲属手里,同时又把亲属的回批带给泰国的侨胞。后来,"水客"被专营侨批递送业务的侨批局所代替。由于泰国的侨胞众多,因此侨批业也很发达。根据这种状况,泰国政府于曼谷王朝 126 年 4 月 1 日(公元 1907 年 4 月 1

日),在耀华力路(即现在的米街尾三角路附近)设立了第八邮政局,专门管理寄往中国的侨批业务(见许茂春《泰国第八邮政局与寄往中国的侨批业务》)。据潮帮批信局提供的资料,公元1852年至1979年,经营泰国侨批业务的潮帮批局就有196家,最早的有1852年开业的万成顺批局、1858年开业的常丰泰批局等。中国侨联副主席、香港知名爱国人士庄世平先生的家族,堪称为"侨批世家",他父亲和三位伯、叔父都在经营侨批业务,在家乡普宁果陇设立"协裕批馆",在泰国设立"胜裕兴批馆"。

泰国侨批对潮汕侨乡人民的生活和经济社会发展的影响相当大。

首先是赡养了数以百万计的眷属。众多侨胞抵达泰国目的地之后,很快就寄出"平安批"给家乡眷属,并附有少量批款,以后便经常寄回"赡养批",切实履行出洋之前的承诺。老侨胞陈鸿程在20世纪20、30年代就前往泰国谋生,他于1973年寄给家乡眷属的一封批信中就写道:"想余年岁已高,做事接近力竭声嘶,但对于四十余年来的家批,无时休止。"由此可见海外侨胞对故里亲人、家庭的高度责任感。在近代,侨批曾是潮汕地区的重要外汇收入,其中来自泰国的侨批最多,仅1930年泰国侨胞汇入潮州的侨汇就达4000万元。

其二,维系了海外侨胞与家乡、亲人的情根。身居泰国的侨胞通过侨批,与家乡亲人交流信息,沟通感情,借以密切双方的血肉关系,表达对妻儿的思念、对前辈的孝心,诉说他们在海外谋生、创业的艰辛等等,可谓情真意切。

其三,倾力培育自己的子女。许多侨胞把希望寄托在下一代身上,在他们托寄回家乡的批款中,特地拨出一部分供自己的孩子求学之用,并在信中谆谆嘱咐他们认真读书、好好做人,望子成才之心跃然纸上。有位泰国华侨就在给儿子的信中写道:"余希望你今后对学业应该努力用工(功),以求上进,将来(才)可能成为一个有用的人",还强调"应谨记勤俭尅(刻)苦,学成一个好公民","待人要谦逊,做事要光明垒(磊)落。"现已退休的朱诗发,就是在旅居泰国的父亲倾力支持下完成大学学业,成为华南工学院(现华南理工大学)的副教授。他将珍藏多年的60封侨批原件捐赠给潮汕历史文化研究中心侨批文物馆时,给研究中心副秘书长、他的同学陈义平写了一封信,信中有翔实的叙述:"一九五五年八月底,我来广州华南工学院读书,当时伯父正为我出门之费用担心,正好在我出门前几天,父亲特意寄来港币贰百五十元,以解燃眉之急。从一九五五年十月至一九五八年七月是我在校读书期间,双亲不定期寄批信以供学习之用。而当时的伙食是免费提供的,一九五八年九月我留校当助教,即使每月有工资,双亲仍不定期寄批信。"

其四,捐资报效桑梓。这方面,《潮人在泰国》一书已有概述。1907年,陈黉利家族在澄海隆都前关村投资创办泰国潮人在家乡的第一所学校——成德学堂。泰国著名侨领郑智勇,也于1916年在家乡独资创办设备齐全的"智勇高等小学校",面向潮属各地招收弟子,并由他负责为们提供膳宿等一切费用。1918年春潮州发生地震,韩江堤围崩溃,陈黉利家族的陈慈黉老先生和郑智通先生不仅自己捐献巨款,而且动员泰国侨胞募捐,协助家乡修复被洪水冲决的堤防。已故的泰国中华总商会永远名誉主席、大慈善家谢慧如先生,事业有成之后对家乡更是竭诚襄助,在潮州兴建慧如公园、泰佛殿、谢慧如图书馆、中小学等,尽心公益事业,造福社会。

泰国侨批与潮汕地区的密切关系,反映出中泰两国政府和人民的友好情谊源远流长,衷心祝愿这种友好情谊与日俱增、代代相传。

(《泰国侨批文化》2006年6月)

"潮汕侨批"
被推荐申报世界记忆遗产

日前,广东省档案局拟推荐潮汕侨批申报世界记忆遗产,并派出工作组前来汕头市潮汕历史文化研究中心进行实地考察。

世界记忆遗产,又称"世界记忆工程",是联合国教科文组织于1992年发起的。它是"世界文化遗产名录项目"的延续,旨在对世界范围内所有人类文献遗产进行权威性的评估与登录,以促进对世界范围内正在老化、损毁、消失的人类记录进行抢救和保护。

潮汕是我国的著名侨乡之一,近代众多潮人从樟林港乘坐红头船,漂洋过海下南洋谋生之后,希望将历尽艰辛挣来的血汗钱托寄回家乡,克尽赡养亲人的义务,侨批就是在当时金融邮政机构尚未建立或极不完善的情况下,海外侨胞通过民间渠道及后来的金融邮政机构寄回国内、连带家书或简单附言的汇款凭证。国际汉学大师饶宗颐教授在他总纂的《潮州志》中,专门对侨批的起源、沿革、业务等方面作了言简意赅的介绍。潮汕历史文化研究中心于1994年4月开始征集侨批,保护这一民间文化遗存。2000年11月,饶宗颐教授在潮汕历史文化研究中心举办的潮学讲座上,进一步对侨批作了画龙点睛的阐述:"徽州特殊的是有契据、契约等经济文件,而且保存很多","潮州可以和它媲美的是侨批,侨批等于徽州的契约,价值相等。价值不是用钱来衡量的,而是从经济史来看。"高度评价了侨批的文献价值。他还强调指出,由于侨批蕴藏着丰富的历史信息和深邃的文化内涵,因此尤其要重视侨批的批笺,从文化层面上加强对它的研究。从此,研究中心决定实施"侨批文化工程",加大侨批征集和学术研究的力度。时任研究中心理事长刘峰亲力亲为,在吴南生、庄世平、林百欣、陈伟南和饶宗颐等海内外知名人士的大力支持下,已征集到侨批10万封,其中侨批原件3.6万多封,5万多封刻录在光盘上收藏;创建了国内首家以侨批为主题的"侨批文物馆";创办了学术刊物《侨批文化》;编辑出版了3辑《潮汕侨批萃编》;2005年4月,与广西师范大学出版社联袂,将侨批文物馆收藏的10万多封侨批编辑出版《潮汕侨批集成》,预计2008年完成;先后举办了"首届侨批文化研讨会"和"抗日战争时期的侨批业研讨会","第二届侨批文化研讨会"于今年11月举办,将侨批文化研究继续引向深入;通过"让潮汕文化进校园"活动,研究中心在汕头金荷中学、峡山初级中学的支持下,分别成立了"侨批文化兴趣小组"和"侨批文化兴趣班",传播侨批文化。

专家学者们潜心研究的成果表明,饶宗颐教授关于侨批的论断非常正确、深刻。侨批对近代侨乡经济社会发展确有特殊贡献,海外侨胞通过它寄回大量批款,赡养了在家乡的众多眷属,成为他们赖以生存的主要经济来源;维系了海外侨胞与家乡亲人的情根;促进了家乡经济繁荣发展;海外侨胞还通过侨批捐资赈灾行善,实现报效桑梓的心愿等等。为此,饶宗颐教授在《潮州志》中充分肯定:"潮州经济之发展,以华侨力量为多,而有造侨运之发扬,应推华侨汇寄信款之侨批业。"侨批是历史最真实的记录,人们从中能够了解到祖国和侨胞居住国的"国情",海外风云变幻的"世情",侨胞故乡的"乡情",侨胞家庭的"家情"和侨胞与他们眷属之间的"亲情",可谓是记载翔实、内容丰富、语言朴素、感情真挚的"经济社会百科全书",成为研究社会史、金融史、邮政史以至海外交通史、海外移民史、国际关系史等的宝贵历史资料,可与典籍文献互相印证,补充典籍文献记载的不足,乃至纠正谬误,能对当时的一些经济社会状况作更为深入的研究。因此,侨批可以说是于徽州契约文书之后,在历史文化上的又一重要发现。

由监督指导处处长延江蔚率领的广东省档案局工作组来到潮汕历史文化研究中心之后,认真听取了有关情况的汇报;饶有兴趣地参观了侨批文物馆的"潮汕侨批文化图片展"和"侨批珍藏室",目睹不同时期、地区、币制的侨批原件;察看了《潮汕侨批集成》编辑室,与有关人员亲切交谈;接受研究中心提供的《潮汕侨批萃编》《潮帮批信局》《侨批文化》和《潮汕地区侨批业资料》等相关书刊。最后,工作组表示,潮汕侨批可先向国家档案局申报世界记忆遗产立项,要求研究中心抓紧做好各项准备工作。

(《侨批文化》2007年6月第七期)

饶宗颐潮学研究的新建树
——着力倡导侨批文化

国际汉学大师饶宗颐教授,耄耋之年仍治学不辍,以"不犯人,不犯己"的不倦超越精神,不断拓展潮学研究新领域,着力倡导侨批文化,为学术研究作出了新的贡献。在他的指引、推动下,原来散落在民间的侨批,已成为令人瞩目的重要历史文献。金融、邮政、历史、文化等方面的专家学者正形成合力,着重发掘蕴藏在侨批中深刻的文化内涵。这是他在学术研究上的又一"厚积薄发"。

侨批,是海外侨胞通过民间渠道及后来的金融邮政机构寄回国内、连带家书或简单附言的特殊汇款凭证,兼有邮传信递、金融汇兑的功能,基本特征是"银信合一"。学富五车的饶宗颐教授,早就关注侨批这一原生态的"草根"档案文献。在他总纂的《潮州志》中,专门辟有"侨批业"的章节,对侨批的起源、沿革、经营等方面作了言简意赅的介绍,并明确指出:"潮州经济之发展以华侨力量为多,而有造于侨运之发扬,应推华侨汇寄信款之侨批业。"①2000年11月,兼任潮汕历史文化研究中心顾问的饶宗颐教授,在研究中心举办的潮学讲座上,对侨批作了"画龙点睛"的论述,他说:"徽州特殊的是有契据、契约等经济文件,而且保存很多","潮州可以和它媲美的是侨批,侨批等于徽州的契约,价值相等。价值不是用钱来

---

① 饶宗颐总纂《潮州志》新编第三册,潮州市地方志办公室编印,2005年,页1308。

衡量的,而是从经济史来看的。"①他的这番论述,高度评价了侨批的文献价值,并为侨批研究指明了正确的方向:由于侨批蕴藏着丰富的历史信息和深厚的文化内涵,今后不仅要重视侨批封,尤其要注重批信,在文化层面上加强研究;由于侨批融汇了中外交流、经济往来、移民开发、邮传信递、金融汇兑等要素,因此需要多学科联袂,以形成研究的合力。这样,作为他对潮学研究的新建树——侨批文化便应运而生。这是他以深邃的眼光,运用比较的科学方法发掘侨批深厚底蕴的结果。事实表明,通过比较,能够探寻和确定事物之间的异同关系,有效地突破偏于一隅的观察,对侨批有更为深刻、全面的认识。饶公提及的徽州契约,是在唐宋时期文化教育发达、徽商渐渐崛起和法制观念逐步加强的背景下产生的。明清甚至上溯到宋元时期的土地买卖契约,到了民国改元之后,只要经当时政府验核证明是合法的,再贴上验契纸就依然有效,故有"有契斯有业""全以契券为凭"之说。正是由于徽州契约文书的发现,导致一门新的学科"徽学"(也称"徽州学")的产生。历代下南洋的侨胞尽管背井离乡、漂泊海外,仍然遵循着中华民族的传统伦理道德,形成了强烈的"根"的意识,希望将得来不易的血汗钱托寄回故乡,恪尽赡养长辈、妻儿的义务。在金融、邮讯机构尚未建立或极不健全的情况下,侨批就是最好的托寄方式。因此,近代沿海民众到海外谋生、创业,催生了侨批这一特殊的汇款凭证。

　　侨批档案缘何可与徽州契约媲美?主要依据如下。

　　民间特色鲜明。在《徽州文书》第一辑收集的徽州契约中②,有卖田契、押田契、典田契、卖地契、卖屋契、典屋契和卖园地契、典茶山契等,契约的签订都在民间进行,一般是由立约人、典约人或卖契人、典契人与中见(证)人、依口代笔人三面言定、立字为凭,并在民间保存。

　　侨批的民间特色尤为鲜明,如上所述,它不仅与徽州契约一样发轫于民间、收藏于民间,而且是流转于民间、经营于民间,光绪二十二年(1896)大清邮政局成立后至民国期间,官方多次要取消、取缔侨批局,但因它深深扎根于民间、服务于民间,获得民众的信赖,结果都未能取而代

---

① 潮汕历史文化研究中心 2000 年 12 月编辑出版《通讯》第 20 期,页 37。
② 刘伯山主编,《徽州文书》第一辑,前言,广西师范大学出版社,2005 年。

之。正如饶公所言:"(因侨胞)在外居留范围极广,而国内侨眷又多为散处穷乡僻壤之妇孺。批业在外洋采代收方法或专雇伙伴——登门收寄,抵国内后又用有熟习可靠批脚逐户按址送交,即收取回批寄往外洋,仍一一登门交还,减少华侨为寄款而虚耗工作时间。至人数之繁多、款额之琐碎,既非银行依照驳汇手续所能办理。其书信书写之简单,荒村陋巷地址之错杂,亦非邮政所能送递。故批业之产生与发展,乃随侨运因果相成,纯基于实际需求而来。"①鲜明的民间特色,使侨批的文献价值更不一般,曾有学者指出:"当今传统文史学科的研究有一个共同的趋向,就是研究重点下移,学者们越来越注重对社会基层的研究。这一趋向发展的结果,将彻底改变过去研究领域囿于上层社会的局限,为我们展现一个全新而生动鲜活的社会历史。侨批及其发掘和整理,将为中国学术界的这次巨大转变提供有力的支撑。"

内容翔实丰富。作为徽州契约,主要是记录了土地、房屋等财产的买卖、承租、典当等民间经济活动,内容翔实,大致是:立卖契人或当契人等,由于生活困难诸原因,情愿将田、屋出卖或典当给某人,经商定价值多少,其钱款当日亲手收足,田、屋未出卖、典当之前并无重迭交易,今欲有凭,立此契约云云,显得比较单一、格式化。侨批内容也很翔实,但比徽州契约丰富得多,原原本本地反映出大至国家、国际,小到社会"细胞"——众多家庭的具体状况,从中不仅可以解读出海外侨胞和故乡家庭的家情,海外侨胞故乡的乡情,海外侨胞侨居国和祖居国的国情和国际风云变幻的世情,而且从中能感受到海外侨胞与家乡眷属的亲情。如果说徽州契约是"铁骨",具有刚性的约束力,那么侨批则是维系海内外亲人情根的纽带,充满"柔情"。如1935年4月,泰国侨胞陈松锦得知自己的儿子在家乡澄海出生之后欣喜异常、夜不能眠,便在灯下疾书,一口气为小儿子拟了"济民""华民""永强"等10多个名字,请家人"将比较评论,择一个最合意者写来吾知",舐犊之情跃然纸上。印尼侨胞李芝敏虽长年在外漂泊,仍决定回故乡澄海娶杜爱群为妻,把"根"留住,他在1949年2月写出的侨批中,向母亲明确表示:"对此亲事今决定合意,儿于是月十六日由

---

① 饶宗颐总纂《潮州志》新编第三册,潮州市地方志办公室编印,2005年,页1308。

(有方批局)寄上金圆券叁万元,到祈查收此款,以供买金戒指一只,送与杜爱群女士做订婚戒指,何日收定,望母亲赐音示知",并请"母亲可将此事乞告知爱群及她之父亲",对家乡、亲人的眷恋溢于言表。

记载系统完整。首先是时间的系统性,据专家推断,包括徽州契约在内的徽州文书,经历了宋、元、明、清等,以明、清最著;敦煌文书目前已知最早的是晋,晚至北宋天圣年间,其中唐代的文书最多。而潮汕侨批产生于19世纪上半叶,至20世纪80年代,经历了清代、民国、中华人民共和国3个时期,在时间上不仅有自身的系统性,而且与敦煌文书、徽州契约形成自然的链接,比较系统完整地反映了时代的变迁、社会的演进和经济的发展。侨批还具有空间的系统完整性,再以潮汕侨批为例,从海外的寄批地看,有来自海外侨胞居住地的泰国、马来亚、新加坡、越南、柬埔寨、印度尼西亚等国以及中国香港地区。从国内的收批地看,几乎涵盖了潮汕侨乡的县和乡镇,其中包括汕头、潮安、澄海、饶平、潮阳、揭阳、普宁和大埔、丰顺等地。寄批地和收批地长期稳定,极少发生变动。时空的系统完整性,在许多海外侨胞祖居地的家庭中也有具体反映,以潮安县东凤镇二房后厝的陈宏烈为例,他的4个儿子集允、集亮、集祥、集轩先后出洋侨居新加坡,从此,他们的侨批便不断地寄回家乡,现收集到的是民国元年(1912)至1958年的侨批566封,从没有中断过,在时空上自成体系。这样系统完整、内容丰富的侨批,是研究社会史、邮政史、金融史不可或缺的宝贵文献资料。

跨国属性独特。这一点是徽州契约所没有的,因为侨批源于海外移民,在跨国的特殊环境中诞生,成为海外侨胞与家乡亲人的"两地书"。而侨批业则是在跨国的渠道中运作,开始是由个体的水客往返于海外与国内之间递送,后来出洋的侨胞激增,仅潮汕地区,从清乾隆四十七年(1782)至同治七年(1868)出洋人数累计有150多万人,同治三年(1864)至1911年,出洋人数达294万人。在此情况下,水客递送侨批的传统做法已适应不了新的需求,由民间自发兴起、专门办理侨批业务的侨批局便应运而生。据1946年《潮州志》统计,设在南洋(东南亚)诸国由潮人创办的潮帮侨批局达451家之多,设在潮籍侨胞祖居地潮汕一带的侨批局也有131家①，海外侨胞托寄的侨批和侨胞家乡人寄出的回批，就在这跨国的渠道中双向运作。

海外侨胞和故里亲人的信息，也在跨国的网络里双向交流。其中有侨胞倾诉在异国他乡谋生境况的，如侨胞陈应传就在批信中写道，在外"奔波十余载，尚赤手空拳，未得酬愿"，本应多寄批款回乡让母亲购新谷，无奈力与心违，只得表示："传非不知家中之间痛苦，奈命生如此，惟有昂首向天叹息而已。"有隔洋通过侨批对子女进行"远程教育"的，希望他们要懂得"学无止境"，"今后要迎头赶上，勿落人之后"，"切要谨慎从事，不可在外放荡，以免养成不良习惯。"家乡亲人寄给海外亲人的回批，则通报侨胞故里情况，祈望他们在外平平安安，有朝一日能返回老家团聚等等。由此可见，跨国属性是侨批的"天生丽质"，体现出它的本质特征，其文献价值已超越了国界，成为研究海外移民史、海外交通史、国际关系史等跨国学科的宝贵文献资料。

综上所述，说明饶公关于侨批可与徽州契约相媲美的论断非常深刻、中肯。在他大力倡导下，使尘封在民间多年的侨批终于见之于世，并且登上了大雅之堂，2010年2月，包括潮汕侨批在内的"侨批档案"正式列入《国家档案文献遗产名录》，目前正向申报《世界记忆亚太地区名录》的更高目标努力。

总而言之，侨批能有如此风光的今天，饶宗颐教授功不可没。

(《饶宗颐学术研讨会论文集》，2007年6月)

---

① 饶宗颐总纂《潮州志》新编第三册，2005年，潮州市地方志办公室编印，页1314—1315。

将侨批文化研究引向深入

——第二届侨批文化研讨会述评

为期3天的第二届侨批文化研讨会,于2007年12月8日在潮州市潮安县东山湖温泉度假村隆重举行。

第二届侨批文化研讨会是在广东省档案局推荐潮汕侨批申报国家档案文献遗产的背景下举行的,由潮汕历史文化研究中心、潮州市政协文教体卫史委员会和东山湖温泉度假村联袂主办,来自泰国、新加坡、中国香港、中国台湾,福建省的厦门、泉州、漳州,广东省的广州、江门、梅州、汕头、潮州、揭阳等地,共120位领导嘉宾和专家学者莅会,提交的论文有60多篇。中国香港著名爱国实业家、潮汕历史文化研究中心顾问陈伟南,新加坡爱国实业家郑镜鸿之公子、东山湖温泉度假村董事长郑添谅,中华全国集邮联合会副会长常增书,潮州市政协主席田映生,揭阳市政协主席欧汉波,汕头市政协副主席谢铿,汕头市政协原主席、潮汕历史文化研究中心名誉理事长刘峰等出席了开幕式。广东省政协原主席、潮汕历史文化研究中心名誉理事长吴南生,国际著名汉学大师、潮汕历史文化研究中心顾问饶宗颐和陈伟南、常增书、刘峰,分别题写了"传承诚信美德,构筑和谐侨乡""潮汕文化瑰宝""研究侨批文化弘扬爱国精神""侨批遗存记忆史功不可没"和"侨乡文化潮学瑰宝"的亲笔贺词。

2005年6月,在国内外出版界颇有影响的广西师范大学出版社与潮汕历史文化研究中心密切合作,将研究中心收藏的10万封侨批编辑出版为《潮汕侨批集成》共三辑 125 册左右。2007 年 12 月初,"集成"的第一辑共 36 册已问世,广西师范大学出版社总编辑一行特地带到东山湖度假村展示,并将第一辑的第一册赠予莅会的专家学者,给研讨会送上一份厚礼。泰国的侨批收藏家许茂春也向与会专家学者赠送他所编著的《东南亚华人与侨批》(中文版)。中国香港的《中国邮史》出版人麦国培和泉州中国银行的黄清海及万冬青等,则向潮汕历史文化研究中心侨批文物馆赠送了具有文物价值的批袋和侨批原件。

第二届侨批文化研讨会的主题为"侨批与金融",力求在首届侨批文化研讨会的基础上,将侨批文化研究引向深入,转入专题性研讨。在研讨会上,专家学者们各抒己见,畅所欲言,中国香港的马楚坚博士引用大量的史实说明,侨批局的业务是以汇兑流通兼发送书函为主,它"经营汇兑银钱业,其本身支出固大,而侨汇之融通,尤需资金雄厚运作",故侨批局"独资者少,大多为合资营运",因此侨批业"即属特种金融事业"。泰国的洪林在阐述了 20 世纪 40 年代末泰国的侨批与金融的关系之后,明确指出:"昔日侨批因'水客'而起,金融与侨批联袂运转,这就是这个侨批与金融关系产生的以及相辅相成而发展的一个漫长历史轨迹。"福州的许建平认为:"侨批业之重,当在银钱汇兑上,侨批局本身就是侨乡在特殊历史条件下产生的一种特殊金融机构。"汕头的陈训先从文化发生学的角度,对侨批业与潮商文化源的关系作了深入的论证,从而提出了新的见解,认为侨批是"以金融流变为内核,以人文递播为外象,以心心沟通为纽带,以商业贸易为载体的一种流动型、综合性的多层次文化形态",而侨批业则是早期潮商形成"规模化、集体化""跨国""多元"和"守诚笃信"等文化基因的先导与前驱。新加坡大学的陈丽园通过对侨批"家族网络""合股关系网络"和"乡族商业网络"等层次的分析,从微观的角度揭示了侨批业的金融流转与商业的密切关系。北京的刘猷远引用外国学者的论述,阐明侨批"为侨乡金融业生存和发展起到了不可忽视的支撑作用"。梅州的学者也以当地侨批业发展的史实印证了这一点。潮州的黄挺还运用《巴城华人公馆(吧国公堂)档案丛书·公案簿》即巴城(今雅加达)华人公馆处理民事纠纷的历史记载,通过分析早期侨批业的经营方式,揭示侨批的金融属性。泉州的王朱唇则认为,19 世纪中期至侨业并入银行这段时间,侨批的汇兑与19世纪后期至1930年代国际金融的运作在基本方式是相通的,都是信汇、票汇、电汇及转汇,因此,银行的信汇是"受侨批'信汇'的影响",和"对侨批信汇的沿用"等等。

总之,由于本届研讨会重点比较突出,使"侨批与金融"这朵"红花"格外显眼。同时,也有不少专家学者从不同的视角认识侨批的"庐山真面目",形成既是"红花绽放"又有"绿叶扶疏"的研讨格局。潮汕历史文化研究中心的王炜中在国际汉学大师饶宗颐教授关于潮汕侨批可与徽州契约媲美的论断启示下,就潮汕侨批为何可与徽州契约媲美的问题进行初步的比较研究,指出潮汕侨批产生于民间、流转于民间、收藏于民间、经营于民间,因此,民间特色鲜明,是原生态的"草根"档案文献;其内容真实丰富,"原汁原味"地反映出当时的社会状况,人们从中能够了解到海外侨胞家庭的"家情"以至世界风云变幻的"世情";潮汕侨批经历了清代、民国、中华人民共和国这几个历史时期,记载系统完备,不仅有空间上的系统完整性,而且有时间上的系统完整性,跟年代久远的敦煌文书、徽州文书形成自然的链接。从而证实了饶宗颐教授作出"潮汕侨批可与徽州契约媲美"论断的正确性。

值得关注地还有,五邑大学的刘进就晚清民国时期广府地区巡城马问题发表自己的见解。所谓巡城马,是指定期在广州及附近乡镇之间穿梭往来,像马一样地奔波,为客人送书信、包裹的精壮男子,后来随着侨乡的逐渐兴盛,它们的业务自然而然地转移到为侨批和侨眷服务上,与在不同境遇产生的水客的职责形成某种对接,成为联系海外侨胞与家乡眷属的较为重要而独特的职业。它的外延虽较水客狭窄,在水客的含义之内,但"巡城马"一词应早于"水客"一词的出现。丰顺的罗敦锦通过对侨批具体内容的分析,说明客家人对子女后代教育的高度重视。台湾的专家学者陈瑛珣、梁晓兴和吴贤俊专程前来参加本届研讨会,并提交了《移民家庭中的女性生存心态——以泰国许柔金寄澄海弟媳之侨批一批为例》、《潮汕移民网络成立的时、空点——以潮帮批信局为例》和《从侨批看潮人对传统家庭理念之固守及其窘境——以潮安陈集允家庭为例》的论文,台湾的专家学者魏萼、唐存政虽未能莅会,仍提交论文或向研讨会致贺。金门的专家学者江柏炜和蔡明松因故未能赴会,也向研讨会提交了《金门民信局(批局)经营模式之探讨———以金门三益批局为例》的论文,通过对三益批局的典型剖析,使人们较好地了解到金门侨批业的发展历程和它们的经营网络及经营方式。汕头的罗则扬对采集到的200余首有关的侨批歌谣、诗词做了初步探讨后认为,这些歌谣、诗词形象地体现了潮侨先辈身处异域、艰苦创业、心怀桑梓、爱国爱乡的高尚情操。

  本届研讨会的又一个亮点,就是由汕头市金荷中学部分学生提交的论文。这些学生在老师的指导下,成立了"侨批文化兴趣小组",经常利用课余时间到潮汕历史文化研究中心资料室,根据拟定的研究课题认真查阅侨批和有关资料,并向专家学者请教,深入民间做社会调查。在这基础上,他们先后撰写了五篇论文,其中的《风格独特的潮汕侨批》和《侨批中的中华传统美德》提交本届研讨会。学生们从一封封侨批中,深深体会到海外侨胞尽管身居异域,依然发扬着中华民族的传统美德,对祖国无限热爱,对父母长辈竭尽孝道,对子女关爱有加,对家庭高度负责,并且坚持勤俭节约,这些传统美德的弘扬,是我们国家能屹立在世界民族之林的重要原因之一。他们的论文虽稚气颇重,却体现出年轻一代对中华优秀传统文化的热爱,老一辈的专家学者对此深感欣慰。

  由于潮汕侨批记载翔实,内容丰富,系统性强,涵盖面广,可谓是"社会百科全书",且具有原始性、唯一性的档案性质,可与典籍文献互为印证,补充典籍文献记载的不足,是研究近代华侨史、金融史、邮政史、海外交通史、国际关系史的珍贵档案文献,广东省档案局到潮汕历史文化研究中心实地考察后,已于2007年6月向国家档案局推荐申报国家档案文化遗产。与会专家学者闻讯纷纷表示,要乘此"东风"将侨批文化研究不断引向深入,争取多出成果、出好成果。

  (《第二届侨批文化研讨会论文选》,2008年5月)

潮汕侨批缘何可与徽州契约媲美

2000年11月,国际汉学大师饶宗颐教授在潮汕历史文化研究中心举办的潮学讲座上,对著名侨乡潮汕地区的特殊产物——侨批,作了"画龙点睛"的论述:"徽州特殊的是契据、契约等经济文件,而且保存很多","潮州(注:即潮汕地区)可以和它媲美的是侨批,侨批等于徽州的契约,价值相等。"本文仅就潮汕侨批缘何能与徽州契约相媲美的问题,作初步探讨。

民间特色鲜明

徽州文书是继甲骨文、汉晋简牍、敦煌文书、明清内阁大库档案4大发现之后的又一重大发现,其种类繁多,有合约、合同书、继书、招书、票据、官文、告示、家乘宗谱、收借条、记事簿以至戏本、日记等等,买卖文约、招承租约、合约、合同等契约是其中一部分。仅安徽"伯山书屋"所收藏的徽州文书就有1.1万多份(部),其中买卖、典当、租佃的契占60%左右。徽州契约来自民间,以反映基层社会状况为主。从《徽州文书》第一辑收集的契约中,有卖田契、押田契、典田约、卖地契、卖屋契、典屋契、卖园地契、典茶山约以至卖厕所契等,这些契约的签订都在民间进行,一般是由立约人、典约人或卖契人、典契人与中见(证)人、依口代笔人三面言定、立字为凭,并在民间保存。

潮汕侨批也是原生态的"草根"档案文献,民间特色尤为鲜明。广东省潮汕地区是中国著名的侨乡之一,明、清两代,潮人海外移民呈发展趋势,主要分布在东南亚的泰国、新加坡、马来西亚、越南、柬埔寨等国;第二次鸦片战争至1949年中华人民共和国成立前,是潮人海外移民的高峰期。近代众多潮人出洋谋生之后,希望将得来不易的血汗钱托寄回家乡,在当时金融邮政机构尚未建立或极不完善的情况下,侨批是最好的传递方式,因此,侨批自问世之日起,就深深扎根于民间。潮汕历史文化研究中心的侨批文物馆,已收藏有10万封海外寄回潮汕的侨批及潮汕寄往海外的回批,不仅全是民间往来,并由民间收藏,而且都由水客和民间特殊的金融机构——侨批局经营。潮汕侨批开始是由以收解侨批为主的水客递送,后来随着出洋的潮人增多,水客承接业务的能力已经不适应新的需求,加上他们行踪不定、人品不一,由民间自发兴起、专门办理侨批业务的侨批局就迅速崛起,成为侨批业主力。与水客相比,侨批局信资廉宜,讲求信用,有固定局址可跟进查询,且服务周到。光绪二十二年(1896)大清邮政局成立后,作出种种规定,企图将侨批业纳入其管辖范围加以限制,但因侨胞"在外居留范围极广,而国内侨眷又多为散处穷乡僻壤之妇孺。批业在外洋采代收方法或专雇伙伴——登门收寄,抵国内后又用有熟习可靠批脚逐户按址送交,即收取回批寄往外洋,仍——登门交还,减少华侨为寄款而虚耗工作时间。至人数之繁多、款项之琐碎,既非银行依照驳汇手续所能办理;其书信书写之简单,荒村陋巷地址之错杂,亦非邮政所能送递。故批业之产生与发展乃随侨运因果相成,纯基于实际需求而来"(饶宗颐教授语)。由于深深扎根于民间,具有官办行局所不能相比的优势和旺盛的生命力,以致大清邮政无法将侨批这一"草根"行业排除在外。

民国七年(1918),国家邮局准备一律取消民信局,汕头埠侨批业同仁即派出代表抗争,结果得以无限定展期,候国家邮政局发展到有可能分发侨批时再作决定。民国十七年(1928),全国交通会议又决定取消民信局,旅居海外的华侨团体奋起反对,阐明侨批业便利海外侨胞、服务国内侨眷,最后当局决定,从民信局中分出批信局(即侨批局),专营海外侨胞寄出的侨批,民信局专营信件传递。民国二十四年(1935),当局再以加强金融管理和统一邮政为由,在取缔民信局时也将侨批局列为取缔对象,但因侨批局深受民间的信赖,并且总部多设在海外,国家邮政依然未能取而代之;尽管侨批要通过邮政部门寄回国内,但在海外收批、国内送批仍由侨批局办理。据1946年《潮州志》统计,在潮汕本土的潮帮侨批局有131家,在海外的潮帮侨批局则多达451家。中华人民共和国成立后,对民间经营的侨批局仍实行"维持保护,使其长期存在"的政策,鼓励它们扩大收汇业务,直到1973年国务院指示"侨批业务应归口银行"之后,潮汕侨批业才于1979年完成它的历史使命。

内容真实丰富

由于潮汕侨批与徽州契约一样,都源于民间、大量收藏于民间,而且"原汁原味"地反映出大至国家、海外,小至社会"细胞"——众多家庭的具体状况,因此内容真实丰富。徽州契约主要记录了土地、房屋等财产的买卖、承租、典当等民间经济活动,内容翔实可靠,只是比较单一、格式化,基本内容都是如此:立卖契或当契人等因不便(即生活困难等诸原因),情愿将田、屋出卖或典当给某人,共同议定价值多少钱,其钱款当日亲手收足,未出卖、典当之前并无重迭交易,今欲有凭,立此契约云云。潮汕侨批在翔实可靠方面与徽州契约相同,由于它牵涉面更广,且具有国际性,故内容显得愈加多元、丰富。潮人要远渡重洋,涉及海上交通;到异国他乡落脚,涉及国际关系;侨批局要经营,涉及金融业;后来海外侨胞寄侨批、家乡眷属寄回批要通过邮局,涉及邮政部门;侨批和眷属能否安居乐业,又涉及国内外的政局是否稳定等等。所有这些,都在侨批中有不同程度地反映,人们从中能够了解到祖国的"国情",侨胞故里的"乡情",侨胞家庭的"家情"以至海外风云变幻的"世情"。以下仅举数例加以说明:1967年3月8日,泰国侨胞陈曙浩夫妇寄给儿子、儿媳的侨批中写道:"叔婶居为长辈,应该尊敬,互相帮助,诸弟妹应互相友爱,和气相处为要,既往之事,言之无益,徒增恶感,何苦为之!但人生处世之身,应以宽大为怀,凡事达观,则精神愉快,虽苦也乐。"教育他们处理好与亲属的关系,说的是家情;泰国侨胞林圣源于1937年10月31日写给他侄儿的侨批中,描述了18万日寇攻陷上海的惨状:"眼下闸北一带,悉遭敌人焚烧,仅存一片焦土而已,言已痛心,现沪上难民闻达百万之众,诚属可怜。"说的是日寇侵略中国时的国情;泰国侨胞陈绍林于1953年写给妻子的侨批中写道,原本接到妻子回音后"当立即提笔",但因泰国"各地发生暴动,政府立即肖(宵)禁,道路皆兵,一人不能出门"已有10天之久,"以致家批迟寄",从中反映出泰国当时的局势,说的是海外的世情。

  与徽州契约相比,潮汕侨批在内容上还有一个独特之处,就是充满着海外侨胞与家乡眷属之间的亲情。在海内外金融邮政机构尚未建立或极不完善的情况下,侨批不仅是寄款,而且是传情,成为他们之间进行感情交流的重要纽带,长年累月就凝聚成难解难分的情结。比如:泰国侨胞李广基的母亲去世后,他仍十分想念,在1950年给妹妹的侨批中就写道:"近来在十月二十二日晚,一度梦见我母,立而面无喜色,使我醒来,日无宁心。然我所梦之夜,即先母忌辰之前一日也。"而新加坡陈应传在外谋生非常艰难,"奔波十余载,尚赤手空拳,未得酹愿",本应多寄批款给母亲,无奈力不从心,因此在给母亲的侨批中写道:"非传不知家中之痛苦,奈命生如此,惟有昂首向天叹息而已。"总感到对不起她老人家,海外侨胞对长辈孝敬之情由此可见一斑。泰国侨胞郑钦桂出洋谋生之后,他妻子希望携子前往团聚,这原本也是郑钦桂所盼望的,但在外经济拮据,只得在寄给妻子的侨批中写道,当年出洋"原为家庭所致,再有来暹,亦非快乐喜居",妻子不可能来暹团聚,原因就是"舟费太多,并暹行情劳苦",只能通过侨批对妻子倾诉思念之情。泰国侨胞杨捷从因家贫,忍痛将自己的女儿卖出去,在外赚到一笔血汗钱之后,首先就想到这苦命的孩子,当他寄出5万元国币的批款给妻子时,就特地在侨批上嘱咐她:"至切赎回吾女回家。"1935年4月,泰国侨胞陈锦松得知自己的儿子在家乡澄海出生之后,欣喜异常,夜不能眠,便在灯下疾书,一口气为小儿拟了"济民""俊仁""华民""永强"等15个名字,请家人"将此数名评论,择一个最合意者写来吾知。"而马来西亚侨胞蔡涌泉难得返回家乡,便通过侨批对在家乡的儿子蔡金钱进行"远程教育",要求他"切要谨慎从事,不可在外放荡,以免养成不良习惯",同时在给母亲的批信中强调:"金钱在家或在外面,切欲学正当事业,留心进取,不可闲游过日,以免颓唐。"等等,海外侨胞对自己子女的舐犊之情跃然纸上。印尼胞侨李芝敏,虽长年在外漂泊,但仍决意要回澄海娶杜爱群为妻,把"根"留在家乡,他在1949年2月寄出的侨批中,向母亲明确表示:"对此亲事今决定合意,儿于是月十六日由(有方批局)寄上金元券叁万元,到祈查收此款,以供买金戒指一只,送与杜爱群女士做订婚戒指,何日收定,望母亲赐音示知",并请"母亲可将此事告知爱群及她之父亲"。泰国侨胞陈何桐身居异国他乡,对祖国家乡依然魂牵梦萦,在寄给家乡胞弟的侨批中,赋诗一首:"裁章握管愁难开,雁阵鸳翼各东西。谁怜海外飘零客,未卜何时解愁眉。"海外侨胞对祖国家乡眷恋之情溢于言表。

记载系统完整

潮汕侨批与徽州契约的另一个共同之处,就是记载系统完整。据专家学者根据目前已知的原件推断,徽州文书经历宋、元、明、清、民国和中华人民共和国,时间跨度700多年,但以明清最著;年代更为久远的敦煌文书,目前已知最早的是东晋永和九年(353),晚的为北宋天圣八年(1030),其中唐代的文书最多。而潮汕侨批产生于19世纪前半叶至20世纪80年代,经历了清代、民国、中华人民共和国这几个历史时期,在时间上与敦煌文书、徽州文书恰好形成了一种自然的链接,比较系统完整地反映了时代的变迁、社会的演进和经济的发展。

就潮汕侨批本身而言,不仅有时间上的系统完整性,而且有空间上的系统完整性和归户性(即归属性,属于谁或由谁拥有并作为档案保存)。对潮汕历史文化研究中心收藏的10万封侨批进行分析,不仅具有时间的系统完整性,而且它的空间系统完整性很强。从寄批地看,有来自海外侨胞居住地的泰国、新加坡、马来西亚、越南、柬埔寨、印度尼西亚等国及中国香港地区,而且侨胞密集的国家寄出的侨批数量就大。从收批地看,几乎涵盖了潮汕侨乡的县和乡镇,包括汕头、潮安、澄海、饶平、潮阳、揭阳、普宁和丰顺、大埔等地,在目前收藏的侨批中,收批地为潮安县的约占60%,收批地为澄海县的约30%,其余为揭阳、普宁、丰顺、饶平等县,原由各家各户收藏;汕头是潮帮侨批局集中地,1946年潮汕地区的潮帮侨批局共有131家,其中汕头市就占73家,并且是与海外侨批局有业务关系的甲级局,海外侨批通过它们分发给各县的乙级局(即投递局)。

　　从乡镇直至家庭,也都凸显出潮汕侨批的时间、空间系统完整性。比如潮汕著名侨乡的澄海县(现为汕头市澄海区)隆都镇,海外侨胞人数为目前全镇总人口的两倍,侨胞眷属人口占全镇总人口的80%左右,镇里先后创办了潘合利、万兴昌等12家侨批局,现已收藏的侨批有1700多封,时间跨度(寄批时间)是1925年至1979年,空间跨度(寄批地)包括泰国、新加坡、越南、老挝、柬埔寨等国及中国香港地区。再从家庭来看,在时间、空间的系统完整性上也是自成"体系",以潮安县东凤镇二房后厝陈宏烈家为例,他的4个儿子集允、集亮、集祥、集轩先后出洋侨居新加坡,从此侨批就不断地寄回家乡,现收藏有566封,从时间上看,绝大多数是20世纪40年代以前寄出的,最早为民国元年(1912)。其中,1930年寄批的情况如下:

一月一日	集允寄	洋银40元
二月二日	集允寄	洋银30元
三月一日	集允寄	洋银30元
三月二十九日	集允寄	银25元
四月十八日	集亮寄	银2元
四月三十日	集允寄	洋银20元
五月二十八日	集允寄	银10元
五月二十八日	集亮寄	银10元
五月二十九日	集祥寄	银10元
六月二十五日	集允寄	洋银20元
六月二十五日	集亮寄	龙银15元
六月二十七日	集祥寄	大银10元
六月二十七日	集允寄	洋银20元
七月二十六日	集允寄	洋银20元
七月二十七日	集祥寄	洋银10元
八月二十四日	集亮寄	大银8元
八月二十五日	集祥寄	洋银10元
九月一日	集允寄	洋银2元

九月二十四日	集允寄	洋银 20 元
九月二十六日	集祥寄	洋银 10 元
十月四日	集亮寄	银 5 元
十月二十三日	集允寄	洋银 20 元
十月二十三日	集祥寄	大银 10 元
十月二十四日	集祥寄	洋银 10 元
十一月二十日	集允寄	银 30 元
十二月六日	集亮寄	银 30 元
十二月二十二日	集允寄	洋银 30 元
十二月二十五日	集祥寄	洋银 10 元

潮汕侨批的系统性和完整性，实质上体现着中华民族传统伦理道德的传承。这一传统伦理道德的主要内容是仁爱孝悌、重义轻利、谦和礼让、真诚有信。汉代还强调"为善孝为先"，一代代的海外侨胞在它的熏陶下，形成了强烈的"根"的意识，他们漂泊到海外之后，不论环境如何恶劣，条件怎样艰苦，都任劳任怨、埋头苦干，争取挣多点钱，恪尽赡养长辈和妻儿的义务，彰显出对家庭、亲人的高度责任感。一封封的侨批，正是在这种传统伦理道德力量的驱动下，连绵不断地寄回家乡。

恪守诚信天则

笃诚守信，是为人处世的天则。潮汕侨批与徽州契约都遵循这一规矩，坚持诚信为本。徽州契约就是要讲诚信，重在履行，否则等于一纸空文。而它的这种诚信，可以说是"刚性"比较强，即通过具有法律性质的约束力实现，因此，各种买卖、典当田地、房屋、山场杉木的契约，一般最后都这样写道："任凭买主修理管业，卖主不得异言。倘有房族外人争论，俱由卖主上前理落，不干买主之事，恐后无凭，立此契约为据。"措辞严格，必须按约履行，没有商量余地。

而潮汕侨批的诚信，是行业的"潜规则"使然。"无规矩不成方圆"，假如侨批局不守信用，随便丢批报失、侵吞批款，它就要丧失侨胞及其眷属的信赖而"自取灭亡"，所以，诚信是侨批业的生命线。为了生存发展，许多侨批局及其从业人员都恪守"人无信不立、业无信不兴"的信条,认认真真、兢兢业业地工作着。清道光十五年(1835)创办于新加坡的致成批局,为了保证海外侨胞托寄的侨批万无一失,建立了一套严格的收发制度,由批局准备统一规格的批封和回执,并印制有关表格,由寄批人一一填明收批人姓名、地址、批款数额和寄批人的姓名、地址。寄批人交付托寄的批款后,由批局人员将表格中所填写的内容,抄到账簿上并编号,逐日移交给司柜汇入总账,最后由经理逐件查核,在批封背面盖上批局印章,再复制一份表格,交有关人员带回设在澄海东湖的致成批馆分号,由侨批派送员按表格上的收批人姓名、地址直接送到侨胞的眷属家里。而有信批局,每次不论来批多少,都得当晚办理清楚,虽通宵达旦也得悉力以赴,因为"盖明天一早,必须赶赴各处舟车第一帮,否则市面谣言兴起,谓某批局本帮来批不能出门,必是倒闭",败坏了批局的信誉。

许多侨批派送员尽管家贫,仍然坚守住诚信的"底线"。澄海隆都镇是著名的侨乡之一,因此侨批业相当发达。这个镇堤兜村的潘得敖,现已87高龄,祖父、父亲和得敖三兄弟都从事同一职业——侨批派送员。得敖兄弟为之送批的潘合利批局于1906年开业,在泰国设总号,在汕头设分号中转侨批,又在隆都设投递局,并与汕头的马德发、光益裕、有信、裕益、永安等批局联号。据潘得敖和弟弟潘得勤回忆,当时送批时,将批信和批款包在潮汕特有的水布里,然后缠在腰间,后来改为用布袋(即批袋)装起来背着走,每天起早摸黑,全靠双脚行走,将批信和批款一件不少、一分不差地送到隆都和潮安县官塘、铁铺的一家家侨眷手里,然后又将一家家侨眷的回批收集起来,送回潘合利批局,再由它发往暹罗(泰国)、呋叻(新加坡)、安南(越南)等地,送给他们的海外亲人。解放前,在货币贬值的时候,他们还得挑着两布袋重数十斤的纸币,在乡村小道上奔波,一天要走近百里路,最多时得送100多封侨批,晚上回不去便住在侨眷家,第二天吃早饭后再继续赶路。就这样,一个人每天的酬劳仅两斤大米或1元国币,外加几毛钱用于过渡船费。尽管如此辛苦,得敖家都按时、如数地将侨批送达,从来没有侵吞过海外侨胞的批款或丢失他们的批信。

更可贵的是,潮帮侨批局的诚信,是出于职业道德和社会责任感,而不是"强制执行"。1939年6月21日,日寇侵占汕头市,内外交通断绝,潮汕侨批业务处于停顿状态,一向依靠海外侨胞寄回批款生活的潮汕地区百多万侨眷濒临绝境。在这种情况下,潮帮侨批局业者完全可以战争爆发为由歇业,然而他们为救侨眷于水火,不畏艰难险阻,奋力开辟新汇路,千方百计将海外侨胞托寄的侨批尽快送到家乡亲人手里,和祥庄代理陈植芳率先开辟的广西东兴汇路便是其中之一。为了开辟新的汇路,陈植芳于1941年6月从海防乘火车经河内抵达老街,但那里的铁桥已被炸毁,铁轨也被拆除,厝屋店铺均已倒塌,成为一片废墟,不可能成为侨批新汇路的中转站。同年9月,陈植芳再从河内乘火车,抵达越北边境线上的小镇同登,在它北面就是中国广西的镇南关(后改称睦南关、友谊关),然而城区很小,无大生意可言。陈植芳并不因此气馁,改道从海防港乘轮到广州湾(现为湛江市),那里有潮人在经商,在赤坎还有一座潮州会馆,也可以汇款回潮州,可惜该地经济状况不佳,无法容纳大宗侨批批款,且从广州湾去潮汕要经过辽阔的海面,多有不便。此时,已得知日寇偷袭珍珠港,发动太平洋战争,并攻打九龙。为了尽快开辟递送侨批的新汇路,陈植芳又单枪匹马地从海防赶到越北的芒街市,在当地侨胞的协助下,来到当时属广东省管辖的防城县边陲小镇东兴。东兴与芒街隔(北仑)河相望,虽地处边陲,但商业比较发达,主要是庄口商行,将广西的土特产及川、滇、黔的名贵药材销往越、柬、老、泰等东南亚国家,同时进口棉纱、布匹、五金器材等物资。由于当时我国沿海7省均被日寇封锁,东兴便成为可以吞吐物资的小口岸,广东省银行也在此设办事处,还有邮政局、钱庄、找换店等,交通也比较方便,具有作为侨批中转站的条件。于是,他便在当地老乡的指点下,分别通过当地邮政局和广东银行办事处汇款回潮汕"探路"。当陈植芳返回海防后,又得知两笔汇款都顺利送达,非常高兴。陈植芳就在是年2月15日春节这一天,动身前往西贡、堤岸(宅郡)、金边等地,向同行业者介绍自己了解的情况,希望大家协力打通新汇路;返回海防后,再通过信件向各批局重申打通新汇路的可行性。接着,又邀请一些批局的负责人前往东兴实地考察,结果大家深感"此事大有可为",便纷纷收揽侨批。经过陈植芳和同行业者的艰苦努力,东兴汇路终于打通,形成的侨批递送路线有两条:一条从东兴经钦州、合浦、遂溪、湛江、高州、信宜至云浮、四会、清远、从化、河源、紫金、揭阳转入汕头；一条是从东兴往钦州、南宁、韶关、兴宁、揭阳转入汕头。由于路途跋涉、险象环生，侨批往往需要1个多月以至3个月时间才能送达侨眷手里。

东兴汇路打通以后，就有和祥庄陈植芳等10多家潮帮侨批局的代理人常驻在东兴。广东省银行东兴办事处已有主任、会计、出纳等工作人员10多人，光裕银行、农民银行、华侨联合银行也到东兴设立办事机构，共同办理解付侨汇事宜，并接纳各省汇到东兴采购进口货物的款项。1942年初，东兴汇路开始运作时，侨批仅来自越南、柬埔寨和老挝，因此上半年批款的数额不大，从7月份起，潮籍侨胞众多的泰国侨批大量增加，每月从东兴汇回潮汕的批款达越币1000多万元，使在贫困中挣扎的侨眷生活得以复苏。

还值得一提的是，寄侨批的海外侨胞也同样坚持诚信为本。他们在海外所得微薄、生活拮据，而家乡亲人困苦，等待他们寄去批款度日，在这种情况下，侨局先为他们垫付批款，以便及时接济家乡亲人，待收到他们眷属的回批后，再凭此收回垫付的款项。这些由批局先垫批款的侨胞尽管贫苦，然而很讲信用，泰国就有一位侨胞是米行的厨工，家乡亲人的回批到达时已病入医院，临终前还念念不忘此事，取出藏在身上一张回批，告知在他身边的亲人，此封回批的批款尚未归还批局。他逝世后，其家人便遵嘱代他归还侨批局代为垫付的批款。诚信，已作为侨批文化的核心和宝贵的精神财富，代代相传。

以上所述充分表明，饶宗颐教授作出潮汕侨批可与徽州契约相媲美的论断，是他以深邃的眼光，运用比较的科学方法，在更高层次上发掘侨批历史价值的结果，也是他在潮学领域中的新建树。

目前，已有专家学者指出，宋代以后的典籍文献，浩如烟海、汗牛充栋，但记载"多重政治，轻经济；重典章制度，轻社会实态；重纲常伦理，轻社会生活；重王室精英，轻平民百姓"，总之，多偏重上层社会，轻视下层社会。资料则："或过于笼统，语焉不详；或只有片语，不成系统；或缺乏数字，难以计量；甚至一些方面的资料竟告阙如。"为此，当今传统文史学科研究出现一个趋势，就是重点下移，越来越注重对社会基层的研究，改变过去囿于上层社会的局限,史料的收集与利用也不再囿于典籍文献,来自民间的契约文书和简牍帛书、谱牒家乘等等,都在收集、利用之列。潮汕侨批都来自基层民间,直接产生于当时经济社会发展的过程中,是当时历史的真实记录,系统、完整性强、涵盖面广,涉及当时的金融、邮政、政治、经济、文化、交通以至民众的生活等领域,是资料翔实、内容丰富的海内外潮人社会的"百科全书",可与有关的典籍文献互为印证,补充典籍文献记载的不足。其发掘和整理,将为华侨史、华侨创业史、金融史、邮政史、中外交流史等学科领域的研究和促进跨学科领域的研究提宝贵的档案文献。正是基于此,2005年6月,潮汕侨批的主要收藏单位——潮汕历史文化研究中心决定与广西师范大学出版社联袂,将收藏的10万封侨批整理、出版为《潮汕侨批集成》,让这珍贵的文化遗存代代相传、远播海外。2007年5月,在广东省人大的重视下,省档案局已推荐潮汕侨批申报为国家、世界记忆遗产。

(《侨批文化》2008年5月第八期)

参考文献:

《潮州志》,饶宗颐总纂,潮州市地方志办公室编印,2005年。

《潮汕侨批萃编》1—3辑,潮汕历史文化研究中心编,香港:公元出版有限公司。

《徽州文书》第1辑,刘伯山主编,桂林:广西师范大学出版社,2005年。

《潮汕历史资料丛编》第11辑,潮汕历史文化研究中心、汕头市文化局、汕头市图书馆合编。

为了"海邦剩馥"代代相传

——记抢救侨批档案遗产的潮汕历史文化研究中心

2007年,潮汕侨批可谓喜讯频传,由潮汕历史文化研究中心和广西师范大学出版社编辑、出版的《潮汕侨批集成》第一辑共36册已经问世;潮汕历史文化研究中心与潮州市政协文教卫体史委员会和东山湖温泉度假村联袂举办的"第二届侨批文化研讨会"圆满结束。更振奋人心的是,广东省档案局大力推荐潮汕侨批申报国家档案文化遗产,中央电视台、羊城晚报、广州日报、潮汕地区媒体、福建的石狮日报和凤凰卫视、泰国的星暹日报等对此备加关注,纷纷作了报道;中国移动汕头分公司和潮汕历史文化研究中心、汕头市旅游局联合举行了"潮汕侨批有奖问答"活动,支持潮汕侨批向国家申报档案文献遗产。所有这些,使潮汕历史文化研究中心领导和工作人员感到十分欣慰,因为他们为了抢救潮汕侨批这一珍贵的档案遗产,已付出了长达14年的辛勤劳动。

侨批,是海外侨胞通过民间渠道及后来的金融、邮政机构寄回国内、连带家书和简单附言的汇款凭证,其基本特征为"银信合封"。广东文史、金融、集邮界人士较早注意到侨批,并从各自的角度对它进行探讨。

1994年4月,在潮汕历史文化研究中心第三次理事会上,陈训先理事透露了一个信息:澄海邮电局的邹金盛收藏有近万封侨批。时任研究中心理事长的刘峰等认为,独具特色的侨批是潮汕的文化遗存,应当千方百计征集起来才能无愧于子孙后代。"岭海名邦"潮州（今潮汕地区）的侨批原本数量很多，随着时间的推移和侨批业中止经营，加上土改、"四清""文革"等政治运动的影响，大部分被销毁或因保存不当而破损、烂掉，变得更为稀有、珍贵，故有"海邦剩馥"之称，如不及时抢救，将会彻底消失。因此，研究中心便拉开了抢救潮汕侨批这一档案遗产的序幕。理事会结束不久，研究中心时任副理事长陈德鸿和杜经国专程前往澄海拜访邹金盛，商讨能否将他收藏的侨批转让给研究中心，因为他舍不得割爱，双方最后决定，由研究中心提供一台全新的复印机，由邹金盛利用业余时间复印部分侨批封送给研究中心资料库收藏。到1995年8月，邹金盛将共3千多页、6千多封侨批的复印件送抵研究中心。尽管不是原件，刘峰他们对首批侨批资料仍十分珍惜，经资料库工作人员认真整理装订成15册，然后上架陈列。此后，研究中心的潮汕侨批征集工作陆续在进行。

2000年11月22日，国际汉学大师、潮汕历史文化研究中心顾问饶宗颐教授，在研究中心举办的潮学讲座上对侨批作了"画龙点睛"的论述："徽州特殊的是契据、契约等经济文件，而且保存很多"，而"潮州可以和它（指徽州）媲美的是侨批，侨批等于徽州的契约，价值相等。价值不是用钱来衡量的，而是从经济史来看"，侨批不仅真实反映了潮汕侨乡不同历史时期的社会风貌，而且可以"看出那时候潮人在哪些国家及其活动"，并可以"从潮人的活动看那个国家经济和政治。"高度评价了潮州侨批的历史价值，并为今后的侨批研究指明了方向，即要重视侨批信笺的文献价值，从文化层面挖掘其丰富的内涵；由于侨批具有中外交流、经济往来、移民开发、邮传信递、金融汇兑等要素，因此需多学科形成合力，进行综合研究。广东省政协原主席、研究中心名誉理事长吴南生，全国侨联副主席庄世平、香港潮属社团总会创会主席陈伟南等都表示赞同。饶宗颐的精辟论断有如醍醐灌顶，使刘峰、吴勤生等研究中心领导对侨批更为重视，认为它是有待于进行深度开发的文化"富矿"，应当作为"系统工程"精心经营。首先是加大侨批征集力度，派出工作人员到潮汕地区的汕头、潮州、揭阳三市广泛发动侨眷，通过无偿捐赠或有偿转让等方式征集侨批。2003年5月，耗资15万元一举征集到1.5万多封侨批原件。普宁市侨务部门派出有关人员到重点侨乡进行宣传,有的村庄通过有线广播动员后,先后收到侨眷交来的侨批原件900多封。潮安县彩塘镇一位75岁的新加坡归侨先后两次到汕头,将80多封侨批原件转让给研究中心。华南理工大学退休教师朱诗发,将他双亲及亲属从泰国寄给他的60多封侨批原件捐赠给研究中心。新加坡的成汉通先生则将收藏在自己家乡潮安县银湖村老屋的60多封侨批原件和账本等一并送给研究中心。汕头的曾益奋、香港的麦国培、泉州的黄清海等将装侨批的批袋、铁箱、文具等捐赠给研究中心。同时,汕头电讯部门的麦保尔也将收藏的约4万封侨批刻录在32片光盘上,捐赠给研究中心。经过不懈的努力,在热心人士的支持下,研究中心已征集到潮汕侨批原件和刻录在光盘上的侨批共约10万封。

与此同时,为了给侨批研究打下良好基础,研究中心决定筹建一处展示侨批的场所,并指派副理事长王炜中具体负责筹备,郑修宇、陆丹琳、沈建华等参与此项工作。经过半年多的紧张工作,由吴南生、庄世平、陈伟南等知名人士亲自命名、饶宗颐教授亲笔题写的"侨批文物馆",终于在2004年4月4日正式开馆,成为国内首家以侨批为主题的文物馆;同时举办"潮汕侨批文化图片展",共有300幅图片,其中包括泰国侨批收藏家许茂春赠送的历史照片,还陈列部分侨批原件和侨批局使用的账本、信笺、砚台、批袋等文物,对潮汕侨批的产生、发展、历史贡献等作了比较系统的诠释。馆内还设有"侨批珍藏室",将收藏的侨批置于精制的樟木柜中。开馆后,来自泰国、新加坡、马来西亚、柬埔寨、美国、加拿大、法国、日本和国内的北京、襄樊、南昌、福州、厦门、泉州、漳州、广州、深圳、江门、梅州、汕头、潮州、揭阳等地的侨胞、归侨、侨眷和专家学者、学校学生纷纷前来参观,并写下"盖世工程""侨批是伟大·永远""侨批文物馆天下第一家"等发自肺腑的留言。集乡土性、资料性、学术性于一体的学术刊物《侨批文化》也在此期间创办,为侨批研究工作者提供一个百家争鸣、各抒己见的学术平台。并从收藏的侨批中精选出一部分编成共有三辑的《潮帮侨批萃编》,还专门编辑出版了《潮汕地区侨批业资料》《潮汕侨批简史》《潮汕侨批》的专著和《潮汕批信局》及其续集。在此基础上,研究中心于2004年11月和2007年12月,先后举办了第一、二届侨批文化研讨会,共有140多位专家学者莅会、提交论文140多篇。为了纪念抗日战争胜利60周年,又举行了"抗日时期的侨批业"专题研讨会,并展示抗战期间的部分侨批原件。通过研讨活动,初步形成了一支相对稳定的侨批文化研究队伍。

在加强侨批征集和研究工作的同时,研究中心注意侨批文化的传承和弘扬,为此开展了"让潮汕文化进校园"活动,派出研究中心讲师团成员到学校宣传侨批文化,由校方组织学生到侨批文物馆参观,使青少年对侨批有了比较深刻的认识,汕头市金荷中学的部分学生在老师的指导下,成立了"侨批文化兴趣小组",利用课余时间到研究中心资料室认真查阅资料、思考问题,先后写出了《中学生眼中的抗战侨批》《侨批中的中华传统美德》《一纸侨批诉深情》等论文,这些论文虽"稚气"颇重,却体现出年轻一代对中华优秀传统文化的热爱。同时,与汕头特区报社的"华人网"合作开辟"潮人网",通过现代化的传播手段弘扬潮汕文化。

在实施侨批文化"系统工程"过程中,研究中心得到了海外各界人士的鼎力支持,中国香港爱国实业家陈伟南和泰国泰中友好协会副会长陈汉士率先捐资,共同发起设立"侨批文化研究专项资金",中国香港丽新集团主席林百欣积极响应,随后陈伟、罗志清、黄玉莲和郭国英、郭宣、朱岳秋、周光明等中国香港、泰国、澳大利亚的潮籍乡贤也纷纷捐资,支持这一"功在千秋"的文化工程,使侨批征集、研究、传播得以顺利进行。

由于潮汕侨批越来越为世人所了解,这引起了广西师范大学出版社的关注,出版社相关领导于2004年底专程前往潮汕历史文化研究中心,探讨将研究中心收藏的潮汕侨批结集出版的可能性。广西师范大学出版社在海内外颇有知名度,所出版的历代珍藏文献已在国内外形成品牌,有的文献在海外学术界受到关注。翌年6月,双方正式签署《图书出版合同》,由研究中心将经过整理、编辑的10万封侨批交付广西师范大学出版社出版,预计有120多册,用3年多时间完成。研究中心对此非常重视,指定王炜中具体组织实施,李福光、陈义平、倪水波、陈璇珠、沈建华、池映文、谢小薇、吴奕琛、吴卡佳、陈士伴等人参加,让这一被誉为"海邦剩馥"的珍贵档案遗产薪火相传、远播海外。

研究中心收藏的10万封侨批有如一团乱麻,要理出一个头绪来谈何容易！但编辑人员知难而进，严格依照出版合同的规定，先按20世纪50年代潮汕地区所属的汕头、潮安、澄海、饶平、南澳、揭阳、潮阳、普宁、惠来、丰顺、大埔11个县市分拣，然后按每个县市所属的乡、镇、村继续分拣，再按一个村的家庭、收批人分拣，最后按每户或每人寄批的数量多少和收批的时间先后编辑成册。《潮汕侨批集成》的副主编李福光、陈义平已年逾七旬，经常抱着数公斤重的侨批打印件回家分拣，这些打印件"占领"了屋里的地板、桌面以至床铺，他们戴着老花镜，一张张地过目，有时还得趴在地上端详，此外还要审阅编辑人员编出的初稿。70多岁的陈璇珠很是细心，在紧张编辑工作中，还先后整理出"潮汕历史沿革""侨批封上的商码""编辑'集成'的一些工作方法"和"鉴别侨批年代的方法""农历和阳历对照表"等材料便于编辑人员认别侨批。研究中心顾问麦友直已年过七旬，仍热情参与这项工作，给予具体指导。经过不懈努力，在广西师大出版社的密切配合下，《潮汕侨批集成》第一辑共36册，终于在2007年12月上旬出版，并送往第二届侨批文化研讨会上展示。

潮汕侨批时间跨度大，纵贯中国近代社会一个半世纪，历经清代、民国以至中华人民共和国成立以后。它在国内涉及包括现汕头、潮州、揭阳三市和现梅州市所辖的丰顺、大埔县；在海外主要涉及泰国、新加坡、马来西亚、越南、印度尼西亚和文莱等国家。据《潮州志》记载，民国三十五年（1946）在潮汕地区的潮帮侨批局有131家，在东南亚地区的潮帮侨批局达451家。潮汕侨批是近代中国沿海地区社会生活的真实记录，内容非常丰富，既反映了祖国和侨胞居住国的"国情"和海外风云变幻的"世情"，又可解读出侨胞家乡的"乡情"、侨胞家庭的"家情"和他们与眷属之间的"亲情"，成为研究中国近代社会政治、经济、历史、文化的珍贵档案文献。为此，广东省档案局经过到研究中心实地考察之后，于2007年6月向国家档案局推荐申请国家档案遗产。汕头市委市政府对此十分重视，一位领导对一份报告作了批示，要求有关部门积极配合，确保申报成功。

海内外媒体得悉以后，纷纷前往研究中心采访并进行报道。2007年9月4日，《羊城晚报》在头版显要位置和A5版，分别以"一个半世纪，10万封文献！海外潮人当年汇款凭证，记录了一段特殊历史，价值堪比徽州契约"和"饶宗颐千金之言引发侨批热"为题,作了充分报道。《广州日报》则以"潮汕89岁老'批脚'多年风雨无阻送侨批"为题,通过当年侨批派送员(即"批脚")的回忆,见证了潮汕侨批的历史。泰国资深记者洪林访问研究中心后,在泰国《星暹日报》上发表了题为"侨批文化,珍贵遗产——盼申报世界记忆遗产成功"的报道,衷心希望让海外华侨华人"昔年这份侨批历史文化得以保存,得以发扬光大"。福建省的《石狮日报》则分3次全文刊登了题为"一份珍贵的文化遗存——话说潮汕侨批"的近万字的文章。中国移动汕头分公司和汕头市旅游局主动与潮汕历史文化研究中心联手,通过"汕头旅游通"平台举办"潮汕侨批知识有奖问答"活动,热情支持潮汕侨批申请记忆遗产。

目前,潮汕历史文化研究中心按照广东省档案局的要求,认真、扎实地做好"申遗"工作。

(《广东档案》2007年第6期)

初析潮汕侨批的传统文化基因

潮汕地区是中国的著名侨乡,潮汕侨批是在金融邮政机构尚未建立或极不完善的历史条件下的特殊产物,经长期积淀所形成的侨批文化,成为潮汕侨乡文化的重要组成部分。从收藏的大量侨批和侨批局的有关史料中,可以发现侨批文化的一个鲜明的特点,就是它里面"储存"着强势的传统文化基因,其中最突出的是传统伦理道德。本文就此文化现象作初步探讨。

仁爱孝悌

传统伦理道德是中华传统文化的重要组成部分,仁爱孝悌则是中华传统伦理道德不可或缺的内容,其核心就是爱人,而这种爱人之心,首先体现在家庭成员身上,即父慈子孝、兄友弟恭、夫义妇顺等。关于这一点,在潮汕侨批中体现得非常充分。

首先是慈父对子女的舐犊之情。许多潮籍海外侨胞虽在海外辛苦劳作,但对留在家乡的"心头肉"——自己的子女呵护有加。旅泰侨胞杨捷从赚到一笔血汗钱之后,马上就想到因生活所逼而卖给别人的女儿,当他寄出5万元批款给妻子时,特地在侨批留下附言,嘱咐她收批后"至切赎回吾女回家"。而另一位旅泰侨胞陈松锦,在异邦得知自己的儿子已在家乡出生后激动不已,于1935年4月25日晚在灯下疾书,一口气为小儿拟了"济南、济民、俊臣、俊仁、潮民、友民、礼民、华民、壮强、永强、业农、学农、乐农"等 10 多个名字,请家中亲人"将此数名评论,择一个最合意者写来吾知";此批寄出后,意犹未尽,于 5 月 22 日再寄一封侨批,又列出"镇国、镇光、镇远、独锋、石锋、峻锋"等 10 个名字,再供家人选择。在家乡的子女长大以后,海外侨胞对他们的教育尤为重视,民国三十六年(1947),马来西亚侨胞蔡涌泉在寄给家乡的侨批中,有一封批信是专门写信儿子蔡金钱的,信中千叮咛、万嘱咐,希望他"切要谨慎从事,不可在外放荡,以免养成不良习惯",同时在给母亲的批信中又强调:"金钱在家或在外面,切欲学习正当事业,留心进取,不可闲游过日,以免颓唐。"20世纪 50 年代初,在新加坡的侨胞回到家乡探亲不方便,陈应传便通过侨批,对在家乡的儿子进行"远程教育",在批信中意重心长地写道:"希望你善待祖母,勿骄勿逸,学业更多学习,方不致贻误未来。"

　　同时,表达了晚辈对父母长辈的孝敬之情,充分体现了"百善孝为先"的伦理道德。许多侨胞在海外谋生相当艰难,依然将尽孝视为天职,都千方百计地寄回批款赡养自己的父母,在马来西亚谋生的侨胞蔡涌泉、蔡淇泉兄弟俩就是这样,他们在给母亲的批信中写道:"慈亲大人膝下敬禀者,日前接读来谕,获悉所嘱之事,本应如命调取,只因现时外洋行情艰竭,求利艰难,移挪亦不易,而因吾弟月薪到月屡屡不发,实在难言。因此吾弟不得不先向人抽调,以赴应用。兹先奉上华币贰拾元,到祈查收,从中发落,其余候缓些正行寄上接用,免介。"新加坡侨胞陈应传在外生活非常艰难,"奔波十余载,尚赤手空拳,未得酹愿",本应寄批款回家给母亲购进新谷,无奈力与心违,为此深深自责,他在给母亲的批信中如此写道:"非传不知家中之痛苦,奈命生如此,惟有昂首向天叹息而已。"在家乡的父母仙逝,海外侨胞为自己未能随伴在侧、亲视含殓而倍感悲伤。泰国侨胞李广基在母亲去世之后,依然十分思念,他在 1950 年给妹妹婵花的批信中写道:"近来在于十月二十二晚,一度梦见我母,立而面无喜色,使我醒来,日无宁心。然我所梦之夜,既先母忌辰之前一日也。"爱母之心,可见一斑。旅泰侨胞陈龙添痛失父母之后,便在批信再三吩咐三嫂:"吾父母之墓,在于每年你等至切买办礼物到墓前扫墓,至切勿误。"

　　出洋谋生的丈夫对家乡妻子的思念之情,也在侨批中充分流露。在潮汕地区,离乡别井到异邦谋求生路,绝大多数是男子汉,他们出去以后,依然对家庭高度负责,坚持"糟糠之妻不下堂"。旅泰侨胞郑钦桂出洋后,由于支付不了路费而长期在外,夫妻只能通过侨批互诉衷情。郑钦桂妻子提出携儿前往泰国团聚,本来这也是他所盼望的,但因无能为力,只能在批信中诉说自己的苦衷,他写道,当年出洋"原为家庭所致,再有来暹,亦非快乐喜居",妻儿不可能来,原因就是"舟费太多,并暹行情劳苦",夫妻欲聚不能,其心情可想而知。侨胞陈汉澄得知在家乡的妻子即将分娩,自己又无法回到她身边,便负疚地在批信中写道:"贤妻妆鉴,自别之后,无时或释。想愚今日远离乡井,亦为环境所迫,虽人在外,终朝都是为挂于家庭。想妻你欲生产,家无亲爱偎互,为夫实在难过。"为了使妻子分娩后得到照顾,他还出了主意,让她母亲去他家同住数月。在众多侨批中,发现有个特例,那就是妻子出洋、丈夫守家。侨胞徐桂英漂洋过海到新加坡后,在一封给丈夫的批信中写道:"夫君镜鉴,久未修书,怀念殊深,遥想起居纳福玉体康健为慰。兹启者,妾自与君分别来叻之后,家中诸务全赖吾夫鼎力维持及儿女辈尽为之培养,则妾之幸也。"对她出洋之举,再次"望夫海涵"。凡此等等,可谓"夫义妇顺"。因此,德国哲学家黑格尔在他的巨著《历史哲学》中这样写道:"中国纯粹建筑在这一种道德的结合上,国家的特性便是客观的'家庭孝敬'。中国人把自己看做是属于他们家庭的,而同时又是国家的儿女。"

"根"的眷恋

对"根"(即祖居地)的眷恋,是构成中华民族传统伦理道德的又一要素,在解读海外侨胞托寄的侨批时,也能深切地感受到这一点。

潮籍的海外侨胞在居住国求生存、发展的过程中,遵守当地的法律,与那里的民众和睦相处,努力为当地经济社会发展作出积极的贡献。同时,由于深受传统伦理道德的熏陶,在海外侨胞的思想中,形成了强烈的"根"的意识,尽管长年生活在异国他乡,依然没有数典忘祖,这一点已为海外世人所理解。泰国侨胞陈何桐在侨批中给在家乡的弟弟陈林桐写了"裁章握管愁难开,雁阵鸳翼各东西。谁怜海外飘零客,未卜何时解愁眉"的诗,这首诗充分表达了海外游子对"根"的眷恋之情。

从侨批的内容中可以看出,海外侨胞对"根"的眷恋,主要体现在两方面。其一,就是盼望有朝一日能"叶落归根",回家团聚,魂归故里。从海外侨胞寄出的侨批中可以了解到,许多侨胞为了把"根"留住,不顾旅途跋涉,坚持回故里娶亲成家。如印尼侨胞李芝敏长年旅居"千岛之国",1949年3月,当母亲给他介绍杜爱群女士之后,他在写给母亲的批信中明确表示,决意要娶她为妻:"对此亲事今决定合意,儿于是月十六日由(有方批局)寄上金元(圆)券叁万元,到祈查收,此款以供买金戒指壹只,送与杜爱群女士做证婚戒指,何日收定,望母亲赐音示知。……"潮安东凤二房后厝陈宏烈家,二儿子陈集亮、三儿子陈集祥、四儿子陈集轩分别于1922年、1925年和1937年"过番"去新加坡,都先后回乡娶妻,再返新加坡谋生;大儿子陈集允则是于清末就去新加坡,1916年回乡一次,1918年又返新加坡,直到1938年抱病再次返回,不久便在家乡逝世,遂了"叶落归根"之愿。其二,即使是在居住国"开花结果","根"的情结依然难解难分。很多侨胞已在海外成家立业,不仅子孙绕膝,而且事业兴旺,很好地融入了当地主流社会,但对血脉相连的"根"仍依依不舍,时刻关注着祖国、家乡的前途命运。

在抗日战争时期的侨批中,这种"根"的意识体现得尤为强烈。1937年"七七"卢沟桥事变之后,众多的海外侨胞对祖国、家乡亲人的安危极为关切。1939年6月22日,日寇攻占汕头市区,海外潮籍侨胞心急如焚,同年7月3日,新加坡侨胞洪家成在寄给潮安江东父母的批信中就写道:"迩来潮汕战事爆发,未卜俺乡情况若何否?祈列明示晓。"同年11月29日,泰国侨胞陈维耀之妻在寄给澄海银砂乡家人的批信中也写道:"闻得潮汕战事日甚紧张,未卜俺附近岂受猖獗,至家人岂受惊否?因交通不便,消息少通,以至儿媳在外实深深怀念,日慕佳音以慰我怀耳。"许多侨胞在寄回家乡的批信中,愤怒地控诉日寇在祖国土地上犯下的滔天罪行,泰国侨胞在1937年10月31日写给澄邑(今澄海区)南砂乡侄儿的批信中,就描述了当时日寇以18万兵力,在飞机、坦克、大炮掩护下杀向上海的状况:"眼下闸北一带,悉遭敌人焚烧,仅存一片焦土而已,言之痛心,现沪上难民闻达百万之众,诚属可怜。"日寇的滔天罪行引燃了抗日的烈焰,海内外同胞同仇敌忾,誓与日寇决战到底。这个时期的大量侨批,都彰显出海外侨胞可贵的爱国心,旅泰的青年侨领苏君谦和他的同乡挚友郭子纲、黄奕,在国难当头捐出200元国币,支援革命圣地延安抗日军政大学作办学经费。这笔款通过"口批"(即寄批人口头讲定)的方式,通过增顺批局送到家乡澄海信宁村的挚友詹欧波手里,再由他转交给国民革命军第十八集团(八路军)武汉办事处。1938年9月21日,八路军驻武汉办事处代表周恩来、叶剑英和驻粤办事处代表潘汉年、廖承志特地联名复函,表示苏君谦等3位的爱国热忱"殊堪钦敬"。很多海外侨胞书写批信时则采用印有"救国英雄"蔡廷锴头像和印有红心和拳头的"爱国笺",表达众志成城、抗击日寇的决心。

中华人民共和国成立后,海外侨胞在侨批中充分流露出对祖国繁荣昌盛、真正自立于世界民族之林而感到无比自豪的心情。1970年7月,中国成功发射首颗人造卫星,新加坡侨胞陈应昌就在写给母亲和岳母的信中写道:"近我政府发射人造卫星誉美全球,海外侨民普天同庆。"激动之情溢于言表。1972年2月,时任美国总统的尼克松访华,并发表《中美联合公报》,美方承认"台湾是中国的一部分",陈应昌又写批信给母亲和岳母:"我国外交胜利,中外盛钦,声誉日隆,侨情洋溢。"充满着对祖国强盛的自豪感。

真诚有信

诚实有信,是构成中华民族传统伦理道德的又一要素,在侨批的流转过程中,侨胞、批局、侨眷等方面,都恪守着"人无信不立、业无信不兴"的准则,主要表现如下。

海外侨胞对家乡眷属的诚信。作为寄批的海外侨胞,昔日"过番"谋生,尽管海外生存环境和劳动条件恶劣,但都牢记着出洋前家乡亲人的"钱银知寄人知返,勿忘父母及妻房"的临行嘱咐,对家庭高度负责,他们踏上异国他乡的土地以后,便拼命打工赚钱,然后将省吃俭用积下的一点收入尽快寄回家乡养家糊口,践行自己出洋时对家人的承诺。如侨胞陈宏烈的4个儿子集允、集亮、集祥和集轩先后出洋旅居新加坡后,便不断地寄侨批回家乡,在已收集到的500多封侨批中,最早的是1912年寄出的。以1930年集允、集亮和集祥三兄弟(当时集轩尚未出洋)寄回的侨批为例,从元月1日起至12月25日止,每月都有批款寄回给他们的母亲。从寄回的批款数额看,兄弟之间并不计较谁寄少了,都尽力而为,大兄集允先到新加坡,经济状况相对较好,就寄得多一些,每月稳定在20元,有时是40元;集亮开始比较艰难,一个月只寄2元,后因"有事业",一个月寄到30元,1931年元月多达70元;集允于1938年返家乡后,集亮和集祥仍继续寄批回家。后来小弟集轩赴新加坡,也加入寄批"行列",直到1958年仍寄批给他嫂嫂和侄儿,每月寄的批款为港币60元到75元。陈集允兄弟在履行赡养家人义务上,可谓"恪尽职守"。

寄批的海外侨胞对侨批局的诚信。许多侨胞在海外所得微薄,生活拮据,而家乡亲人则苦等他们寄来批款度日。在这种情况下,不少批局采取特殊措施,先为他们垫付批款,以便及时接济家乡亲人,待收到他们眷属的回批后,再凭此收回所垫付的款项。据泰国银信公会原秘书长张明汕回忆,这些侨胞尽管贫苦,但很讲诚信,在此仅举一例:泰国有位经常由批局先垫付批款寄回家乡的侨胞,当他收到家人的回批时,已因病住入医院,尚未归还批局代为垫付的批款,临终前仍念念不忘,特地取出家乡亲人寄来的回批,嘱咐身边的人一定要替他将所欠的批款归还批局。这位侨胞去世以后,他的家人果然前往批局落实此事。因此,张明汕说:"我从来不曾遇到会拒还批款的人。"

侨批局对寄批侨胞的诚信。承担送批重任的侨批局,同样恪守着"人无信不立,业无信不兴"的信条,视诚信为立业之本。清道光十五年(1835)创办于新加坡的致成批局,为了保证海外侨胞托寄的侨批万无一失,建立了一套严格的收发制度,由批局准备统一规格的批封和回执,并印制有关表格,由寄批人一一填明收批人姓名、地址、批款数额和寄批人的姓名、地址。寄批人交付托寄的批款后,由批局人员将表格中所填写的内容,照抄到账簿上并编号,逐日移交给司柜汇入总账,最后由经理逐件查核,在批封背面盖上批局印章,再复制一份表格,交有关人员带回设在澄海东湖的分号致成批馆,由侨批派送员按上面的收批人姓名、地址送到侨胞的眷属家里。许多批局,每次不论来批多少,都得当晚办理清楚,虽通宵达旦也得悉力以赴,因为"盖明天一早,必须赶赴各处舟车第一帮,否则市面谣言兴起,谓某批局本帮来批,不能出门,必是倒闭",败坏了批局的信誉。许多侨批派送员尽管生活拮据,但依然坚守住诚信的"底线"。澄海隆都镇的潘得敖3兄弟,跟祖父、父亲一样,都是侨批派送员,每天要走近百里路,最多时得投送上百封侨批,而每人得到的酬劳仅有两斤大米或一元国币,但家贫不失信、人穷仍守诚,潘得敖一家从来没有侵吞过海外侨胞寄回的批款或丢失他们的侨批。

  在抗日战争时期,更显批局的诚信本色。1939年6月,日寇侵占汕头以后,由于内外交通阻断,潮汕侨批处在停顿状态。1941年12月,太平洋战争爆发,香港和南洋群岛相继沦陷,海外侨胞寄回家乡的侨批完全中断。在这种情况下,批局关门停业无可非议,然而,批局的从业人员目睹依靠批款过活的侨胞眷属在家乡濒临绝境,便不顾艰难险阻,冒着生命危险去开辟递送侨批的新汇路,千方百计地将侨批送到侨胞的眷属手中。时为和祥庄代理的陈植芳,从定居的越南海防出发,先后到老街、同登和芒街等地了解情况,经过仔细比较,最后认定芒街的条件最好,那里与广西的边陲小镇东兴隔(北仑)河相望,相距不过100多米,而东兴交通比较方便,商业也较发达,广东省银行在那里设有办事处,还有邮局、旅店、钱庄、找换店等。他在东兴试汇两笔批款回潮汕,结果都能顺利送达,便动员同行业者前往实地考察,结果一致认为可行,便有10多家批局在东兴设点经营侨批业务,派出人员捎上批信、批款经钦州、韶关、合浦、遂溪、高州、河源、紫金、揭阳(非沦陷区)等地转入沦陷区汕头,再分发给海外侨胞的眷属。由于路途跋涉且有危险,走完全程需1个多月时间,有时得3个月左右。"东兴汇路"打通之后,1个月从东兴寄回潮汕的批款,值当时的越币1000多万元,使在贫困中挣扎的侨眷生活得以复苏。另有汕头陈协盛批局司理陈传治,他家乡潮安凤凰镇在潮汕沦陷后,万余侨眷的生活因侨批中断而苦不堪言。当他得知梅县与香港之间的电讯还能畅通,便决定前去了解详情,想方设法开辟新汇路。尽管他当时大病初愈,仍然约了两位好友,步行120多里到大埔高陂,再乘船至梅县松口,又不顾脚底磨破、旅途劳顿,马不停蹄地赶到梅县县城,通过电报跟香港信诚行联系,请他们转告在越南、泰国的批局尽快收揽侨批寄回家乡接济侨眷。经过多次的电报往来,双方商定了恢复递送侨批的新汇路,陈传治为此在梅县整整停留了1个月时间。至今,海外侨胞和他们的眷属一提起侨批局的这些往事,感激之情仍溢于言表。正是由于恪守了诚信的天则,潮汕侨批业才能深受海内外乡亲的信赖,活跃在历史舞台上达1个半世纪之久。潮汕侨批所"储存"的优秀传统文化基因,是先辈在奋斗过程中所创造的精神财富,在建设现代化社会主义强国、实现中华民族伟大复兴的今天,继续弘扬蕴含在侨批中的"热爱祖国,心系故里,坚忍不拔,勇于开拓,脚踏实地,笃诚守信"的潮人精神,依然具有重大的现实意义。

初步看法

有学者指出,地理环境是人类生存和文化创造的先决条件。人文环境对文化创造也产生深刻的影响。潮汕侨批所以能够"储存"强势的传统文化"基因",与侨批的主人——海外侨胞所处的地理、人文环境有着密切的关系。

潮汕侨胞主要集中在东南亚一带,处于东半球的"东方文化区"之中,而中华文化是"东方文化区"的中心,儒家思想又是中华传统文化的核心,潮籍海外侨胞出洋之前,已深受传统文化的熏陶,在思想中已根深蒂固,到了东南亚,仍然受到同一类型文化的影响,海外侨胞的价值观念、伦理道德、生活方式等方面,都深深地打上了中华文化的烙印,他们先后成立了同乡社会,其中泰国的潮人同乡社团就逾千,合艾潮州会馆里还专设了"思源堂";马来西亚也有100多个社团,而马六甲潮州会馆早在清道光二年(1822)就已创办。众多的同乡社团都以关心祖国故里、服务当地社会、弘扬中华优秀传统文化(包括潮汕文化)为己任,经常开展丰富多彩的文化活动,庆祝家乡的传统节日,如春节举行舞龙、舞狮大巡游,组织潮剧、杂技表演;元宵节则举办游园灯会、猜春谜、吃汤圆等等。连他们在家乡所建的民宅,很多都是"下山虎""四点金""驷马拖车"等传统的建筑形式。有"岭南第一宅"之称的陈慈黉故居,占地面积2.5万平方米,共有400多个房间,尽管使用了意大利、西班牙进口的瓷砖和配有西式的阳台、拱门、圆窗,但总体格局还是"双层四进双书斋驷马拖车",它的"底色"依然为中华传统文化。再看江门五邑(新会、台山、开平、恩平、鹤山），同样是我国的著名侨乡，据1999年统计，旅外侨胞（包括华侨、华人）215.5万多人，遍布世界90多个国家、地区，主要集中在西半球的美洲地区的28个国家、地区的有155万多人，占五邑旅外侨胞总数的72%，其中旅居美国的侨胞有91.7万多人，占美洲地区五邑侨胞总数的60%，因此被称为"美洲（美国）华侨之乡"，因而受西方文化的影响比潮汕地区深刻得多，在侨胞的家乡就有所反映，如五邑的民宅建筑，较早地使用钢筋、水泥（五邑称"红毛泥"）等材料盖"洋楼"，矗立在开平1900多平方公里土地上的近2000座碉楼，广泛吸纳西方文化、大胆将西式建筑风格为我所用，成为地理、人文环境对文化产生深刻影响的佐证。

(《侨批文化》2008年10月第九期)

侨批文献的征集与整理

——以潮汕侨批为例

侨批,一般是指海外侨胞通过水客、批局等民间渠道及后来的金融邮政机构寄回国内、连带家书或简单附言的特殊汇款凭证,其基本特征为"银信合一"。侨批主要分布在我国重点侨乡如广东的潮汕、梅州、五邑,福建的闽南及海南一带。

潮汕历史文化研究中心于 1994 年 4 月开始关注侨批,经过 15 年的不懈努力,已征集到潮汕各类侨批 10 万封,并精心整理、编辑成 125 册之多的《潮汕侨批集成》,由广西师范大学出版社出版,其第一辑(36 册)已经问世。拙文仅通过对这 15 年实践的简要回顾,就如何征集、整理珍贵的侨批档案文献进行初步探讨。

深刻理解侨批的文献价值

要征集、整理好潮汕侨批,首先必须"读懂"它,即深刻地理解侨批的文献价值。诚如毛泽东所言:"感觉到了的东西,我们不能立刻理解它,只有理解了的东西才能更深刻地感觉它。"所谓理解,就是抓住了事物的本质,即深刻认识到侨批的文献价值。潮汕历史文化研究中心对侨批文献价值的理解,并非一步到位,而是在征集、整理的实践过程中不断深化。

1994 年 4 月,时任潮汕历史文化研究中心理事长的刘峰和其他领导,得知澄海邮电局的一位职工收藏有近万封侨批后,认为研究中心的历史文化资料库虽初具规模,但侨批资料是一片空白,需要征集、充实。便从"填补空白"的角度考虑,决定将它征集起来收藏。因这位职工不忍割爱,研究中心便采取折中的办法,让其利用业余时间,复印出一部分侨批赠送研究中心资料库。翌年8月,共有3028页、6201封侨批的复印件送达研究中心,尽管不是侨批原件,但已实现零的突破。

时至2000年11月,国际汉学大师、研究中心顾问饶宗颐教授在研究中心主办的潮学讲座上,对侨批作了"画龙点睛"的论述:"徽州特殊的是契据、契约等经济文件,而且保存很多",而"潮州可以和它媲美的是侨批,侨批等于徽州的契约,价值相等。价值不是用钱来衡量,而是从经济史来看",并且从侨批中可以"看出那时候潮人在哪些国家及其活动",从潮人的活动又可看到"那个国家的经济和政治"。饶宗颐教授的精辟论断如醍醐灌顶,使研究中心工作人员对潮汕侨批文献价值的理解更为深刻,认识到侨批是有待作深度开发的"富矿",应当更加关注侨批信笺的文献价值,注重从文化层面上发掘它的丰富内涵。并进而将它作为一个"系统工程"着力经营:加大侨批征集力度;创办国内首家侨批文物馆和集乡土性、资料性、学术性于一体的学术刊物《侨批文化》;编辑出版《潮汕地区侨批业资料》和《潮汕侨批》《潮汕侨批简史》专著等。

2004年底,广西师范大学出版社总编辑一行专程前来研究中心,探讨将研究中心收藏的潮汕侨批全部结集出版的可能性,并且指出:"当今传统文史学科的研究有一个共同的趋向,就是研究重心下移,学者们越来越注重对社会基层的研究。这一趋向发展的结果,将彻底改变过去研究领域囿于上层社会的局限,为我们展现一个全新而生动鲜活的社会历史。侨批及其发掘和整理,将为中国学术界的这次巨大转变提供有力的支撑。"使研究中心对侨批的文献价值有了进一步理解。最后双方商定,由研究中心负责对10万封侨批的整理、编辑工作,广西师大出版社负责出版工作,定名为《潮汕侨批集成》,版权归研究中心。

2007年5月,广东省档案局有关部门领导前来研究中心侨批文物馆进行认真考察,认为潮汕侨批可向国家档案局申报国家档案遗产,为进而申报世界记忆遗产创造条件。在进行国家档案文献遗产申报工作的过程中,研究中心对潮汕侨批文献价值又有新的理解,认识到潮汕侨批形式风格独树一帜,系统完整性很强,跨越一个半世纪,从中可清晰地看到近代中国历史进程的轨迹;涉及地区广,包括国内潮汕地区和国外的东南亚各国,因而又形成了潮汕侨批另一个特色——国际性;内容丰富、真实,大至近代社会的经济、政治、文化、军事,小至社会"细胞"家庭的状况,在侨批中都有不同程度的反映,可谓是海内外潮人社会的"百科全书"。因此,潮汕侨批的确是研究中国华侨史、金融史、邮政史、中外交流史等的珍贵档案文献。许多专家、学者都称赞研究中心编辑出版《潮汕侨批集成》是"益世工程",功德无量。对侨批的文献价值理解越深刻,研究中心的工作人员越受鼓舞,进一步增强了光荣感和使命感,参加《潮汕侨批集成》编辑工作的老干部,有几位已过古稀之年,他们都兴奋而自豪地说:"将晚年的余热贡献给侨批,为后代留下这份文化遗存,非常值得!"大家凭着对历史、对后代高度负责的态度,一鼓作气地完成10万封潮汕侨批的整理、编辑任务,将共有125册的《潮汕侨批集成》书稿全部交由广西师大出版社出版。

准确把握侨批的基本特征

毛泽东曾指出:"各种物质运动形式中的矛盾,都带特殊性","这种特殊的矛盾,就构成一事物区别于他事物的特殊的本质",并且强调:"用不同的方法去解决不同的矛盾,这是马克思列宁主义者必须严格遵守的一个原则。"要做好潮汕侨批的征集、整理工作,也须遵循这一指导思想,准确地把握它的特殊性、即有别于其他文献的基本特征,然后有的放矢地采取相应对策即解决问题的方法,以提高工作效率、保证工作质量,更好地完成此项历史性的任务。

研究中心工作人员通过实践探索,认为潮汕侨批的基本特征有以下几方面。

民间特色鲜明。深受中华民族传统伦理道德熏陶的潮人离乡别井出洋谋生之后,希望将来之不易的血汗钱托寄回家乡,恪尽赡养妻儿长辈的义务,在金融邮政机构尚未建立或极不完善的年代,侨批成为最佳的传递方式。侨批自问世之日起,便深深扎根于民间,生命力很强,清朝邮政和民国邮政部门都不能取而代之。潮汕侨批在长达一个半世纪以上的发展过程中,都是由民间经营,最早是通过经常往来于国内外、以收解批款为主的水客负责递送。随着出洋人数的增加,水客承接业务的传统方式已经不能适应新的需求,由民间自发兴起,专门办理侨批业务的特殊金融机构便应运而生,直到1979年才完成它的历史使命。潮汕侨批是双向互动的,即海外侨胞托寄的侨批通过水客、批局送到他们的眷属手里,然后再由水客、批局将眷属托寄的回批送还相关的海外侨胞,整个流转过程也都在民间进行。正因为如此,大量的侨批都收藏在民间。因此,可以界定,潮汕侨批是产生于民间的原生态"草根"文献。

时空跨度较大。潮汕侨批大约产生于19世纪前半叶,至20世纪80年代结束,经历了清代、民国、中华人民共和国这几个历史时期,上下150多年,在时间上与敦煌文书、徽州文书恰好形成自然的链接。潮汕侨批跨越的空间,从海外潮籍侨胞的寄批地看,主要集中在东南亚(亦称南洋)的泰国、新加坡、马来西亚、越南、柬埔寨、印度尼西亚等国;从海外侨胞眷属所在的收批地看,几乎涵盖了潮汕侨乡的县和乡镇,其中包括汕头、潮安、澄海、饶平、潮阳、揭阳、普宁和丰顺、大埔等县。

内容纷繁复杂。正因为潮汕侨批的民间特色鲜明、时空跨度较大,所以内容纷繁复杂,时间方面既有公历、农历、佛历,又有清代、民国纪年和干支纪年等;一年十二个月又有月份的别称等(见页260附表一)。侨批收寄批人的姓名,有学名、别名、乳名等;侨批上的数字,既有汉字、阿拉伯数字,又有在商场、墟市的佣行里使用的商码(俗称"猪仔码")(见页261附表二);侨批上涉及的币种,既有银元(大洋)、港币、国币,又有金圆券、关金、南方券等。海外侨胞祖居地的名称也相当复杂,有雅称、俗称等,如澄海上华镇横陇的雅称为凤岭,外砂镇下埔的雅称为华埔,潮安彩塘镇水尾的雅称是水美等等。随着时间的推移和形势的变化,海外侨胞祖居地和所在国的地名也多有更改,如澄海县(现为区)的隆都镇,1949年以前归饶平县管辖;这个县的十五乡,以前属饶平县隆眼城都,民国称隆都下堡十五乡,后称十五乡公社、十五乡区、十五乡镇等。又如泰国及其首都曼谷,1939年以前习为暹罗及暹京,1939年以后渐称现名;新加坡原属马来亚,1965年独立建国。……所有这些,大大增加了侨批文献的整理难度,开始接触数以10万计的侨批,有如一团乱麻,确有"剪不断、理还乱"之感。把握住潮汕侨批的基本特征之后,就能逐渐做到心中有数,进而便可有的放矢地采取相应对策,在杂乱无章状态中理出头绪来。

由于潮汕侨批源于民间、收藏于民间,因此,研究中心在征集过程中,坚持走群众路线,深入到民间,恳请各地侨务部门和乡村的老人活动组广泛发动,同时走访收藏侨批的集邮爱好者,通过无偿捐赠和有偿征集和将侨批刻录在光盘赠送等方式,共征集到各类侨批10万封,有效抢救了这一珍贵的文化遗存。

开始编辑《潮汕侨批集成》时,特聘德高望重的海内外知名人士、专家学者任《潮汕侨批集成》顾问,其中包括广东省政协原主席吴南生、时任全国侨联副主席庄世平、香港爱国实业家陈伟南、国际汉学大师饶宗颐、研究中心名誉理事长刘峰等,从而获得他们的大力支持和热情指导。进入侨批整理阶段,研究中心则按照"老少结合"的原则组织编辑队伍,即既有阅历和知识比较丰富的长者,又有眼明手快的青壮年。在10多位工作人员中,70岁以上的有4位,其中李福光是汕头市文化局原领导,倪水波、陈璇珠退休前是中学副校长和小学教导主任,都为侨批整理作出了积极贡献。陈璇珠除了在自己家乡隆都镇前关村积极征集侨批外,还在紧张进行的编辑工作中细心探索,找出其中的基本规律,形成了颇有参考价值的资料,如《公元纪年与干支纪年对照表》(见页260附表三),对照该表,公元纪年与干支纪年的换算便一目了然。而《鉴别侨批年代的方法》,则总结出根据侨批封邮戳、侨批批款的币种和新中国成立后侨批封上的侨汇章形状等识别侨批寄出时间的方法。李福光则根据大家意见,综合出侨批编辑的程序:先按各县分拣,然后每个县按各乡镇、村(行政村、自然村)分拣,再细分到各个家庭,各家庭又按姓氏和侨批的多寡排列,最后按时间顺序分册编辑。侨批分拣、编辑工作有章可循,就大大提高了速度和质量。相对年轻的工作人员也充分发挥自己的优势,成为长者的最佳拍档。

征集整理是为了传承弘扬

作为档案文献遗产的侨批，是世界记忆遗产的组成部分，也是最容易受到破坏的部分。随着侨批业中止经营，加上政治运动的影响，大部分侨批已遭到销毁，即使侥幸存留，也因保管不当而破损、烂掉，所以变得更为稀有珍贵。今天花这么大的力气征集、整理，目的不是为了别的，正是为了让这一文化遗存能够传承弘扬，使人类记忆不致出现不可弥补的"断层"。

研究中心在征集整理的基础上，于 2003 年 10 月至 2004 年 11 月间，从当时已征集到的近 3 万封侨批中遴选出一部分，编辑出版了三辑《潮汕侨批萃编》。其中第一辑是综合性的，内有寄自泰国、新加坡、马来西亚、越南、柬埔寨、印度尼西亚及中国香港等的侨批共 493 封；第二辑是从寄到侨乡澄海隆都镇的 1700 多封侨批中精选出 471 封编辑而成；第三辑是从侨乡潮安东凤镇二房后厝村陈宏烈一家遗存的 566 封侨批中筛选出 433 封结集出版。2005 年 5 月，研究中心与广西师范大学出版社达成协议，联袂将研究中心征集收藏的 10 万封潮汕侨批编辑出版为约 125 册的《潮汕侨批集成》，并着手建立潮汕侨批数据库，对收藏的潮汕侨批实行数字化管理，让这一被誉为"海邦剩馥"的档案文献能代代相传、远播海外。研究中心还致力于开展"让潮汕文化进校园"，将侨批文化列为重点内容，派出讲师团成员到学校宣传侨批文化，协助校方组织学生到研究中心侨批文物馆参观，使青少年逐步加深对侨批的了解。汕头市金荷中学的部分初中生在老师的指导下，成立了"侨批文化兴趣小组"，利用课余时间到研究中心认真查阅资料、思考问题，先后撰写出《中学生眼中的侨批》《侨批中的中华传统美德》《一纸侨批诉深情》等文章。这些文章看来虽稚气颇重，但使人们感受到：侨批文化的传承弘扬大有希望。普宁兴文中学的高中生也组织了侨批兴趣小组，深入到侨乡进行调查，并写出了一批文章。

侨批的内容真实且丰富，内涵相当深厚，所以饶宗颐教授就明确指出，潮汕侨批："是研究社会史、金融史、邮政史以至海外移民史、海外交通史、国际关系的宝贵历史资料,与典籍文献互为印证,补充典籍文献记载之不足,可谓是继徽州契约文书之后在历史文化上的又一重大发现。"这就表明,为了更好地传承、弘扬,还须加强对侨批的研究,由表及里地发掘它的深刻内涵,深刻认识它的历史作用和现实意义。为此,研究中心没有在征集整理之后止步,而是通过多种形式开展侨批文化研讨活动,动员社会力量开发这一文化"富矿"。2004年11月举办的首届侨批文化研讨会,首次将侨批提升到文化层面上来研究,认识到侨批不仅是一种经济现象,而且是一种特殊的文化现象,它存储着丰富的历史信息,真实地折射人们在不同历史时期的价值观念、伦理道德以至内心的感情世界,故从文化层面切入进行研讨很有必要。第二届侨批文化研讨会则围绕"侨批与金融"的主题作深入研讨,并形成以下共识:侨批是以金融流变为内核,以人文递播为外象,以心心沟通为纽带,以商业贸易为载体的一种流动型、综合性的多层次文化形态,为侨乡金融业生存和发展起到了不可忽视的支撑作用。为了纪念中国抗日战争胜利60周年,研究中心专门举办"抗日时期的侨批业研讨会",以侨批中的翔实记录控诉日本侵略者的滔天罪行,提醒人们不忘过去、居安思危,国家兴亡、匹夫有责。研究中心还通过《侨批文化》这一学术性刊物,展示侨批文化的研究成果,并就一些重要问题展开争鸣,并辟有"深化侨批文化研究笔谈"的专栏,邀请专家学者发表真知灼见。专家学者们指出,首先应清醒地认识到,对侨批文化的研究工作可以说刚刚开始,要挖掘这一"宝藏"还需付出艰辛的努力;要深化研究,占有实物文献是关键,因为缺乏实物文献或物证的研究,好比是无米之炊、无源之水。有的专家学者还建议,回批的重要价值,侨批业与民信局、钱庄的关系,侨批业的运作,侨批的人本精神等,可作为今后研究的课题。所有这些,对今后深化侨批文化研究都很有参考价值。通过各种研讨活动,使人们越来越深刻地认识到,侨批文化传承着中华传统文化的基因,是潮汕文化的重要组成部分。数以千百万计的侨批,不仅仅是一张张特殊的汇款凭证,更是社会历史发展的真实见证,传承和弘扬侨批体现的"热爱祖国、情系故里,坚忍不拔、勇于开拓,脚踏实地、笃诚守信"的可贵品格,将成为推动潮汕地区社会经济发展、实现中华民族伟大复兴的强大精神力量。

当今,侨批文化研究已成为海外潮人族群文化研究的一个重要方面,而对族群文化的研究,已被各国视为一个重要课题;通过对侨批文化的研究,可以总结海外潮人在吸纳当地优秀文化成果、融入当地主流社会、进行跨国经营的成功经验,对振兴潮汕侨乡意义重大。

附表一:

月份	月份别称	书画题跋中农历时令的称谓			月份(英文缩写)
		月令(对每一个月份的称谓)	季令(对春夏秋冬季度称谓)	节令(对各种节气的称谓)	
一月	端月	正月、端月、初月	春季通常称芳春、青春、阳春、三春、九春	正月初一称元日、元日、元辰、元正、元春 正月十五称元宵、元夕、元夜、灯节、上月	1月 JAN
二月	花月	仲春、仲阳、如月		二月初二称中和日	2月 FEB
三月	桐月	暮春、末春、晚春		三月初三称重三、上巳、三巳、上除、令工	3月 APR
四月	梅月	孟夏、首夏、初夏	夏季称三夏、九夏、朱夏、朱明		4月 MAY
五月	蒲月	仲夏、超夏		五月初五称端节、午日、蒲节	5月 MAY
六月	暑月	荷月、季月、伏月		六月初六称天贶节	6月 JUN

续表

月份	月份别称	书画题跋中农历时令的称谓			月份（英文缩写）
		月令（对每一个月份的称谓）	季令（对春夏秋冬季度称谓）	节令（对各种节气的称谓）	
七月	瓜月	孟秋、初秋、新秋	秋季通常称舍秋、素秋、商秋、三秋、九秋	七月初七称七夕、星节	7月 JUL
八月	桂月	仲秋、中秋		八月十五称仲秋节	8月 AUG
九月	菊月	季秋、晚秋、暮秋		九月初九称重阳、重九、菊花节	9月 SEP
十月	阳月	孟冬、初冬、上冬	冬季则称寒冬、三冬、九冬、玄英、安宁	十月十五称下元	10月 OCT
十一月	葭月	仲冬、中冬			11月 NOV
十二月	腊月	季冬、严冬、残冬		十二月三十称除夕、守岁	12月 EDC

附表二：

阿拉伯数字	1	2	3	4	5	6	7	8	9	10
中国数字	一	二	三	四	五	六	七	八	九	十
商码	〡	〢	〣	ㄨ	〇	亠	亠	三	攵	十

附表三：中西日历（公元纪年与干支纪年）对照表（1924—2003）

公 历	干 支	生 肖	公 历	干 支	生 肖
1924	甲子	鼠	1950	庚寅	虎
1925	乙丑	牛	1951	辛卯	兔
1926	丙寅	虎	1952	壬辰	龙
1927	丁卯	兔	1953	癸巳	蛇
1928	戊辰	龙	1954	甲午	马
1929	己巳	蛇	1955	乙未	羊
1930	庚午	马	1956	丙申	猴
1931	辛未	羊	1957	丁酉	鸡
1932	壬申	猴	1958	戊戌	狗
1933	癸酉	鸡	1959	己亥	猪
1934	甲戌	狗	1960	庚子	鼠
1935	乙亥	猪	1961	辛丑	牛
1936	丙子	鼠	1962	壬寅	虎
1937	丁丑	牛	1963	癸卯	兔
1938	戊寅	虎	1964	甲辰	龙
1939	己卯	兔	1965	乙巳	蛇
1940	庚辰	龙	1966	丙午	马
1941	辛巳	蛇	1967	丁未	羊
1942	壬午	马	1968	戊申	猴
1943	癸未	羊	1969	己酉	鸡
1944	甲申	猴	1970	庚戌	狗
1945	乙酉	鸡	1971	辛亥	猪
1946	丙戌	狗	1972	壬子	鼠
1947	丁亥	猪	1973	癸丑	牛
1948	戊子	鼠	1974	甲寅	虎
1949	己丑	牛	1975	乙卯	兔

续表

公 历	干 支	生 肖	公 历	干 支	生 肖
1976	丙辰	龙	1990	庚午	马
1977	丁巳	蛇	1991	辛未	羊
1978	戊午	马	1992	壬申	猴
1979	己未	羊	1993	癸酉	鸡
1980	庚申	猴	1994	甲戌	狗
1981	辛酉	鸡	1995	乙亥	猪
1982	壬戌	狗	1996	丙子	鼠
1983	癸亥	猪	1997	丁丑	牛
1984	甲子	鼠	1998	戊寅	虎
1985	乙丑	牛	1999	己卯	兔
1986	丙寅	虎	2000	庚辰	龙
1987	丁卯	兔	2001	辛巳	蛇
1988	戊辰	龙	2002	壬午	马
1989	己巳	蛇	2003	癸未	羊

说明：公元纪年以阳历1月1日至12月31日为一年。

干支纪年以阴历（农历）正月初一至十二月三十日（或二十九年）为一年。

（《侨批文化》2009年10月第十期，又收入《中国华侨历史博物馆开馆纪念特刊》）

为提高侨批文化研究水平而不懈努力

——第三届侨批文化研讨会述评

2010年元月6日至8日,由潮汕历史文化研究中心与揭阳市政协教科文卫体委员会联袂主办了第三届侨批文化研讨会,来自海内外的80多位专家学者聚首著名的侨乡揭阳市,以如何进一步提高侨批文化研究水平为中心议题,进行了认真、深入的探讨。

侨批文化研究,是一个新的现代历史文化学术课题,也是一个有待开拓的学术领域。20世纪80年代初,邮史学家曾呼吁重视侨批文史资料的收集、研究。1993年10月,由广东省集邮协会、汕头市集邮协会新编的《潮汕侨批论文集》出版之后,潮汕历史文化研究中心在创会理事长刘峰的领导和吴南生、庄世平、陈伟南诸先生的支持下,先后征集到被誉为"海邦剩馥""媲美徽学"的侨批10万余封。创办了国内首家以侨批为主题的博物馆——侨批文物馆,以侨批作为研究对象的学术性刊物《侨批文化》随之问世,并获得国内统一连续出版物号(属侨刊号)。尔后,潮汕历史文化研究中心从大量侨批中遴选出一部分,编辑出版了《潮汕侨批萃编》3辑;又与广西师范大学出版社合作,将研究中心收藏的10万余封侨批,编辑出版为共达125册左右的《潮汕侨批集成》,为侨批文化研究创造了有利条件。在此基础上,潮汕历史文化研究中心先后与汕头市政协和潮州市政协有关部门合作,于2004年11月、2007年12月举办了首届、第二届侨批文化研讨会,来自泰国、新加坡、中国香港、中国台湾,来自首都北京,福建的福州、厦门、泉州、漳州和广东的广州、江门、梅州、汕头、潮州、揭阳、汕尾等地,共120多位专家学者踊跃莅会,提交论文共100多篇。在抗日战争胜利60周年之际,还举办了抗日时期侨批业研讨会。2007年,潮汕历史文化研究中心又率先申报侨批为国家档案文献遗产。这就使侨批文化研究由以区域性为中心,逐步扩大为具有国际性的学术活动,越来越受海内外专家学者瞩目。

然而,这仅仅是"破题"而已,决不能因此就志得意满、裹足不前。为此,许多专家学者已多次呼吁,亟须破除故步自封的思想,避免低水平重复,努力提高侨批文化研究的档次。本届研讨会确定以此为中心议题,正是顺应了这一要求。在研讨会上,专家学者们怀着高度责任感和紧迫感,就这个中心议题发表了精辟的见解,积极、热情地为进一步提高侨批文化研究水平建言献策。中国香港学者马楚坚博士的发言振聋发聩,他尖锐地指出,当今应着力改变"抱残守阙""老生常谈"的状况,注重学术研究的创新。他说,陈寅恪先生云:"一时代之学术,必有其新材料与新问题。取用此材料,以研究问题,则为此时代学术之潮流,治学之士,得预于此潮流者,谓之预流(借用佛教初果之名)。"王国维先生亦如是说:"古来新学问之起,大都由于新发现之赐。"这里的"新发现",主要是国际知名汉学家饶宗颐所言的考古和文献两方面。有了新发现,才能进行新的探索,形成新的论点,产生新的成果。而要求新,必须以求真的严谨治学态度,对研究的原始资料、直接资料,或间接资料、访问资料、口述资料,都必须做史料考证,论著行文必须对所采用的资料注明作者、论文或著作、刊物的名称和出版社名称、出版时间、期数、页数,以明确资料的出处,作为学术研究良心、诚信的证明和学术评价水准的取向,以支持新创见的可信性、客观性、独立性。可喜的是,目前在侨批文献的"新发现"方面,已有新的进展,由于广东省档案局的大力支持,潮汕历史文化研究中心与汕头市档案局在联袂申报侨批为国家档案文献遗产的过程中,发掘出1942年至1949年的潮汕侨批档案资料。在此之前的侨批文化研究,大多以侨批为主要研究对象,由于文献所限,对侨批业的研究相对较少。现在,这批尘封了60年的宝贵文献资料见之于世,填补了侨批业研究的空缺,使人们更加清晰地了解到潮汕侨批业在某一历史阶段中的演进过程,从另一视角来评价侨批的文献价值和侨批业的历史作用。将这批文献资料编辑而成的《潮汕侨批业档案选编》一书,已赶在第三届侨批文化研讨会召开前夕,奉献给莅会的领导嘉宾和专家学者。同时,泰国泰中学会的洪林女士和黎道纲先生,正加紧收集泰国历年报刊中所刊登的侨批业广告、通知、声明等原始资料,又能为专家学者增添新的研究内容,因为这方面的历史信息,也是重要的文献资料,对侨批业的整体研究很有帮助。

关于侨批文献价值的问题,与会的不少专家学者作了进一步评价,广东省档案局徐大章局长在为《潮汕侨批业档案选编》所作的序中,阐述了自己对侨批的见解,认为:"这是'草根'档案,内容真实丰富,系统性和完整性很强,从中不仅可以了解海外侨胞家庭、家乡的变化,而且能够解读出海外侨胞祖居国、侨居国以至世界风云变幻的情况,感受到他们对祖国的怀念和对家乡亲人的眷恋,无异是侨乡经济社会的'百科全书',并可跟典籍文献互为印证、互相补充,堪与徽州文书相媲美",因此,"广东侨批作为人类记忆体系中的重要组成部分,决定了它具有普世价值,理当受到永续的保护。"广西师范大学出版社社领导则指出:"当今传统文史学科的研究都有一个共同的趋势,就是研究重点下移,学者们越来越注重对社会基层的研究。这一趋势发展的结果,将彻底改变过去研究领域囿于上层社会的局限,为我们展现一个全新而生动鲜活的社会历史。侨批及其发掘和整理,将为中国学术界的这次巨大转变提供有力的支撑。"中华全国集邮联合会副会长常增书在论文中写道,侨批是中华民族文化遗产之一,也是国家级文献史料,不仅在国内,而且在国际上已引起关注:"从已公布的报章中获悉,泰国、菲律宾、马来西亚、新加坡和中国台湾的一些著名商界领袖和政府人士,根据侨批线索跟踪认祖、辨别宗谱,取得神乎异常的成绩","被国际公认是人类邮政史前开创性的珍贵证物。"有的专家学者还认为,侨批文化是"潮州学,移民史学,华侨华人学,交通经济学,建筑学、国际政治、社会、经济、邮电、银行汇兑学、现代文化学、中外文化交流等学科或学术领域之综合开拓、纵深延伸",基于此,有些专家学者提出,应当建立"侨批学",成为一个独立的学科。

有的专家学者提出,为了提高侨批文化研究水平,既要重视宏观研究,更要进行微观研究,下苦功夫去细阅一封封侨批,应当从对侨批的解读之中去提炼观点,而不是按既定的观点牵强地诠释侨批。在进行微观研究时,也要有宏观意识,把侨批置于历史的大背景中审视、分析,不能孤立地就事论事。一种地域文化的形成,受诸多因素的影响,而地理因素(即自然环境)是基础、先决的因素,香港历史文献研究会的郭伟川所提交的《论地理因素在粤东三个历史时期的关键作用——兼论侨批文化是汕头海洋文化的历史见证》的论文,就高屋建瓴地将侨批放在汕头近代的历史背景中,通过对地理因素的阐述,得出了"潮汕地区的侨批文化,正是汕头市崛起了海洋文化时期重要的历史见证"的具有说服力的结论。

福州的学者许建平等在向本届研讨会提供的论文中,强调应运用历史文献学的科学方法,加强对侨批的收集与研究。历史文献学重视文献档案目录、版本、校勘、考证等方面的基础性研究,即重视文献载体本身,将历史文献学导入侨批,就是在侨批可资为用之前,首先做好相关的目录、版本、校勘、辑佚、辨伪、考证等工作,并通过数字化的先进手段延长它的"寿命",以更有利于侨批文化的研究与阐扬。

通过学术交流,来自潮汕、梅州、五邑、闽南著名侨乡的专家学者更加深刻地体会到:"团结就是力量,这力量是铁、这力量是钢,比铁还硬,比钢还强",要进一步提高侨批文化研究水平,就须打破行政区域的限制,克服狭隘的心态,整合各地资源,聚合各方优势。为此,建议设立"侨批文化论坛",定期举行小型会议,共同制定某一时段内的研究方向,确定具体的研究课题,统一调配研究力量。同时,各地可充分利用互联网的先进手段,及时沟通信息,交流侨批文化研究进展情况,提供新发掘的文献资料等等,以避免研究课题重复、研究力量分散,造成资源浪费、运作混乱。

在第三届侨批文化研讨会落下帷幕的时候,与会的专家学者们衷心希望,能够将这些发自肺腑的意见和建议真正落到实处,使本届研讨会成为侨批文化研究的转折点,到下一届研讨会,能够听到更具创意的新声,获得更加丰硕的成果。

(《侨批文化》2010年第十一、十二期)

潮汕侨批的历史贡献

据业内人士估计,在侨批业旺盛时期,潮汕侨汇估计有80%是通过侨批局汇入(称为批款)的。侨批业虽已"引退",但侨批的历史贡献至今仍令人难以忘怀。

赡养眷属

首先,海外侨胞通过侨批,克尽赡养家乡眷属的义务。海外侨胞,生存环境和劳动环境非常恶劣,然而,只要能快点赚到养家糊口的钱,他们什么苦都可以吃、什么活都愿意干,因为家乡亲人"钱银知寄人知返,勿忘父母共妻房"的临行嘱咐牢记在他们心头。截至新中国成立前,潮汕地区民众靠海外侨胞寄回的批款为生者占总人口的40%-50%,有些乡村则占总人口的70%-80%;如按侨眷家庭计算,平均每月所得的批款约占家庭总收入的80%。据国民政府侨委会统计,民国期间每年汇入潮汕地区的批款有八九千万银元,最高年份的民国十九年(1930)达1亿银元。

1947年至1949年的3年间,汕头市共收到海外侨胞寄来侨批500多万封,批款总额约3.2亿港元,平均每年在1亿港元以上。如按侨胞居住国统计,每年从泰国汇入的批款为4000万元左右,1921年仅潮安一县从泰国汇入的批款就有500万元;从新加坡汇入的批款约3000万元,从印尼汇入的批款也在200万元上下。在20世纪20、30年代,汕头市的光益裕批局每月接送的侨批近2.4万封、批款35万元;有信光益批局每月接送的侨批也有1.5万封、批款23万元左右,海外侨胞汇入的大量批款,大约有80%是用于赡养在家乡的眷属。第二次世界大战期间的太平洋战争爆发后,由于批路断绝,潮汕地区侨眷的生活陷入困境,许多人靠卖房产或贱价出售衣物度日,不少人流落到福建、江西等地,有些是活活饿死或被迫改嫁。如澄海县澄城镇东湖村邱姓原有50户、800多人,由于批路中断,没有生活来源,被迫卖屋20多座、350多间。上华镇冠山村原有9886人,侨眷人口占一半以上,也是由于日寇占领澄海、批路不通,全村被害37人,饿死283人,绝户194人。由此可见,侨批的批路可谓是广大侨眷的"生命线",跟他们的生活休戚相关。

维系情根

海外侨胞长年生活在异国他乡,特别是在没有先进通讯手段的情况下,侨批成为海外侨胞维系与家乡亲人感情的重要纽带。从已收藏的侨批来看,里面渗透着海外侨胞与家乡眷属的一片深情,经过长期积淀,形成了难解难分的情结。海外侨胞虽长年生活在异域,但对在家乡的父母长辈依然十分孝敬。家在澄海隆都前美乡下底园的侨胞陈鸿程,于20世纪20、30年代前往泰国谋生,他和妻子、几个儿女在海外,留下长子陈修贤跟3个孙子陪伴在家乡的母亲。1975年农历四月底,陈鸿程的母亲不幸摔伤,他闻讯以后心急如焚,于五月初一写信给母亲。信中写道:"慈亲大人尊前敬启者,今天由朱锦渠邮信内云及,母于上月底不幸跌伤,势颇严重,恕儿在外未能晨昏奉侍,实深遗憾。伤势如何,祈续示知,兹付港银五百元,为大人留身边零用。儿陈鸿程农历五月初一日。"在这期间,由于泰国政局动荡不安,各行各业一落千丈,人心惶惶不可终日,"不知将来何日变作难民,恕难预料"(见陈鸿程1975年7月29日给母亲的信)。在如此艰难的情况下,陈鸿程仍先后两次寄回港币四百元,供母亲治伤。并告知母亲,她的身后事已经办妥,请尽管放心。这些侨批,充分体现了陈鸿程对母亲的一片孝心。

出洋的侨胞绝大多数是男子汉,而且是为了养家糊口才远走他乡,许多夫妻不得不过着"牛郎织女"的生活,甚至比"牛郎织女"还不如。因为

"牛郎织女"每年农历七月初七晚还能相会一次,而他们由于支付不了路费而长年在外,夫妻间的思念之情,也只能通过侨批互相倾诉。而侨胞陈松锦,在泰国得知自己的儿子在家乡澄海隆都居美后陈乡出生之后,欣喜异常,于 1935 年 4 月 25 日晚在灯下疾书,一口气为小儿拟了"济南、济民、俊臣、俊民、俊仁、潮民、友民、礼民、华民、济民、壮强、永强、业农、学农、乐农"15 个名字,请家中亲人"将此数名评论,择一个最合意者写来吾知"。海外侨胞尽管历尽艰辛,仍充满着对未来的憧憬,把希望寄托在下一代身上,在家乡的子女长大以后,又非常重视对他们的教育、培养。马来西亚的侨胞蔡涌泉,在寄回家乡澄海程洋冈老家的侨批中,有一封信是专门给儿子蔡金钱的,希望他"切要谨慎从事,不可在外放荡,以免养成不良习惯",舐犊之情跃然纸上。海外侨胞虽身居异地,但深切怀念着祖国、家乡,时刻关心着它们的前途命运、发展兴旺。新加坡侨胞陈应昌,现已年届八旬,1946 年开始就任新加坡有信庄(批局)经理,后又任金生实业有限公司董事局主席,在当地颇有信誉。1970 年 7 月 24 日,我国成功发射了第一颗地球卫星,陈应昌和妻子李俊华便联袂给母亲和岳母去信,信中写道:"近我政府发射人造卫星誉美全球,海外侨民普天同庆。"兴奋之情溢于言表。

繁荣经济

海外侨胞寄回的侨批,对繁荣侨乡经济发挥了重大作用。近代潮汕对外贸易虽发达,但从国外进口的商品总值总是超过向国外出口的商品总值,产生贸易逆差(入超)。从清光绪二十一年(1895)至宣统三年(1911)的 16 年间,每年的对外贸易都是入超,其中宣统二年(1910 年)进口商品总值为 1900 多万关平两,是出口商品总值 722 万多关平两的 2.6 倍。而从民国元年(1912)至民国二十六年(1937)的 25 年间,只有民国九年(1920)的商品出口总额超过商品进口总额,出超 12% 左右,其他年份全是入超。在这种情况下,潮汕经济仍有较大的发展,其中一个重要原因,就是有大量批款(侨汇)调节,既保持外汇的平衡,又增强社会购买力,从而使各行各业能够稳定、平衡地发展。批款(侨汇)对当时经济有重大贡献,因而有人称批款(侨汇)是中国的"无形输出",就是说海外侨胞寄回国内的批款(侨汇),好比是输出工业品、农产品换取回来的外汇,成为救治当时经济的"补血针"。

海外侨胞寄回的批款(侨汇),除了赡养眷属,还在家乡投资兴业。近代(1889年至1949年)海外侨胞寄回批款(侨汇)在汕头投资兴办企业的资金,折合人民币共达5300多万元,其中1889年到1919年和1927年至1937年最多,分别为1527多万元和1589多万元。其中,旅日侨商高学能之子高绳芝,跻身于澄海巨富之家,早年赴泰国承袭祖业,是清末民初潮汕地区的著名华侨实业家和侨资民族工业开拓者。他本着实业救国的思想,与叔父密切配合,于1906年投资68万银元,在汕头创办了自来水公司,1910年动工,1914年开始营业,日供水量160万加仑,当时国内只有上海、广州、成都等少数城市建有自来水厂;1907年在澄海澄城创办振发布局,引进了国外新式的木质织布机,在电力发动机带动下运转,生产出质量好、价格低而深受东南亚一带民众欢迎的"澄海布";1908年,获父亲、叔父的大力支持,在汕头创办了开明电灯股份有限公司,装机容量540千瓦,月发电量55万千瓦时,成为新中国成立前汕头地区规模最大、发电时间最长的电灯公司;尔后还架设汕头至澄海的有线电话,开设绵发、昌发两家机械榨油厂,出资填筑海坪扩大土地等等,为汕头早期的经济发展作了相当大的贡献。在泰国建基立业的陈慈黉家族,除了创办碾米厂、经营火砻业等,还设立黉利栈汇兑庄,经营侨批业,并在汕头投资房地产业,在20世纪20至30年代间,估计至少动用500万银元作为建楼资金,在汕头的"四永一升平"(永兴街、永泰街、永和街、永安街、升平路)和商平路、海平路、福合埕、中山公园前一带,兴建了400多座新楼房,约占当时汕头市楼房总数的十分之一。房地产管理部门提供的资料表明,20世纪20、30年代汕头市的房屋有4000多座,其中产权属华侨的有2000多座,占一半以上;而乡村新建的住宅,由侨胞投资的则占80%至90%,在近代潮汕地区的金融业中,不少银庄兼营侨批业务或以经营侨批业业务为主。侨批业务给这些银庄注入了活力,在很大程度上使它们得以生存和发展。据统计,光绪十五年(1889)至民国三十八年(1949),海外侨胞在潮汕地区投资兴办各类企业4062家,投资总额为7976多万元

(折合人民币)。新中国成立后,海外侨胞满腔热情参加祖国的经济建设,在侨批中也有所反映。1955年,广东省华侨投资公司正式成立后,便以股份的形式吸收海外侨胞和港澳同胞汇款投资认购股份,每股人民币100元,凡投资满12年者,可于年终结算后领回股本;期满后如自愿继续投资,仍受投资优待办法的优待;投资者如需要将股息汇往国外,华侨投资公司可代向外汇管理部门办理申请手续。海外侨胞热烈响应,并通过侨批局寄批款回家乡认购。泰国侨胞李弼盛就通过振盛兴批局寄回批款港币200元。侨批寄达汕头之后,侨批封的背面加盖了"特准批信局"的邮戳,批款由汕头中国银行办理结兑手续,然后由他委托的代理人杜静群填写"华侨投资公司"认股登记表。1956年,汕头专区华侨投资公司进一步发动侨胞投资祖国建设,创办了汕头华侨糖厂、华侨瓷厂、华侨橡胶厂、华侨针织厂和潮安华侨瓷厂、澄海东里水电站、潮阳肥料厂、揭阳橡胶厂、普宁通用机械厂等一批国营侨资企业。由此可见,海外侨胞寄回的批款(侨汇)对繁荣潮汕地区经济起着重要作用,故《潮州志·实业志·商业》中写道:"都市大企业及公益、交通各建设,多由华侨投资而成;内地乡村所有新祠夏屋更有十之八九系出侨资盖建。且潮州每年入超甚大,所以能繁荣而不衰落者,无非赖批款之挹注。"

报效乡梓

海外侨胞还通过侨批或汇款捐资兴办各种公益事业,实现报效乡梓的愿望。潮汕先民出国谋生,多为生活所逼,失去就学的机会。在外的奋斗历程使他们深切体会到没有文化之苦。为了不让下一代当"睁眼瞎",便纷纷汇款或寄回批款,在家乡兴学育才。早在清代末年,海阳(今潮安)县籍的侨胞开始捐资在自己家乡办私塾。光绪六年(1880)旅居新加坡的侨胞吴庆腾就在家乡登隆都(今龙湖镇)银湖村读书。从辛亥革命后至抗日战争前,海外侨胞事业兴旺,经济实力进一步增强,在家乡兴学育才的热情更高。陈慈黉的陈黉利行每年拨款约4000大洋作为成德学校办学经费,招生对象除同宗族子弟之外,还扩大到隆都界内的陈姓子弟。1916年,原籍潮安县凤塘镇淇园村的泰国侨胞郑智勇,在家乡创办智勇高等小学校,聘请优秀人才任教,免费招收家乡及其他村落的子弟入学,校舍的建设费、教学设备费、学生的食宿和书籍费全部由他负责。在这期间,海外侨胞在潮汕各地共创办和捐助了数十所中、小学校,有力地推动了当地教育事业的发展。在抗日战争胜利之后的数年时间里,中断了的兴学育才之举又继续进行。原籍潮州的香港实业家庄静庵在城内的绵德善堂旧址创办绵德小学,并捐资给城南小学扩建校舍;原籍揭阳县锡场镇的柬埔寨侨胞陈礼荣,捐资在家乡创办义顺乡中心小学;祖籍澄海县的泰国侨胞,则集资在家乡创办苏北中学等等。潮汕解放后至"文革"前的17年间,海外侨胞到家乡兴学育才的热情不减,主要是竭力支持潮汕各县(市)、乡镇创办华侨中学,同时独资或集资在自己家乡创办中、小学校。1950年,在海外侨胞赞助下,汕头市私立海滨中学改办为汕头市华侨中学。1956年,海外侨胞捐资兴办了普宁华侨中学和潮安县华侨中学。接着,揭阳、澄海、潮阳、饶平、惠来等县的华侨中学,也在海外侨胞的捐助下陆续创办起来。1957年以后,海外侨胞还热情捐资创办或助办22所乡镇级的华侨中学,仅普宁县就有6所。在解放后至"文革"前这段时间里,还有庄静庵捐资800万港元在潮州城内开元路重新创办绵德小学、捐资1300万港元新建绵德中学,祖籍普宁的泰国侨胞张德孝在家乡创办德孝小学,祖籍澄海的泰国侨胞余类欣在家乡创办湾头北村小学,祖籍揭阳的东埔寨侨胞朱锟在家乡创办侨光初级中学等。1978年,在中共十一届三中全会之后,由于贯彻执行了正确路线、方针、政策,切实尊重海外侨胞投资、捐资的意愿,海外侨胞兴学育才、报效乡梓的优良传统得到进一步发扬。

潮汕地区位于南海之滨,属亚热带海洋气候,常受台风袭击,造成严重自然灾害。1922年8月2日的强台风袭击潮汕各地时,海潮狂涨,山洪暴发,沿海堤防崩溃,田园大多被淹没,房舍倾倒无数,共有3.45万民众溺水死亡。东南亚各国侨胞以及香港同胞对此万分关切,是年8月20日,由泰国中华总商会组织的暹罗潮州台风海潮赈灾会宣告成立,并设有筹捐处,泰国的侨胞不分商户、职员和男女老幼,纷纷慷慨解囊,在1个多月时间里,就募得救灾款泰币25万铢。新加坡的许多侨胞闻讯之后,自动地给家乡寄去救灾款,总额不下20万元。接着,新加坡中华总商会发起救灾募捐,新加坡潮人文化娱乐团体"醉花林俱乐部"主持救灾义演,又筹得救灾善款 30 多万元。此外,香港潮州八邑商会、香港中华总商会等团体,筹得 60 多万元和一批物资支援家乡灾区。越南西贡(现胡志明市)潮州公所也捐助救灾款 3 万元。矗立在汕头市韩堤路赈灾纪念亭内的《潮汕"八·二"赈灾纪念亭碑记》,就翔实地反映了海外侨胞这一善举。1939 年,潮汕沦陷,泰国、新加坡侨胞及中国香港同胞捐款 20 万元赈济难民,其中首批款项 1.4 万元,由潮州开元寺方丈前往汕头侨批局领取。决堤、地震等灾害发生,侨胞们也通过侨批局或银行寄汇,捐款给家乡救灾。

支持革命

值得一提的是,在辛亥革命时期,广大侨胞积极投入革命洪流,除了宣传三民主义,还踊跃捐资、多方筹款,通过银行寄汇和侨批等渠道,寄回国内支持孙中山领导的革命活动。与孙中山关系密切的泰国侨胞郑智勇,在孙中山的启发和影响下参加了同盟会,并慷慨捐款赞助革命。1912 年,孙中山就任临时大总统,他一次献金 5 万银元,并从华暹轮船公司的股份中拨出暹币 100 万铢捐给广东都督府。也是泰国侨胞的高绳芝和其祖父、父亲,都热心地支持孙中山领导的革命活动,是丁未黄冈起义的主要捐助者,仅 1907 年丁未黄冈起义和 1911 年武昌起义的两次捐款,就有 20 多万银元。为此,孙中山在评价海外侨胞对革命的贡献时,曾说:"慷慨助饷,多为华侨。"日寇侵略中国以后,广大潮籍侨胞继续发扬这一优良传统,踊跃参加各种抗日救亡活动,并募集大批钱款,通过银行寄汇或侨批寄回祖国、家乡,支援抗日前线。1937 年"七七事变",日寇发动全面侵华战争,新加坡的潮籍侨胞义愤填膺。是年 8 月,潮州八邑会馆派出代表出席由中华总商会召集的有 118 个华侨社团参加的新加坡侨民大会,成立"马来西亚新加坡筹赈祖国伤兵难民大会委员会"(简称"新加坡筹赈会")。翌年 8 月,潮州八邑会馆再派出代表,参加在新加坡华侨中学大礼堂举行的南洋各属华侨筹赈祖国难民代表大会,与马来西亚、新加坡、菲律宾、印尼、越南、沙捞越、缅甸、泰国、中国香港等的 45 个城市华侨社团,共同成立"南洋华侨筹赈祖国难民总会"(简称"南侨总会")。新加坡的侨胞们对支援祖国人民的抗日战争表现出很高的热情,据统计,仅1937年至1939年,潮州八邑会馆为赈济祖国难民募得捐款国币360万多元,发动潮籍侨胞购买自由公债国币65万元,组织筹款义演再获国币4.3万多元,成立救乡分会广泛募捐再筹得新加坡币10万多元。此外,侨胞们还自动认捐常月捐(每月捐款)、特别捐、寒衣捐,救助在祖国前线负伤的官兵和难民;踊跃捐款购买卡车支援祖国西南运输线运载抗日物质。另有统计,自1936年至1940年间,新加坡、马来西亚潮籍的个人捐款总数超过100万元新加坡币。潮籍侨胞对中华人民共和国的建立、社会主义现代化建设,同样作出了不可磨灭的贡献。

沿着侨批发展轨迹去探求它那丰富、深刻的文化内涵,倍感潮汕侨批确是一份珍贵的民间文化遗存,莫怪乎全国侨联副主席庄世平说,侨批:"不仅是一张张汇款凭证,而且是历史真实的见证",也是"研究中国近代史和华侨史的重要文献,为海内外研究潮学的专家学者提供丰富翔实的历史资料。对潮汕人民来说,则是了解家情、乡情,进行爱国主义教育的好教材。"

(《广东档案》2009年第一期)

试论侨批的跨国属性

——以潮汕侨批为例

　　侨批,是海外侨胞通过民间渠道及后来的金融邮政机构寄回国内、连带家书或简单附言的特殊汇款凭证,其基本特征为"银信合一"。

　　据专家考证,"批信"产生于明代,清代中期成型,清末国家邮政称之为"侨批"。明代至清代中叶,侨批靠个体的水客携带,19世纪初叶,侨批收汇开始分工,后形成侨批局,并作为一个行业问世,至今已有150多年的历史。1946年,国际著名汉学大师饶宗颐教授在其总纂的《潮州志》中,特辟"侨批业"条目,并明确指出:"潮州经济之发展,以侨批力量为多,而有造于侨运之发扬,应推华侨汇寄信款之侨批业。"2000年11月,兼任潮汕历史文化研究中心顾问的饶宗颐教授在研究中心举办的潮学讲座上,对侨批作了精辟的论述:"徽州特殊的是契据、契约等经济文件,而且保存很多","潮州可以和它媲美的是侨批,侨批等于徽州契约,价值相等。价值不是用钱来衡量的,而是从经济史来看的。"并将潮汕侨批誉为"海邦剩馥"。潮汕侨批是来自民间的原生态"草根"文献,具有记载的真实性、内容的丰富性和时空的系统性等鲜明特点,本文仅就它的跨国属性作初步探讨。

一、侨批在跨国环境中诞生

所谓属性，一般是指实体的本性，即属于实体本质方面的特性。事物属性的形成，与所处环境的关系非常密切，故有"橘生淮南为橘，生于淮北为枳"之说。

潮汕侨批的问世，源于海外移民。潮人远涉重洋侨居海外，大约始于宋、元。明、清时代，由于沿海地区商品经济发展，对外贸易逐渐繁荣，民众出国侨居之风甚盛。潮汕地区背山面海，丘陵山地约占总面积的70%，而可供水稻和其他作物种植的耕地又不足土地总面积的25%。同时，潮汕地区早就是一个人口大州府，明代嘉靖、隆庆年间，潮州府人户数仅次于广州，在广东各府中名列第二；至清代嘉庆年间，潮州府总人口已增至140多万，每平方公里平均人口数，仍居广东各府第二位。人多地少的矛盾相当尖锐，土地不堪重负，即使"山之坡、路之旁、江之洲、水之滩、田之沟、墓之隙"都被充分利用，并且精耕细作，仍"地狭人众，纵有大年，不足三月粮"，解决不了耕地有限、人口剧增的矛盾。台风、洪水、地震、虫害、干旱和瘟疫等自然灾害常有发生，加上江山易代、战火弥漫，还有苛捐杂税，使百姓苦不堪言，只得离乡背井下南洋，到异地他乡谋求生路。康熙二十三年(1684)解除海禁，乾隆十二年(1747)又准许海商前往暹罗(今泰国)采购大米、木材以解闽粤沿海缺粮之困，开始了移民南洋的新时期，澄海的樟林港，成为潮汕地区最大的贸易港口和粤东(包括潮州)以至福建闽南民众出洋的移民港口。咸丰十年(1860)汕头开埠，直接促进海外移民浪潮的形成。据《观一揽胜》的资料统计，从清乾隆四十七年(1782)至同治七年(1868)，潮人出洋谋生者累计达150多万人。另据《汕头海关志》记载，清代同治三年(1864)至1911年，"潮汕地区约有294万人离乡别井，远涉重洋谋生"。由于海外移民不断增加，侨胞数量达到上千万人，基本与潮汕人口总数相当，即："本土一个潮汕，海外一个潮汕。"

潮籍侨胞冒着生命危险抵达异邦时，上无片瓦遮挡，下无立锥之地，赤手空拳地开始谋生之旅，有的在码头当苦力，有的在虎狼出没之地下井挖矿，有的在橡胶园割胶，有的在荒山野岭垦殖，生存条件和劳动环境十分恶劣,正如有首民谣所描述的那样:"无奈卖身猪仔行,做牛做马去开荒。蛮烟瘴气鬼做伴,水黑天高望故乡。"

中华民族优良传统伦理道德的主要内容,包括仁爱孝悌、重义轻利、谦和礼让、真诚有信等,并且强调"百善孝为先"。历代海外侨胞正是在这传统伦理道德的熏陶下,形成了强烈的"根"的意识,对长辈竭尽孝道,对妻子(丈夫)情有独钟,对儿女倍加关爱,对祖国(家乡)无比眷恋。于是,侨批便在跨国环境中应运而生,并担负起维系海外侨胞与家乡亲人情根的重要使命。从张美生收藏的潮安县鲲江乡和礼阳乡的500多封侨批中就可以清楚地看到,都是海外侨胞通过批信倾诉自己对家乡、亲人的思念和眷恋。其中,子女寄给父母的达366封,弟弟寄给兄嫂的有49封,还有丈夫寄给妻子、哥哥寄给妹妹、媳妇寄给婆婆、母亲寄给儿子、哥哥寄给弟弟、侄儿寄给伯母、女婿寄给岳父的等等。远隔重洋的海外侨胞和家乡亲人,就是靠海外寄来的侨批和由家乡寄去的回批进行双向的感情交流。传统的伦理道德使海外侨胞迫切希望能够尽快地赚到血汗钱托寄回家乡,以恪尽赡养长辈妻儿的义务,或积蓄下来以求发展,争取返回故里与亲人团聚。于是,在跨国环境中产生的侨批,还成为海外侨胞眷属的经济生命线。以中国著名侨乡之一的潮汕地区为例,在中华人民共和国成立前,这个地区靠海外侨胞寄回批款为生的民众,约占当地总人口的50%,有些乡村则占到70%-80%;如以侨眷家庭为单位计算,平均每月所收到的批款,约占家庭总收入的80%。当年每年汇入潮汕地区的批款有八九千万银元,最高为上亿银元;有的年份,侨批局经营的批款,占侨汇总额的80%以上。由此可见,海外侨胞寄回的批款,与家乡亲人的生活息息相关。如侨胞陈宏烈前往新加坡谋生后,他的4个儿子陈集允、陈集亮、陈集祥、陈集轩也先后出洋,都不忘履行赡养家乡眷属的义务,接力般地寄回侨批,仅收藏到的就达566封,最早从新加坡寄出的时间为民国元年(1912),最晚是1958年,从没有间断过。从收藏的陈家侨批看,民国元年(1912)3月至民国八年(1919)5月这段时间,共有44封侨批,都是陈宏烈的长子陈集允寄出,开始的批款是大银4元,1913年是大银15元,直至1918年7月28日寄出的批款多达250元。1922年次子陈集亮出洋后,当年10月6日寄出批款15元,1925年10月19日寄出的批款是20元。

1925年,三子集祥也出洋了,当年7月7日寄出批款为4元,1927年12月27日寄出批款为25元。1937年小儿陈集轩跟着出洋,当年寄出批款国币3元,1938年1月7日寄出的批款增至国币12元。由此可见,陈集允4兄弟不论谁寄,从年初到年终都有侨批给在家乡的母亲。在寄回的批款数额上看,兄弟之间并不计较,都尽力而为。大兄集允比较早到新加坡,经济情况可能相对好一些,因此所寄的批款比较多一点和稳定一点,每月都保持20元,有时是30元、40元,一直寄到1938年因年迈返回家乡。集亮开始有一个月寄2元,后因"有事业",12月一下就寄了30元,到1931年1月多达洋银70元,一直寄到1940年。此后,陈集轩在新加坡仍一如既往地寄回侨批,根据收藏的陈家侨批统计,1945年6月至1958年10月期间,他寄给家乡母亲、侄女和侄男的侨批共38封,1948年通货膨胀,5月30日寄出的批款为国币1500万元。陈家4兄弟在赡养眷属上,可谓"恪尽职守"! 德国著名的哲学家黑格尔曾说:"中国纯粹建筑在这一种道德的结合上,国家的特性便是客观的'家庭孝敬'。中国人把自己看做是属于他们家庭的,而同时又是国家的儿女。"在跨国环境中诞生的侨批,正生动地体现了这一点。

二、批业在跨国渠道中运作

　　侨批的问世,催生了一个新兴的行业——侨批业。正因为侨批是在跨国性的生态环境中问世,所以,侨批业的经营网络也呈明显的跨国性。

　　侨批问世之后,由于当时海外侨胞居住国的金融邮政机构尚未建立或极不完善,国内也没有类似机构,因此,侨批最早是靠水客递送。

　　水客(客头)经常往来于国内外,是一种以收解批款为主的特殊职业。他们的主要业务包括:深入到海外的矿山、农场、种植园和侨胞的住所,收揽侨批和侨胞托寄的物品带回家乡潮汕地区,亲手将批款和批信交给相关的侨眷,或领着在海外出生的侨胞后裔回家乡寻根认祖、会见亲人,顺便为家乡的商店捎带货物;带着"新客"(即初出洋者)到海外寻父、与丈夫团聚或寻找亲友谋求生路,并为侨眷带回批给海外侨胞,跨国越洋提供双向服务。水客的运作流程大致如下:

```
         带着侨胞托寄的侨批、物件，领着侨胞后裔回家乡寻根认祖
海外 ←——————————————————————————————————————→ 家乡
         带着侨眷的回批和领着侨眷出去寻找亲人，谋求生路
```

水客在海外停留期间租个住所作为落脚点，曰"行馆"或"批馆"。他们一般凭个人的信用经营业务，也有的请海外商号担保，有的一年出海数次，有的一年出海仅一次，有的以季节为期，凡是春节、端午节、中秋节前从海外返回家乡的叫"走大帮"，因为替侨眷捎回来的钱物比较多；其他的时间返回的叫"走小帮"。1870年，潮阳籍乡民李阿梅开始当水客，一年数次往返于泰国与潮汕之间，每次从泰国捎回的批款约合2000两白银，相当于其时2000担稻谷。19世纪至20世纪初，仅汕头的水客就有800人之多，并成立"南洋水客联合会"。在这段时间里，每年通过水客带回国内的批款近2000万元，占全国汇款总额的5.2%。侨批业先行者——水客的历史作用由此可见一斑。

随着潮汕地区出洋人数激增，水客承接递送侨批的传统做法已经不能适应新的需求，此外，由于水客行踪不定、人品不一，侨胞感到不便，其中较有积蓄者或经常托寄大宗批款的侨户，便改为派出专人携带，同时也将亲友集中托寄的大额批款带回家乡。这些专做侨批递送的户头，便是侨批局的雏形。所谓侨批局，就是一种民间自发兴起、专门办理侨批业务的民营特殊金融机构，又称银信局、批信局等。

潮人创办潮帮侨批局，大约在清代道光年间，之后在海内外陆续创立，至19世纪30年代后发展较快，成为侨批业的主力军。潮帮侨批局的形成，大致有以下几种情况：有的是由水客（客头）直接递变而成，如祖籍澄海东湖的黄继英，清嘉庆二十年（1815）赴新加坡谋生后，创办了致成染坊，许多澄籍乡亲纷纷投向他的门下，他们要把自己的辛苦钱托寄回家乡很困难，黄继英便自派水客为乡亲们服务，并在家乡建起行馆，接待往来的水客。后来，由于托寄侨批回家乡的乡亲越来越多，黄继英从古代的邮驿得到启发，于清道光十五年（1835）正式挂出"致成信局"招牌，专营侨批业务，成为目前已知创办最早的潮帮侨批局。原是水客的李阿梅，跟水客马阿隆、马秋盛等合伙，于光绪元年（1875）在泰国京都创办"永和丰批馆"，每月递送侨批回潮汕4次，每次的批款高达5000两至6000两

白银。

有的侨批局是精明的潮商抓住商机创办起来的,如澄籍的曾仰梅,咸丰十年(1860)漂泊到泰国谋生,后来与乡亲合伙,在曼谷开起京果店。随着大批潮人进入泰国,他与乡亲抓住时机,在曼谷三聘街创办了振盛兴批局,并在汕头暹兴利银庄内设立了分号,每周从曼谷发批一次,每次平均发批300多封,批款额最高达3万多银元。已故全国侨联副主席、香港知名人士庄世平,其祖父庄书良原经营着家庭企业集团——协裕,后来也变为主营侨批业务。庄书良的7个儿子中,就有4个分别主持设在家乡普宁和泰国、马来西亚槟榔屿等地的批馆业务。

有的侨批局是从原民信局兼营或改营的。早在明代永乐年间,民间通信机构相当发达,称为民信局。至清代道光、咸丰、同治年间,潮汕地区一些民信局开始兼营或改营侨批业务,如钱昌仁、全泰洽、茂昌号等。1928年,全国交通会议决定取消民信局,旅居海外的华侨团体据理力争,阐明侨批业便利海外侨胞、服务国内侨眷,并非单纯代客送信,最后当局决定从民信局中分出批信局(即侨批局),前者只经营信件业务,后者专营国外寄来的侨批,只准递送南洋等地的批局寄来的侨批和收寄侨眷寄往南洋的回批,不得收寄其他普通信件,并须向当地邮政局领取《批信局执照》才能继续营业。据饶宗颐教授总纂的《潮州志·实业志六·商业》统计,民国三十五年(1946)海内外潮帮侨批局共582家,其中在潮汕地区的131家,在南洋诸国的451家。

这些统计数字表明,哪里有海外侨胞,那里就有侨批局;哪里的海外侨胞多,那里的侨批局也就多。如泰国是南洋诸国中潮籍侨胞最多者,最高纪录达600万人,设在首都曼谷的潮帮侨批局多达117家,占当时南洋诸国潮帮侨批局总数的26%左右。海内外侨批局跟水客一样,也是是双向运作的,其运作流程大致如下:

海外侨胞⇌海外批局⇌家乡邮政局⇌甲种批局(与海外批局有业务关系)⇌乙种批局(专门投递侨批)⇌侨批派送员(俗称批脚)⇌侨眷回批

这样,侨批业经营网络的跨国性便一目了然。

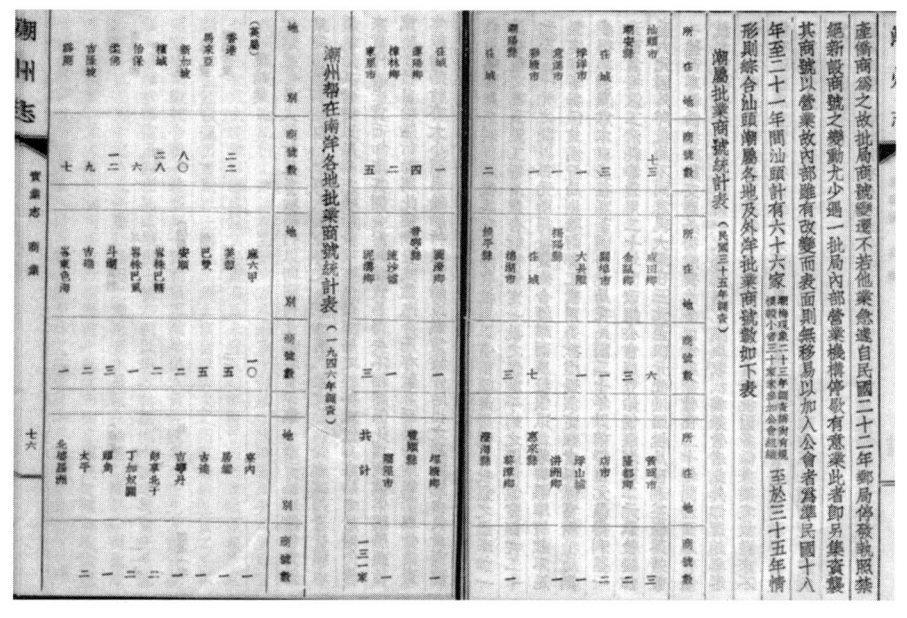

饶宗颐纂《潮州志》附"潮属批业商号统计表"

三、信息在跨国网络中交流

大量的侨批表明,在邮政金融机构尚未建立或极不完善的情况,身处异国他乡的海外侨胞与故里亲人之间的信息,也是靠跨国网络进行交流。海外侨胞寄往家乡的侨批和家乡亲人寄往海外的回批,可谓是跨国越洋的"两地书"。

海外侨胞通过跨国信息网络,首先倾诉自己在海外谋生的境况,如越南侨胞陈克绍在寄给双亲大人的批信中就这样写道:"现刻越中行情冷淡,生意取利甚难,但每月家批本欲多寄,并无厚利可得。"暹罗(泰国)侨胞洪镜湖在寄给胞姐、姐夫的批信中,也诉说了自己在外生活的艰辛:"自去年以来,因家中用银太多,而每月所得有限,致身边全无余积。数月来因中日战争影响,暹中商业十分冷落,虽欲设法与人调借,而年关在即亦难到手。"新加坡侨胞陈应传的诉说,更是使人心酸落泪,他在外"奔波十余载,尚赤手空拳,未得酹愿",本应多寄批款回家乡让母亲购买新谷,无奈力与心违,在寄给母亲的批信中写道:"非传不知家中之痛苦,奈命生如此,惟有昂首向天叹息而已。"尽管许多侨胞在海外求生不易,他依然反复地向家乡亲承诺:"候有厚利自当奉上。"体现了中华民族"百善孝为先",对家庭高度负责的传统伦理道德。

　　同时,众多侨胞通过跨国的信息网络,充分表达了对家乡亲人的思念之情。泰国侨胞李广基在寄给妹妹的批信中写道:"近来在于十月廿二晚,一度梦见我母,立而面无喜色,使我醒来,日无宁心,然我所梦之夜,即先母忌辰之前一日也!"看了令人嘘唏不已。泰国侨胞杨两富尽管身处异邦多年,对母亲的感情依旧,有一次他给母亲寄了180元港币的批款,并在批信中写道:"儿自来暹忽四十一载,时时思大人年迈,候有利自当回塘,儿子女儿已大了,望大人免远念为要。"最后又请母亲"千万勿念"。泰国侨胞杨再坤在写给祖母的一封批信中则写道:"再能表哥每月有家信到家否?外祖母近况如何?思可表哥有无回唐?美貌表姐家境如何?岂有产育?"对家乡亲人思念之迫切,不言而喻。潮汕地区出洋谋生的侨胞绝大多数是男子汉,他们为了养家糊口才远走他乡,与妻子过着"牛郎织女"的生活,只能透过侨批互诉衷肠,泰国侨胞郑钦桂出洋之后,妻子希望携儿前往团聚,这本是他求之不得的,但力不从心,便在寄给妻子的批信写道,当年出洋,"原为家庭所致,再有来暹,亦非快乐喜居",妻儿不能来的原因就是"舟费太多",支付不起,且"暹行情劳苦",夫妻欲聚不能,其内心的痛苦可想而知。泰国侨胞陈汉澄寄回家乡的侨批,也蕴含着对妻子的一片深情:"自别之后,无时或释,想愚今日远离乡井,亦为环境所迫,虽人在外,终朝都是为挂于家庭。想妻你将欲生产,家无亲爱偎互,为夫实在难过!"接着,他便提出相应的弥补办法:"愚夫意欲请你妈亲暂来仙市(注:陈的故里)与你同住数月,候你生产到月,各事完毕之后或欲再往南洋可也。至若吾身可能多寄,最好请他在家乡住较好,可使为夫在外免挂。"目前,极少见到的便是出洋的妻子写给家乡丈夫的侨批,在已发现的新加坡女侨胞徐桂英寄给丈夫的在批信中,就这样写道:"夫君镜鉴,久未修书,怀念殊深,遥想起居纳福玉体康健为慰。兹启者,妾自与君分别来叻之后,家中诸务全赖吾夫鼎力维持及儿女辈尽为之培养,则妻之幸也!"并对她出洋之举,再次"望夫海涵",夫妻之间的深厚感情,并没有因为分居两地而有所削弱,实在难能可贵。对儿女辈的教育,也成为海外侨胞与家乡亲人进行信息交流的重要话题，新加坡侨胞蔡涌泉在给家乡的母亲的侨批中，祈请她老人家教育他儿子蔡金钱："切令他进入商店做工，以免闲游放荡"，同时，他又直接给儿子寄去批信，要求他"家中一切务要遵从祖母之命"，"以代我等在外尽了一份人子之责，藉慰夫人之心"，并希望儿子"切要谨慎从事，不可在外放荡，以免养成不良习惯。"新加坡侨胞陈应传在海外执教多年，儿子则在家乡，他就通过侨批进行"远程教育"，在1952年9月给儿子的一封批信中就这样写道："你要知道'学无止境'，越学习越有进步"，"希望你从今以后要迎头赶上，勿落人之后。"泰国侨胞陈松锦得悉自己的儿子在家乡出生后，欣喜异常，连夜在灯下疾书，为小儿拟了"济南、济民、俊臣、俊仁、潮民、友民、礼民、华民、壮强、业农、学农、乐农"等10多个名字，请家中亲人择一个合意的正式命名，舐犊之情跃然纸上。

在海外侨胞通过跨国网络传递回家乡的信息中，还充分表达了远在异邦的他们对祖国、家乡的眷恋之情。众多侨胞虽远隔重洋，都时刻关注着祖国的前途命运和家乡的兴旺繁荣。新加坡侨胞陈应昌，经过刻苦奋斗已事业有成，仍不免受冷遇，因此总是渴望着祖国强大。1972年7月24日，获悉祖国成功发射了第一颗人造地球卫星时，便立即与妻子一起给母亲和岳母寄去侨批，批信中写道："近我政府发射人造卫星誉美全球，海外侨民普天同庆。"兴奋之情溢于言表。1972年21日至28日，美国总统尼克松来华访问，并发表了《中美联合公报》，陈应昌夫妇得知后，又一起给家乡的亲人寄去侨批："我国外交胜利，中外咸钦，声誉日隆，侨情洋溢。"充满着对祖国强盛的自豪感。当日寇的铁蹄践踏祖国的领土时，广大侨胞同仇敌忾，通过侨批以铁的事实控诉日寇的滔天罪行。印尼侨胞吴道善在寄给家乡亲人的侨批中写道："（印尼坤甸）倭鬼手段毒辣，每欲拿华人，都逢节日多次进行，此二三年，华人被处死的有二千余人"，"倭奴实是采取灭种毒手，当时连接被拿的人，众人家属推测，俺等是国人一份子，受拿拘禁，虞战事和平，满望释放。讵料倭鬼八月十五屈膝投降，九月二日联军代表抵坤，宣布倭子投降，指出地点集中，改（解）除武装，而华人家属向联军要求释放华人，拘禁四处，无一人存在，呜呼！哀哉！倭奴太无人道。"据后来了解，日寇将抓去的华人用机枪集体诛杀！从海外侨胞寄回家乡的侨批中,还传递了他们那种"国家兴亡、匹夫有责"的伟大民族精神。许多侨胞书写批信所用的信笺,有的是印着"万众一心,众志成城"和"爱国笺"字样,有的是印着"救国英雄"字样和十九路军蔡廷锴将军头像。泰国的青年侨领苏君谦和挚友郭子纲、黄奕3人,在国难当头联袂捐出200元国币,采用"口批"(即由寄批人口头说定)特殊方式,通过增顺侨批局送达家乡的挚友詹欧波,再由他转寄国民革命军第十八集团军(八路军)驻武汉办事处。1938年9月21日,八路军驻武汉办事处代表周恩来、叶剑英和驻粤办事处代表潘汉年、廖承志联名,专门给苏君谦等3人复函,表示他们的爱国热忱"殊堪钦佩"。

一代伟人周恩来曾说过:"一个热爱祖国的人,没有不爱自己的家乡的。"广大海外侨胞正是如此,无不梦魂常绕家乡,这种感情也通过跨国的信息网络尽情流露。泰国侨胞陈何桐,在寄给家乡的胞弟陈林桐的侨批中赋诗一首,诗曰:"裁章握管愁难开,雁阵鸳翼各东西。谁怜海外飘零客,未卜何时解愁眉。"就充分表达了他身为游子对家乡、亲人的情怀。印度尼西亚侨胞李芝敏,得知家乡南光戏院"时时常有潮州戏来表演,计有'源正班''赛金班''怡来班''老正顺班''三正顺班''玉梨班'等",勾起了他对家乡的眷恋之情,但自己却远在"千岛之国",心情十分惆怅,因而在寄给他母亲的侨批中写道:"有这名班潮州戏,切思儿身居于印尼不能前往参观,只有夜间在做梦也!!!"在这之前,他已决意要回家乡娶杜爱群女士为妻,把"根"留在家乡,并在寄给他母亲的侨批中明确表示:"对此亲事今决定合意,儿于是月十六日由有方批局寄上金圆券叁万元,到祈查收此款,以供买金戒指,何日决定,望母亲赐音示知",并请"母亲可将此事告知爱群及她之父亲。"家乡侨眷寄给海外亲人的回批,主要是告知侨批和批款已收讫,请放心;家中一切均好,免挂上;已遵嘱安排好祭祖事谊和去世长辈的丧事;家族妯娌等方面矛盾已做妥善处理;日本侵略、家乡沦陷的惨状;蒋介石发动内战殃及百姓,通货膨胀、民不聊生的状况等等。这些信息也是通过跨国的网络反馈给海外侨胞。由此可见,海外侨胞通过侨批这一跨国网络进行信息的双向交流,对于密切海外侨胞与祖国、家乡亲人的血肉关系,增强双方的文化认同发挥了重要的历史作用。

综上所述,潮汕侨批的跨国属性已不必置疑,它的文献价值已超越了国界,诚如马克思在19世纪预言的那样:"资产阶级由于开拓了世界市场,使一切国家的生产和消费都成为世界性的了。……物质生产如此,精神生产也是如此。"饶宗颐教授在2007年指出:"来自民间的侨批记载翔实,内容丰富,从中可以看到祖国与侨胞居住国的国情,侨胞故乡的乡情、侨胞家庭的家情和侨胞与他们眷属的亲情,是研究社会史、金融史、邮政史以至海外移民史、海外交通史、国际关系史的宝贵历史资料,与典籍文献互相印证,补充典籍文献记载之不足,可谓是继徽州契约文书之后,在历史文化上的又一重大发现。"为此,潮汕侨批与客家侨批、五邑银信、闽南侨批等在2010年2月入选"国家档案文献遗产名录"之后,潮汕历史文化研究中心等有关单位,在广东省档案局(馆)的指导下,正继续努力,进一步申报"世界记忆遗产"。

(《侨批文化》2010年12月第十三期,《广东档案》2012年第二期,入选《"侨批档案"宣传推介会论文集》)

主要参考书目:

1.饶宗颐总纂《潮州志·实业志·商业》。

2.《潮汕侨批萃编》一、二、三辑,潮汕历史文化研究中心编。

3.《潮汕侨批档案选编》(一)上册,潮汕历史文化研究中心侨批文物馆编。

开发侨批"富矿" "萃取"文化内涵

——简介有关侨批文化著述

2000年11月,国际著名汉学大师饶宗颐教授明确指出,徽州特殊的是有契据契约等经济文件,而潮州(即现潮汕)能与之媲美的是有"海邦剩馥"之称的侨批,两者的价值相当。并且强调,潮汕侨批是继徽州契据契约之后,在历史文化上的又一重大发现,应在原来的研究基础上,注重从文化层面上去发掘其丰富内涵。这就为侨批文化研究指明了努力的方向。从此,以"银信合一"为基本特征的侨批,更为世人所瞩目。

要深化侨批文化研究,必须加强文献资料的蒐集。因此,研究中心自1994年开始,便陆续征集、整理潮汕侨批。2001年,由邹金盛撰写、研究中心编辑的《潮帮批信局》出版,此书扼要介绍了潮帮各批信局的发展简况及其中的600多家批信局的名称、地址、负责人姓名、送批地点和批信局收寄的部分侨批照片等。尔后,又编辑、出版了《潮帮批信局》续集,其内容既有不同时期、来自不同国家的批封格式、银行图章、邮政戳印,又有侨批与回批配套的成对珍品照片等,还增加了对117家批信局、分布在各县的投递局和代理处的简要介绍。

至2003年,研究中心收藏的各类侨批已达4万多封。经过精心遴选、编辑、出版了共3辑的《潮汕侨批萃编》,每辑选入的侨批都近500封,且各具特色。第一辑是综合性的,其中包括从20世纪20年代至1979年不同历史时期,涉及泰国、马来西亚、新加坡、越南、柬埔寨、印度尼西亚等不同寄批地和潮安、潮阳、普宁、澄海、揭阳、饶平及大埔、丰顺等不同收批地,涵盖面比较广。第二辑是著名侨乡澄海隆都镇的侨批。该镇的海外侨胞达 12 万人之多,是全镇总人口的两倍,而侨眷人数占全镇总人口的 80% 左右。镇内共有 12 家侨批局,在侨乡中很有代表性。第三辑选入的,是潮安东凤镇陈宏烈和 4 个儿子一家的侨批。他们先后出洋到新加坡谋生,寄批的时间自 1912 年(民国元年)至 1958 年没有间断过,内容丰富,连续性强,是不可多得的个案文献资料。此后,研究中心又出版了《潮汕侨批简史》,较为全面系统地反映了潮汕侨批、侨批业产生、发展的历史轨迹。由于它是阐述潮汕侨批、侨批业演进历程的第一部著作,因此还有待于进一步修改、补充和深化、细化。

2009 年,研究中心在广东省档案局(馆)的支持下,与汕头市档案局(馆)联袂编辑、出版了《潮汕侨批业档案选编(1942—1949)》。该书一问世,许多"识货"的专家学者为之振奋,认为这批尘封了 60 多年的宝贵档案文献见之于世,填补了侨批业研究资料的空白,使人们更加清晰地了解到潮汕侨批业在一个历史阶段中的发展过程,可以从另一个视角去评价侨批的文献价值和侨批业的历史地位、作用,并从而进一步理解它的文化内涵。同时,研究中心还跟广西师范大学出版社联手,将馆藏的 10 万封各类侨批编辑、出版为《潮汕侨批集成》。此外,还出版了普及性读物《侨批例话》和《侨批丛谈》。以上著述的编辑、出版,为侨批文化研究提供了有力的支撑。

在征集大量侨批文献档案资料的基础上,研究中心诚邀海内外有关专家学者,多次进行研讨,努力发掘蕴藏在侨批中的文化内涵,其研究成果,主要体现在三届国际性的侨批文化研讨会论文集中。

2004 年 11 月举办的首届侨批文化研讨会,与会专家学者们敞开思想、直抒己见,形成"百花齐放、百家争鸣"的热烈气氛,涉及层面多、范围广,既有对侨批历史探源、侨批的经营方式的探讨,又有对侨批、侨批学、侨批文化诸概念的理解,并明确了侨批独具一格的特质,是融邮传和汇兑功能于一体。它不仅是一纸特殊的汇款凭证,而且蕴含着深厚的文化内涵,传递着丰富的历史信息,是研究社会史、国际关系史的宝贵历史资料,可以开创以侨批、侨批业为研究对象的"侨批学"。研讨会还开始注重将侨批提升到文化层面上来研讨侨批中的文化"基因",侨批文化与海洋文化、潮汕传统文化的关系,并探求海外侨胞与家乡亲人的内心感情世界。同时,对侨批、侨批业所体现的诚信精神也作了认真探讨,一致认为诚信是为人处世、立业兴邦的重要道德基础。作为一种精神创造的侨批文化,决定性的要素便是传承儒家思想的诚信精神。构建社会主义和谐社会,有赖于良好道德风尚的形成,而诚信则是良好道德风尚不可或缺的要素。

2007年12月举办的第二届侨批文化研讨会,议题主要"聚焦"在探讨侨批业的金融属性上,与会的专家学者以大量的史实证明,侨批业"属特种金融事业",即侨乡在特殊历史条件下产生的一种特殊金融机构。由于这一年侨批正向国家档案局申报列入国家档案文献遗产名录,因此,进一步认识侨批的文献价值便成为本届研讨会的又一重要研讨课题。专家学者指出潮汕侨批产生于民间,流转于民间,收藏于民间,民间特色鲜明,是原生态的"草根"档案文献;其内容真实丰富,原汁原味地反映出当时的社会状况,人们从中能够了解到海外侨胞家庭的"家情",侨胞与眷属之间的"亲情",侨胞故里的"乡情",侨胞祖国和居住国的"国情"以至世界风云变幻的"世情";其记载系统完备,不仅有空间上的系统完整性,而且有时间上的系统完整性,经历了近代的清朝、民国、中华人民共和国这几个历史时期。由于潮汕侨批记载翔实,内容丰富,系统性强,涵盖面广,可谓是"社会百科全书",且具有原始性、唯一性的档案性质,可与典籍文献互为印证,补充典籍文献记载的不足,是研究近代华侨史、金融史、邮政史、海外交通史、国际关系史的珍贵档案文献,因此,符合作为国家档案文献遗产的基本条件。

于2010年元月举办的第三届侨批文化研讨会论文集的内容,则集中在对如何进一步提高侨批文化研究水平问题的探讨。许多专家学者呼吁,亟须克服故步自封的思想,注重学术研究的创新,力求避免低水平重复。正如王国维先生所言:古来新学问之起,大都由于新发现之赐。这里的"新发现",主要是国际知名汉学家饶宗颐所言的考古和文献两方面。有了"新发现",才能进行新的探索,形成新的论点,产生新的成果。而要求新,必须以求真的严谨治学态度,对研究的原始资料、直接资料,或间接资料、访问资料、口述资料作严格的考证,论著行文必须对所采用的资料注明作者、论文或著作、刊物的名称期数、页码等,以明确资料的出处,作为学术研究良心、诚信的证明和学术评价水准的取向,以支持新创见的可信性、客观性、独立性。为了提高侨批文化研究水平,既要重视宏观研究,也要进行微观研究,下苦功夫去细阅一封封侨批,应当从对侨批的解读之中去提炼观点,而不是按既定的观点牵强地诠释侨批。在进行微观研究时,也须有宏观意识,把侨批置于历史的大背景中审视、分析,不能孤立地就事论事。同时,要运用历史文献学的科学方法,加强对侨批的收集与研究。历史文献学重视文献档案目录、版本、校勘、考证等方面的基础性研究,即重视文献载体本身,将历史文献学导入侨批,就是在侨批可资为用之前,首先做好相关的目录、版本、校勘、辑佚、辨伪、考证等工作,并通过数字化的先进手段延长它的"寿命",以更有利于侨批文化的研究与阐扬。要进一步提高侨批文化研究水平,就须打破行政区域的限制,克服狭隘的心态,整合各地资源,聚合各方优势。为此,建议设立"侨批文化论坛",定期举行小型会议,共同制定某一时段内的研究方向,确定具体的研究课题,统一调配研究力量。同时,各地可充分利用互联网的先进手段,及时沟通信息,交流侨批文化研究进展情况,提供新发掘的文献资料等等,以避免研究课题重复、研究力量分散,而造成资源浪费、运作混乱。这些真知灼见,对提高侨批文化研究水平很有帮助。

(《汕头特区晚报》2011年3月)

台批,值得发掘的一项档案文献遗产

经过初步的调查,台批是值得发掘的一项档案文献遗产。

所谓台批,就是祖国宝岛台湾的同胞与大陆亲人之间相互往来的信函。

台批的产生和存在,有着深远的历史渊源。台湾古称夷州,隋代之后称为琉求。据史书记载,唐宋时期,大陆沿海许多百姓因灾荒、战祸纷纷东渡至澎湖、台湾。南宋时期朝廷派兵驻守澎湖,并将它划归泉州晋江县管辖。到了明代,福建南安的郑芝龙定居台湾,并聚众开发宝岛。清顺治年间,郑芝龙之子郑成功率部 2.5 万人,收复了被荷兰殖民者侵占达 38 年之久的台湾。清康熙年间,福建水师提督施琅将闽粤沿海军民迁入台湾垦殖。直至光绪元年(1875),福州船政大臣、福建巡抚兼管台湾事务的丁日昌,在厦门、汕头、香港设置招商局鼓励移民,允许他们携带家属迁台,并提供房屋、耕牛、农具,派人传授农耕技术。这样,迁入台湾的大陆汉族同胞人数达到台湾人口总数的 97%。在占台湾总人口 97% 的汉族同胞中,祖籍漳州的约占 1/3,祖籍泉州的占 44% 左右,其余的祖籍多是梅州和潮汕等。居住在台湾、祖籍在大陆的汉族同胞,便通过信函跟大陆的亲人沟通信息、保持联系,台批便由此而生。

往来于台湾、大陆之间的台批,其运作过程大致可分为 3 个历史阶段。1949 年 10 月 1 日中华人民共和国成立以前为第一阶段,在这段时间里,台批可以在海峡两岸之间比较自由地递送,即"直接通邮"。1949 年 10 月 1 日中华人民共和国成立后至 1987 年 11 月 2 日台湾红十字会开始办理台胞赴大陆探亲手续之前为第二阶段,在这长达38年的时间里,台批只能透过第三地递送,即"转口通邮"。1987年11月台湾当局开放台胞赴大陆探亲之后至今为第三阶段,由于海峡两岸形势发生了新的变化,逐步实现"直接通邮"。

那么,台批有何文献价值呢?可以这么说,它的文献价值相当高,首先它是台湾作为祖国神圣领土不可分割一部分的又一有力佐证。丁学昌、洪金华提供的材料称,南澳岛从明万历三年(1575)南澳始设副总兵至隆武二年(1646)郑成功上岛招兵的71年间,官兵、民众常乘船往来于台海之间。从明隆武二年(1646)郑成功上岛招兵至清顺治十八年(1661)郑成功率部收复台湾的15年间,就有大批南澳民众应招随他赶走侵占台湾的荷兰殖民者,并定居宝岛。据明确记载,郑成功在其中的一个月内,就招到兵员3000多名。康熙二十四年(1685)朝廷升设南澳总兵官,同时扩大防区,从南澳派兵轮守台湾、澎湖。南澳总兵刘永福调任台湾时,他所率领的黑旗军中有相当部分的将士属南澳籍。那些戍台殉职、阵亡的南澳籍官兵的骨殖,不少也"叶落归根"移葬到家乡,形成了"清戍台澎故兵墓"。民国初年至中华人民共和国成立前夕,南澳与台湾的贸易十分活跃,商船多达70多艘。南澳民众经常乘货船去台湾探亲,也有一些台湾女子嫁到南澳定居。如今,南澳的总人口为7万多人,而祖籍南澳的台胞却多达10万人左右,尽管台湾先后被荷兰殖民者和日本侵略者侵占达88年之久,但他们都不忘自己的根在南澳,故两地亲人往来的批信没有间断过。在台湾当局开放台胞赴大陆探亲之前,恒春的南澳籍台胞韩义双为了解祖居地的情况,曾写过一封信寄给在美国的亲人,再辗转到南澳,整整花了一年零两天时间。台胞沈鸣銮祖籍南澳,目前故居还在。1991年4月6日,沈鸣銮家乡的亲人沈荫成去信,详细地介绍了沈氏家庭繁衍情况,表明自己虽离乡背井,仍不敢典忘祖,信中为此写道(原文照录):"元朝末明朝初约十三世祖左右,南移闽南福建省延绵子孙,最鼎盛时期为十六世祖,子孙最多分布最广,我们是属支分在福建绍(注:诏)安地方之支系,由绍(注:诏)安来南澳之始祖为廿一世祖(即南澳第一世祖),至廿三世祖(南澳第三世祖)当时生活清苦以卖菜为生,独生一子(即廿四世祖)自幼健康不佳,娶妻久未生子(育),廿三世祖作主为廿四世祖向王姓人家过继一子为孙,即为廿五世祖(亦是后来清朝道光年间的协台祖),隔多年廿四世祖也亲生下一子,所以廿五世祖有兄弟二人。兄是协台祖弟为平民,据推算二兄弟年龄相差近十多岁。廿五世祖(兄)(协台祖)生下一子年幼病死,后再向王姓人家过继一子为后来为官千统(约四一五品官)廿六世祖……"并附有沈府南澳历代世祖概略的图表。

  台批的另一文献价值,就是真实地体现侨批在维系两岸同胞情根所发挥的特殊作用。据福建省东山岛的黄镇国、沈舜友了解,1950年5月,国民党军队逃离该岛的铜钵村时抓走了村里的145名壮丁,占全村青壮年总人数的95%以上,造成91位妻子守寡终生,故有"寡妇村"之称。在海峡两岸不能直接通邮的情况下,侨批便担负起重要的角色,成为维系海峡两岸亲人血肉关系的纽带。沈舜友的伯父沈招贵在新加坡创办了添盛信局,因为伯母是铜钵村人,所以不少铜钵村籍的台胞便托朋友将批信送到添盛信局,再加套信局的批封以侨批的"身份"转寄到家乡。他们的亲人收批后,又将回批寄到添盛信局,再由信局转寄给在台湾的亲人。生于铜钵村的黄镇国,过去经常为村里的乡亲代读台湾亲人寄来的批信,同时代为书写回批。他说,也有不少东山籍的台胞是将批信寄给熟悉的海外侨胞,由侨胞拆开更换信封,然后再寄至大陆的家乡亲人。家乡亲人的回信也是先寄给海外侨胞,再由他们拆开、更换信封转寄台湾。据福建省诏安县政协的黄家祥称,不少祖籍诏安的台胞也是将信、款先寄给在新加坡的合安批信局,"合安"收到后就改换信封,以"合安"侨批之名转寄到诏安,家乡亲人的回批也是通过"合安"转寄到在台的亲人手里。

  目前,台批的文献价值已开始引起海峡两岸专家学者的关注,准备联袂进行研讨。

(《侨批文化》2011年6月第十四期)

"一叶知秋"

——从一份侨批业档案看太平洋战争局势的变化

最近,在《潮汕侨批业档案选编》中,看到了《侨务委员会驻汕办事处召集侨批业座谈会记录》(下简称"座谈会记录"),与"二战"期间的太平洋战争战史相比照,可以从日寇对潮汕侨批业不同态度,窥视到穷凶极恶的日本法西斯在太平洋战争前后的不同处境,可谓"一叶知秋"。

潮汕地区是全国著名的侨乡,清康熙二十三年(1684)初弛"海禁"后,就有大量民众移居海外,咸丰十年(1860)汕头开埠以后,潮汕地区又形成了海外移民高潮。海外侨胞在传统伦理道德的熏陶下,形成了强烈的"根"的意识,希望早日将千辛万苦换来的血汗钱托寄回家乡,恪尽赡养亲人的义务,侨批便应运而生,并形成了侨批业,面向世界的汕头成为潮汕、梅州以至漳南(现漳州市的漳浦、云霄、诏安、东山县)一带侨批的集散中心。民国二十一年(1932),汕头的侨批局有66家,占广东全省批局总数的70%,民国二十八年(1939)汕头沦陷前,批局增至85家。

1939年6月,日寇攻占了汕头、潮州。翌年3月,扶植南京汪伪政权,企图建立"大东亚共荣圈"。1941年12月,野心勃勃的日寇突袭珍珠港,发动了太平洋战争,尔后不到半年时间,相继侵占了中国香港、马来亚、新加坡、缅甸、印尼和菲律宾。此时的日寇"财大气粗",对侨批业横加"封杀",到1941年,汕头的批局仅存30多家,且多数是裁员减薪,以至偃旗息鼓。1942年6月,日寇在中途岛战役中惨败,在8月的瓜达卡纳尔岛战役中又受重创,结果元气大伤,加上战线拉长、消耗过大,使它力不从心、难以为继。为了改变这种状况,日寇就加强对占领区的经济掠夺。此时,正"差钱"的日寇对侨批业便另眼看待,诚如"侨务委员会驻汕办事处"王"主任"所言:"侨民在海外既属多数,其所收入金钱额量亦属至钜。……据最近3年间所查的,每次侨批汇回数字,有达至乙千贰百万元之钜。"为此,由日寇特务机关直接掌控的"侨务委员会驻汕办事处"(下简称"驻汕办事处")于1942年6月(正是日寇在中途岛战役中惨败之时)正式成立,8月(又是日寇在瓜岛战役再遭重创之时)的"侨批业座谈会"就在这样的背景下召开。然而,日寇要搜取侨批"钜款",还得依靠侨批业者四处奔波,于是,实际操控这次座谈会的特务机关的特务机关长山田及其走狗一改原来凶神恶煞的狰狞面目,变为采用怀柔手段,对侨批业者进行欺骗、拉拢,王"主任"在报告中貌似诚恳地:"希望侨批业诸君务须明瞭大局,切勿心存观望","故须极速猛省,痛改心理,明白趋向,安居乐业,谋侨批之发达,庶名利双收,此其机会也。"还假惺惺地说,请日寇特务机关长和"市长"参加,是"因办理侨务责任重要,乃代表'中央'(即:汪伪政权)处理侨政工作","并非有存如何觊觎利益之心",所以"希望侨批业同人精神团结,为三百万侨胞谋幸福。"然后,"表白":"须认识侨批为社会服务性质,不可专为取利而设","即就营利而言,亦并非绝对义务、不许收费,是为只好求之正当应得之利,按规定收费,万不可于收费之外,再有敲诈勒索的举动",且言之凿凿:"如发觉有如此行为,本处定予从严究办,决不姑宽。"山田特务机关长也披上"羊皮",一开始讲话就表示,这次座谈会"须畅所欲言,不拘礼节",冀"营造"一下"宽松"的氛围,接着,也标榜"驻汕办事处""实为谋福利侨民之机关也","即本人对于侨务问题,亦非常注意,且为重大工作",并对批局业务进行具体"指导":"惟华侨委托汇兑时,务须用敏捷方法赶速予以办理清楚,不生其他枝节。"日寇特务机关长及其走狗之所以变得如此"亲善",就因为日寇企图蒙骗侨批业者替他们的侵略罪行卖命。

这次座谈会后,日寇又暴露出它的本来面目,1942年10月以后,便制定了《侨务委员会驻汕办事处管理岭东侨批业暂行规则》,规定"各商号不得藉侨批业名义办理侨批范围以外信件或兼营其业务",违反本"规则"的,要通知地方行政官署"酌其轻重分别宽处之"。随之而来就接二连三地出台《岭东侨批业商号申请批脚(即侨批派送员)通行证暂行办法》《岭东侨批业商号登记暂行办法》《侨批业商号登记申请书》《侨批业商号担保结状》《岭东侨批业商号申请登记志愿书》《侨批业通行证申请书》《侨批业通行证许可愿》《检查侨批暂行规则》《侨批业商号领承侨批申报书、领取批信证明书》《侨批申报调查书》《查验侨批邮包收据》等系列规划、证件、表格,由此可见,日寇对侨批业是"软硬兼施",形"软"实"硬",严加监控,为它的"大东亚共荣圈"服务。

然而,日寇处心积虑布下的骗局并没有如愿以偿,潮汕侨批业的从业者以自己的勇敢和智慧,使日寇的妄想化为泡影。太平洋战争爆发后的1942年,潮帮侨批业者为了冲破日寇的重重封锁,冒着生命危险奋力开拓递送侨批到家乡的新汇路,其中和祥庄的陈植芳,经过在越南的老街、同登和芒街三地考察,发现与芒街仅一水之隔的广西边陲小镇东兴属"国统区",交通比较方便,广东省银行设有办事处,还有旅社、钱庄、找换店等,各方面条件比较好,便跟侨批业界同仁一起,开辟出绕过日寇封锁线,从陆上递送侨批的"东兴汇路",东南亚各国的10多家潮帮批局业者将那里的侨批汇集到芒街,然后转送至东兴,交给相关批局代理收汇者,派人送到"国统区"揭阳,再通过秘密通道进入沦陷区的汕头等地。当时"东兴汇路"的送批路线,其中一条是从东兴经钦州、合浦、遂溪、湛江、高州、信宜至云浮、四会、清远、从化、河源、紫金、兴宁、揭阳转入汕头;一条是从东兴经钦州、南宁,北上韶关再经兴宁、揭阳转入汕头。1942年3月间,"东兴汇路"开始打通后,每月从这条秘密通道送入潮汕地区的批款平均达1000多万越币,纾解了潮汕地区数百万侨眷燃眉之困。后来,被侵越日寇发现,四处搜捕批局业者,仅西贡、堤岸两地就有30多位批局经理被捕,遭严刑拷打,陈植芳本人也成了通缉犯。然而,日寇的残酷迫害并吓不倒批局的从业人员,他们仍肩负着海外侨胞和家乡侨眷的重托,翻山越岭,甚至组织武装护批队沿途保护,冒着生命危险,在"东兴汇路"上送批,一直坚持到日本投降后的1946年初。由于很多侨批从秘密通道递送,使日寇搜取大量批款的企图不能得逞,汕头在沦陷前的1938年,批局接收的侨批,平均每月1.79万余封,到"侨务委员会驻汕办事处"召集侨批业座谈会以后的1943年,汕头批局接收的侨批量,全年仅1.4万余封,月均接收侨批的数量,仅为1938年月均数量的6.5%,这就表明,大量侨批已被潮帮侨批局开辟的秘密通道"分流"了。由此可见,日寇对侨批态度的前后不同,与日寇在太平洋战争处境的变化互相吻合。

综上所述,可以作出这样的初步结论:侨批档案是华侨华人社会"百科全书",里面囊括了家事、国事、天下事,从中不仅可以了解到海外侨胞家庭的家情、故里的乡情和祖居国、侨居国的国情,而且能够解读出世界风云变幻的世情,成为研究国际移民史、战争史和国际关系史、交通史等不可或缺的文献资料。

(《侨批文化》2011年6月第十四期)

百尺竿头　更进一步

2010年2月，包括潮汕侨批在内的"侨批档案"，经"中国档案文献遗产工程"国家咨询委员会的审定，成功入选《中国档案文献遗产名录》。为此而不计名利、埋头苦干的潮汕历史文化研究中心戒骄戒躁、再接再厉，按照广东档案局（馆）的部署，正朝着"广东侨批"申报世界记忆遗产的更高目标继续前进。

世界记忆遗产，又称世界记忆工程或世界档案遗产，是联合国教科文组织于1992年启动的一个文献保护项目，其目的是对世界范围内正在逐步老化、损毁、消失的文献记录，通过国际合作与使用最佳技术手段进行抢救，从而使人类的记忆更加完整。为了力争侨批能够入选《世界记忆名录》，首先，潮汕历史文化研究中心加强田野调查，深入了解侨批的社会存量，以便进一步做好抢救、保护工作。由于侨批发轫于民间且流转于民间、经营于民间、收藏于民间，是原生态的"草根"档案，许多收藏者视手头上的侨批为自家传世之宝，舍不得转让，而研究中心也没有雄厚资金用于有偿征集。为了解决这个矛盾，研究中心自2010年初举办了第三届侨批文化研讨会之后，就开始探索一个"两全其美"的办法，即请收藏者将自己的侨批和侨批业档案做初步整理，筛选出一部分进行扫描，再将扫描件交研究中心由研究中心出资编辑、出版。这样，既保证侨批和有关档案的原件不损、不缺，依然在收藏者手中，又使研究中心进一步掌握侨批和有关档案在民间的保有情况，并为这方面的专家学者提供更为丰富的研究资料和可靠的立论依据。

这个设想一经透露,便得到海内外热心人士的热情支持。2010年5月,汕头市委退休干部吴道和主动领着研究中心工作人员前往揭东县曲溪镇诸美乡,在他祖屋的阁楼上收集到尘封多年的侨批和他祖父吴字顺当水客时使用的箩筐、篾筛、陶瓮、木秤等遗物,无偿地捐献给侨批文物馆。同年8月,研究中心工作人员前往澄海市区拜访澄海区政协社会与法制委员会副主任、汕头市存心善堂常务理事兼秘书长陈郴。他是侨眷,又是国民革命军19路军军官陈超明的后裔,因出生于"长沙会战"的战场郴州而得名。他从小喜欢集邮,其中就包括侨批,经过半个世纪的积累,已收藏侨批原件上千封。近年,陈郴得知潮汕历史文化研究中心致力于侨批征集和侨批文化的研究,被研究中心工作人员的执著精神所感动。当研究中心工作人员登门洽商侨批征集事宜时,便毫不犹豫地将整理得井井有条的逾千封侨批原件全盘托出,连借条也不用写,全部交给研究中心工作人员带回去扫描、整理、出版。在这些侨批中,有3个家族共439封侨批原件颇有研究价值,就无偿地捐献给研究中心侨批文物馆,并真诚地表示:"我觉得家藏侨批的最好归宿地,就是侨批文物馆,因为只有这样,才能让它发挥更大的作用。"他不仅如此,而且热情地协助研究中心拓宽侨批征集渠道,多次领着研究中心工作人员走访其他侨批收藏者。

在陈郴的热情帮忙下,研究中心工作人员走进了张美生的家。他也是澄海人氏,20世纪90年代初开始收集侨批,觅批的足迹遍及潮汕、广东其他地区以及福建等地,收藏的侨批以数万计。当他了解来意之后,便立即将自己收藏的不少的优质侨批原件取出来给大家观赏,并爽快地答应将部分有价值的侨批原件扫描、整理好,无偿地交付研究中心编辑、出版。张美生提供的这些侨批,从民国初期至20世纪80年代,时间跨度半个世纪以上,其中1919、1920的戳记相当清晰,还有折叠式的侨批,都是从泰国、新加坡、马来亚、印尼、越南及中国香港等寄至潮汕,故比较鲜明地体现出这个地区侨批的基本特征,可谓"潮味十足"。还有目前较少见的老挝、柬埔寨寄至潮汕的侨批和品相完好、20世纪20年代寄出的侨批与回批列号相同、互相匹配的成对侨批;印有"银已先发、原批补送"字样的侨批及批局抄单等。还有就是马来亚侨胞郑裕潮寄至潮安的320封侨批,其特点为自写批,书写工整、流畅,内容涉及面广。凡此种种,都为侨批文化研究工作者提供丰富多彩的档案资料。同时,他将两对难得的侨批与回批配套的原件赠给研究中心。

接着,研究中心工作人员前往澄海的蔡少明家。他从小酷爱集邮,是澄海集邮协会的创始人之一,后来成为国家级邮展评审员。他的《中国普票(1950—1954)》传统邮集,于1997年全国邮展上获得大镀金奖,成为潮汕地区在国家级邮展中获得的最高奖项。2003年,这一组邮集又在亚洲国际邮展荣获大镀金奖。由于侨批具有邮传的属性,因此,作为集邮爱好者的蔡先生,顺理成章地将它纳入自己的视野。2003年12月,他参加汕头市集邮协会举办的"侨批集邮研讨会"时,便萌发了编辑侨批邮集的念头,尔后开始对自己的藏品进行整理、选题、构思,然后精心编排,创造性地组成了侨批邮集,2004年参加广东省邮展获金奖和特别奖,2005年参加在泰国举办的国际邮展获大镀金奖;2005年、2006年,先后在湖南、山西举办的全国邮展上获大镀金奖。蔡少明先生还重视对侨批的研究,陆续撰写出《泰国侨批的"贴票"问题之探讨》《泰国侨批信局异局委托寄送的侨批》《不附家信的侨批》和《特殊邮资邮件"侨批总包封"》等论文。当我们走访蔡少明时,他也热情地表示,将自己收藏的侨批精品无偿地交给研究中心扫描、出版。至此,研究中心对这几位潮汕侨批收藏"大户"已有了更深入的了解。

梅州也是国内著名的侨乡,而当年的汕头是粤东以至闽南部分地区的侨批集散中心,客家侨批大都从汕头分发到梅州各地,为此研究中心的田野调查延伸至梅州,两次访问了魏金华。他是中国收藏家协会会员、广东省收藏家协会理事和梅州市收藏家协会副会长、梅州市侨批(华侨)档案馆馆长,对收藏有关侨批、侨批业的档案资料和相关文物尤为重视,先后已收藏有客家华侨在清代以后使用的护照、通行证、单据、凭条等各类证件3700多份;各种侨批原件6000封,经营和兼营侨批商号使用过的各类印板、印章实物。其中,梅州籍水客熊耿基经营侨批的档案资料,其中包括他本人的简历,为海外侨胞代带物品入关的进口报单、完税收据,货物放行单和带回批款的收据和派送给侨眷批款及相关物品的回执等,内容相当丰富,实为不可多得,所有这些将会推动水客业研究的进一步深化。还有就是经营和兼营侨批的商号印章和侨批封用的护封章、如意章、吉祥章、福星章等相关印章,共800件(套),收藏品种之多、数量之大,也令人瞩目。他也选出其中精华的部分,逐一扫描、认真整理,无偿地交给研究中心出版。值得一提的是泰国学者黎道纲和洪林伉俪。洪林女士和黎道纲先生的祖籍,分别是中国广东的揭阳、梅县,两人长期致力于泰国华侨史研究。泰国是海外潮人的主要侨居国,据统计,泰国的华侨华人有700万人左右,占泰国总人口的12%,侨批业也就相当发达,仅首都曼谷,1946年时潮帮侨批局便有117家之多。因此,泰国侨批业就成为他们的研究重点,先后撰写了《泰国华侨与银信局刍议》《简述潮汕沦陷前后与暹罗侨批业》《和平后泰国侨批与侨批业之动荡时期》和《泰国华侨史略》等著述,研究成果颇丰,并且主持举办了两次"泰国侨批座谈会"。

2010年2月,包括潮汕侨批在内的"侨批档案"成功列入中国"国家档案文献遗产名录"之后,为了深入探讨侨批的跨国属性及其世界意义,以配合侨批进一步申报"世界记忆遗产",年逾七旬的洪林女士和黎道纲先生不辞辛苦、不厌其烦,多次前往泰国国家图书馆等处,认真翻阅了尘封多年的华文报纸,以"沙里淘金"的精神,筛选出有关侨批业的历史资料。其间,洪林女士外出参加学术研讨活动时不慎摔伤,磕坏了门牙,经治疗初愈,又投入紧张的编辑、设计工作。最后,无偿地将工整的书稿交付潮汕历史文化研究中心出版。

凝聚了洪林和黎道纲伉俪心血的《泰国侨批业资料汇萃》,内容真实可靠,对了解海外侨批业状况和泰国侨批业与潮汕侨批业之间的关系,将有很大的帮助。

由于海内外热心人士的鼎力支持,密切配合,共有8册的《侨批业档案文献丛编》已付梓,将为侨批进一步申报"世界记忆遗产"提供有力的支持,对侨批文化研究的深化是有力的促进。

与此同时,研究中心抓紧采访年迈的老侨批派送员和批局从业人员,以留住珍贵的侨批记忆。澄海隆都镇是潮汕地区的著名侨乡,据2004年统计,当地的海外侨胞有12万人,等于全镇总人口的1.5倍;侨眷人口占全镇总人口的80%左右。镇里的侨批局曾多达17家,万兴昌便是其中之一。2011年5月16日、24日,研究中心有关人员前后两次前往隆都镇,走访了万兴昌批局创办人许自让的后裔、隆都镇侨联主席许守质和87岁的侨批派送员（即"批脚"）潘得勤,认真倾听他们对昔日侨批业和"批脚"生涯的追忆,并通过录音、照相,留下宝贵的口述历史资料。据他们介绍,万兴昌批局创办于 1913 年,有相当规模,拥有"批脚"等人员 40 多名,选用他们的主要条件是:首先必须诚实守信;大多是自家的近、远亲或者家里有一定资产者,因为这样比较可靠。万兴昌经营批局总部设在曼谷三聘街,泰国寄往家乡的侨批,一般由批局人员解送,通过海轮运抵汕头的批局分拣,再转送到隆都,由"批脚"派送到相关的侨眷家。每帮侨批从泰国送达隆都的侨眷手里,通常需 10 天至半个月,抗战期间改为陆路递送,需 2 月至 3 个月。万兴昌批局一个月的侨批派送量,最多达数千封。送批路线主要有:潮(安)、澄(海)、饶(平)和潮(阳)、普(宁)、揭(阳),还有大埔、丰顺、梅县等。潘得勤兄弟 3 人和祖父、父亲三代都是"批脚"。他这一代每天要去 20 至 30 个自然村送批,再掉头收回批,行程上百华里,最远的要步行数百里到梅县松口,往返需 1 星期。在货币贬值的时候,批款是装在两个大口袋里挑着走。如此辛苦,一天的报酬仅两斤大米,外加几角钱的过渡费。批局还规定,送批的不能替侨眷写回批,主要为了避嫌,防止"批脚"在回批上做手脚。

有学者分析,潮汕批局多为他业兼营的原因是批局利益微薄,若单纯开展侨批业务,难得支付必需的消费。许守质根据隆都的实际情况,认为还有一个原因,就是旅泰的侨胞当年在"山巴"（即曼谷以外的地方）大多经营"巴货"（即当地农村的土特产品）,拥有很多熟客,在长期的交易中建立起互信的关系。这些经营"巴货"的店主兼营起侨批业务,熟客便纷纷走上门来,因为将批信和批款交给他们更放心。许守质还说,从泰国寄家乡的批款,很多是为了赡养自己的亲人,至于海外侨胞送回家乡兴办公益事业的款项,是由故里乡亲去泰国募集,再由他们亲自带回隆都,一般没通过批局。这两次走访受益匪浅,深深体会到:走访本身,就是对人类记忆遗产的抢救。通过跟年事已高的"老侨批"零距离接触所获得的口述历史资料,不仅可以印证书面历史资料的准确性,而且能够对书面历史资料作必要的补充,甚至填补其空白、修正其谬误,使世界记忆遗产的申报材料更加符合真实性的要求。所以,研究中心有关人员准备抓紧时间三下隆都,再访几位年近九旬的批局从业人员和对隆都十几家侨批局遗址进行踏勘。

此外,研究中心在广东省档案局(馆)和汕头市档案局(馆)的支持下,加挂了"潮汕侨批档案馆"的牌子,依托专业的优势,加强对侨批原件的保护。有效地使用国家档案局(馆)下拨的扶助资金,修复了破损的3692封侨批原件,并将市档案局(馆)提供的档案文献编印为《潮汕侨批业档案选编》,填补了侨批业研究资料的空白,深受海内外专家学者的赞赏。进一步充实侨批文物馆"潮汕侨批文化图片展"的内容,展示图片从200余幅增加至460幅。存放侨批原件的特藏室面积从10多平方米扩大到30平方米,收藏的各种侨批共计近12万封。加强防火、防潮、防虫措施。在汕头大学图书馆的帮助下,正在建立侨批文物馆馆藏侨批数据库。并且通过发函,动员海内外专家学者探讨侨批档案的世界意义。

现在,广东侨批申报世界记忆遗产的目标已经非常明确,关键是有关各方能够顾全大局、精诚团结,脚踏实地、埋头苦干。潮汕历史文化研究中心决心在广东省档案局(馆)的带领下,为实现既定目标努力奋斗!

(《侨批文化》2011年6月第十四期)

弘扬侨批诚信精神
建设和谐幸福侨乡

作为潮汕侨乡文化重要组成部分的侨批文化,是海内外潮人在长期实践中所创造的宝贵精神财富,其中的决定性要素便是"诚信"。

侨批包括海外侨胞寄回家乡的批信、批款和家乡眷属寄给海外亲人的回批,可谓是跨国的"两地书"。难能可贵的诚信精神,在侨批的整个运作过程得到充分的体现。

作为寄批者的海外侨胞,昔日"过番"谋生,尽管海外生存环境和劳动条件恶劣,但都牢记着出洋前家乡亲人的"钱银知寄人知返,勿忘父母及妻房"的临行嘱咐,踏上异国他乡的土地以后,便拼命打工赚钱,然后将省吃俭用积下的一点收入尽快寄回家乡养家糊口,践行自己离家时对家人的承诺。潮安县东凤镇二房后厝陈宏烈的4个儿子集允、集亮、集祥和集轩先后出洋旅居新加坡后,便不断地寄侨批回家乡,在已收集到的500多封侨批中,最早是1912年3月,最晚是1958年10月,前后时间跨度为46年。开始可能正在谋求生路的过程中,因此,寄回家乡的侨批断断续续,到了1927年以后,几乎每月都有侨批寄回家乡。以1930年集允、集亮和集祥三兄弟(当时集轩尚未出洋)寄回的侨批为例,从元月1日起至12月25日止,每月都有批款寄给他们的母亲。从寄回的批款数额看,兄弟之间并不计较谁寄少了,都尽力而为。大兄集允先到新加坡,经济状况相对较好,就寄得多一些,每月多稳定在20元,有时是40元;集亮开始比较艰难,一个月只寄2元,后因"有事业",一个月寄到30元,1931年元月多达70元,集允于1938年返家乡后,集亮和集祥仍继续寄批回家;小弟集轩赴新加坡后,也加入寄批"行列",直至1958年仍寄批给他嫂嫂和侄儿,每月寄的批款为港币60元到75元。根据已收藏的陈家侨批统计,1945年6月至1958年10月间,集轩寄给家乡母亲、侄女、侄男的侨批就有38封之多。陈集允兄弟在履行赡养家人义务上,可谓"恪尽职守"。旅居马来西亚的侨胞陈克绍,因那里"行情冷淡,生意取利甚难"并无厚利可得,故不能多寄批款回家,为此而深感内疚,便在给双亲大人的批信中特别表示:"如有(厚利)自当奉上,祈勿挂念。"新加坡侨胞陈应传在外谋生十分艰难,"奔波十余载,尚赤手空拳,未得酬愿",因不能多寄批款回家乡给母亲买新谷而深深自责,在信中写道:"非传不知家中之痛苦,奈命生如此,惟有昂首向天叹息而已。"感到对不起她老人家。澄海外砂侨眷沈树然的伯父沈桃仁,早年和树然父亲一起远渡重洋,到泰国曼谷谋生。后因树然的父亲英年早逝,树然的母亲便采纳沈桃仁的建议于1935年春返回家乡。行前,沈桃仁许诺,日后树然家的生活费用由他承担,树然母子不必为此操心。树然的母亲返回家乡后的数十年时间里,沈桃仁寄来的侨批(包括批信、批款)从未间断,在20世纪60年代还托友人给就读的侄女、侄儿送来"犀飞利"钢笔,还捎来食品、鱼肝油丸,给他们增加营养,毫不含糊地履行自己的承诺,可谓"言必信,行必果"。有时由于批局疏忽,树然家没有收到侨批,伯父得知后就及时补寄,并在批信中写道:"伯一夕(息)尚存,批决无中断之理耳。"仅举几例,便可深深感受到海外侨胞对家庭、亲人高度负责的诚信精神。许多侨胞在海外所得微薄,生活拮据,而家乡亲人则苦等他们寄来批款度日。在这种情况下,不少侨批局采取特殊措施,先为他们垫付批款,以便及时接济家乡亲人,待收到他们眷属的回批后再凭此收回垫付的款项。据原泰国银信公会秘书长张明汕回忆,这些侨胞尽管贫苦,然而很讲诚信,"我从来不曾遇到会拒还批款的人"。在此仅举一例:泰国有位经常由批局先垫付批款寄回家乡的侨胞,当他收到家人的回批时,已病入医院,尚未归还批局代为垫付的批款,临终前仍念念不忘,特地取出家乡亲人寄来的回批,嘱咐身边的人一定要替他将所欠的批款归还批局。这位侨胞去世以后,家人便按他的遗嘱,前往批局落实此事。

作为收批者的海外侨胞的眷属,同样以诚相待。1946年,旅泰的侨胞余秋龙在寄给隆都大贡巷的儿子余锦标的批信中,对所寄的2.5万元国币作出一个非常具体的"分配方案":"内抹交尔祖母一千元,尔大伯一千元,尔老姆八百元,尔老婶八百元,你二姆八百元,其余以作家用。"而隆都居美后陈乡的旅泰乡亲们得知本乡里的福德爷偕夫人要出游,便寄回144元用于"购礼物以酬神恩",也在批信里列出详细的"采购清单",交代乡里"购猪首一面约二三十斤左右,在吉(桔)三四十斤,串炮、斋菜、神锭、丝䌷约三五元",再"购糖方一声,彩些花面亦有可观,祈切照行料理为荷",并嘱咐酬神后这些礼品"照各份子均分",还列出均分的名单:"春和十份,正才十份,玉记十份,集安十份,玉典十份……"家乡的亲人和乡亲都严格按照海外侨胞的吩咐处理,没有私分、多占,更没有隐瞒、独吞。

承担送批重任的侨批局,同样恪守"人无信不立,业无信不兴"的信条,视诚信为立业之本。清道光十五年(1835)创办于新加坡的致成批局,为了保证海外侨胞托寄的侨批万无一失,建立了一套严格的收发制度,由批局准备统一规格的批封和回执,并印制有关表格,由寄批人一一填明收批人姓名、地址、批款数额和寄批人的姓名、地址。寄批人交付托寄的批款后,由批局人员将表格中所填写的内容,抄到账簿上并编号,逐日移交给司柜汇入总账,最后由经理逐件查核,在批封背面盖上批局印章,再复制一份表格,交有关人员带回设在澄海东湖的分号致成批馆,由侨批派送员按上面的收批人姓名、地址送到侨胞的眷属家里。海外的批局,每次不论来批多少,都得当晚办理清楚,虽通宵达旦,也得悉力以赴,因为"盖明天一早,必须赶赴各处舟车第一帮,否则市面谣言兴起,谓某批局本帮来批不能出门,必是倒闭",败坏了批局的信誉。许多侨批派送员尽管生活拮据,依然坚守住诚信的"底线"。澄海隆都镇的潘得敖、潘得勤兄弟,跟祖父、父亲一样,都是侨批派送员,每天要走近百里路,最多时得投送上百封侨批,而每人得到的酬劳仅有两斤大米外加几角钱的过渡费,但家贫不失信,依然坚守住道德的底线,他们一家从来没有侵吞过海外侨胞寄回的批款或丢失他们的侨批。

抗日战争时期,潮汕的侨批局更显诚信本色。1939年6月,日寇侵占汕头以后,由于内外交通阻断,潮汕侨批处在停顿状态。1941年12月,太平洋战争爆发,香港和南洋群岛相继沦陷,海外侨胞寄回家乡的侨批完全中断。在这种情况下,批局关门停业无可非议,然而,批局的从业人员目睹依靠批款过活的海外侨胞眷属濒临绝境,便不顾艰难险阻,冒着生命危险去开辟递送侨批的新汇路,千方百计地将侨批送到海外侨胞的眷属手中。时为和祥庄代理的陈植芳,从定居的越南海防出发,先后到老街、同登和芒街等地了解情况,经过仔细比较,最后认定芒街的条件最好,那里与广西的边陲小镇东兴隔(北仑)河相望,相距不过100多米,而东兴交通比较方便,商业也较发达,广东省银行在那里设有办事处,还有邮局、旅店、钱庄、找换店等。他在东兴试汇两笔批款回潮汕,结果都能顺利送达,便动员同行业者前往实地考察,结果一致认为可行,便有10多家批局在东兴设点经营侨批业务,派出人员捎上批信、批款经钦州、韶关、合浦、遂溪、高州、河源、紫金、揭阳(非沦陷区)等地转入汕头,再分发给海外侨胞的眷属,由于路途跋涉且有危险,走完全程需1个多月时间,有时得3个月左右。"东兴汇路"开通之后,1个月从东兴寄回潮汕的批款,值当时的越币1000多万元,使在贫困中挣扎的侨眷生活得以复苏。另有汕头陈协盛批局司理陈传治,潮汕沦陷后,他家乡潮安凤凰镇万余侨眷的生活因侨批中断而苦不堪言。当他得知梅县与香港之间的电讯还能畅通,便决定前去了解详情,想方设法开辟新汇路。尽管他当时大病初愈,仍然约了两位好友,步行120多里到大埔高陂,再乘船至梅县松口,又不顾脚底磨破、旅途劳顿,马不停蹄地赶到梅县县城,通过电报跟香港信诚行联系,请他们转告在越南、泰国的批局尽快收揽侨批寄回家乡接济侨眷。经过多次的电报往来,双方商定了恢复递送侨批的新汇路,陈传治为此在梅县整整停留了1个月时间。至今,海外侨胞和他们的眷属一提起侨批局的这些往事,感激之情仍溢于言表。

总之,诚信无价,是构建和谐社会不可或缺的"无形资产"。有位学者说得好,人或许可以没有信仰,但不可没有信用,没有信仰的人是凡俗的,而不讲信用的人则是丑陋的。因此,诚信的缺失是最可怕的缺失,假如不讲信用,卑鄙成了卑鄙者的通行证,整个经济社会活动就会一片混乱,其后果不堪设想,海内外都有过这样的惨痛教训。相比之下,侨批文化中的诚信精神就显得更加可贵。当前,中央强调构建社会主义和谐社会,有赖于全民族思想道德素质的提高和良好道德风尚的形成。而诚信是形成良好道德风尚的重要因素,构建和谐繁荣的新侨乡亦然。因此,我们更应该珍惜"诚信"这份侨批文化的"无形资产",让它不断地"增值",成为建设新侨乡的强大精神力量。

(《华侨与华人》2011年第一期)

坚定地向申报"世遗"目标挺进

——"侨批档案"宣传推介会述评

经广东省人民政府批准、由省档案局主办的"侨批档案宣传推介会",于2011年12月8日在广州隆重举行,从而吹响了"侨批档案"向争取列入《世界记忆亚太地区名录》目标冲刺的进军号。

此次是由广东、福建联袂,以"侨批档案"名义申报《世界记忆亚太地区名录》的。在海外的3000多万华侨华人中,近2/3祖籍广东。目前收集到的17万封"侨批档案"中,约16万封来自广东。而广东的侨批档案,主要由潮汕、梅州侨批和五邑银信构成,其中潮汕侨批有12万封。来自中国北京、广东、福建、西藏、广西、香港和海外泰国、澳大利亚等地的有关领导、专家学者50多人参加了此次会议。世界记忆亚太地区委员会主席、世界记忆咨询委员会(即名录评审委员会)委员埃德蒙森,世界记忆项目亚太地区委员会名录评审委员会主席、世界记忆咨询委员会委员如加亚和世界记忆项目亚太地区委员会特别顾问、世界记忆咨询委员会原委员朱福强的莅会,特别引人注目。他们在会上分别介绍了世界记忆项目的历史、世界记忆亚太地区名录材料撰写的技巧,并作专题小结。在专题小结中明确指出,侨批所涉及的是一个成千上万的人群,他们作为国际移民,承载着东西方的交流并持续了数个世纪,留下了丰富的档案,这些文件不仅仅属于他们自己,也属于一个时代,属于世界。侨批档案的价值不仅仅在档案本身,还有其背后的早期移民活动和金融、交通、邮政、中西文化交流等深厚内涵。别的国家也有移民,但是像广东移民这样的人口规模之巨、迁徙地域面积之大,在世界上独具一格。因此,侨批的意义实际上超越了亚太地区,具有全球意义。

埃德蒙森、如加亚和朱福强先生的讲演,使与会者深受鼓舞,对"侨批档案"的文献价值和世界意义进行了重点的探讨。大家认为,"侨批档案"的民间特色尤为鲜明,它发轫于民间,是近代中国沿海民众出洋谋生之后,迫切希望将自己的劳动所得托寄回家乡,恪尽赡养家中亲人的义务,在当时金融邮政机构尚未建立或极不完善的情况下,侨批这种理想的递送方式便应运而生,并在民间流传。侨批不仅源于民间,而且经营于民间,早期是由个体的水客递送,后来沿海民众出洋的人数激增,仅清代乾隆四十七年(1782)至同治七年(1868),潮汕地区出洋谋生者累计达150万人之多,侨批业务量随之不断增大,便由民间设立的侨批局承担。正因为如此,绝大多数的侨批是收藏于民间。由于民间特色鲜明,因而侨批的文献价值更不一般,有专家这样评价:"当今传统文史学科的研究有一个共同的趋向,就是研究重点下移,学者们越来越注重对社会基层的研究。这一趋向发展的结果,将彻底改变过去研究领域囿于上层社会的局限,为我们展现一个全新而生动鲜活的社会历史。侨批及其发掘和整理,将为中国学术界的这次巨大转变提供有力的支撑。"

同时,"侨批档案"的内容翔实丰富,原原本本地反映出大至国家、国际,小到社会"细胞"——海内外众多家庭的具体状况,从中可以解读出海外侨胞和家乡亲人家庭的家情、海外侨胞家乡的乡情、海外侨胞侨居国和祖居国的国情、国际风云变幻的世情,而且能够感受到海外侨胞与家乡眷属的亲情,可谓海内外华侨华人社会"百科全书"。"侨批档案"的系统、完整性相当强,它始于19世纪上半叶下至20世纪80年代,经历了清代、民国、中华人民共和国三个时期,在时间上与历东晋至北宋间的"敦煌文书",历宋、元、明、清的"徽州文书"形成自然的链接。"侨批档案"不仅在时间上、而且在空间上的系统完整性也很强,以潮汕侨批为例,从海外的寄批地看,有侨胞的居住地泰国、马来亚(今马来西亚)、新加坡、越南、柬埔寨、印度尼西亚等国及中国香港地区。从国内的收批地看,几乎涵盖了潮汕侨乡的县和乡镇,其中包括汕头、潮安、澄海、饶平、潮阳、揭阳、普宁和大埔、丰顺等地。寄批地址和收批地址长期不变,极少发生变动。这种时间、空间系统完整性的特征,在侨胞祖居地的家庭所保存的侨批中也有所体现,潮安县东凤镇、二房后厝的陈宏烈家,他的4个儿子集允、集亮、集祥、集轩先后出洋侨居新加坡,从此,他们的侨批便不断地寄回家乡,现收集到的是民国元年(1912)至1958年的侨批566封,46年中从没有间断过,在时空上自成体系。如此系统完整的侨批,是研究社会史、邮政史、金融史不可多得的宝贵文献资料。

与会者还认为,堪与徽州契约媲美的侨批更有一个独特之处,那就是它的跨国属性。如上所述,侨批产生海外移民,因此,它是诞生于跨国的特殊环境之中,成为海外侨胞与家乡亲人的"两地书"。侨批业则是在跨国的渠道中运作。早期的水客往来海外、国内之间递送,其运作流程大致为:

海外 ⇌ 家乡
（带着侨胞托寄的侨批、物件,领着侨胞后裔回家乡寻根认祖 / 带着侨眷的回批和领着侨眷出去寻找亲人,谋求生路）

后来,由侨批局承揽侨批业务,也是在跨国的渠道中双向运作,其流程大致是:

海外侨胞 ⇌ 海外批局 ⇌ 家乡邮政局 ⇌ 甲种批局(与海外批局有业务关系) ⇌ 乙种批局(专门投递侨批) ⇌ 侨批派送员(俗称批脚) ⇌ 侨眷回批

据1946年饶宗颐教授总纂的《潮州志》统计,设在南洋(即东南亚)诸国由潮人创办的潮帮侨批局多达451家,设在潮籍侨胞祖居地潮汕一带的侨批局也有131家。

海外侨胞与家乡亲人的信息,也是在跨国的网络里双向交流,其中有海外侨胞向家乡亲人倾诉自己在异国他乡谋生的境况,如侨胞陈应传在批信中写道:在外"奔波十余载,尚赤手空拳,未得酬愿",本应多寄批款回乡让母亲购买新谷,无奈力与心违,表示此"非传不知家中之痛苦,奈命生如此,惟有昂首向天叹息而已"。有侨胞远隔重洋对在家乡的子女进行"远程教育",希望他们应懂得"学无止境","今后要迎头赶上,勿落人之后","切要谨慎从事,不可在外放荡,以免养成不良习惯"。家乡眷属寄给海外亲人的回批,则通报侨胞故里的情况,请他们在外放心,自己平平安安,争取早日能返回家乡与亲人团聚等等。从而论证了侨批的跨国属性是它的"天生丽质",即固有的本质特征,因此,其文献价值已超越了国界,成为研究海外移民史、海外交通史、国际关系史等跨国学科的重要依据。

12月9日至11日,埃德蒙森主席、如加亚主席和朱福强顾问一行先后到汕头市和江门市进行实地考察。在汕头期间,他们考察了潮汕历史文化研究中心的侨批文物馆。这是目前国内唯一的以侨批为主题的文物馆,馆藏各类侨批12万封。在参观过程中,埃德蒙森主席等认真地观看了侨批原件,仔细地了解侨批封上的收批地址、收批人姓名、寄批人的姓名和地址等构成要素,对已确认为清光绪年间的侨批原件特别关注。在侨批珍藏室考察时,当他们了解到研究中心不厌其烦地对收藏的侨批进行精心的整理、分类和消毒,并采取防火、防湿、防虫等有效的保护措施后,连连点头表示满意。对研究中心编辑的125册左右的《潮汕侨批集成》已出版了72册表示赞赏。随后,他们前往著名侨乡澄海区隆都镇的陈慈黉故居参观。翌日,埃德蒙森、如加亚、朱福强一行前往江门市,到开平碉楼和五邑华侨华人博物馆等地继续考察。

"侨批档案宣传推介会"的隆重举行和圆满结束,既让世界记忆项目的有关专家对"侨批档案"这一宝贵文化遗产有了进一步的了解,又大大增强了我们申报"世遗"的信心,更加坚定地向争取"侨批档案"列入《世界记忆亚太地区名录》目标挺进!

(《侨批文化》2012年3月第十五、十六期)

试论侨批的民间属性与文献价值

——以潮汕侨批为例

作为原生态"草根"档案文献的侨批档案已成功列入《世界记忆亚太地区名录》,但仍然是需要进一步做深度"开发"的文化"富矿"。而准确地把握侨批的基本属性,就能更加深刻地理解它的历史作用和文献价值。在侨批的诸多属性中,除了突出的跨国性,就是鲜明的民间性。根据对潮汕侨批的初步分析,可知其民间属性主要体现在如下几方面。

发轫于民间

潮汕侨批发轫于民间,即源于海外移民。潮汕地区很早就是一个人口大州府,人多地少的矛盾甚是尖锐,土地不堪重负。远的不说,到了宋代,这里的人口急剧增长,北宋时已有 7.4682 万户,每平方公里平均 4.5 户,在全省 23 个州军中列第 5 位,比唐代每平方公里的平均户数增加 22 倍。到了南宋,潮州总户数已达 13.5998 万户。明洪武元年(1368)改潮州路为潮州府,初辖海阳、潮阳、揭阳、程乡(今梅县),后又陆续增置饶平、惠来、大埔、澄海、平远、普宁、镇平(今蕉岭)共 11 县。明天顺初年至嘉靖、隆庆年间,潮州府人户已有 495 里(以每里 110 户计,共 5 万 4 千余户),仅次于广州府(1249 里),在广东省内各府中居第 2 位;而海阳县的人户为 300 里,仅次于南海县(351 里),在广东省内各县居第 2 位。到了元代,每平方公里平均27人,在全省23个路州军司中列第3位。至万历年间达10万余户、54万余人。另据清嘉庆二十五年(1820)统计,当时潮州府的人口为218万多人,每平方公里平均161.45人,仅次于广州府(每平方公里平均306.84人),在广东省各府中仍居第2位。到宣统二年(1910),这里的人口已达到64.5万户、540万人,约占广东总人口的1/6,人口增长速度大大高于耕地增长速度,由此可见潮汕地区人口的稠密。而这里的山地、丘陵占总面积的一半以上,因人口集中在占总面积30%左右的平原,尽管"山之坡、路之旁、江之洲、水之滩、田之沟、墓之隙"都被充分利用,并且精耕细作,但仍解决不了耕地有限与人口剧增的矛盾,故有"地狭人众,纵有大年,不足三月粮"之说。

　　自然灾害常有发生,对人口密集、土地不堪重负的潮汕地区无疑是"雪上加霜"。潮汕地区虽是自然环境优越,但这里是明显的季风区,每年在西太平洋和南海生成的台风,对滨海各县威胁很大。据史载,自清道光二十年(1840)至光绪三十年(1904)的60多年间,发生的大风灾就达22次。如同治二年(1863)八月初四、初五,潮汕沿海各县"风雨大作,波横水立,沿海沉舟百余艘,死千余人"。同治三年(1864)七月十一日午后,揭阳、饶平、普宁又是"风雨大作,普宁瓦飞树折,山崩石坠。八月初二和十五晚,再发生两次飓风"。光绪元年(1875)四月二十八日夜,海阳"大风拔木",潮州府城"甲第巷一酱园有满大缸梅酱,重三百余斤,竟被风吹得不知去向"。光绪三十年九月三十日晨,潮汕沿海再遭台风袭击,"风雨交加,至夜风势更烈,海潮暴涨,平地水深数尺,汕头道署前倒屋数间,太古、怡和、招商局码头被破坏,外砂有数千家低洼地房屋,百分之七十受损,潮阳贵屿、和平一片汪洋,揭阳南门水高丈余,惠来沿海村落受灾尤重。"尔后的民国十一年(1922)六月初十下午3时,飓风初起,9时风力增至12级以上,毁屋无数,死亡人数高达3.45万。

　　潮汕一带集水面积100平方公里以上的河流31条,集水面积超过1000平方公里的河流有5条。由于上游水土流失严重,河床泥沙淤积,有的河段沿江园田低于河床,每年4月至9月上游骤降暴雨、大暴雨时山洪下溢,造成下游严重水灾。自清道光二十一年(1841)至宣统三年(1911)的70年间发生的大水灾,有记录的就达30多次。如咸丰二年

(1852)："海阳潘刘堤决,桃山、地美等乡悉成泽国,民皆楼居,无楼者栖屋上,以小舟往来,加上苦雨连旬,号泣之声遍野。"同治十年(1871)六月初三,海阳"大雨如注,水骤涨,意溪、东津、龙湖、阁州横砂、秋溪诸堤皆溃",潮州府城的"广济桥东石墩有一被水冲坏"。宣统三年(1911)七月初十,海阳、澄海、饶平江水暴涨,"泛滥三县,下游田园庐舍多至没顶",水势汹涌为数十年所仅见。潮汕又处于环太平洋地震带内,地壳运动较为强烈,震灾也时有发生,并有"地震山崩""地大震,声若沉雷"等记录。此外,还有旱灾、冰雹、虫灾等灾害,加上宋末元初战火弥漫、江山易代,加上苛捐杂税,更是苦不堪言,基于以上原因,很多民众只得背井离乡外出求生。历代下南洋的潮汕侨胞尽管漂泊海外、远离亲人,但依然遵循着中华民族的传统伦理道德,形成了强烈的"根"的意识,不论是当苦力还是下矿井,都任劳任怨、克勤克俭,迫切希望将得来不易的血汗钱托寄回家乡,恪守赡养长辈、妻儿的义务,于是,这种连带家书或简单附言的特殊汇款方式,即"银信合一"的寄汇——侨批,便在民间应运而生。

流转于民间

潮汕侨批流转于民间。纵观已征集到的12万封侨批,都是在百姓这个层面流转,其中绝大多数是家庭以至家族里亲人间的往来,仅对张美生收藏的496封侨批(以下见《潮汕侨批档案选编》[二]上册,并仅标书中页码)进行具体分析,便清楚地看到这一点。咦叻侨胞郑芳心寄给潮安鲲江村祠堂头"慈亲大人"的侨批(页1),两人是母子关系;1957年3月13日,泰国侨胞郑秋圃寄给潮安鲲江乡郑宅慈亲的侨批,实际是海外的母亲寄给在家乡的儿子的(页275)。马来亚侨胞郑芳权寄给潮安鲲江乡"家嫂嫂"收的,两者是叔嫂关系,其中最早有明确时间的一封是"丙年十一月十二日",约民国二十五年(1936),最晚的一封的时间为1971年1月20日(页8、页54),历时35年。1979年2月17日泰国侨胞陈思念寄给潮安鲲江乡祠堂头慨祖巷郑裕潮之母的侨批,侨批是写给他妹妹吟霞的(页71),表明两者是兄妹关系。1983年7月31日,侨胞杨秀妹寄给潮安鲲江乡祖祠巷林裕潮之母收的侨批,实际是写给她"细姑娘"的(见批信)

(页75),表明两者是姑嫂关系。1962年6月17日马来亚侨胞郑裕潮寄给潮安鲲江乡祠堂慨祖巷家慈亲大人收的侨批,实际是他妻子给他母亲的(见批信)(页149),表明两者是婆媳关系。1955年11月2日,泰国侨胞王俊亮寄给潮安鲲江乡慨祖巷郑府姨母大人收的侨批(页262),表明两者是姨甥关系。民国卅六年(1947)五月十二日泰国侨胞陈有坤寄给潮安鲲江乡慨祖巷郑有存表兄(见批封)、表嫂(见批信)的侨批(页263),表明两者是表亲的关系。1968年10月9日泰国侨胞妙娟寄潮安崑岗村"郑万睦吾兄"收的侨批(页280),批信里署名则是"万欣、妙娟合寄",两者明显就是兄弟和弟媳的关系。1967年元月二十三日侨胞郑万欣寄给潮安鲲江乡大宗祠堂头"郑万睦吾兄"收的侨批(页287),批信里则写"大姆母大人慈鉴"、"侄万欣顿首",表明两者是伯(母)侄(儿)关系。民国卅六年(1947)三月六日的马来亚侨胞张祥粉寄给潮安鲲江乡下张上厝"慈亲大人"收的侨批(页342),表明两者是母女关系。庚年(1940)元月十九日侨胞洪德泉寄给"岳父母大人"收的侨批(页373),批信里落款明确写着"愚婿谨上",两者关系便一目了然。丁年(1947?)七月二十日叻坡(新加坡)侨胞陈赵文寄给潮安礼阳乡李厝"李鸿禧先生"收的侨批(页374),批信里是写给"赵吟胞姐"的,落款也明确写着"弟陈赵文寄",是姐弟关系。民国卅柒年(1948)柒月初贰唉叻侨胞李鸿禧寄给潮安南桂区礼阳村"李楞枝吾儿收",批信内落款为"父李鸿禧字"(页378),两者无疑就是父子关系。在张美生收藏的496封侨批中,子女寄给父母的最多,达366封。不少是在海外艰辛谋生的丈夫寄给在家乡操持家务的妻子,丁亥(1947)玖月初贰唉叻侨胞李鸿禧寄给潮安南桂区礼阳村"李宅陈氏荆妻玉启"的侨批(页376),两者便是夫妻关系。漂泊海外寄给家乡妻子的侨批,又有多种方式,一是如上述,丈夫直接寄给妻子收。二是批封写的是寄给长辈或自己的儿子收,而批尾是直接写给妻子的,如李鸿禧寄回家乡的侨批批封,写的是交"李楞枝吾儿收展",而批信开头写的是"陈氏荆妻如面",里面的内容是寄回家国币的"分配方案"和儿子的婚事。三是丈夫将写给妻子的批信作为写给父母批信的"附件"寄回家乡,按《潮汕侨批档案选编》(一)上册统计,上述泰国侨胞曾哲坤寄给母亲的侨批有123封,其中将给妻子的批信附在后面的有15封左右(页

74）。一般情况下,出洋谋生的大多是男子汉,但也有妻子外出丈夫在家的,但为数极少,《潮汕侨批萃编》第一辑中,就发现仅有一封侨批是海外的妻子寄给在家乡的丈夫,特抄录一段:"夫君镜鉴,久未修书,怀念殊深!遥想起居纳福玉体康健为慰。兹启者,妾自与君分别来叻之后,家中诸务全赖吾夫鼎力维持及儿女辈尽为之培养,则妾之幸也。至于妾时南来,实皆出于不得已耳,望夫海涵为是。……另者所云,二儿子婚姻一事,但他年纪尚轻,切嘱其立志求学。"(《潮汕侨批萃编》第一辑,页237)仅从《潮汕侨批档案选编》(二)上册的近500封侨批中,就能找出父子、母子、夫妻、兄弟、兄妹、姐弟、叔嫂、姑嫂、翁婿、婆媳、伯侄、姨甥和各种表亲等关系,说明侨批的确是在民间的群体中流转,而且大多是在侨胞的亲属之中往来。

经营于民间

潮汕侨批不仅源于民间、流转于民间,而且经营于民间。在东南亚各国的金融邮政机构尚未建立或极不完善之时,最早是由经常往来于海内外,专为侨胞、侨眷带送侨批、物品和回批的水客递送。17世纪初,就有水客往来于南洋,他们的主要业务范围是:深入到海外的矿山、农场、种植园以至侨胞的住所,去收取侨批带回潮汕地区,亲自将批款和批信交给相关的侨眷;带着"新客"(初出洋者)前往海外寻夫、寻父、寻亲友、谋求职业,或领着海外出生的侨胞后裔回家乡寻根问祖认亲;替侨胞、侨眷捎带物品,或为商店、自己捎带货物。他们在海外停留期间,所租住的居所作为落脚点称为"行馆"或"批馆"。水客一般是凭个人的信用经营业务,有父传子或是兄传弟等;有些水客在国外还找商号作担保,使业务更容易开展。他们有定期、不定期的,有的一年出海数次,有的一年仅出海一次,也有的是以季节为期,凡是春节、端午节、中秋节前从海外回来的水客叫"走大帮",因为他们捎回来的钱物较多,其他时间回来的叫"走小帮"。水客从海外携带侨批交付的办法基本有如下两种,一是将原信、原款直接交给他们的眷属收用;一是跟托寄的侨胞讲明,原银由水客购买货物回家乡发卖后,按照原银的数额交付给他们的眷属。水客经营业务的报酬,一般是按批款额的 3%—5% 或 10% 向托寄的侨胞收取;有的不收取手续费,而是从侨汇差额中获取利润。至道光二十九年(1849),仅新加坡就有潮籍水客 200 人左右。

由于许多水客还热情地提供代写书信、代传口信、代带物品、通报亲人的情况等服务,深受海外侨胞及其在家乡的眷属的欢迎,把他们当成是自己的贴心人。清康熙二十三年(1684)宣布解除海禁以后,潮(汕)梅(州)地区先民出洋谋生者骤增,大都从澄海樟林港乘红头船前往南洋。据统计,至清咸丰八年(1858)止,仅旅居泰国的潮籍侨胞就有 150 万人,其中 60% 是从樟林港乘红头船去的,樟林的水客业因此而相当兴旺。这里的水客多数是在南洋居住过一段时间,对当地的情况比较熟悉,而且有一定的社会基础,因此,凡是要到南洋寻亲、访友、谋生的人,都由他们代办入境手续,俗称"做客",然后按船期通知大家到樟林集中,并安排好住宿,再乘红头船出发,抵达目的地后又负责通知他们的亲人来接客,有的还帮助"新客"寻找工作。返程则为海外侨胞带回侨批。为了保证侨批能安全地送到侨胞的眷属手里,不少水客还专门学点武艺,外出时带上一把大雨伞,以防歹徒抢劫。清同治九年(1870),旅居泰国多年的潮阳籍乡民李阿梅开始做水客,每年数次往返于泰国与汕头之间,每次从泰国带回的侨批款合白银 2000 余两,相当于当时的 2000 担稻谷。19 世纪至 20 世纪初是水客业最盛的时期,仅汕头的水客就达 800 人,另外香港也有 200 人,20 世纪 30 年代还成立有"南洋水客联合会"。

19 世纪 30 年代以后,海内外潮帮侨批局迅速发展,成为侨批业的主力军。

随着潮汕地区出洋人数的增加,水客承接业务的能力已经不能适应新的需求,较有积蓄的侨胞或托寄大宗款项的侨户便改为派出专人携带回家乡,同时递送亲友集中托寄的大宗批款。这些专营侨批递送的户头,便是侨批局的雏形。侨批局是一种民间自发兴起、专门办理侨批业务的私营金融机构,负责将侨批送到海外侨胞在家乡的眷属手里,同时将眷属的回批带给海外侨胞。

在海内外崛起的潮帮侨批局,一种由水客(客头)直接递变而成,致成批局的诞生就是如此。澄海的黄继英于 1829 年创办了致成染坊,家乡的亲友、邻里得知他在新加坡事业有成,便想办法漂洋过海去找他谋求生路。黄继英对这些贫苦乡亲都热情相待,对愿意在"致成号"干活的都作妥善安排。由于"致成号"工人和在那里的澄籍乡亲越来越多,要把自己的辛苦钱和信件送回家乡很困难,为了解决这个问题,黄继英便自派水客将大家的侨批带回家乡。后来,在唛叻托寄侨批回家乡的人日渐增多,黄继英从中国古代的邮驿得到启发,便于清道光十五年(1835)正式挂起"致成信局"的招牌(开始仍用"致成栈"的印信),专营侨批业务,并在家乡设立"致成批馆",由批馆聘用的侨批派送员(俗称"批脚")按固定的派送路线,将批信和批银如数送到收款人家里,然后再将收款人的回批汇集起来,由专人送给在唛叻的亲人。原是水客的李阿梅,跟同行的马阿隆、马秋盛等合资,于1875年在泰国京都创办了"永和丰批馆",每月解送侨批回潮汕4次,每次的批款高达5000两至6000两白银;原是客头的普宁埔塘乡人吴端响,也于1889年在越南宅郡和家乡两处创办起"吴财合侨批馆"。

另一种侨批局,是精明的潮商抓住机遇创办起来的,曾仰梅创办的"振盛兴批局"是其中之一。澄海上华镇渡头(图濠)村的曾仰梅经过一段时间的艰苦奋斗之后,与旅泰的乡亲一起,在曼谷老哒叻街开起京果店,由于经营得法,积累也相应增加。随着大批潮人移居泰国,他又和乡亲抓住时机,于1899年在曼谷三聘街办起了振盛兴批局,还在家乡渡头村凤岗里的住宅内设振盛兴批馆,自派亲人投递侨批,兴旺时期在泰国和在汕头的批局各雇用20多人,渡头村的批馆也雇用了10多名侨批派送员。在泰国的振盛兴总局每周发批一次,每次平均发批300多件,最高的批款额达3万多银元。

全国侨联原副主席、香港知名人士庄世平的祖父庄书良老先生,由于经营有方,形成了一个繁荣的家族集团——"协裕",后来也成功地变为主营侨批业务。他的7个儿子中,除老二早年夭折外,就有4个经营侨批业务,其中老三在泰国经营潮顺兴批馆,老四庄锡竹在当地经营代表本家族旗号的协裕批馆,堪称"侨批世家"。庄锡竹是庄世平的父亲,志趣与庄老先生相似,理财经营得心应手,显得游刃有余,故深受老先生的宠爱,曾让他前往马来西亚槟榔屿主持潮顺兴批馆业务,几年后又召回家乡,再次主持协裕批馆业务。在庄氏宗祠"辛祖祠堂"的碑记中,就有庄氏家族经营侨批业的记述:"我家世代书香,闻人辈出,伯叔父年青远涉重洋,创业海外,为侨汇服务。"此外,还有不少侨批局是从民信局分出的,原称批信局。

民办的侨批局问世之后,就显示出它的优越性,与单枪匹马的水客相比,它的侨批递送期短,信资廉宜,更讲信用,有固定的局址可跟进查询。假如侨胞需要先借款寄回家乡应急,批局还可以先垫付,俟家乡的眷属收到批款的回批寄返后,再向借款的侨胞收回代垫的款项。因此,在1861年汕头开埠后,尤其是在晚清的光绪中叶以后,潮汕侨批业发展迅速,不少是由银庄兼营,由于资本雄厚,侨胞寄批比较放心。据史料记载,晚清时期潮汕侨批局有50家左右。光绪二十二年(1896),大清邮政局正式成立,便明确规定,民信局(侨批局)必须到当地的大清邮政机构办理登记注册手续;收费标准应与大清邮政统一;不准使用轮船运输其邮件;国外批局要把批信装成总包,到所在国的邮政局寄交大清邮政,再转交国内批局投递到侨胞的眷属家里;如私带、私运批信,要处以重罚等等,试图把民间的侨批业纳入大清邮政的管辖范围,加以限制,但没达到目的。民国七年(1918)国家邮政局准备将民信局一律取消,汕头埠侨业同仁即派出代表向北京呼吁,结果得以无限定展期,俟国家邮政局发展到有可能分发侨批时再作决定。1928年,全国交通会议决定取消民信局,旅居南洋的华侨团体据理力争,阐明侨批业便利侨胞、服务国内侨眷,并非单纯代客送信,最后当局决定将批信局和民信局分开,批信局专营国外侨批,并加以种种限制。民国二十年(1931),全国工商业组织同业公会提出:批局删去"华侨"字样难以昭示它的业务职能,当局只得将批业定名为"侨批业",各批信局改称为"侨批局"。后来,当局又试图通过停发《批信局执照》,以限制侨批业发展,以金融管理和统一邮政主权为由,要将侨批局并入取缔之列,但仍无法将侨批局置于"死地"。侨批局所以有如此强大的生命力,主要是因为它深深扎根于民众之中,既非银行依照驳汇手续所能办理;其书信书写之简单,荒村陋巷地址之错杂,加上服务甚为热情、周到、及时、细致,具有官营邮政机构所不能相比的优势,诚如饶宗颐教授总纂的《潮州志·实业志六》中所述:"华侨在外居留范围既极广,而国内侨眷又多为穷乡僻壤之妇孺。批业在外洋采代收方法或专雇伙伴——登门收寄,抵国内后又用熟习可靠批脚逐户按址送交,即收取回批寄返外洋,仍一一登门交还,减少华侨为寄款而虚耗工作时间。至人数之繁多,款额之琐碎,既非银行依照驳汇手续所能办理;其书信书写之简单,荒村陋巷地址之错杂,亦非邮政所能送递。故批业之产业与发展,乃随侨运因果相成,纯基乎实际需求而来。"

1941年12月8日太平洋战争爆发后,香港和南洋群岛相继沦陷,海外侨胞寄回家乡的侨批完全中断,侨眷的生活濒临绝境。这时,民营的潮帮侨批局为了救数以百万计的归侨、侨眷于水火,不顾艰难险阻,冒着生命之危,竭力开辟递送侨批的新汇路,其中的东兴汇路,每月送回潮汕的批款值当时的越币1000多万元,充分体现出侨批业者笃诚守信的潮人精神,使侨批局在广大侨胞、侨眷心目中更为可靠、可信。

新中国成立后,中央对民间侨批业非常重视。1950年8月,国家华侨事务委员会在北京召开"全国华侨侨眷福利会议",汕头市侨批业同业公会选出陈湧和陈植芳作为代表赴会,周恩来总理亲自莅会作了重要指示,明确中央人民政府对华侨、侨眷以及民间侨汇业的政策,"便利侨汇、服务华侨侨眷","外汇归公、利润归私",并制定全国统一收汇奖励金制度,根据"公私兼顾、高低折中"的原则,规定收汇的奖励金企业、国内员工、国外员工各得三分之一,鼓励侨批业协力扩大收汇业务,同时发给民间侨批业执照,给予一定的合法利润。汕头侨批业深受鼓舞,收汇积极性明显提高,1950年收汇额为5300万元港币,1951年增加到1亿多港元。由于侨批业是当时争取外汇的主要单位,又宣布中央对侨批业实行"维持保护、使其长期存在"的政策,使劳资双方都看到侨批业的前途,积极争侨汇,为祖国社会主义建设服务。到1954年,仅汕头市共有甲种侨批局(与海外侨批局有业务关系)43家、346名员工,总资本20多亿人民币。潮汕地区的侨批业务机构,分为与海外有直接业务联系的甲种局和仅代理甲种局解付侨批、收取手续费的乙种局两类。1954年,中央政务院财经委员会颁布了《侨批业管理暂行办法》,翌年4月公布的《广东省侨汇管理暂行办法汇管部分施行细则》,使侨批业务范围、利润分配、奖惩条例以及报告制度有章可循,能规范运作。在中央的重视、关怀下,侨批业从业人员的政治地位也进一步提高,从新中国成立后到"文革"前,汕头侨批业经常有代表应邀赴京参加国庆观礼。

1956年,侨批业全行业纳入社会主义轨道之后,仍保留私营名义,沿用原来牌号,继续分散经营;停征营业税和所得税,改征工薪所得税;侨批业的资金,不论新中国成立前开业还是新中国成立后开业的,一律按照私人股金处理。同时将这些政策贯彻到海外侨批局去。此外,银行还为一些经营困难的侨批局提供帮助,委托它们代解银行侨汇、代办储蓄业务,以增加收入,弥补营业亏损。通过采取这些措施,解除了侨批业存在的各种疑虑,使潮汕侨批业出现了安定和正常发展的局面。到了1958年,汕头侨批联合服务部宣告成立,将分散经营的各侨批局集中起来、合址办公,便于中国银行领导、管理。

1966年,"文化大革命"开始,潮汕侨批业的业务活动处于停滞不前的状态。1968年,汕头地区根据中侨委《进一步对侨批业进行社会主义改造》的指示,与海外保持直接业务联系的甲种批局在原有合址经营的基础上,各批局进一步联合起来,统一经营、统一核算、共负盈亏,对外统称"汕头侨汇服务社"。直到1970年以前,汕头市仍有侨批局37家,它们在海外有股东关系的联号40家,无股东关系的客号60家;市里还设有侨汇派送处。潮汕地区各县也相应设有侨批站和侨汇派送处,具体负责侨汇派送工作。1973年,国务院下达文件,指示"侨批业应归口银行"。由于汕头情况比较特殊,延至1976年才实施,具体的处理办法是:侨批业的职工归并银行,到达国家规定退休年龄的,给予办理退休手续;侨批业的财产纳入银行系统;国外股东股金全部发还,也可以用股金抵解侨汇;侨批业务对国外统一以"汕头侨汇服务社"的名义进行;对侨批从业人员的成份重新进行审查,此项工作直到1979年才结束,证实侨批业从业人员都是职工,可以参加工会。至此,潮汕侨批业告一段落,往后的侨批业务由中国银行汕头分行存汇科承办。

文献价值

潮汕侨批这种原生态"草根"档案文献,民间属性尤为鲜明,它是从另一个与典籍文献完全不同的视角,反映了时代的变化和历史的演进过程。有专家指出:"中国古代传世的典籍文献记载,多重政治,轻经济;重典章制度,轻社会实态;重纲常伦理,轻社会生活;重王室精英,轻平民百姓。总之,多偏重于上层社会,其叙述不厌其烦;而轻视下层社会,其记载颇为简略。"(《新华文摘》2006年第6期页62《明清契约文书的研究价值》)主要反映下层社会的民间潮汕侨批,便可在相当程度上与典籍文献互为印证,补充典籍文献记载之不足。因此,另有专家如是说:当今文史学科的研究,已现出现了一个共同的趋向,那就是研究重心下移,学者们越来越注重对社会基层的研究。这一趋向发展的结果,将彻底改变过去研究领域囿于上层社会的局限,通过下层社会这个视角,为我们展现出一个更为具体、生动的社会历史画卷。在这种新的情势下,源于下层社会的侨批的文献价值更加凸现出来,对它的发掘与整理,将为学术界的这一巨大的转变提供有力的支撑。

(入选《中国侨批·世界记忆国际学术研讨会论文集》,《广东档案》2012年第六期)

主要参考书目:
饶宗颐总纂《潮州志》(新编)2005年8月重印。
潮汕历史文化研究中心侨批文物馆编辑《潮汕侨批档案选编》(共7册),天马出版有限公司,2011年6月。
潮汕历史文化研究中心侨批文物馆、汕头市档案局等编辑《潮汕侨批业档案选编》,天马出版有限公司,2010年1月。
张美生著《潮汕侨批赏析》,天马出版有限公司,2011年3月。
沈建华、徐名文著《侨批例话》,中国邮史出版社,2010年5月。

为侨批档案入选
《世界记忆名录》不懈努力

2012年泰国时间5月16日下午4时40分,从曼谷传来了振奋人心的消息:在此地召开的联合国教科文组织世界记忆亚太地区委员会第五次全体大会上,中国广东、福建两省联合申报的"侨批档案"经专家推荐并投票,成功地入选《世界记忆亚太地区名录》,成为广东省首个《世界记忆亚太地区名录》入选项目。这是继2010年2月入选《中国档案文献遗产名录》之后,"侨批档案"申遗工作取得的又一重大进展。这是海内外社会各方齐心协力、不懈奋斗的结果。然而,这一奋斗了多年作下的"文章",决不能就此"搁笔"。

从国学大师饶宗颐关注侨批到创办侨批文物馆

早在半个多世纪前,国际著名汉学大师饶宗颐教授就关注侨批,在他1946年总纂的《潮州志》中,专辟了"侨批业"条目,对侨批的起源、沿革、业务等作了言简意赅的阐述,充分肯定:"潮州经济之发展,以华侨力量为多,而有造于侨运之发扬,应推华侨汇寄信款之侨批业。"20世纪80年代,广东邮政史学者曾呼吁重视侨批文史资料的收集与研究,并于1993年编辑出版了《潮汕侨批论文集》,翌年,潮汕历史文化研究中心(以下简称"研究中心")开始征集侨批。

2000年11月,饶宗颐教授在研究中心举办的潮学讲座上,画龙点睛地指出:"徽州特殊的是有契据、契约等经济文件,而且保存很多","我们潮州可以和它媲美的是侨批,侨批等于徽州的契约,价值相等。价值不是用钱来衡量","我们的侨批非常值得研究。"深刻地揭示了侨批的文献价值。时任研究中心理事长的刘峰和其他领导将侨批作为一项"系统工程"精心经营,对这一文化"富矿"进行深度开发。首先是千方百计地征集散落在民间的侨批,通过有偿征集、无偿赠送、复制原件等办法,抢救这一被誉为"海邦剩馥"的原生态"草根"文化遗存。经过18年的艰苦努力,研究中心现有收藏的各类侨批已达12万封,居全国之最,经整理、编辑,已先后出版了《潮汕批信局》及其续集和共3辑的《潮汕侨批萃编》。并于2005年与广西师大出版社签约正式合同,计划联袂将当时研究中心已征集到的10万封侨批编辑出版为《潮汕侨批集成》共125册(后增至139册),现已出版72册。同时,创办了国内首家以侨批为主题的博物馆——侨批文物馆,对侨批的产生、发展、历史文献价值等作了比较系统的诠释。馆内特设"侨批珍藏室",保管好侨批原件。在这基础上,研究中心加强侨批文化研究工作,先后举办了3届国际性的侨批文化研讨会,共有来自海内外的200多位专家学者莅会,提交论文近200篇,编辑出版了3本研讨会论文集,并形成了一支相对稳定的研究侨批文化的队伍。创办了获得侨刊号的学术性刊物《侨批文化》,为研究工作者提供一个百家争鸣、各抒己见的学术平台,并出版了《潮汕侨批》《潮汕侨批简史》等专著。还开展"潮汕文化进校园、社区"活动,传承、弘扬侨批文化。

各界鼎力支持侨批申遗

在实施侨批文化"系统工程"中,得到了各级党政部门和海内外热心人士的热情关怀和支持。侨批文物馆就是在广东省政协原主席吴南生、一代哲人庄世平、汉学大师饶宗颐和香港爱国实业家陈伟南等名流直接关怀下创办起来的。陈伟南、陈汉士、林百欣诸先生和高佩璇女士还先后捐资襄助。陈伟南先生和泰国泰中学会会长洪林女士特地上书中国政府有关部门,鼎力支持"侨批档案"申遗。汕头市委、市政府每年都拨款给予大力支持。海外侨胞和家乡的侨眷纷纷捐赠侨批原件和市篮、雨伞、砚台、信笺、批袋等实物，大大丰富了侨批文物馆的展示内容。汕头、潮州、揭阳三市政协直接参与侨批文化研讨会的举办。我国北京、广东、福建、香港、台湾和海外的泰国、新加坡、马来西亚等地的专家学者，都踊跃地参加侨批文化研究，形成了一支相对稳定的研究队伍。

这些年来，国务院台办、国家档案局、中国侨联等部门有关领导和广东省委宣传部、省政府参事室、省社科院、省社科联、省档案局、省侨办等部门领导及汕头市委领导，先后到研究中心考察、指导。2007年4月，省档案局考察组前往潮汕历史文化研究中心侨批文物馆考察后，初步同意推荐"潮汕侨批"申报世界记忆遗产。不久，研究中心同意由汕头、梅州、江门等三市联袂，以"广东侨批"名义申报"国家档案文献遗产"。在这期间，研究中心与市档案局联袂编辑出版了《潮汕侨批业档案选编》1册；与泰国学者和潮汕民间收藏者联手编辑出版了共7册的《潮汕侨批档案选编》，《侨批例话》《侨批丛谈》和《潮汕侨批赏析》等论著也陆续出版。江门市则出版了《江门五邑侨汇档案选编》和《银信与五邑侨乡社会》。福建闽南也是我国的著名侨乡，1994年曾出版《闽南侨批史记述》和《泉州侨批史料》，尔后又出版《闽南侨批史话》。2007年，泉州的专家学者参加第二届侨批文化研讨会后，就向福建省政协提出闽南侨批也应申报为世界文化遗产。后经国家档案局协调，由广东、福建联合，先以"侨批档案"名义申报国家档案文献遗产。从此，汕头和梅州、江门三市在省档案局的统一组织、指导下全力以赴地开展工作。2009年7月，《海邦剩馥——广东侨批档案展》在省档案局揭幕。《生死侨批》的专题片在广东电视台播出。2010年2月，"侨批档案"成功入选《中国档案文献遗产名录》。《侨批文化》发表《百尺竿头，更进一步》的述评，指出此时要戒骄戒躁，向申报"世界记忆亚太地区名录"更高目标继续前进。研究中心便迅速行动起来，深入侨乡进行田野调查，进一步摸清侨批原件的社会存量。抓紧走访年迈的侨批局从业人员，以留下珍贵的侨批记忆。召开"'侨批档案'世界意义"的专题研讨会。举办"汕头市获奖侨批邮集展览"。积极配合省档案局做好相关工作，其中包括在研究中心举行加挂"潮汕侨批档案馆"的揭牌仪式；陪同省档案局徐大章局长等到侨批文物馆和澄海隆都，检查迎接世界记忆亚太地区委员会领导、专家考察的准备工作落实情况。

参加 2011 年 12 月在广州举行的"'侨批档案'宣传推介会",并在汕头向前来实地考察的国家档案局李明华副局长、世界记忆项目亚太地区主席埃德蒙森、世界记忆项目亚太地区名录评审委员会主席如加亚·阿布哈孔和世界记忆项目亚太地区特别顾问朱福强等汇报有关情况,陪同参观侨批文物馆和隆都陈慈黉故居。

力争入选《世界记忆名录》

　　天道酬勤,经过各方的不懈努力,终于"修成正果","侨批档案"成功地跻身《世界记忆亚太地区名录》。简要地回顾"侨批档案"申遗的历程,就深深地感到,内容丰富、底蕴深厚、跨国属性鲜明的"侨批档案"作为中华文化的组成部分,已得到更为广泛的认同,海内外的侨胞、侨眷将为此感到欣慰和自豪。然而,这还不是我们的终极目标,尽管"侨批档案"申遗的"三级跳"已跨越了前两级,但最后也是最重要的一"跳"——争取入选《世界记忆名录》,要求更严、标准更高,并且准备的时间也不多了,稍有懈怠,就会功亏一篑!因此,在这阶段性胜利面前,不能沉缅于自我陶醉,而是要保持清醒头脑和旺盛斗志,尽快进入"备战"状态,勇往直前、止于至善,为力争"侨批档案"入选《世界记忆名录》不懈努力!

(《汕头日报》2012 年 6 月 4 日)

风尘仆仆五千华里
倾情追寻"东兴汇路"

——"东兴汇路"田野调查报告

潮汕历史文化研究中心"东兴汇路"调查组一行7人于2012年10月21日至27日前往广西东兴、广东龙川等地,对"东兴汇路"进行田野调查。此行主要目的,是印证原有的历史史实,收集有关"东兴汇路"的文献资料,进一步发掘"东兴汇路"文化内涵,为今后深化研究打下良好基础。经过7天的工作,基本达到了上述目的。现将具体情况报告如下。

"东兴汇路"形成的历史条件

"东兴汇路",指的是抗日战争期间,在原有递送侨批汇路中断的情况下,潮汕侨批业者为了救数百万归侨侨眷于水火,冒着生命危险开拓出来的侨批秘密通道。"东兴汇路"西起广西东兴,东至广东汕头。

东兴位于中国大陆海岸线最西南滨,东南濒临北部湾,西面与越南接壤,跟芒街隔(北仑)河相望,面积548.8平方公里,市建城区面积从新中国成立前的0.3平方公里发展到现在的8.3平方公里,常住人口约13万。东兴历史悠久,秦始皇三十三年(前214),东兴境属象郡,始收归版图。1996年4月29日,经国务院批准,设立东兴市(县级),2011年出入境经商、旅游人数1200万人次以上,成为我国出入境人员最多的陆地边境口岸之一。

与越南芒街关系密切

东兴因位居北仑河东岸而得名。清光绪十一年(1885),法国占领越南当时的海宁省省会芒街,江万隆、江怡隆、新和安、梁英和、易永和、易宏和等数十商家迁回东兴,是东兴崛起为商埠之始。随后,松坡街(今新华路)、电线街(今公社路)、大街(今解放路)、田垌(垄)街(今建设路)、哨楼脚(今木栏街)和守安街等陆续兴建;旧街(今中山路)、廷芳街(今百货街)、仲恺街(今和平路)也先后建成。光绪二十年(1894),东兴设洋务局,已经与越南芒街接通了有线电报,光绪二十六年(1900),东兴至芒街的北仑河国际铁桥正式建成,促进了两地贸易发展。在此前后,清政府在东兴等地设有对讯所(相当于今边境检查站),专门负责中越双方边民过境签证和验证事务。同时设有邮政代办所(后升格为邮政支局),负责在边境与越南芒街(法属邮局)互换邮件。

东兴是一个内河港口,有新街(中山)、生记、新行街(辉南)、滕昌(生资)、青山(现边贸)、木栏街(三益)等诸多码头,经常往来的大小船舶有一二百艘之多,主要是将从越南进入东兴的货物运往内地各处,同时将内地的土特产等货物运至东兴再转运往越南各地。由此可见,东兴与越南芒街的经济往来非常密切,是这里日后成为"东兴汇路"始发地的重要条件之一。

西南沿海重要对外口岸

1941年12月,日寇发动太平洋战争之前,我国半壁河山沦陷,南方沿海7省港口城市被占领封锁,东兴便成为当时幸存下来的中国西南沿海唯一的对外口岸,反日友好国家和海外爱国侨胞所捐献和援助的抗战物资及商品,源源不断地从越南芒街运进东兴,其中包括汽油、煤油、橡胶片和名贵的中、西药品,年贸易额达数亿元以上。当时的东兴港常有二三百艘船舶布满沿北仑河我方一侧的码头,年货物吞吐量超7万吨。广东省银行,重庆的中国银行、交通银行、中国农业银行和民营的华侨联合银行、光裕银行等金融机构,都在东兴设立办事处;邮政储金汇业局也在此设点办理邮汇和储蓄业务;还有林培记等民营金铺、银台 30 多家和黄昌隆、合盛祥、有诚庄、周兴祥等找换店,为东兴口岸贸易服务。当局也在此设置了海关、税捐处、田赋处、货物稽征所、直接税查征所和警察所等机构。当时的中侨委有一辅导委员会,也特地在东兴设立归侨指导站,负责辅导归侨侨眷出入境及来往事宜,解决他们遇到的具体困难。当时,东兴沿江酒楼、茶馆林立,到处灯红酒绿,故有战时"小香港"之称。1945 年,日寇大举进攻越南、攻打芒街,法国殖民者闻风丧胆,不战而退,是年的农历二月初六,东兴落入敌手。很快,日本便宣布无条件投降,东兴光复。这是形成"东兴汇路"的必要条件。

当地侨批业相当发达

东兴本身是侨乡,据广西学者郑一省、陈思慧的调查,早在秦代,就有东兴人侨居越南,主要集中在芒街、海防、先安、宫门等地。侨人在外辛勤劳作,将血汗钱及时寄回济家,侨批馆因此应运而生。1929 年,东兴籍的越侨苏炳宗回家乡经商,开始在江万隆号挂牌解汇直至 1931 年。由于侨汇业务不断发展,于是在东兴镇的旧街(今中山路)创办当地最早挂牌的侨批馆合兴号,并兼营洋纱布匹批发业务。合兴侨批馆与越南芒街和泰国的侨批馆联成一线,专门派解从越南、泰国等地寄到东兴及广西各县的侨批,当时批款寄送不是通过银行或邮局,而是采用驳款的方式,即合兴侨批馆将当地商号需要从国外购进的货物清单寄给越南、泰国等地与它有业务联系的侨批馆,由他们垫款采购寄回东兴,当地需要购货的商号则将货款直接交给合兴侨批馆,抵还国外侨批馆的垫付,合兴侨批馆以此作为派送给收批人的批款,减少了运营的中间环节。为了增加业务量,争取更多商号驳款,合兴侨批馆还到钦州、北海、玉林、南宁等地设置分支机构,每年接送的批款都有近百万银两。据广西档案馆馆藏资料表明,抗战期东兴的侨批馆(钱庄)如下:

侨批馆、钱庄名称	经理（或代理人）	籍贯	侨批馆、钱庄名称	经理（或代理人）	籍贯
芒街合兴	苏炳宗	东兴	刘炳南	刘河八	东兴
大兴行	许雅亨	潮州	赵开针	赵开光	东兴
再发行	赵开光	汕头	黄昌隆	李有升	东兴
大和堂	许乃广	潮州	合盛祥	黄智超	潮州
泰国进步银信局	翁向东	澄海	诚信庄	莫树荣	东兴
南源	陈敬维	梅县	周兴祥	周锦鹏、王俊卿	东兴
和祥庄	陈植芳	潮州	江万隆	张益仁	东兴
堤岸玉合	吴承智	东兴	江怡隆	张益瑞	东兴
佳兴	陈森榉	东兴	谈生记	谈万生	东兴
金边老奇香	许宗绵	潮州	朱茂和	朱春和	潮州

（据《东兴汇路中的广西籍华侨与侨批馆》整理）

从表中可以看到，在东兴的20家侨批局（钱庄）中，潮汕籍（包括梅县）人创办的就占9家，足见潮汕与东兴两地侨批业关系非同一般。这就为日后"东兴汇路"的有效运营打下良好的基础。

"东兴汇路"的历史贡献

"东兴汇路"的历史贡献，首先是救潮汕数百万归侨侨眷于水火。潮汕地区是我国的著名侨乡，潮人漂洋过海到异国他乡谋生，大约自宋、元始，明、清呈发展趋势，今海外潮籍侨胞上千万人，遍布世界五大洲40多个国家、地区，主要集中在东南亚各国，其中就有越南。因此，潮汕地区的归侨侨眷也很多，抗战时期已达数百万之众。据统计，这里靠海外侨胞寄回批款为生的百姓，占该地区总人口的50%左右，不少乡村甚至占总人口的80%上下。假如以归侨侨眷家庭为单位计算，平均每月所收到的批款，占家庭总收入的80%以上。而海外侨胞寄回潮汕地区的批款，每年有八九千万银元，最高年份为上亿银元，仅汕头光益裕侨批局一家，每年接送的侨批（包括批款和批信）就有2.4万封左右,批款金额35万元上下。由此可见,侨批汇路的确是与广大归侨侨眷休戚相关的"生命线"。

太平洋战争爆发后,港九及南洋群岛相继陷落,递送潮汕地区侨批的汇路断绝,当地归侨侨眷的生活顿时陷入困境,许多人靠变卖房产或贱价变卖衣物度日,不少人离乡背井流落到福建、江西等地,有些是活活饿死或卖儿卖女,不少妇女只得挥泪改嫁。如澄海县澄城镇东湖村的邱姓,原有150户、800多人,由于侨批汇路中断,生活无以为继,被迫出卖房屋20多座350多间。上华镇的冠山村,原有人口9886人,侨眷人数占一半以上,也是由于日寇占领澄海,侨批无法递送,全村被害37人、饿死283人、绝户194家。这种状况,在侨胞的批信中有真实反映:"以私情言,则家半百,侨居南洋,能否安全?令人不敢想象,何况国内沦陷区半百人家,平时又仰给海外批银,今如此,前途忧虑","南洋批银,已全部断绝,家中妇孺,嗷嗷待哺,情实可怜","近又接家父从沦陷区密写来家书云,南洋战事,倘最近无发（法）解决,则家人恐成饿殍。"在潮汕地区归侨侨眷濒临绝境的情况下,潮帮侨批局业者陈植芳等不屈不挠,奋力开拓出绕过日寇封锁线的"东兴汇路",千方百计将南洋的侨批送到潮汕侨眷手里,其中两条秘密通道是这样的:一条从东兴经钦州、合浦、遂溪、湛江、高州、信宜至云浮、四会、清远、从化、河源（龙川）、紫金转入非沦陷区揭阳,最后由侨批局潜带进沦陷区的汕头;一条从东兴经钦州、南宁转入韶关、兴宁进入非沦陷区揭阳,再到沦陷区汕头。递送侨批秘密通道"东兴汇路"的开通,的确是救潮汕地区数以百万计归侨侨眷于水火,可谓功不可没、史上流芳。据陈植芳回忆,"东兴汇路"于1942年开通之后,南洋的越南、泰国、柬埔寨、老挝等国的潮帮侨批局业者便积极地收揽侨批,以资接济家乡的归侨侨眷。可惜当时无法确切统计从东兴送至潮汕地区侨批批款的数字,估计自1942年7月起开始,每月批款有1000多万元越币,这是由法国东方汇理银行在越南西贡印制的纸币,称为"西贡纸",简称"西纸"。这次调查过程中,东兴市方志办提供的数字是:后来每月有五六千万元至八九千万元的批款从东兴转至潮汕地区及福建的晋江、永春、同安、马巷等地。这笔数额巨大的批款,对于潮汕地区的归侨侨眷无疑是"久旱甘霖""雪中送炭"。

"东兴汇路"另一个重要的历史贡献,就是在汇路的开拓、运营过程中所形成的"东兴精神"。通过这次田野调查的亲身体验,"东兴精神"初步归结为:情系家国、尽心为民,坚忍不拔、知难而进,坚定执著、不畏强暴,口惠实至、笃诚守信。

太平洋战争爆发后,越南、泰国、新加坡、马来亚、印度尼西亚和中国香港的侨批业,都受日寇控制。此时,海内外的潮帮侨批局完全可以宣布无能为力、关门大吉而不受指责。然而,深明大义的海外潮帮侨批局业者,仍挂记着家乡在死亡线上挣扎的众多归侨侨眷。为了让归侨侨眷能活下去,侨批局业者决心开辟递送侨批的新汇路,在当时的情况下要重辟汇路,谈何容易!但他们知难而进,冒着生命危险践行自己许下的诺言。和祥庄代理陈植芳勇当开路先锋,他于1940年从柬埔寨金边转到越南海防定居。由于太平洋战争前侨批的汇路已开始阻塞,他在1941年6月就悄悄地探索新的汇路,首先到了与我国云南省河口隔河相望的老街,因那里铁桥已被炸毁、铁路也被拆除,变成一座死镇,难以成为汇路的据点。便转到谅山的同登,这里虽与广西今友谊关仅相隔几百米,但地理、交通条件不理想。他又乘船到当时还是法租界的广州湾(现湛江),因那里的经济状况不适合发展侨批业务,也只好作罢。尽管经过几方周折,陈植芳并没有气馁,于1942年元旦顶着寒风前往位于越南东北角的芒街,这里与广西东兴之间,只隔一条百米左右宽的北仑河。他到东兴实地考察,感到各方面条件都很不错,便通过那里的邮局、银行先汇两笔款回潮汕作试探,结果都能顺利送达,从而看到了开辟新汇路的希望。于是,陈植芳就奔波于南越、郡宅、金边等地,向同行业者介绍自己考察的情况,动员大家合力开拓新汇路,并带他们前往东兴实地了解,结果,黄泰记、为顺、玉合、佳兴、德兴隆、荣记、集丰、振发行、天和堂、开发行、联兴昌、天兴行等潮帮侨批局,先后加入开拓"东兴汇路"的行列之中,业务范围从越南、柬埔寨扩大到泰国、老挝等国。1942年初,"东兴汇路"在潮帮侨批业者的艰苦努力下,终于开始运营。当时东南亚各国侨批汇集的路线有南越的西堤线,越南的中越线,柬埔寨的金边线,泰国的曼谷线,还有老挝线。各线的侨批局将侨批的批款先兑换成"西贡纸",集中起来后送到越南河内、海防,与中转的商号结价,然后汇总托付各轮船买办带至芒街,由各侨局驻东兴办事处负责人前往芒街领取(后来由轮船买办直接带到东兴交付)兑换成国币,由侨批局派员通过"东兴汇路"秘密通道押送回潮汕。由侨批局派员亲自押送回潮汕,路途跋涉、险象环生,广西东部与广东交界处有云开大山,进入广东境内,又有云雾山、天露山、瑶山、大庾岭、九连山、罗浮山、莲花山等山脉,要走"东兴汇路",就必须翻山越岭,加上当时兵荒马乱,日寇迫害,兵匪横行,盗贼四起,拦路抢劫之事常有发生,对于携带大量批款的侨批局人员来说,更是危险重重。为了力保侨批安全抵达家乡,将批款如数地送到归侨侨眷手里,汕头侨批同业公会主席许自让组织了一支四五十人的武装护批队沿途押送。一位东兴籍的刘姓水客后代,曾向郑一省教授等叙述送批的艰辛历程,他父亲是水客,1943年受越南海防有振发行侨批局的委托,与三位同行一起,携带批款从海防出发到芒街,又从芒街过境到东兴,再经过钦州送至南宁。抵达南宁后,就将这大笔批款交给来接应的广东侨批局人员。他说:"从海防到芒街,再到东兴镇一切都较顺利。但到钦州交界的灵山县时,麻烦来了。当时我父亲与几位同行在当地小旅馆刚住下来,就听见外面枪声响,吓得我父亲和他们赶紧从小旅馆后门跑了。后来听人说,当时是国军的一些士兵抢老百姓的东西,如果不是我父亲他们跑得快,可能会人财两空了。我父亲他们从灵山出来后,因为一路都是国民党的军队,前往钦州时不敢从大路走,只得走山间小道。本来到钦州只需一天的路程,可我父亲他们走了两天多。到钦州后,我父亲他们休整了几天后又前往南宁,但到南宁的路越发难走,当时他们就听说日本人准备发动豫湘桂战役,试图打通平汉、粤汉铁路,建立一条纵贯中国大陆到印度的交通线。由于战事已迫近,因而一路逃难的人络绎不绝,匪徒和抢劫者甚多,更使道路变得难以行走,与我父亲同行的三人中有一人因劳累和紧张而病倒了。本来从东兴到南宁只需20多天时间,可我父亲他们到达南宁时已经是走了30多天了。"据陈植芳回忆,要走完"东兴汇路"全程,往往要花3个月的功夫。尽管沿途披星戴月、风餐露宿、困难重重,侨批局和业者们依然知难而进,冒死也要将侨批送到潮汕地区,救广大归侨侨眷于水火。

太平洋战争爆发后,日寇为了切断海外对国民政府的接济,加强对占领区的经济掠夺,相应地加大了对侨批业控制的力度。潮汕的侨批业是由驻汕的日寇特务机关长亲自掌控,1942年接二连三地出台《岭东侨批业商号申请批脚(即侨批派送员)通行证暂行办法》《岭东侨批业商号登记暂行办法》《侨批业商号登记申请书》《侨批业商号担保结状》《侨批业通行证申请书》《检查侨批暂行规则》等一系列规则、证件和表格,对侨批业严加管制。在"东兴汇路"开通后不到几个月时间,就被日本驻西贡宪兵司令部发现,西贡、堤岸两市的侨批局的30名负责人被捕并遭到酷刑,被灌上鱼露液之后又灌上自来水,同时,日寇还站在受刑者腹部上踩踏;陈植芳则被通令缉捕。在这种情况下,侨批业者并没有就此停手,仍然保持着可贵的民族气节,转入秘密状态,继续收发侨批,一直坚持到日寇无条件投降后的1946年初,使日寇攫取大量批款的企图未能得逞。据统计,汕头在沦陷前的1938年,侨批局接收的侨批,平均每月1.79万封;到1943年,全年接收的侨批仅1.4万封,月平均的收批量只有1938年月平均收批量的6.5%。这就表明,东南亚的大量侨批,已被潮帮侨批局开辟的秘密通道"分流"了。仅此数例,便可深切体会到"东兴精神"的难能可贵。今天,汕头要重振雄风、再创辉煌,而日本军国主义重新抬头、气焰嚣张,在此情势下,传承和弘扬"东兴精神"更具现实意义。

"东兴汇路"田野调查主要收获

此次是文献的田野调查,与考古发掘的田野调查不同,主要的收获如下。具体:

第一,对"东兴汇路"有了更加具体的认识,对其历史贡献有了更为深刻的理解。未去东兴之前,对"东兴汇路"的认识只停留在少量的文字资料上和自己的想象之中,通过这次田野调查,对长达2500多华里的"东兴汇路"认识不再是抽象、零碎的了,而是更为完整、系统。不仅了解到"东兴汇路"的前世今生,而且发掘出其文化内涵,初步提炼为"东兴精神"。

第二,印证了已经掌握的文献资料。此前,有关"东兴汇路"的文献资料,最详细的就数汇路的"开路先锋"陈植芳撰写的《潮汕侨眷的生命线——记抗战后期开辟的东兴汇路》,仅是一家之言,这次调查的主要任务之一,就是对文中所述进行考证。经过到现场勘察和当地学者指认,当年的广东省银行东兴办事处的旧址就在松坡街(现新华路)上,邮政局和钱庄、找换店则分别在仲恺街、中山路和廷芳街上。实地考察、走访的结果表明,陈植芳关于"东兴汇路开辟的时代背景"、"开辟新汇路的各种探索"、"东兴的地理位置及交通形势"、"东兴汇路的开通"、"东兴汇路开辟后的侨汇情况"等方面的表述,相当客观、翔实,可谓是研究"东兴汇路"的权威文献。

从东兴返回汕头后,调查组又到著名侨乡澄海隆都镇,走访了几位年逾八旬的老人,了解日寇发动太平洋战争、侨批汇路中断之后当地的生活状况。83岁的金昂莹说,上北后陈村"一向食蕃批",即靠海外侨胞寄回的批款维持生活。在唛叻(新加坡)出生的陈绍添,1941年回上后陈娶妻,再返回新加坡,翌年批断、生活无着,其妻便到店市卖故衣度日,最后无法再支撑下去,只得改嫁他人。他的妹妹则被卖往福建。1974年,陈绍添返乡时,家中已无一亲人。陈林顺家是侨眷,沦陷后因批断失去生活来源,父亲忍痛将他卖往梅县,他妹妹卖往福建。后来,陈林顺跑回自己家乡,赶上土改分田才定居上后陈。陈武锦是归侨,也因生活无着,只好将自己的海外出生证卖给别人出国,自己则在家乡到处流浪,被国民党部队抓了"壮丁",后来投诚加入人民解放军。下北侨梓里村81岁的林维坤提及的林书荣一家的境状更惨,从暹罗返回家的林书荣全家共七口,在沦陷期间经常是食不果腹,每到吃饭时,孩子们都抢着拿饭勺去捞稀粥里的地瓜块。他妻子去偷地瓜时,连地瓜藤都拉回来充饥。最后苦撑不下去,就将大女儿卖到梅县,二女儿跟母亲去讨饭,饿死在求乞途中,一个儿子饿死,书荣自己也饿死在家中。南溪村83岁的陈维协说,本村80%的家庭有亲人去暹罗谋生,村里的光大巷里,100%的家庭是靠侨批的批款过活。1942年以后批断,又碰上大旱,大片农田绝收,有的一亩地只收两筒(约两斤)稻谷,许多家庭是"米瓮空空",用野菜以至小蝌蚪填肚子,饿得乡亲们面黄肌瘦(儿童)头大。当时的隆都镇驻地店市几乎天天都有死人,善堂收尸都来不及,真是惨不忍睹。不少文献史料曾描述侨批汇路中断后潮汕侨乡状况:"整个潮汕百多万归侨侨眷自家生命财产受到严重威胁、生活濒临绝境,终日只有望洋兴叹。"这些老人的口述材料,就是对文字资料的印证和诠释。

第三，收集了有关东兴的文献资料，补充了这方面的不足。此次调查收集到的文献资料主要是：《东兴年鉴》《东兴市大事记》《防城交通志》《海宁之光》中的有关资料，《东兴文史资料》（初稿）之一至之八，《防城·东兴县地方百年史》（初编）中的有关资料和《佗城镇志》等。同时，拍下了东兴、龙川有关"东兴汇路"的历史、文物的照片近千张，为今后"东兴汇路"的研究提供更多依据。

第四，纠正了过去文献资料中的一些谬误。如在过去的文献资料中，一直称越南的货币为"越币"。这次东兴的资深学者杨先兆多次强调这种称谓不妥并予以纠正，准确的说法应是当时法国东方汇理银行在南越西贡印制的纸币，俗称"西贡纸"，简称"西纸"。对东兴当时的街名，也给予更正并给出准确的说法。此前，我们对东兴当时的金融机构的状况了解比较模糊，有些名称也不准确，这次经杨先兆、黄秀等学者的指正，才厘清了这方面的情况，获得了准确的答案。这些文献资料将交付研究中心收藏。

第五，此次田野调查已引起东兴市有关部门对"东兴汇路"的重视。由于东兴是1996年新设置的县级市，干部大多是从其他地方调进或是部队转业的，对东兴的过去了解不多，很方档案文献资料都转移到防城港或浦北。这次调查组到了东兴专门了解"东兴汇路"情况，引起了当地的市志办和学者们的关注，当我们建议潮汕与东兴双方携起手来，共同加强对此重要历史事件的研究，以实现"东兴汇路"东、西两段的对接时，他们都表示欢迎，希望今后加强联系，在适当时机共同举办一次专题研讨会。另外，研究中心创会理事长刘峰听了此行的重要汇报后，希望继续努力，争取出版一本专著。

深刻领会、努力弘扬"东兴精神"

这次田野调查，可谓"风尘仆仆五千华里，倾心追寻'东兴汇路'"。在调查的过程中，调查组成员接受了一次心灵的洗礼，深深地为"东兴汇路"开拓者的"东兴精神"所感动，并且在自己的实践里努力去弘扬，力求避免"光说不练"。

在这次调查出发前,因为原先掌握的情况不多,所以是"心中无数"。颠簸2500多华里之后,到了东兴又没有一个认识的人,则是"举目无亲"。这就使调查组面临着很大困难。在这种情况下,大家认为"开弓就没有回头箭",既然踏上征途,就必须迎难而上,"无中生有"。10月21日在前往东兴旅途中,与广西民族大学的郑一省教授联系,得知他确实没空到东兴,于是马上打电话给广西师大出版社的雷回兴求援,她很快给广西壮族自治区方志办副主任邓敏捷打电话,然后将他的手机号码告诉我们。我们按照邓提供的手机号码,与东兴市方志办主任朱乃维取得了联系,但他要10月23日早才从西安返回东兴,我们就抓住不放,要他指定市方志办一位同志先跟我们接头。21日晚夜宿高州,22日一早动身,至当天下午一点多抵达东兴,就在"汕头牛肉丸店"匆匆吃午餐时,得知这里有个潮商会,便如获至宝,马上打电话与广东海外潮人联谊会的许昌敏(在广州)进一步了解,可惜商会会长不在东兴。下午二点多,又赶到东兴市政府大楼,找到市志办的黄秀,他马上带我们到了市侨办和市档案馆,由于东兴是新建市,历史资料奇缺,结果扑了空,一无所获。正在犯愁时,黄秀送给我们一本《东兴市大事记》,并带我们去拜访当地资深的学者、防城市交通局80多岁的退休干部杨先兆,他热情地接待了我们,介绍了东兴的历史,并送了他编著的《防城交通志》,里面详尽介绍了东兴的交通、外贸、边贸等方面情况,使我们兴奋不已。接着,他又领着我们去新华路(原为松坡街),指认广东省银行东兴办事处和钱庄、找换店的旧址,都在东兴口岸的边上。10月23日上午,市志办朱乃维主任会见了我们,介绍了有关侨批的情况,并带我们上中越友谊桥看北仑河对岸的越南芒街。下午又马不停蹄地再次到杨先兆家,他认真地为一论文纠误,再赶到北仑河口,实地考察竹山港。开始是广东潮州人徐广合在此地经商,促进了这个港口的兴起。24日,我们又锲而不舍,继续请杨先兆和黄秀带着我们去实地察看东兴的老街道,拜访当地藏书最多的邹广才,借来《海宁之光》一书,拍下芒街市帮长(相当于市长)、潮人吴瑞华的照片,是他称赞当年的潮人在东兴的贡献:"潮人荟萃,东兴增辉。"还拍下东兴—芒街国际桥、越南芒街和东兴日占时期有关资料的照片。由于调查组不怕疲劳、连续作战,并有东兴热心人士的鼎力支持,使这次东兴之行收获颇丰。而杨先兆、黄秀两位先生倾力帮助我们两天半,只跟我们一起吃便餐,没有任何报酬,东兴人这种真诚、热忱、淳朴、厚道的品格深深感动着我们。10月25日早离开工作了3天半的东兴,经防城、北海于当晚抵中山,翌日下午又赶到"东兴汇路"经过之龙川,在那里实地体会"东兴汇路"当年的险况(现已有公路了)。27日上午赶往龙川赵佗兴王之地的佗城镇。找到了"龙川县商会"旧址,了解到这里当年有兑换货币的业务,并挂有饶老书写的"潮商"牌匾,很有可能当年潮帮侨批局的从业者在"东兴汇路"上护送侨批时,曾在此驻足,以后可作进一步考证。此时正是午休时间,偶然发现了镇政府驻地,我们便不管三七二十一闯进镇政府办公室,向他们要了一本《佗城镇志》。当天下午,按计划提前一天返回汕头。在这过程中,尽管白天四处奔波,仍然利用晚上时间召开了3次会议,汇报工作情况,分析获得的史料,检查还缺什么资料,争取第二天补上,最后是讨论了"'东兴汇路'田野调查报道"的提纲和新闻报道的设想。在繁忙的调查过程中,有时就地吃快餐,住的是廉价的旅馆,尽量地压缩开支。返回汕头后,还要继续到"东兴汇路"的终点站澄海、揭阳进行田野调查。

研究中心顾问:王炜中
研究编辑室副主任:王汉武
《侨批文化》责任编辑:陈胜生
《侨批文物馆》顾问:张美生
媒体支持:汕头市都市报记者郑成武、袁笙
驾　驶　员:李伟才
打字支持:陈士伴

2012年11月19日
(《潮人纵横》2013年2月)

为"中国侨批""申遗"
尽心尽力的潮汕历史文化研究中心

被国际汉学大师饶宗颐教授誉为"海邦剩馥"的侨批,在先后入选《中国档案文献遗产名录》《世界记忆亚太地区名录》的基础上,2013年6月19日又圆满地完成了"申遗""三级跳",终于成功地入选《世界记忆名录》。潮汕历史文化研究中心为此尽了自己绵薄之力。

2007年初,广东省十届人大五次会议将一份关于建议潮汕侨批申报世界记忆遗产的代表提案郑重地交给省档案局办理。2007年4月,省档案局很快就委派档案督导处的延江蔚、吴晓琼等前往汕头市潮汕历史文化研究中心认真考察,了解到研究中心早在1994年就关注潮汕侨批。2000年11月,饶宗颐教授在"潮学讲座"上画龙点睛地指出,潮汕可与徽州契约媲美,得到了省政协原主席吴南生、著名爱国侨领庄世平和香港爱国实业家陈伟南等的认同和支持。在他们的悉心引领和鼎力资助下,时任研究中心理事长的刘峰,决定将侨批的征集和对侨批文化的研究、传播作为一项"系统工程"进行精心经营。经过13年的辛勤劳动,以离退休领导干部、专家学者为主力的研究中心,通过无偿捐赠、有偿转让、复制原件等方式,已征集到10万封侨批,并通过田野调查、走访老侨批工作者,收集到一批相关的实物,其中包括装侨批的市篮、水布、纸雨伞、批局用笺和文房四宝等。还通过笔录、摄影、录音、录像,录下"老侨批"们的口述历史资料,留下宝贵历史记忆。

在征集大量侨批档案资料的基础上,编辑、出版了《潮帮批信局》及其续篇;《潮汕侨批萃编》共三辑,其中第一辑精选寄自南洋各国,包括泰国、马来亚、新加坡、越南、柬埔寨等的部分侨批,第二辑精选著名侨乡澄海隆都镇的部分侨批,第三辑是精选潮安县东凤镇二房后厝陈宏烈家庭的部分侨批。2004年开始,研究中心与广西师大出版社签署了《潮汕侨批集成》出版合同,研究中心组织了一支共有12名(其中有一半人员是70岁上下)工作人员参加的编辑队伍,对收藏的10万封侨批按县、乡镇、村子以至家庭进行整理、编辑后交由广西师大出版社出版。从杂乱无章的大量侨批中理出头绪,其艰难程度可想而知,不少老干部将侨批带回家,在地板、床铺、书桌上摊开,然后一封封地过目、归类,不时要在地板上爬来爬去,在床铺、书桌间走来走去,眼睛累了滴上眼药水,看不清了用放大镜。经过3年左右的辛勤工作,终于将10万封侨批整理得井井有条。《潮汕侨批集成》计划出版130册左右,2007年"申遗"时,第1辑36册已问世。

与此同时,经过研究中心1年时间的筹备,我国首家以侨批为主题的博物馆——侨批文物馆,于2004年4月正式建成开馆,大量侨批原件经过整理、消毒、造册,存放于"珍藏室",馆里的数百幅图片和有关文物,系统地反映了侨批的来源、侨批的经营、侨批的贡献和侨批的研究等方面的内容。研究中心也注重加强侨批文化的研究工作。2004年11月,举办了首届侨批文化研讨会。这届国际性的研讨会,有中国(含香港)和泰国、新加坡等的60多位专家学者与会,提交论文40多篇,对侨批文化进行多视角的研讨,会后形成了相对稳定的研究队伍。2005年7月29日,纪念抗日战争胜利60周年的"抗战时期的侨批业"专题研讨会成功举办。会后分别出版了论文集专刊。同时,《潮汕侨批》和《潮汕侨批简史》等专著也先后出版。而专门以侨批为研究对象的刊物——《侨批文化》早在2003年10月问世,在国内也属首创。在这期间,陈伟南先生等捐赠大量资金,有力支持了侨批文化事业的发展。饶宗颐教授专门为侨批文物馆题写了馆名,吴南生先生特地为《侨批文化》题写了刊名,庄世平先生题写了贺辞。

研究中心还非常重视侨批文化的传播,以求传承弘扬。主要是开展

"侨批文化进校园"活动,给学校的"侨批文化兴趣小组"送有关书刊、给学生们讲授有关知识,辅导他们进行田野调查,确定研究课题,修改他们撰写的论文。还请金荷中学的"侨批文化兴趣小组"参加研讨会,在《侨批文化》发表他们的论文,鼓励大家继续努力。

基于以上情况,省档案局调查组认为,潮汕侨批有条件申报世界记忆遗产,返穗后要求研究中心起草"申遗"报告书。2007年5月,研究中心正式向省档案局提交潮汕侨批"申遗"报告书。2007年7月16日,省档案局吴晓琼处长率江门市档案局、文化局、五邑大学有关负责人前往汕头,与潮汕历史文化研究中心商讨,提出广东省除了潮汕侨批,还有梅州客家侨批和江门的五邑银信,可否三家联袂以"广东侨批"名义"申遗",研究中心明确表示同意,会后形成了会议纪要,按省档案局的安排,"广东侨批"率先向国家档案局申报"中国档案文献遗产",一俟成功后再申报"世界记忆遗产",后来再改为申报《世界记忆亚太地区名录》《世界记忆名录》。

2007年12月,由潮汕历史文化研究中心在潮州举办第二届侨批文化研讨会,应邀赴会的福建省政协委员、泉州学研究所所长林少川得知广东省侨批要"申遗",回去后立即向福建省政协递交一份提案,呼吁福建应重视侨批这一文化遗产,尽快进行"申遗"工作,此举开始引起福建省委、省政府的重视。经国家档案局协调,决定两省联合以"侨批档案"名义申报"中国档案文献遗产"。

在申报"中国档案文献遗产"期间,潮汕历史文化研究中心在省、市档案局的支持下,于2009年2月在侨批文物馆加挂"潮汕侨批档案馆"牌匾,并举行揭牌仪式,成为国内首家侨批档案馆。2009年3月27日,国家档案局王雁宾副司长前往侨批文物馆考察,对研究中心10多年来对潮汕侨批所做的抢救、整理、研究等方面工作表示满意和赞赏,认为这是很有特色的民间珍贵历史文献。为了迎接"中国档案文献遗产"的评审,省档案局要举办《海邦剩馥——广东侨批档案展》,研究中心给予大力支持,向前往联系的吴晓琼处长提供此次展览的大部展品,包括侨批原件、文物和有关书刊、雕塑等。

2010年2月22日,"侨批档案"正式入选《中国档案文献名录》,接着,研究中心继续努力,与有关部门一起,向入选《世界记忆亚太地区名录》的新目标前进。申报《世界记忆亚太地区名录》时,侨批总量约17万封,其中广东有15万多封(潮汕侨批10万多封),福建有1万多封。

此后,潮汕历史文化研究中心为了彰显侨批的跨国属性和世界意义,继续到著名侨乡澄海隆都镇进行田野调查,深入了解那里的侨情。这个镇的海外侨胞人数相当于当地人口的两倍,分布在南洋诸国,有侨才有批,故当地侨批业发达,先后设立了10多家侨批局。而整个潮汕地区侨胞上千万人,分布在世界40多个国家地区,主要集中在南洋(即东南亚)诸国,抗战胜利时,南洋的潮帮侨批局多达455家,设立在潮汕的批局131家。根据调查资料,研究中心撰写了《试析侨批的跨国属性》等论文,阐明侨批这一跨海越洋的"两地书"是在跨国的环境中诞生,批业在跨国渠道中运营,信息在跨国网络里沟通,它的文献价值已超越了国界。同时,又深入梅州,征集到140多封清光绪年间的侨批原件,成为不可多得的文献档案。此外,研究中心特地举办了"侨批档案的世界意义"研讨会。

2011年,研究中心与汕头大学长江新闻学院的新加坡留学生王锦胜和几位同学合作,利用双方的技术、资源优势,运用网络技术,建成"网上侨批文物馆",通过先进的技术手段扩大侨批在海外的影响。在此之前,研究中心已与汕头大学图书馆合作,共同建立潮汕侨批数据库,以求实现数字化管理。

为了增强"申遗"力度,研究中心发函海外社团和知名人士,恳请他们鼎力支持,中国香港爱国实业家、香港潮属社团总会创会主席陈伟南和泰国泰中学会会长洪林等,立即作出回应,上书国家档案局,充分表达了海外侨胞对侨批"申遗"的关注,认为此举是对数千万海外侨胞历史地位和贡献的认同和肯定,大家感到无比振奋和欣慰!饶宗颐教授对侨批又进一步评价,认为它:"可谓是继徽州契约文书之后,在历史文化上的又一重大发现。"由于还有许多侨批收藏于民间,收藏者视为传家宝而舍不得转让,研究中心也无雄厚财力征集。为了解决这个矛盾,研究中心找出一个两全其美的办法,即请收藏者将自己的侨批和侨批业档案进行初步整理,筛选一部分扫描,然后把扫描件交由研究中心编辑出版,既保证侨批和有关档案完好无损地在收藏者手中,又使研究中心能够进一步掌握侨批和有关档案的社会存量和收藏状况。结果,侨批收藏者陈郴、蔡少明、张美生、魏金华先后整理出大批侨批和有关档案的扫描件送给研究中心。远在泰国的洪林、黎道纲,都70多岁了,仍不辞辛苦地到图书馆,认真翻阅尘封多年的华文报纸,以"沙里淘金"的精神筛选出有关侨批业的资料,并且亲自编辑、设计,将《泰国侨批业资料汇萃》的书稿,工整地送给研究中心。最后共有8册的《潮汕侨批业档案选编》终于付梓,为专家学者提供更为丰富的档案文献。同时,《潮汕侨批集成》第2辑36册问世。水客的后代吴道和,将他祖父使用过的木秤、陶瓷、箩筐等遗物和一些侨批原件都捐赠给侨批文物馆。至此,研究中心的侨批收藏量已增至12万封。

2011年12月,在广东省侨批档案宣传推介会召开之前,研究中心根据省档案局指示,布置好侨批文物馆,准备有关材料并与市档案局一起到隆都做好准备,接受徐大章局长的检查。推介会召开后,又在侨批文物馆和隆都镇,向世界记忆亚太地区主席埃德蒙森等详细介绍侨批的有关情况,他们对研究中心老干部和工作人员的敬业精神和对侨批档案的整理、保护所付出的辛勤劳动给予了高度赞赏和充分肯定。

2012年以后,向《世界记忆名录》最高目标冲刺时,潮汕历史文化研究中心积极配合,先后接受凤凰卫视两次采访和《南方日报》、《羊城晚报》、《深圳特区报》、潮商卫视、汕头电视台等媒体记者采访,进一步扩大侨批在海内外的影响。并组织研究人员作重走"东兴汇路"田野调查,进一步印证侨批的跨国属性和它的历史贡献。同时组织研究人员,为2013年4月在北京举办的"中国侨批·世界记忆工程"国际研讨会提供《侨批,中国进入国际金融市场的先行者》等论文,引起了海内外学术界的关注。

(《广东档案》2013年第六期)

侨批局，
中国进入国际金融市场的先行者

2000年，国际汉学大师饶宗颐教授明确指出，潮州侨批可与中国考古发掘和文书档案五大发现之一的徽州契约（其他四大发现为甲骨文、汉晋简牍、敦煌文书、明清内阁大库档案）相媲美。经海内外专家学者的潜心研究，结果表明，专门经营侨批业务的侨批局（下简称批局）还是中国进入国际金融市场的先行者。本文意在"抛砖引玉"，仅就此提出初步看法，就教于方家。

批局具有金融的基本属性

何谓金融？按《辞海》（上海辞书出版社，1982年，页692）的解释，是货币资金的融通，一般指与货币流通和银行信用有关的一切活动，其中包括国内外汇兑。而汇兑者，是指本地的汇款人不依靠现金的输送，委托收款人所在地的第三者向收款人支付一定金额，以结算两地间债权债务关系的一种方式。批局是在金融和邮政机构尚未建立或极不完善的情况下，由民间自发兴起、专门办理侨批业务的特殊金融机构，其汇兑业务包括信汇、票汇以及电汇、转汇等。而这些外汇交易在国际金融活动中称之为"现汇买卖"。侨批是海外侨胞通过民间渠道（包括批局和早先的水客）及后来的金融邮政机构寄回国内、连带家书或简单附言的汇款凭证，由于其主要特征是"银信合一"，因而信汇成为批局运营最基本的形式。

所谓信汇是侨批业首创的汇兑方式，一般是在侨批正面左上角写有"外付（附）X（币）X元"，使用当时流通货币的名称，如龙银、大银、洋银、国币、金圆券、汇币等，"外付（附）即外寄的意思。侨批的批信好比是当今汇款单的附言"，回批有如收款后的"回执"。侨批信汇的批款，主要是为了养家糊口，暹罗（即泰国）揭阳籍侨胞吴源音寄给双亲的批信中就这样写道："刻下外地利息艰难不能多寄，今顺便寄去大洋银叁元，到时查收以为家用"，批封的左上角也相应写上"外付洋银叁元"（《潮汕侨批萃编》第一辑，页13）。民国三十七年（1948）农历七月，此时国币已经贬值，旅暹侨胞曾嘉（加）丰在寄给澄海上中乡图濠村伯母的批信中便写道："特奉上国币壹亿元，内抹伍佰万奉吾母亲，余助家需耳。"批封左上角写有"外附国币壹亿元"。（同上，页101）不少批款是作礼仪喜庆之用，一般是在批信中写明作为"茶果之用"或"茶果之需""茶果之敬"等。旅泰侨胞吴大俊夫妇1974年12月在写给孙儿吴武成的批信中就清楚写道："接来信欣知孙儿将举行结婚礼，合家用悉非常欢喜，故特筹寄上港币壹仟元，乞查收，以助婚礼之用。"在折迭式的批封左上角写道："付去港币壹仟元。"（同上，页171）有些是作为家乡亲人应急之需，旅泰侨胞1967年在寄给潮安县南桂区博士林乡弟弟林炳春的批信中写道："惊悉慈亲大人痛于农历七月初二寿终，余等甚为悲伤！""今特筹附港纸（币）伍佰元作为治丧之用。"批封左上角也写有"外附港币伍佰元"的字样。

  侨批局的另一种运营形式，便是票汇，即汇出批款的批局应汇款人的要求，开出以汇入批局为付款人的汇票，写明收款人的姓名、批款金额等，然后交给汇款人自行寄送给收款人或亲自携带出国，凭票向付款的批局取款的一种汇兑方式，其运营过程和业务手续，基本上与银行的票汇相同。也有的批局与银行联汇，即南洋华侨银行作为汇出者，国内批局为汇入者等。票汇的支付时间通常是双方约定"票到即付"或票到一定时间后再支付。南洋银行收进侨胞的批款之后，开出厦门的汇票，持票人即以此向南洋银行的厦门分行或代理店支兑。同时，厦门的银行也可用直接开出南洋的汇票相抵，收入的款项即用于支付批款。（《闽南侨批史记述》，页172-173）由此可见，批局的金融属性非常鲜明。

批业形成国际运营网络

侨批的问世,源于海外移民。由于种种原因,沿海许多先民被迫离乡别井,冒着生命危险远渡重洋,到异国他乡谋生,迫切希望能够尽快地将自己的劳动所得托寄回家乡,恪尽赡养亲人的义务。在海内外金融邮政机构尚未建立或极不完善的情况下,侨批这种托寄方式便在跨国环境中诞生,并催生了国际运营的侨批业,可谓"有侨才有批"。关于这方面,在拙文《试论侨批的跨国属性》中作了相应论述。侨批业的批局,大多数的总部设在海外,部分是设在国内侨乡。据饶宗颐教授总纂的《潮州志·实业志六》统计,至民国三十五年(1946),海内外潮帮批局近600家,其中在南洋诸国的有451家,在侨乡潮汕地区的有131家:

```
           带着侨胞托寄的侨批、物件,领着侨胞后裔回家乡寻根认祖
海外  ───────────────────────────────────────────────────▶  家乡
      ◀───────────────────────────────────────────────────
           带着侨眷的回批和领着侨眷出去寻找亲人,谋求生路
```

在泰国,中国的侨胞总数达700万人左右,占泰国总人口的12%左右;而潮籍侨胞又占中国侨胞总数的70%,因此那里的潮帮批局也就很多,达118家,占南洋诸国潮帮批局总数的26%以上。如按专家收集到的批局实寄封计算,泰国的潮帮批局已有156家之多(见页347—351附表,据《广东集邮研究》1989年第4辑转引):

仅泰国首都曼谷就占去117家,其中的三聘街聚集了70多家。仅1930年,泰国侨胞寄回的批款就达4000万银元。

福建闽南创办于清同治六年(1867)的天一批局,在中国设有漳州、泉州、同安、上海及香港等9家分局,在海外的菲律宾、印度尼西亚、马来亚(马来西亚)、暹罗(泰国)、缅甸、安南(越南)、柬埔寨等国设24家分局。

所有这些,都凸显出侨批业运营的跨国特征。

批业与国际金融同步

批业的运营过程与国际金融发展的关系又是如何?福建泉州的侨批研究专家王朱唇和张美寅,曾对此作了比较研究,结果发现两者的发展基

泰国潮帮批信局开业时间表

阶段	编号	泰国批信局名称	推算开业时间
早期建立的批信局（1—44）	1	万成顺	1900年4月
	2	许奉万昌	1903年9月
	3	曾金记大银信局	1905年3月
	4	陈正发批局	1905年11月
	5	泰万昌批局	1906年1月
	6	陈协顺信局	1908年2月
	7	陈炳春信局	1909年3月
	8	陈天合集成昌信局	1909年6月
	9	振盛兴批局	1909年7月
	10	常丰泰信局	1910年4月
	11	义兴利泰记信局	1910年8月
	12	得万兴信局	1912年3月
	13	成顺利银信局	1914年6月
	14	合兴利信局	1915年1月
	15	炳和兴批局	1916年10月
	16	万德盛信局	1917年1月
	17	林永记信局	1921年10月
	18	郑义合批局	1922年1月
	19	广顺利信局	1922年9月
	20	泰记信局	1922年9月
	21	陈利兴批局	1924年1月
	22	福顺成	1924年4月
	23	成合昌信局	1924年10月
	24	许福安信局	1924年10月
	25	协成丰银信局	1925年2月
	26	得兴利批局	1925年6月
	27	许公兴信局	1925年8月

阶段	编号	泰国批信局名称	推算开业时间
早期建立的批信局（1—44）	28	成兴信局	1925年9月
	29	许明发银信局	1925年10月
	30	成顺利舜记信局	1926年1月
	31	永振发信局	1919年1月
	32	郑成顺利庆记	1926年6月
	33	唐双合银信局	1926年9月
	34	宏发信局	1926年10月
	35	郑泰安号	1927年2月
	36	万兴昌批业汇兑庄	1927年2月
	37	万兴昌银信局	1927年8月
	38	许日三批局	1928年1月
	39	洪中兴发信局	1928年4月
	40	泰振发信局	1928年8月
	41	许瑞和批局	1928年9月
	42	吴泰安银信局	1929年1月
	43	张荣发信局	1929年7月
	44	振泰丰有限公司汇兑信局部	1929年10月
战前建立的批信局（45—82）	45	许振茂信局	1931年1月
	46	陈美盛和记信局	1931年1月
	47	永成丰银信局	1931年1月
	48	荣盛利大信局	1931年8月
	49	成昌利信局	1931年12月
	50	黄潮兴信局	1932年4月
	51	振成发信局	1932年6月
	52	永振发汇兑银信局	1932年6月
	53	陈悦记银信局	1932年10月
	54	义瑞兴	1933年1月
	55	协成兴银信局	1933年4月
	56	罗祥发银信局	1933年10月
	57	余顺泉信局	1934年1月
	58	荣德泰银信局	1934年5月
	59	振华丰批业汇兑有限公司	1934年12月
	60	恩成兴	1935年1月
	61	郑成顺利振记银信局	1935年1月

阶段	编号	泰国批信局名称	推算开业时间
	62	成利发	1935年5月
	63	郭乾昌信局	1935年6月
	64	泰兴裕信局	1936年5月
	65	振华丰信局	1936年8月
	66	泰兴裕汇兑银信局	1936年9月
	67	陈益发信局	1937年1月
	68	阜丰信局	1937年2月
	69	蚁成记信局	1937年5月
	70	亿盛美丽信局	1937年7月
	71	马泰盛汇兑银信局	1937年8月
	72	文昌盛银信局	1937年10月
	73	和和银信局	1938年1月
	74	义发兴汇兑银信局	1938年7月
	75	万隆达代理	1938年9月
	76	泰半银信局	1939年6月
	77	永兴盛银信局	1939年7月
	78	黄干成银信局	1940年1月
	79	余清利银信局	1941年1月
	80	许协成兴信局	1941年8月
	81	炳合丰银信局	1941年11月
	82	许信成银信局	1941年12月
日占时期建立的批信局(83—86)	83	能信	1942年7月
	84	永顺利汇兑银信局	1943年5月
	85	信联有限公司	1943年6月
	86	许华丰泰汇兑银信局	1944年9月
战后建立的批信局(87—141)	87	泰合昌汇兑银信局	1945年1月
	88	马金峰汇兑银信局	1945年2月
	89	刘炎成裕记代理	1945年2月
	90	永昌利汇兑银信局	1945年2月
	91	明兴发汇兑银信局	1945年4月
	92	天寿堂信局	1945年4月
	93	潘合利银信局	1945年5月
	94	李耀源银信局	1945年6月
	95	南昌隆银信局	1945年7月

阶段	编号	泰国批信局名称	推算开业时间
	96	裕兴盛批业汇兑	1945年7月
	97	陈振兴信局	1945年8月
	98	新华利银信局	1945年9月
	99	进兴昌银信局	1945年9月
	100	天外天银信汇兑庄	1945年11月
	101	湄光公司汇兑部	1945年11月
	102	郑成顺利贤记汇兑银信局	1945年12月
	103	泰和隆有限公司民信部	1946年1月
	104	永顺成银信局	1946年1月
	105	华丰泰汇兑银信局	1946年2月
	106	伦敦银信局	1946年2月
	107	松兴泰银信局	1946年2月
	108	潮源兴银信局	1946年4月
	109	光华兴银信局	1946年4月
	110	裕丰银信局	1946年4月
	111	臣信	1946年7月
	112	振成丰银信局	1946年9月
	113	泰源亨银信局	1946年9月
	114	永泰祥银信局	1946年10月
	115	陈和发信局	1946年11月
	116	振潮兴汇兑银信局	1947年2月
	117	阜丰良发汇兑银信局	1947年2月
	118	长兴银信局	1947年2月
	119	乾华隆汇兑银信局	1947年3月
	120	明强发汇商汇兑银信局股份公司	1947年4月
	121	广顺发银信局	1947年6月
	122	许广和成银信局	1947年6月
	123	源成银信局	1947年10月
	124	建益有限公司民信部	1948年1月
	125	南昌合记银信局	1948年1月
	126	许元合汇兑银信局	1948年1月
	127	余泰泉茶庄批局	1948年2月
	128	合昌银信局	1948年2月
	129	光益裕公司	1948年4月

阶段	编号	泰国批信局名称	推算开业时间
	130	林源顺利信局	1948年6月
	131	长兴利汇兑银信局	1948年7月
	132	大隆银信局	1948年9月
	133	合丰发银信局	1948年10月
	134	联顺利银信局	1948年12月
	135	邱发利汇兑银信局	1949年1月
	136	嘉源银信局	1949年1月
	137	振华泰批局	1949年2月
	138	广顺利毅记汇兑银信局	1949年2月
	139	正基银信局	1949年4月
	140	伟通信局有限公司	1949年10月
	141	振丰隆银信局	1949年11月
最后建立的批信局（142—156）	142	南成银信局	1950年2月
	143	南泰发银信局	1951年4月
	144	马振发银信局	1951年10月
	145	公宜信局有限公司	1952年9月
	146	永兴利银信局	1953年2月
	147	泰成丰银信局	1953年2月
	148	利民银信局	1953年3月
	149	荣丰利批业汇兑有限公司	1953年3月
	150	永华利银信局	1953年3月
	151	崇峻信局有限公司	1953年5月
	152	大业信局有限公司	1954年5月
	153	永合兴银信局	1955年2月
	154	群力信局有限公司	1956年1月
	155	孚中信局有限公司	1956年10月
	156	万通有限公司民信部	1956年11月

本同步。王朱唇等在《闽南侨批史话》中将侨批史分为三代,即:从华侨出国的上限12世纪至1840年为第一代;从19世纪中期批局问世至批局并入中国银行,前后约100多年;第三代自1980年开始。第一代的批局,是以物款或黄金实体交易为主,其中侨批批款主要是由水客携带,不少是用在海外收取的批款购买国内需要的"番货"带回,然后在国内以货易银,再按侨批原来款额如数分发给侨眷。后来,钱庄等参与侨批批款的运营。与第一代批局相应的国际金融发展第一阶段,则以携带黄金作为资

本运营,犹太人已经营放债、融资业务;意大利的一些城市也开办了货币兑换、借贷、汇兑业务。第二代的批局与国际金融发展第二阶段中,批局从物款交易过渡到汇兑交易为主,批业蓬勃发展,并逐步趋于成熟。档案资料表明,20世纪30年代,仅广东汕头每年经水客带回的侨汇(批款)达2000多万国币,约占当时全国汇款总额的5.2%。1936年,据当时汕头市邮政局估计,每年该市的华侨汇款中,大约4000万元的法币是由批局经手的,也就是说民营批局经营的当地华侨汇款(批款),占侨汇总额的80%以上。(《第六届潮学国际研讨会论文集》,页577—588)福建的情况也是如此。第二代的批局,促进了侨批转口国际网络的形成。20世纪20年代,国际金融活动开始进入中国,中国银行、邮政的汇兑业务始于1918年,1930年才在国内外全部通行。在国际汇兑通行后的1930年至1935年,福建邮局的国际汇兑业务量,还不及侨汇总额的10%,60%—70%仍由批局作为批款转汇进来。与第二代批局相对应的国际金融发展第二阶段,也处在蓬勃发展时间,各国经济贸易与合作迅速扩大,业务品种不断增加,国际金融学也日趋成熟。

不仅如此,一些金融机构还直接涉足侨批经营。据《泉州侨批业史料》记载,由于中国银行为国际汇兑银行,泉州支行便:"于民二十六年元旦开始筹备,至四月上旬,即筹备完竣成立侨汇组,同时派人在厦门、安海、石狮等处负责专办侨信(批)分解事务,并承顶'合昌信(批)局'执照,以为收发侨信之用",并与批局合作,共同为侨胞服务。后来"厦门有较大的信局数家如有利、崇成、源信昌等,先后委托本行(即泉州支行)代解(批款);菲律宾之中菲、宿务吴南、棉兰意兴、鼎兴等信局,亦来函接洽或托人到行协约委托解款办法,至7月间计委托本行代解者已达数十家"。民二十七年(1938)5月厦门沦陷后,"拟在永春、洪濑、涵江等处添设机构,并请准邮局将合昌总局牌照移泉,在鼓浪屿仍留分局办事",据统计,1940年,仅合昌信与邮政储金汇业局的侨批业务量,"就占全省三分之一左右"。福建省银行早在1927年就在香港设立办事处,办理汇兑业务,并与新加坡中国银行订约通汇。临近太平洋战争时,又委托菲律宾箴记行代收侨汇、存款,并指派驻菲代表参加菲福建汇兑公司事宜。后来,福建省银行打算单独承办侨批业务。与此相反,有些侨批局则变为侨资银行。

厦门的侯伟雄提供的史料表明，由于鼓浪屿在清末民初是重要的金融中心，20世纪30年代，这里的侨批业呈现鼎盛局面，石码路因营业点多而有侨批"一条街"之称，"以至1938年厦门岛沦陷后，市内批信局有67家避往鼓浪屿公共租界营业"。现在，"鼓浪屿与批信局有关的银行遗址包括中央银行、中国银行、交通银行、新华银行、集友银行、农业银行、伪劝业银行等等"，其中有些银行的前身的确是闽南的侨批局，如华侨银行公司，"在1932年由三家公司联合组成，它们是：和丰银行、华商银行、华侨银行，凑巧代表了厦、漳、泉的人员与资金的组合"，其中"在20世纪初就已经很有影响的和丰银行的前身为和丰信局，目前尚有保存完整的信局支票为证"。1938年厦门沦陷后，鼓浪屿成了难民营，原厦门的客栈业（兼业侨批业）全部撤往租界，"这时候的华侨银行坚持在鼓浪屿运作，在日寇登上该岛前后，代发放了大量的侨汇，解决难民燃眉之急，救侨眷于水火之中。今年发现大量的侨批汇单遗失并且领款小金额的声明"。（以上引自侯伟雄的《鼓浪屿与闽南侨批遗址》，见2009年《回望闽南侨批》，页136—141）以上所述表明，侨批业与银行有着相同的"DNA"，同属国际金融"大家族"。直至1976年左右，侨批业才并入专营外汇业务的中国银行，它的最后归宿依然在国际金融范畴之中。

侨批局是中国进入国际金融市场的先行者

据山西学者考证："中国与金融业进入国际市场，在国外设立分支机构最早者，即为山西票号。"（《票商兴衰史》，页380—381）此"最早者"为祁县帮合盛元票号，于清光绪三十三年（1907）在日本神户设支店。而目前已掌握的历史档案表明，批局的最早者应推广东澄海籍侨胞于清道光十五年（1835）创办的致成批局。清嘉庆二十年（1815），澄海东湖的黄继英昆仲因家乡受灾严重，家庭一贫如洗，只好漂洋过海在马来半岛槟榔屿上岸，流落在码头当苦力。道光三年（1823），他俩渡海到新加坡，还是当苦力谋生。后经过艰苦奋斗，终于在道光九年（1829）办起了"致成染坊"，创出了"致成乌"（布）的名牌产品，生意兴隆，故里的乡亲闻之纷纷投奔其门下谋生。在染坊做工的乡亲要将自己的辛苦钱和信件递回家乡相当困难,黄继英便自派水客专门送侨批回去,并在家乡设立"致成批馆",作为水客行馆。后来,在新加坡托寄侨批回家乡的侨胞越来越多,黄继英便从古代的邮驿得到启发,于道光十五年(1835)正式挂起"致成信局"(即批局)的招牌,专营侨批业务。因金融邮政机构尚未建立,致成批局的国际金融运营过程处于原始状态,即各项业务由本局"全包"。致成批局统一负责制批封、回执,寄批人先领取表格,填写好收款人的姓名、地址、寄出批款的数额和寄款人的姓名、在新加坡的通讯处等,然后到批局交批款。批局人员首先在账簿上登记、编号,并照表格填写的内容抄进账簿,逐日移交给司柜汇入总账。经理室专人负责对收寄的侨批进行查核,确认无误之后在批封背后盖上"致成信局"的印章,并复制出一份清单,交有关人员回澄海时直接交给"致成批馆",由批馆的侨批派送员(俗称"批脚")按固定的派送路线,将批信和批款送到收批人手里,然后将收批人的回批汇集起来,再由专人送回新加坡的批局,最后交还相关的寄款人。后来,由于事业发展,致成批局在汕头创办了"有余银庄",同时开展新加坡等地的货币流通和货物周转业务。

在漳州,主要经营吕宋(现菲律宾马尼拉)与福建闽南之间的侨批银信汇兑的天一批局,创办于清光绪十八年(1892)。开始收发侨批时,批信和批款是由下属的吕宋分局收集,然后将批信扎成捆,连同清单装袋,托寄定期往返南洋、厦门的班轮或外国商埠邮局带到厦门。下属的分局接到邮袋后分拣派送;侨胞托寄的批款,则由外国转汇兑付,再由分局人员直接登门送到侨眷手里。侨眷收到批信和批款后,就写好回批,批局收齐回批后装袋寄回吕宋,由那里的分局转交给寄款人。民国四年(1915)天一批局兼营汇单生意,鼎盛时期,它办理的批款(侨汇)额上千万大银,占闽南一带侨汇总额的三分之一。

综上所述,源于广东、福建侨乡的"草根"批局,不仅可以界定为国际性的金融机构,而且远远早于山西票号走向世界,这样,它便顺理成章地成为中国进入国际金融市场的先行者,诚如福建省福州的侨批专家许建平所言:"金融汇兑是侨批业的根本命脉。"泉州的黄清海、万冬青、刘伯孳、吴宝国诸多专家也都认为,侨批业的发展是重在金融汇兑上。广东省汕头的专家陈训先则高度评价侨批"既是一笔集合性、流动型的灵活巨资,又是一股足以操持'商贸互动'的金融实力"。它与金融行会联袂创生了地方虚位货币"七兑银票",对结束洋银驳杂局面、推动国家法币的早日诞生,发挥了积极作用。而"近现代的资本主义萌芽,应该始于侨批的'金融通洋活动'"。(《首届侨批文化研讨会论文集》,页191)

(《中国侨批·世界记忆工程国际研讨会论文集》,会议2013年4月在北京召开)

主要参考书目:

1. 广东省集邮协会、汕头市集邮协会编《潮汕侨批论文集》,人民邮电出版社,1993年11月。

2. 王炜中、杨群熙、陈骅编著《潮汕侨批简史》,公元出版有限公司,2007年8月。

3. 王朱唇、张美寅著《闽南侨批史话》,中国广播电视出版社,2006年9月。

4. 中国银行泉州分行行史编委会编《闽南侨批史纪述》,厦门大学出版社,1996年6月。

5. 史若民著《票商兴衰史》,中国经济出版社,1998年4月。

6. 杨锡铭著《潮人在泰国》,艺苑出版社,2001年5月。

7. 侯家驹著《中国经济史》(下),新星出版社,2008年1月。

8. 赖宏主编《第六届潮学国际研讨会论文集》,澳门潮州同乡会,2005年11月。

浅谈饶宗颐教授
不倦超越的治学精神

国际汉学大师、潮学泰斗饶宗颐教授的辉煌成就,不仅是上千万字的鸿篇巨著,而且包括宝贵的治学精神,不倦超越便是其中的精粹。对此,根据自己在潮汕历史文化研究中心工作时所了解的情况,谈一点粗浅的体会。

中山大学的姜伯勤教授曾于1991年、1993年观赏过饶老的书画展,后在饶老八十回顾展上,更有耳目一新之感,就禀告饶老:"于今次展览中,又看到先生画作的若干变风。"饶老闻之,立即为他写下"不犹人,不犹己"6字。这便是饶老不倦超越精神的真实写照。

"不犹人",按姜教授的解读,即不因袭、不尾随人,正如饶老所言,自己"只有一颗敢于缒幽凿险的童心和勇气"。饶老对韩愈刺潮前潮人文化状况的研究,就充分体现了这一点。

韩愈刺潮前,潮州是怎样一种状况?曾于唐太和、开成年间两度为相,后被贬为潮州司马的李德裕,曾这样描述潮州:"风雨瘴昏蛮海日,烟波魂断恶溪村。"宋代的大文学家苏东坡,在《潮州韩文公庙记》中还认为:"始潮之人未知学。"清代的吴兴祚也说:"文章随代起,烟瘴几时开?不有韩夫子,人心尚草芥!"在他们看来,潮州是一个荒蛮瘴疠之地,民众则愚昧无知,启蒙者为韩文公。连韩愈也说:"飓风鳄鱼,患祸不测;州南近界,涨海连天;毒雾瘴氛,日夕发作","居蛮夷之地,与魑魅为群","忧惶惭悸,死亡无日"。

　　当年的潮州是否就这样愚昧、落后？在大家们的结论面前,一向重视考古发现的饶老,对此进行了大胆而求实的探索。早在1948年,饶老就在韩江流域进行考古活动,写下《韩江流域史前遗址及其文化》的专著。他对浮滨文化非常关注,在《浮滨文化的石璋、符号及相关问题》论文中说:"所谓'浮滨文化',是指饶平县浮滨区塔仔金山出土的遗存,以'浮滨'命名的考古学史前文化的一个文化名目",认为"浮滨类型的特征为陶器施釉,年代先于夔纹陶(春秋时期)","故其年代被定为晚殷及早周,虽尚有不同意见,大体已为一般人所接受。"(见《浮滨遗物论》)后来,浮滨类型遗物经科学检测,结论与饶老的推断基本吻合。饶老在《浮滨遗物论》中还指出:"现藏于广东博物馆的浮滨巨型彩釉大口尊,上刻王字,同样标记又有三件,似乎表示浮滨在殷周之际曾经是属于越族的一个王国。"1975年,在揭阳出土两件在祭典时佩带的石璋,饶公又指出,这是"为考古学研究提供重要的依据",说明这一区域的礼制文明已达到相当高的层次。而后来在潮阳和惠来出土的两口甬钟,说明周代的礼乐已传播到现在的潮汕地区。

　　2003年初,在饶老的大力倡导下,由北京大学、中山大学、广东省文物考古研究所等单位专家组成的考古队,对已于1982年10月首次发掘的普宁虎头埔遗址进行钻探、复查。距今4000多年的虎头埔遗址位于普宁市广太镇绵远村虎头埔南坡,窑址分布在相对高度约10米,坡度15—20度的缓坡上。在已发掘的1225平方米范围内,清理了窑炉遗迹18座,烧灰坑6个和房址1座。考古的结果表明,这些窑利用原有山丘坡度的自然形态挖穴建造,利用窑炉火膛和火道的自然抽力,使窑内的气流和火焰自然上升,火焰在窑内的运动流程增大,与陶坯热处理的机会增多,明显地提高了烧成温度,使硬陶的烧成温度可达1100℃,而基本属同期的珠海后沙湾遗址的陶片烧成温度为650℃,姮曲商城(今山西)灰陶的烧成温度一般在800℃—900℃之间。由此可知,虎头埔窑业技术与同期黄河流域和珠江三角洲的窑业技术相比并不落后。从出土文物看,其陶器以泥质浅灰陶为主流;器类较单纯,以罐为多,偶见壶;纹饰流行印纹陶拍打,有条纹、间断条纹、长方格纹、曲尺纹、圆圈纹、圈线纹、叶脉纹、编织纹等多种;而且陶器烧制火候很高,质地坚硬。虎头埔类型的陶器不仅流行于揭阳境内的仙桥赤岭口、埔田宝山岽、锡场三担村、东山黄岐山虎头岭、埔田金鸡岽、埔田世德堂水库、磐东南沙村、地都华美等处,还分布于莲花山脉的南北两侧,如五华、兴宁、梅县、大埔、丰顺、龙川、和平等地都曾发现虎头埔文化遗存。这就表明虎头埔文化的中心分布区在榕江中游和韩江流域,梅江流域和东江中上游地区则是其次级分布范围,考古还发现珠江三角洲与虎头埔也有文化交往。总之,虎头埔是广东史前时期最为重要的陶器制作场所,具有相当的规模和特色,既与上述地区保持着商贸交换关系,又影响了周边地区的文化发展。考古学家由此得出的初步结论为:古窑群的规模显示,当时这里曾是一处专业化生产的基地,是广东地区目前发现的新石器时代保存较好、数量最多的陶窑群。

  虎头埔古窑群遗址的考古复查成果,令饶老兴奋不已,便在《海外潮人与近代中国》文中指出:揭阳虎头埔"是一处极其重要的古窑群遗址。首先,它非常完整;更重要的是,它标志着在新石器时代晚期的粤东地区,当时的当地人已经有很高的科技和工业文明,诸如能够建筑完整而先进的烧陶的窑群,能烧制相对超出自己所需的大量的陶器等;它也标志着粤东已具备作为当时对邻近地区如粤北等地所需要的陶器的一个供应站这样子高的经济生产力和有利的商业贸易的条件;再结合其地理位置来看的话,似乎也很有可能会把陶器制成品经过海上而输出到邻近地区的一种贸易关系。"由此,他明确表示:"总之,揭阳虎头埔古窑群说明了新石器时代的粤东文明已经相当高了。""粤东或潮汕地区可能更早一些已经与中原文明有交流。"饶公的这一论断,成为潮汕史前文化的重要指导思想,具有深远的学术意义。由此可见,"新石器时代的粤东或潮汕地区绝不会是蛮荒之地,特别是结合了潮汕地区以前曾发现过牙璋和这次考古工作也发现了一些青铜器来看,我认为最迟在新石器时代晚期,粤东或潮汕地区应已具备与中原文化接轨的特征。"1989年召开的第五届国际潮团联谊会的讲座上又提出:"向来一般都认为潮之有学,由韩公开始,这一点殊为不确。"(《潮人文化的传统和发扬》)北京大学震旦古代文明研究中心主任李伯谦教授也认为,虎头埔古窑群遗址的发现,"推翻了以往所持的'岭南地区是蛮荒之地'的观点。虎头埔窑群代表了距今4000多年前粤东文化发展的高峰期,证明这个地区在新石器时期就有自己的先进文化,经过与不同文化的交流、碰撞和综合,从而得以壮大"。揭阳虎头埔古窑群遗址的考古复查成果、有关专家的论证和韩愈刺潮前潮州人文鼎盛、经济发展的史实,便为饶老这一突破性的论断,提供了强有力的支持。为此,国学大师季羡林在《谈饶宗颐史学论著》一文中,就写下自己的感言:"我们从事社会科学研究工作的人,再也不能因循守旧,只抓住旧典籍、旧材料不放。我们必须扫除积习,开阔视野,随时掌握新材料,胸怀全球;前进,前进,再前进;创新、创新、再创新。"(郑炜明编《论饶宗颐》,页233)

"不犹己",姜教授解释为不断超越自己。饶老才高八斗,学富五车,16岁时就写出平生第一篇文章《潮州旧志考》,在顾颉刚主编的《禹贡》杂志上发表,18岁时继承父志补订完成《潮州艺文志》,但他并不因此故步自封、孤芳自赏,而是不断地迈步从头越。饶老对自己研究课题的认识并非一成不变,他写过关于王莽的论著,有人要出版,但他没答应,原因是要等待新的资料,"还有我的一些史学观点也在不断转变"。(潮汕历史文化研究中心编辑出版《潮学通讯》2006第一期)饶老对原生态的"草根"档案文献潮汕侨批十分关注,1946年在他总纂的《潮州志》中,专辟有"侨批业"的章节,对侨批的起源、沿革、经营等方面,作了言简意赅的阐述,并就它对家乡经济发展的作用作出评价:"但潮人仰赖批款为生者几占全人口十之四五,而都市大企业及公益交通各建设,多由华侨投资而成。内地乡村所有新祠夏屋,更十之八九系出侨资盖建。且潮州每年入超甚大,所以能繁荣而不衰落者,无非赖批款之挹注。"(饶宗颐总纂《潮州志》)新编第三册,页1312)并再强调:"潮州经济之发展,以华侨力量为多,而有造于侨运之发扬,应推华侨汇寄信款之侨批业。"(饶宗颐总纂《潮州志》新编第三册,页1308)。

尽管博学多才的饶老研究的门类甚多,但依然没有放弃对潮汕侨批的进一步探索。至2000年11月,饶老在潮汕历史文化研究中心举办的潮学讲座上,对潮汕侨批作出如下阐述:"徽州特殊的是有契据、契约等经济文件,而且保存很多","潮州可以和它媲美的是侨批,侨批等于徽州的契约,价值相等。价值不是用钱来衡量的,而是从经济史来看的。"(潮汕历史文化研究中心编辑出版《通讯》2000年12月第20期,页37)这一画龙点睛之笔,可谓是饶老超越了自我,对潮汕侨批认识产生了新的飞跃。2007年5月,当包括潮汕侨批在内的"中国侨批"着手申报为世界记忆遗产时,饶老的认识又实现了大跨越:"来自民间的侨批记载翔实,内容丰富,从中可以看到祖国与侨胞居住国的国情,侨胞故乡的乡情,侨胞家情与他们眷属的亲情,是研究社会史、金融史、邮政史以至海外移民史、海外交通史、国际关系史的宝贵历史资料,与典籍文献互相印证,补充典籍文献记载之不足,可谓是继徽州契约文书之后在历史文化上的又一重大发现。"在我近10年的实践中,深切体会到饶老这一高屋建瓴论断的正确与深刻。数以10万计的侨批表明,它是发轫于民间、流转于民间、经营于民间、收藏于民间,民间特色鲜明,从另一个与典籍文献完全不同的视角,反映了时代变化,其文献价值更不一般,广西师大出版社领导曾对此作了具体诠释:"当今传统文史学科的研究有一个共同的趋向,就是研究重心下移,学者们越来越注重对社会基层的研究。这一趋向发展的结果,将彻底改变过去研究领域囿于上层社会的局限,为我们展现一个全新而生动鲜活的社会历史。侨批及其发掘和整理,将为中国学术界的这次巨大转变提供有力的支撑。"由于它源于海外移民,是在跨国的特殊环境中诞生,侨批在跨国渠道中运作,海外侨胞与故里亲人的信息也在跨国网络中交流,是跨海越洋的"两地书",因此,跨国属性突出,使其文献价值已跨越了国界。自清道光年间到民国、中华人民共和国成立直至20世纪末,都有反映各个历史时期社会状况的侨批,时间系统性强,记载也很翔实,可谓"原汁原味"。有专家指出,典籍文献种类繁多,但毋庸讳言,有些记载仅片言只语,不成系统;有的记载存在不实甚至谬误之处。而数以10万计的潮汕侨批,乍看起来琐碎凌乱,没有章法,一经梳理、整合,脉络就相当清晰,从中可窥视到历史演进的过程,让研究工作者更加客观、全面地了解不同时期的社会状况,得出更为科学、准确的结论。同时,不仅能与典籍文献互为印证,而且可以修正典籍文献的某些不实、谬误之处。它的内容丰富多彩,大至国家、国际,小到社会"细胞"家庭的状况,在侨批中都有所反映,从里面了解到侨胞与祖居国家庭的家情,侨胞故乡的乡情,侨胞侨居国和祖居国的国情,国际风云变幻的世情和侨胞对家国、眷属的亲情。有专家认为,不少典籍文献记载过于笼统,语焉不详。内容丰富多彩、涉及面广的侨批,对典籍文献来说,是一个重要的补充,成为进行跨学科综合研究的重要历史文献。随着饶老不断地超越自我,使尘封在民间多年的侨批终于放出了夺目的光彩,并且登上了世界舞台,包括潮汕侨批在内的"中国侨批",继2010年2月、2012年5月先后列入《国家档案遗产目录》和《世界记忆亚太地区名录》之后,于2013年有望荣登《世界记忆名录》。侨批能有如此风光的今天,饶老功不可没。正是这"不犹人、不犹己",使饶老勇往直前、止于至善。

  国学大师王国维云:"古来新学问之起,大都由于新发现之赐。"然而,要真正做到这一点,就必须敢于"不犹人,不犹己"。诚如邓小平所说:"没有一点闯的精神,没有一点冒的精神,没有一股气呀、劲呀,就走不出一条好路,走不出一条新路,就干不出新的事业。"就此而言,饶老这种不倦超越的精神,其价值不下于等身的鸿篇巨著,因为它正是催生这些独具匠心鸿篇巨著的力量源泉。这种精神,将激励着我们不断进取、锐意创新。

(《饶学国际学术研讨会论文集》2013年7月)

潮汕侨批与四邑㖹纸

不久前,读了姚曾廙的《广东省的华侨汇款》一书,对潮汕侨批与四邑㖹纸有了更清晰的认识。

民国二十七年(1938)春,日寇加紧侵华,华东沿海各省相继沦陷,出口贸易受阻,而粮食、军火等物资的进口则有加无已,外汇市场所感受的压力及维持汇市的困难已日甚一日。在这情况下,国立中央研究院社会科学研究所决定对华侨汇款问题进行调查研究,以期对解决当时的外汇困难有所帮助。这项工作由姚曾廙和余捷琼共同担任,从民国二十七年3月至8月,历时五个月,对香港、广州、汕头、台山、新会等13地进行实地调查,还对钦县、清远、花县3地进行通信调查,故此书的资料翔实、可靠,是研究广东侨汇问题的宝贵历史文献。

姚曾廙在《广东省的华侨汇款》(下简称姚著)的第一节,就开宗明义地指出,广东的侨汇区域虽多,"但若就其汇款方法而论不外㖹纸与批信(即侨批,以下按此称谓)两种主要类别"(姚著,页1),阐明四邑一带(注:指新会、新宁即台山、开平、恩平四地加上鹤山、顺德、中山,文中简称四邑)的㖹纸与潮汕一带(注:指现汕头、潮州、揭阳三市加丰顺、大埔)的侨批,是两种不同又互相对应的寄汇方法,而银信则是它们与银行汇款的统称。侨批与㖹纸虽然都属侨汇范畴,但是仍有各自的特色。

所处的社会环境不同

四邑(后加鹤山称为五邑)和潮汕,是我国著名侨乡,都是因为人多地少、土地不堪重负、战乱频繁、民不聊生,加上水灾、旱灾、台风、地震、瘟疫等灾害时有发生,使当地民众不得不冒着生命危险,离乡背井出洋谋求生路。但两地民众出洋是"各奔东西",即四邑民众奔向西半球的美洲,潮汕民众则到东半球的南洋(即东南亚)。当时,西方资本主义经济发展迅速,对劳动力的需求大量增加,由于四邑一带紧靠澳门,许多民众经澳门被"卖猪仔"(即契约华工)出国谋生,在美国开采金矿,修建中央太平洋铁路、南太平洋铁路和北太平洋铁路。在加拿大也是开采金矿和修建长达3800公里的太平洋铁路。在巴拿马除了修铁路还参加开挖巴拿马运河。四邑民众也有移民到亚洲、大洋洲等地,但数量不多。据《五邑华侨华人史》的记载,根据江门市侨务办公室调查的结果,按1998年的统计数字计算,分布在美洲的祖籍四邑一带的侨胞为155万多人,占海外侨胞总数的72%。分布在亚洲的祖籍四邑的侨胞仅数十万人,主要在东南亚,其中新加坡最多为18.1万多人,马来西亚次之为9.1万多人,泰国2.8万人,老挝仅314人。有侨才有汇,正因为四邑的侨胞很多是侨居美洲,并且那里的金融、邮政业比亚洲的东南亚地区发达,所以大多采用具有一般银行汇票性质的银纸汇款。据姚著的统计,民国二十六年(1937)四邑的侨胞汇款总额为7200万元,其中利用银行银纸的汇款额约5200万元,占72.2%左右,其他是通过银行转汇和委托侨乡银号、商号及邮局代理解付,刚好与四邑一带侨胞的地域分布状况相吻合。四邑一带也有侨批,但数量很少,中国邮史研究会会长麦国培就如是说:"经研究,发现四邑侨批确实可见,一家人中一般不足二三十枚,过百枚的已是罕见,而潮汕地区一家有一二百封侨批是常事,发现一二千封的也有存在。互相对比,可见四邑侨批不少。"(《首届侨批文化研讨会论文集》,页243)由此可见,利用银纸汇款是四邑侨胞的主流寄汇方法。

潮汕民众下南洋谋生,主要集中在亚洲的东南亚地区,据《东南亚海外潮人研究》引用1995年汕头大学学报刊登的数字,潮汕籍海外侨胞总数有 800 多万人,其中侨居泰国的约 350 万人,新加坡约 45 万人,马来西亚约 80 万人,印尼约 80 万人,越南约 25 万人,柬埔寨约 20 万人,老挝约 8 万人,共 600 多万人,占潮籍海外侨胞总数的 76% 左右,如加上中国香港的 120 万人和中国澳门的 4 万人,则占 90% 左右。而分布在美洲的美国、加拿大的潮籍侨胞分别为 30 万人和 10 万人,仅占潮籍海外侨胞总数的 5% 左右,与四邑恰恰相反。移民东南亚的潮籍侨胞主要从事个体农耕、工匠、店员、挖矿、小商贩、割橡胶和码头搬运及修公路铁路、开挖灌溉渠等,收入相对微薄。由于东西方社会环境、文化模式的差异,深受中华传统伦理熏陶的海外潮籍侨胞,形成了强烈的"根"的意识,都尽最大可能,通过批信这一体现潮汕传统文化的"古老方式"将汇款托寄回家乡,恪尽赡养眷属的义务。因此,他们每年寄回家乡的侨批数很多,据姚著统计,民国二十六年"潮属的侨批实际上约有 198 万件"加上由汕头转寄的梅属侨批,则多达 230 万多件。因经济来源不同,潮属侨批寄回的每笔批款,数量上比四邑的昃纸少,但长年坚持不懈。许多潮籍侨胞历尽艰辛抵达南洋的泰国、新加坡、马来亚等地之后,刚踏上异邦之地,就尽快给家乡的亲人寄回首封侨批,俗称"平安批",一般都附有少量批款,即使两手空空,也要借款寄去,"批一封,银二元,叫妻刻苦勿愁烦。仔儿(孩子)着支持,教伊勿赌钱。田园克(刻)苦做,猪仔哩着饲。待到积有钱,猛猛(赶紧)归家来团圆"的民谣,就是真实的写照。据《漫谈潮汕民间侨批业》(《汕头文史》第十三辑,页 28—29)提供的数字,根据 1934 年汕头市的光益、有信、振盛兴、永安、万兴昌、玉合、荣丰利等 42 家批局收批信和批款的情况统计,平均每封侨批的批款都在 15 元左右,并不算多。在《潮汕侨批档案选编》(一)上册中,收录有暹罗(即泰国)潮籍侨胞曾哲坤寄给家乡澄海图濠乡眷属的侨批共 122 封,时间跨度从民国三十七年(1948)7月至 1974 年 7 月。在这 26 年间,有的 1 年寄 6 封,有的 1 年寄 10 封,几乎没有断过,每封侨批的批款绝大多数是港币 30 元至 60 元。最多是连寄 3 封,共计港币 2000 元,用于儿子镇松亲事的聘礼和购买家具、修理厝屋等家庭大事。

基本特征明显不同

经过多年的探讨,专家学者们对侨批的基本特征已有了共识,那就是"银信合一",成为侨批业成型的标志。

这一基本特征,首先是直接体现在侨批的批封和批信上。凡是侨批的批封正面,除了书写有收批人的地址、称谓和寄批人的地址称谓外,在左上角还特别写明所寄批款的币种和数额;在批信中亦必提及寄去批款的事,批款的数额与批封上所写的相符,如民国年间侨居香港的林作舟给潮安金石古楼乡田墘标德堂内的双亲的,侨批批封左上角就写有"外并付国币伍拾元",批信内也相应写着"奉上批局国币伍拾元,到祈查收"。为数不多的四邑侨批,其所寄的批款数额,则写在批封的右边。批封上和批信内有无标明批款的币种和数额,是区别侨批和一般家书的重要标志。

同时,体现在水客和侨批局的业务范围之中。侨批早期是靠往返于海内外的水客递送,他们在南洋深入到侨胞劳作的矿山、农场、种植园及他们的住宅,收揽侨批带回潮汕地区,将批款和批信交给海外侨胞相关的眷属。交付批款的办法,既有直接将原款交付收批人;也有事先跟寄批人讲明,原款在海外购买潮汕需要的物品回家乡发售后,再按原款的数额交付他们的眷属,中间的价差作为水客递批的报酬,一般是按批款数额的30%左右向托寄的侨胞收取。同治九年(1870)旅居泰国的李阿梅开始水客生涯,每年往返泰国数次,每次带侨批返乡,同时要带合2000多两白银的批款。据统计,20世纪30年代,每年经水客带回国内的批款就有2000万左右。而在批局内部既有管库一职专门保管批款,又有专门递送批款、批信的外勤人员——侨批派送员(俗称批脚)。致成批局为了保证批款安全地送到国内的侨眷手里,还特地印制相关表格,寄批人必须在表格上填写自己的姓名、地址和收款人姓名、地点、批款数额,交款后批局有关人员便将表格内容抄在账本上并编号,然后交给司柜汇入总账;最后由经理室人员逐件核对,并在批封背面盖上批局印章,同时复制出另一份,连同批信、批额送回设在家乡澄海东湖的致成批馆,再由批馆的侨批派送员按表上的姓名一并分发给收批人,在侨批业从事40多年的有信批局司理芮诒�，曾具体描述侨批递送情况，有信批局"批脚共有十人，大多年龄在四五十岁，诚实可靠又能吃苦耐劳者。每人月薪除银圆20元外，还就其所经解批额多少，按每千元发给补贴一元，另钱加付舟车、点心及伕役等费（按银圆马轩七钱二分，每千圆重达四十五斤，如果数在三二千圆，便达百斤以上，兼之长途穿乡过里，非雇伕役，自难胜任。）"（《侨批文化》2003年10第一期，页66）这就表明，批局的侨批派送员在送侨批派送员除了随身带着水布、长柄雨伞之外，还有装批款（银元和后来的纸币）、批信用的竹编市篮或褡裢、帆布批袋。

在姚著中，对潮属侨批有诸多阐述，汕头规模较大的批局，"其从业约分五种：（一）家长一人，总理全店一切事宜；（二）管库一人，专司店内现款之保管；（三）司账一二人，分理店内账务；（四）收账两三人，分掌出纳；（五）批伴或批脚，人数不定，职司赴各地带送信款"。（姚著，页17）由于南洋各地批局林立，为在竞争中获得一席之地，各批局纷纷出招，其中之一是："他们按期分送一种特备的汇款登录簿与各华人工厂及商号的负责人。厂工店伙欲汇款者，即自行或托人写家书一封，封外书写明'外付国币XX元'字样交与厂主或店东。"（姚著，页18）这便是"银信合一"的侨批。"内地批局于侨信侨款全部收到后，即按之顺递分为数组，派专递各区信款的分批人，按址分送。分批人在潮汕又称批脚，多系信用可靠熟悉当地情形的人。"（姚著，页20）姚著关于侨批的阐述切合潮汕地区的实际，可见他们调查研究的深入、认真。

而昃纸如上所述，是类似银行汇票，没有连带家书或简单附言。四邑一带的海外侨胞的昃纸，"通常皆用挂号信寄至国内各地"（页3），昃纸大部分是由经常往来于广州与四邑之间的水客即土名为"巡城马"者递送，"他们从四邑等地送昃纸到省城或香港，再从省城将侨信及现款携返四邑"。（页7）

运作方式大不相同

潮汕侨批与四邑昃纸的另一重大区别，就在于昃纸可以自由买卖，昃纸的收款人"在此种汇票上背书（注：即亲笔签名）后，可以转售于第三者"。(页 3)姚著对此花了大量笔墨,作了详尽的阐述。在四邑一带,"通常所见的昃纸几乎都是用外国货币做单位的"。(姚著,页 4)海外侨胞将昃纸寄到四邑一带时,除由他们"在香港的亲友将昃纸在银行取现后转汇及商号拆信后易昃纸为现款转送的一部分外,其他一切的昃纸都要落在收款人手里。"(姚著,页 4)

对昃纸买卖的具体情况,姚著也作了描述。昃纸送到收款人手里之后,他们便可自主转售。"收款人对昃纸的处置方法不一,或在收到后立即售脱,或暂时保存,待价而沽",(姚著,页 4),因为昃纸有 6 个月的有效期,所以不急需用的收款人可以保存四五个月,待汇价看好时再抛售。四邑的昃纸,大部分是卖给当地"乡间的小商号、邮政代办所或卖给县城、镇上相识商号、银号、找换台"。(姚著,页 4)昃纸的买卖都必须要担保,以防止伪造。担保者一般限于本县的商号,因为它们遍及各地,非常了解当地侨眷的情况,"何家有人侨居国外,何人侨居何埠,何人何时有款可寄,以及各家每月进款的大概数目,他们都几皆熟知。在买进昃纸发生问题时,他们不愁没有办法追回原款"。(姚著,页 4)昃纸买卖不仅需要担保,还需签署和背书,即:"收买昃纸的商号为谨慎起见,普通皆特备一收买昃纸簿,于买进时便在簿上注明买进的日期及卖者的姓名,并要求卖者签字及盖章。昃纸亦须卖昃人签字或盖章,以便昃纸发生问题时,收买商号可以追索。"(姚著,页 4)昃纸买卖类似于票汇的贴现,卖昃纸者须支付邮费和佣金。买昃纸者取佣的方式,大体上有两种:"一种是价内扣佣,即在汇价的申算上多找些便宜,并不另抽佣金。另一种是价外抽佣,就是照所找到的总数,向卖昃人征取若干手续费。"(姚著,页 4)

如上所述,无论是水客还是批局,最终都是将批款和批信直接送到收批人手里,收批人拿到批款以后,则没有出现买卖昃纸这种"体外循环"现象。潮汕地区是我国的著名侨乡,海外潮籍侨胞不下 1 千万,与本土总人口相等。新中国成立前,这个地区靠海外侨胞寄回批款为生的侨眷,占总人口的 50%左右,有不少乡村则占总人口的 80%上下;如按侨眷家庭的月收入计算,批款平均也占其总收入的 80%。1941 年 12 月,太平洋战争爆发后,由于寄送侨批的汇路中断,众多侨眷的生活便濒临绝境,许多人靠变卖房产或贱价出卖衣物度日,不少家庭的妻子被迫改嫁,含泪卖儿弃女流落他乡,甚至纷纷饿死,足见侨批的批款成为潮汕侨眷的经济生命线。因此每天临近收批的日子,许多侨胞的眷属都遥望远方、翘首以待。如前所述正由于潮籍侨胞是在经济不发达(与美洲相比)的东南亚,并且大多是靠卖苦力,故收入不丰,寄回家乡的批款数额的确不多,不妨再列出《侨批局与潮汕侨汇》的统计表,作进一步说明:

汇款金额(法币)	占全部侨汇比例
1—15 元	40%
5—10 元	30%
10—50 元	15%
50—100 元	8%
100—500 元	5%
50 元以上	2%

由此可见,潮汕侨批的批款主要属赡家性质,没有盈余用于他处。海外侨胞一到寄批的时间,就匆匆赶往批局寄批,将来之不易的血汗钱——哪怕是很少——尽快地寄回家乡,有些侨胞手头拮据,就求批局代为垫付,或想尽办法挪借,候有进项再归还,诚如姚著中所述:"厂主商号每于发放工资时,将厂工店伙所赊汇之款扣除以偿还批局。亦有回批交付汇款人方能收回放款者。"(姚著,页18)这一点,也可以从侨胞的批信中得到佐证。马来西亚的澄海籍侨胞蔡涌泉、蔡淇泉兄弟,在寄给程洋冈母亲处的批信就这样写道:"慈亲大人膝下敬禀者,日前接读来谕,获悉所嘱之事,本应如命调取,只因现时外洋行情艰竭,求利艰难,移挪也不易。而吾弟月薪到月屡屡不发,实在难言,因此吾弟不得不先向人抽调,以赴应用,兹先奉上华币贰拾元,到祈查收,从中发落,其余候缓些正行寄上接用,免介。"

新加坡澄海籍侨胞陈应传在外谋生十分艰难,"奔波十余载,尚赤手空拳,未得酬愿",因无法多寄批款给老人家购买新谷而深深自责:"非传不知家中之痛苦,奈命生如此,惟有昂首向天叹息而已。"许多类似陈应传这种状况的侨胞,在寄批回家乡时,在批信一定这样写道:"候有业可任自当厚寄,决不置于脑后。"因此,潮汕侨批不属汇款性质,并且都以赡家为主,是家乡侨眷不可或缺的救命钱,故没有作为商品买卖。

以上所述,为读《广东省的华侨汇款》一书之后的浅识,不周之处在所难免,恳望诸方家指正。

(《泰中学刊》2014 年 3 月,《福建金融》2016 年 1 月)

主要参考文献:

姚曾廙著《广东省的侨批汇款》,民国三十一年(1942)五月商务印书馆出版发行。

陈植芳《漫谈潮汕民间侨汇业》,刊于 1995 年 8 月汕头市政协学习文史委编《汕头文史》第十三辑。

梅伟强、张国雄主编《五邑华侨华人史》,广东教育出版社,2001 年 9 月。

试析东兴汇路所形成的东兴精神

东兴汇路,是日寇发动太平洋战争之后,在原有侨批递送渠道中断的情况下,以诚信为立业之本的潮帮侨批业者为救数百万侨眷于水火,冒着生命危险,历尽千辛万苦开拓出来的跨国侨批递送秘密通道。

东兴汇路西起广西东兴,连接越南、泰国等南洋(即东南亚)诸国;东至汕头,向潮汕、兴梅及闽南部分地方扩散。汇路始于1942年春后,至抗日战争胜利后的1945年底结束。它的开通不仅给当时濒临绝境的侨眷带来生机,而且在艰苦的磨砺中形成了难能可贵的东兴精神。2012年10月,笔者与潮汕历史文化研究中心同仁进行了田野调查,可谓"风尘仆仆五千里,倾情追寻东兴汇路",在亲身的经历中,感到东兴精神的内涵相当丰富,主要是:情系家国、尽心为民,坚韧不拔、迎难而上,正身直行、不畏强暴。现就此作初步阐述。

情系家国 尽心为民

潮汕是中国的著名侨乡之一,潮人的海外移民大约始于宋、元,明、清两代呈发展趋势。清康熙二十三年(1684)解除海禁后,潮汕进入向南洋大量移民的新时期,在乾隆、嘉庆至道光、咸丰100多年间,从澄海樟林港乘红头船前往暹罗(今泰国)的潮人就有150万之众。咸丰十年(1860),清政府被迫签订了《北京条约》,承认中国人出国、外国人到中国招工的合法性。由于外国资本的进入,农村自给自足的自然经济遭到冲击,大批农民和手工业者生活无着落。此时的潮汕地区更是"祸不单行",洪涝、地震、瘟疫等灾害频频发生,极度贫困的民众无奈走上出洋谋生的道路,导致又一海外移民高潮的形成。据《汕头海关志》记载,1864—1911年间,"潮汕地区约有294万人离乡别井,远涉重洋谋生"。海外侨胞踏上异邦土地时,上无片瓦遮挡,下无立锥之地,赤手空拳拼搏以求生存,有的在码头当苦力,有的在虎狼出没的荒山野岭垦殖,有的下矿井挖矿,有的进橡胶园割胶……,环境非常恶劣,"无奈卖身'猪仔'行,做牛做马去开荒。蛮烟瘴气鬼作伴,水黑天高望故乡"的民谣便是真实的写照。尽管如此,深受中华民族传统伦理道德熏陶的海外侨胞始终坚持"百善孝为先",牢记"钱银知寄人知返,勿忘父母和妻房"的亲人临别嘱咐,尽快将得来不易的血汗钱托寄回家乡,恪尽赡养亲人的义务。据统计,截至新中国成立前,潮汕民众依赖海外侨胞寄来的侨批批款为生的,占该地区总人口的50%左右,有些乡村则占当地总人口的80%上下。假如以侨眷家庭为单位计算,平均每月收到的批款,占家庭总收入的80%以上。而海外侨胞寄回潮汕地区的批款,每年有八九千万元,最高者超亿元。由此可见,递送侨批的汇路已成为潮汕侨乡民众生活和经济发展的"生命线",饶宗颐教授在总纂的《潮州志》"实业志"中便如是说:"但潮人仰赖批款为生者几占全人口十之四五,而都市大企业及公益交通各建设多由华侨投资而成,内地乡村所有新祠夏屋十之八九系出侨批筹建。且潮州每年入超甚大,所以能繁荣而不衰落者,无非赖批款之挹注。"

1941年12月,日寇悍然发动太平洋战争,海上交通被封锁,原来递送侨批的汇路一下中断,长年靠着侨批批款维持生计的广大侨眷便处于水深火热之中,有的被迫卖田卖屋,其中饿死者甚众,有的卖儿卖女,有的妻子改嫁,自己则流落他乡,陷入妻离子散、家破人亡的境地。如潮安县沦陷期间,被日寇杀死和饿死的有11万多人,占抗日战争前全县总人口的18%左右。揭阳县沦陷后饿死的6.8万多人,逃荒的2.4万多人,被拐卖的幼婴、少女2.2万多人。澄海县冠山乡原有9886人,沦陷后被日寇杀害的37人,饿死的1282人,流落他乡的334人,绝户的198户,幸存的只有3668人,仅占抗战前总人口的37%。隆都镇在沦陷期间被日寇杀害和客死他乡的达1万多人,占当时总人口的三分之一。该镇原有70多个自然村,其中50户以下的小村庄30个左右,出现"一半小村一半荒,一半外逃一半绝(户)"的惨状。在隆都进行田野调查时,当地民众对侨批汇路中断后的生活状况作了更为具体的描述。83岁的金昂莹说,上后陈村"一向食番批",即靠海外侨胞寄回的批款维持生活。在唭叻(新加坡)出生的陈绍添,1941年回上后陈娶妻,再返回新加坡,其老家翌年批断、生活无着,其妻便到店市卖旧衣度日,最后无法再支撑下去,只得改嫁他人,他的妹妹则被卖往福建。1974年,陈绍添返乡时,家中已无一亲人。陈林顺家是侨眷,沦陷后因批断失去生活来源,父亲忍痛将他卖往梅县,他妹妹被卖往福建。后来,陈林顺跑回自己家乡,赶上土改分田才定居上后陈。陈武锦是归侨,也因生活无着,只好将自己的海外出生证卖给别人出国,自己则在家乡到处流浪,被国民党部队抓了"壮丁",后来投诚加入人民解放军。下北侨梓里村林书荣一家的境状更惨,从暹罗返回的他全家七口,在沦陷期间经常是食不果腹,每到吃饭时,孩子们都抢着拿饭勺去捞稀粥里的地瓜块。他妻子去偷地瓜时,连地瓜藤都拉回来充饥。最后苦撑不下去,就将大女儿卖到梅县,二女儿跟母亲去讨饭,饿死在求乞途中,一个儿子饿死,书荣自己也饿死在家中。南溪村83岁的陈维协说,本村有80%的家庭有亲去暹罗谋生,村里的光大巷里,100%的家庭是靠侨批的批款过活。1942年以后批断,又碰上大旱,大片农田绝收,有的一亩地只收两筒(约两斤)稻谷,许多家庭是"米瓮空空",用野菜以至小蝌蚪填肚子,饿得乡亲们面黄肌瘦、(儿童)头大。当时的隆都镇驻地店市几乎天天都有死人,善堂收尸都来不及,真是惨不忍睹。

按照当时战乱的状况,潮汕地区侨批局即使宣布彻底歇业,也是无可非议,但良知不泯、坚守职业道德的侨批业者,不忍目睹广大侨眷在死亡线上挣扎,而不顾自身安危,千方百计地为他们寻求生路。情系家国、尽心为民,便是东兴汇路能在当时非常艰难条件下开拓出来的原动力。

坚忍不拔　遇难而上

太平洋战争爆发后,港九和南洋群岛相继陷落,日寇为了阻止海外侨胞支援抗战的物资进入中国,严令封锁滇越铁路和滇缅公路等交通要道。

在这样的形势下要开拓出跨国的侨批递送通道,面临的困难可想而知。但分布在海内外的潮帮侨批业者并没有畏缩不前,而是以坚忍不拔的精神迎着困难上。开路先锋陈植芳,1941年6月就悄悄地探索新的汇路,首先到了与我国云南省河口隔河相望的老街,因那里铁桥已被炸毁、铁路也被拆除,变成一座死镇,难以成为汇路的据点。便转到谅山的同登,这里虽与广西今友谊关相隔几百米,但地理、交通条件不理想。他又乘船到当时还是法租界的广州湾(现湛江),因那里的经济状况不适合发展侨批业务,也只好作罢。尽管经过几方周折,陈植芳并没有气馁,于1942年元旦顶着寒风前往位于越南东北角的芒街,这里与广西东兴之间只隔一条百米左右宽的北仑河。他到东兴实地考察,感到各方面条件都很不错,便通过那里的邮局、银行先汇两笔款回潮汕作试探,结果都能顺利送达,从而看到了开辟新汇路的希望。于是,陈植芳就奔波于南越、宅郡、金边等地,向同行业者介绍自己考察的情况,动员大家合力开拓新汇路,并带他们前往东兴实地了解,结果,黄泰记、为顺、玉合、佳兴、德兴隆、荣记、集丰、振发行、天和堂、开发行、联兴昌、天兴行等潮帮侨批局,先后加入开拓"东兴汇路"的行列之中,业务范围从越南、柬埔寨扩大到泰国、老挝等国。1942年初,"东兴汇路"在潮帮侨批业者的艰苦努力下,终于开始运营。

东兴汇路国内的递送路线主要有:广西的东兴——钦州——玉林——贺州(鹰扬关)——广东韶关——河源(老隆)——兴宁——揭阳,再进入当时的沦陷区汕头分发;广西东兴——钦州——南宁——来宾——柳州——桂林——湖南衡阳——郴州——广东韶关——河源——揭阳,再进入当时的沦陷区汕头并由各县代理店分发。

各国侨批汇集的路线有南越的西堤线,越南的中越线,柬埔寨的金边线,泰国的曼谷线,还有老挝线。各线的侨批局将侨批的批款先兑换成"西贡纸",集中起来后送到越南河内、海防,与中转的商号结价,然后汇总托付各轮船买办带至芒街,由各侨局驻东兴办事处负责人前往芒街领取(后来由轮船买办直接带到东兴交付)兑换成国币,再由侨批局派员通过"东兴汇路"秘密通道押送回潮汕。其中的泰国曼谷线是这样的,当时由于日占区货币流通非常混乱,1943年,泰国到东兴的侨批批款,以金条支付。侨批业者将批款的金条装在像子弹带的袋里,再藏在腰间,清晨从曼谷乘火车,正常情况下经10多小时抵达唛叻(新加坡),然后乘一天的车到莫肯(乌隆)。在莫肯等汽车再开到泰老边境的那空拍侬,又要花一天时间,然后渡过湄公河到老挝(寮国)的他曲,接着乘车进入越南义安,由义安乘法式轻轨火车抵达河内,在那里的驿站将金条换成中央国币,上火车赶到海防换乘小汽船,经12小时后到中越边境的芒街,一路还得躲避飞机的轰炸。最后在芒街渡过50米宽的小溪便到广西的东兴,将批信和批款交给那里的驿站。广西一位东兴籍的水客后代,曾经详细地叙述送批的艰辛历程。1943年,他父亲受越南海防有振发行侨批局的委托,与三位同行一起,携带批款从海防出发到芒街,又从芒街过境到东兴,再经过钦州送至南宁。抵达南宁后,就将这大笔批款交给来接应的广东侨批局人员。他说:"从海防到芒街,再到东兴镇一切都较顺利。但到钦州交界的灵山县时,麻烦来了。当时我父亲与几位同行在当地小旅馆刚住下来,就听见外面枪声响,吓得我父亲和他们赶紧从小旅馆后门跑了。后来听人说,当时是一些士兵抢老百姓的东西,如果不是我父亲他们跑得快,可能会人财两空了。我父亲他们从灵山出来后,因为一路都是国民党的军队,前往钦州时不敢从大路走,只得走山间小道。本来到钦州只需一天的路程,可我父亲他们走了两天多。到钦州后,我父亲他们休整了几天后又前往南宁,当时他们就听说日本人准备发动豫湘桂战役,试图打通平汉、粤汉铁路,建立一条纵贯中国大陆到印度支那的交通线。由于战事已迫近,因而一路逃难的人络绎不绝,匪徒和抢劫者甚多,使往南宁的道路变得更难以行走。与我父亲同行的三人中有一人因劳累和紧张而病倒了。本来从东兴到南宁只需20多天时间,可我父亲他们到达南宁时已经是走了30多天了。"据陈植芳回忆,走完东兴汇路全程往往要花3个月左右的时间。尽管沿途披星戴月、风餐露宿,还要翻山越岭,但侨批业者依然无怨无悔,以一股韧性战胜重重困难。据亲身经历的侨批业者估计,1942年7月以后,每月从东兴汇回潮汕的批款值越南币(即"西贡纸")1000多万元,对众多侨眷来说如久旱甘霖。

正身直行　不畏强暴

潮汕侨批业者在开通东兴汇路的过程中，还以大无畏的精神与日寇的残酷迫害作斗争，坚决保持着可贵的民族气节。太平洋战争爆发后，日寇强加了对占领区的经济掠夺，于是便强化对侨批的控制，潮汕侨批业是由日驻汕特务机关长亲自掌握，并且接二连三地制订了相关的规定，其中包括《岭东侨批业商号申请批脚（即侨批派送员）通行证暂行办法》《岭东侨批业商号登记暂行办法》《侨批业商号登记申请书》《侨批业商号担保结状》《侨批业通行证申请书》《检查侨批暂行规划》和《岭东侨批业商号申请登记志愿书》《侨批业通行证许可愿》《侨批业商号领取侨批申报书、领取批信证明书》《侨批申报调查书》等一系列严酷的规章、证件和表格。限定寄往沦陷区的侨批，必须通过日系银行、邮政渠道，经日伪的"外交部侨务委员会驻汕办事处"缜密检查后方准放行。侨批抵达沦陷区后，日系台湾银行强制将批款兑换成汪伪发行的"中央储备券"。对寄往沦陷区以外的侨批，一律没收批款、烧毁批信。

东兴汇路开通后不到3个月，就被日寇驻西贡宪兵司令部发现，西贡、堤岸两市的近30位潮帮侨批局负责人被捕并遭到酷刑，受刑者先被灌入咸鱼露，再灌进自来水，然后，审讯的日寇就站在受刑者鼓胀的腹部用力踩踏。陈植芳则被通令缉捕。然而，这并不能使侨批业者屈服，他们便转入秘密状态，不停地收发侨批。陈植芳则改名换姓，不断穿梭于越南、我国广西各地，为海内外的潮帮侨批局转汇。

太平洋战争爆发后，日寇战线拉长、消耗过大，加上1942年6月日寇在中途岛战役中遭惨败，接着在8月的瓜达卡纳尔岛战役中又受重创，已使它力不从心、难以为继。日寇急于改变这种状况，便进一步加强对占领区的经济掠夺，由于潮汕"侨民在海外既多数，其所收入金钱亦属至钜……据最近三年间所查的，每次侨批汇回数字，有达至乙千贰百万元之钜"，为此，日寇更是盯上了侨批。于1942年6月正式成立的"侨务委员会驻汕办事处"，在8月4日召开了有汕头近40家侨批局负责人参加的"侨批业座谈会"，采取怀柔的手段欺骗、拉拢侨批业者为他们卖命敛财。

日寇侵略汕头的山田特务机关长、何"市长"和"驻汕办事处"王"主任"都到会讲话，他们假惺惺地说，管控侨批业"并非有存如何觊觎利益之心"，而是"为三百万侨胞谋幸福"，且言之凿凿："惟华侨委托汇兑时，务须用敏捷方法赶速与以办理清楚，不生其他枝节"，如发觉"再有敲诈勒索的举动"，"侨务委员会驻汕办事处"定予"从严究办，决不姑宽"云云。但是，日寇在潮汕地区犯下的滔天大罪历历在目，对日寇的国仇家恨仍牢记在心，披着羊皮的狼依然是恶狼，所以，广大的侨批业者软硬都不吃，决不上日伪的当。与会的侨批局负责人便与山田等"智斗"，他们在会上责问，山田们不是说要为三百万侨胞谋幸福吗，但泰国当局于今年七月四日以后，仍"对侨批统制，每人只限暹币五十元以下之汇款，因之各批业暂时停顿"，而"新加坡至今无法汇兑"，"安南侨批，自1939（年）以后不能通汇"，与爪哇一带也未能通电（报）通汇等等，这又如何解释？当场揭穿日伪的假面具。会后，潮帮侨批业者以自己的勇敢和智慧，使东兴汇路的秘密通道仍然继续运作。为了确保侨批的安全，时任汕头批业公会主席、万兴昌批局经理许自让，特地组织了一支有四五十人的武装护批队，并兼任队长，负责押侨批回家乡。据档案记载，在沦陷前的1938年，汕头批局接收的侨批数量，每月平均为1.79万封，到"侨务委员会驻汕办事处"召开侨批业座谈会以后的1943年，汕头批局接收的侨批数量，全年仅1.4万封，月均接收侨批的数量，仅为1938年月均数量的6.5%。这就表明，东南亚（即南洋）的大量侨批，已被潮帮侨批业者奋力开拓的秘密通道"分流"了，日寇企图控制侨批业为其侵略野心服务的妄想已化为泡影。

今天，中国正为实现中华民族的伟大复兴不懈奋斗，潮汕地区也致力了重振雄风、再创辉煌，而日本军国主义重新抬头、气焰嚣张，在这样的形势下，传承和弘扬东兴精神，更具现实意义。

（《侨批文化》2014年8月第二十期）

"海邦剩馥"终"登顶"

——写在侨批入选《世界记忆名录》之际

被国际汉学大师饶宗颐教授誉为"海邦剩馥"的侨批,经过6年的不懈努力,在先后入选《中国档案文献遗产名录》《世界记忆亚太地区名录》的基础上,今年6月19日又圆满地完成"申遗"的"三级跳",终于成功地入选《世界记忆名录》。

侨批所以能够登上人类记忆遗产的"珠峰",并非偶然,的确具有它特殊的文献价值和世界影响。

首先,侨批的民间特色极为鲜明。它是发轫于民间,即源于海外移民,海外侨胞秉承着中华民族的伦理道德,渴望将来之不易的血汗钱尽快托寄回家乡,恪尽赡养亲人的义务。在金融邮政机构尚未建立的情况下,这种连带家书或简单附言的特殊汇款方式——侨批便在民间应运而生,并且在民间层面上流转,由民间的水客、侨批局经营。深深扎根于民间的原生态"草根"档案文献,符合当今文史学科研究中心下移、越来越注重基层社会的趋势,研究工作者不再囿于典籍文献,可从这个与典籍文献完全不同的视角,去研究时代的变化和历史的演进过程。

同时,侨批的内容丰富多彩,生动地反映出小至社会'细胞'的家庭,大至国家、国际的具体状况,涉及金融、政治、经济、文化、交通等领域,从中可以解读出海外侨胞和家乡眷属的家情,海外侨胞家乡的乡情,海外侨胞祖居国和侨居国的国情以至海外风云变幻的世情,还能感受到海外侨胞对家国、亲人的深情,可谓是华侨、华人社会的"百科全书"。有专家指出,不少典籍文献记载过于笼统、语焉不详,因此,内容如此丰富多彩的侨批,对典籍文献来说,无疑是一个重要的补充,成为跨学科研究的重要历史文献。

侨批记载系统翔实,从清道光年间、民国、中华人民共和国成立到20世纪末,各个历史时期的社会状况,在侨批中都得到真实的体现,民国二十六年(1937)农历八月初二圣源叔所寄的侨批中写道:"我国为卫领土与生存,不得(不)与暴日抗战,现然战事漫延全国,近日来上海之战我军英勇抵抗,彼以战舰大炮,并空军威力掩护陆军,激战极烈,我空军作战技术,较之敌人更勇,所以敌源源增兵,但也不见如何进展。"真诚地盛赞19路军英勇抗击日寇。潮汕历史文化研究中心已经收集到的12万封左右的侨批,乍看似乎琐碎杂乱,经过一番整合之后,脉络便相当清晰,其系统性使它的文献价值倍增,让研究工作者更加客观、全面地了解不同时期的社会状况。而记载的翔实,不仅能与典籍文献互为印证,而且可以修正典籍文献中某些不实之处。

特别要指出的是,侨批的跨国属性非常突出,如上所述,侨批是在跨国环境中产生;侨批业是在跨国的渠道中运作,由往返于海内外的水客、批局递送;身处异邦的海外侨胞与故里亲人之间的信息,也是靠跨国网络进行交流。所以,侨批可谓是跨国越洋的"两地书",对密切海外侨胞与祖国、家乡亲人的血肉关系,增强双方的文化认同发挥了重要的历史作用。侨批的跨国属性表明,它的文献价值已超越了国界,是研究国际金融史、国际邮政史、国际移民史、海外交通史以至国际关系史不可或缺的档案文献。侨批局是民间经营的特殊金融机构,总部大多设在海外,有据可查最早的潮帮侨批局,是清道光十五年(1835)创办于新加坡的致成批局,比山西票号最早在海外设立的分支机构——日本神户支店的祁县帮合盛元号——早70多年。因此,有学者认为,侨批局可能还是中国进入国际金融市场的先行者。由此可见,侨批的确具有唯一性、不可替代性、稀有性和世界影响。

为此,饶宗颐教授就指出:"徽州特殊的是有契据、契约等经济文件,而且保存很多","潮州可和它媲美的是侨批,侨批等于徽州的契约,价值相等。价值不是用金钱来衡量的。"后来,他又高度评价侨批:"可谓是继徽州契约文书之后,在历史文化上的又一重大发现。"世界记忆工程国际咨询委员会委员、世界记忆工程亚太地区主席埃德蒙森,经过在潮汕和江门实地考察后,认为侨批中所涉及的人群成千上万,他们作为国际移民,承载着东西方的交流并持续了数个世纪,留下了丰富的档案。这些文件并不仅仅属于他们自己,也属于一个时代、属于世界。国际档案学界权威、世界记忆亚太地区委员会特别顾问朱福强则认为,侨批的意义实际上已超越了亚太地区,具有全球意义,具备作为世界记忆遗产的条件。所以,侨批入选《世界记忆名录》是实至名归。

侨批入选《世界记忆名录》的确可喜可贺,然而并非到此为止,还有大量后续工作需要我们去完成,如进一步了解侨批原件的社会存量,进行加强征集工作;进一步深入进行田野调查,加强相关历史资料的收集工作;进一步团结海内外专家学者,加强研究工作;进一步联系社会有关方面,加强侨批文化的传承、弘扬工作等等。因此,必须戒骄戒躁、埋头苦干,侨批才不至于戴上世界级的光环之后束之高阁。

(《时代潮人》2013年8月)

隆都镇可营造成为
"中国侨乡文化保护区"

近年来,为了深化侨批文化研究,潮汕历史文化研究中心工作人员多次前往汕头市澄海区隆都镇进行田野调查,发现此地有条件先营造成"广东省侨乡文化生态保护区",然后再申报为"中国侨乡文化生态保护区",其依据如下:

隆都是中国著名侨乡中的"侨之都"。潮汕地区是中国著名侨乡,潮人漂洋过海、侨居异域,大约自宋、元始,明、清两代潮人移民海外呈发展趋势。如今,海外潮人达千万以上,与潮汕本土人口相当,分布于世界五大洲40多个国家,故有"凡是有海水的地方,就有潮人存在"之说。隆都则是潮汕侨乡中的重镇,早在清乾隆年间,就有先民到海外谋生、寻求发展,全镇15个村(居委会),均有大量海外侨胞及其后代,共12万人之多,接近于目前全镇总人口的两倍;侨眷达5万多人,占全镇总人口的70%以上,这样高的比例在潮汕乡镇中并不多见。

隆都具有丰富的侨乡文化资源,首先是侨批。这些为生活所迫的海外乡亲,秉承着中华民族的传统伦理道德,通过侨批局将包括批信和批款的侨批寄回家乡,恪尽赡养长辈、妻儿的义务。仅隆都镇内,就有12家侨批局办理这项业务。另据1948年统计,全汕头共有602人在46家侨批局领取批伙(即侨批派送员)证明书,其中隆都人创办有4家、76人,在其他9家侨批局领取批伙证明书的还有33人,共109人,占当时汕头批伙总人数的1/6。现存的侨批局旧址仍有10家,一些还保存完好。目前遗存下来的侨批数以千计,这些原生态的"草根"文献档案,民间性鲜明,跨国性突出,内容真实丰富,记载系统完整,从中可了解到海外侨胞家庭、故乡的具体情况,解读出海外侨胞祖居国、侨居国以至世界风云变幻的局势,深切感受到他们对祖居国的怀念和对自己家乡、亲人的眷恋,无异是侨乡经济社会的"百科全书",成为研究中国华侨史、金融史、邮政史以至国际关系史的重要档案文献。更重要的是,海外侨胞不仅为我们创造了丰厚的物质遗产,而且留下了弥足珍贵的精神财富,即"心系家国、知恩必报,刻苦耐劳、坚忍不拔,勇于开拓、锐意创新,团结相护、笃诚守信,宽容大度、深谋远虑"的华侨精神。这种精神,在隆都的海外侨胞中得到充分地发扬。据不完全统计,截至2012年,隆都籍的海外侨胞捐资回家乡兴办学校、医院、建水电站和修桥铺路、赈济灾民等公益事业的款额在1亿元上下,占全镇各乡村建设、社会福利事业总支出的80%左右。

  隆都拥有在海内外影响相当大的侨胞精英,其中首推陈慈黉家族。陈慈黉本人在曼谷创设陈黉利行,成为泰国最重要的火砻业主之一,接着又在中国香港、新加坡、广东省的汕头等创业。曾出资修桥筑路数十处,创办了潮汕地区最早的侨办学校——成德学堂。动用500万两银子,在汕头中心市区兴建了400多座新楼房,占当时汕头楼房总数的十分之一。他次子陈立梅,在曼谷继承父业后,除巩固原有的工商业基础,还继续发展航运事业,运营于泰国的曼谷、中国的香港和广东汕头、新加坡及日本等地;先后任泰国中华总商会及火砻公会会长多年,参与创办泰国振德善堂、潮属培英学校、潮州女校,捐资支持汕头存心善堂、福音医院和香港广华医院、澄海便生医院、泰京天华医院等。陈立梅次子陈守明20岁时便继承先业,将黉利栈汇兑庄改为黉利栈银行,并创保险公司,28岁任泰国中华总商会主席。

  旅泰的陈景川也是爱国侨领,九一八事变后,与蚁光炎、廖公圃等倡导输将救国,组织泰国潮州会馆,创办《中国日报》《中原日报》,曾被日军逮捕入狱,后出狱,潮州会馆匾以"民族气节"敬赠,凡此等等。

  隆都继续传承着底蕴深厚、潮汕本土特色鲜明的传统文化。这里既有中西合璧、规模宏大(占地面积2.5万多平方米、总建筑面积1.65万多平方米,共有605间厅房)的"岭南第一宅"陈慈黉故居,又有下山虎、四点金、驷马拖车等大量明、清时期的民居、府第,几乎涵盖了潮汕的传统屋式,荟萃了潮汕木雕、石雕、嵌瓷、金漆木雕等优秀的传统工艺。潮剧、纸影戏、潮乐演奏、灯谜会猜、唱潮州歌册等传统艺术,木雕、潮绣、竹扎灯笼、竹艺术品制作等传统技艺传授至今。还有潮汕唯一文状元林大钦高中后,还未为自己盖"状元府",就先为师请皇帝下旨敕建的"状元先生第"等古建筑。陈慈黉故居所在地的前美村始建于元末明初,至今已有600多年历史,远山近水,加上全国少有的古建筑群,堪为山青水秀、古朴幽雅的新桃花源。除了陈慈黉故居,还有建成于雍正年间的城堡式的永宁寨,小巧玲珑、洋溢着浓郁"潮侨韵味"的"文园小筑"和"大夫第""太守第""儒林第"等宅第。韩江支流贯通村落,绿色田野环绕其间,一派怡人的田园风光。为此,前美先后获得"广东历史文化名村""广东省古村落""广东最美乡村""广东省旅游特色村"以至"中国历史文化名村"等称号,成为隆都侨乡文化的精华。

目前,隆都镇正在汕头市、澄海区的大力帮助下,积极谋划,先营造成"广东省侨乡文化生态保护区",再申报为"中国侨乡文化生态保护区"。

第一,帮助隆都整理族谱、家乘,梳理出海外侨胞在家乡的"根系",便于他们查对、承接,更加准确地认祖归宗、连上血脉。福建莆田已理清了李嘉诚的祖居地就在涵江区白塘镇泽尾村,已得到李嘉诚的确认。漳州市则编写出178万字的《漳州与台湾族谱对接指南》,可见宗族血缘的巨大凝聚力。

第二,创办"潮汕侨史展览馆"和"潮汕侨批展览馆",已由香港著名爱国实业家陈伟南先生题写了馆名。立足隆都、放眼潮汕,彰显红头船精神和海外侨胞的业绩以及对家乡的贡献。侨批展览馆拟设在许福成批局旧址,内容不与潮汕历史文化研究中心侨批文物馆雷同,而是它的延伸和补充。

第三,编辑出版《侨之都——著名侨乡隆都》画册。

第四,建设"侨之家"综合楼,具有接待前来探亲、谒祖的海外乡亲,提供海外侨胞与家乡亲人欢聚的场所,协助海外侨胞祭祖、扫墓等功能。

第五,在陈慈黉故居开办民俗陈列馆,让海外侨胞在此观看表演,选购传统工艺品等。

第六,组织侨乡民俗表演队,专为海外侨胞表演潮剧《陈三五娘》《柴房会》等经典剧目折子戏、纸影戏和双咬鹅、蜈蚣舞等民间舞蹈。

第七,做好准备,向国家有关部门申报陈慈黉故居为"中国侨乡第一宅"。

希望得到省侨办有关领导亲切关怀和大力支持。

(《世界记忆遗产——侨批档案研讨会论文集》,2014年10月,中国历史文献研究会、潮汕历史文化研究中心)

潮汕侨批与徽州契约比较启示录

2000年11月,国际汉学大师饶宗颐教授在潮汕历史文化研究中心举办的潮学讲座上宣称,潮州(即潮汕)侨批可与中国历史文化五大发现之一的徽州契约相媲美。潮汕侨批与徽州契约属同一"族群",本文运用比较方法分析两者之异同,以求更加准确地评价侨批的文献价值。

潮汕侨批与徽州契约的产生

侨批,是在金融和邮政机构尚未建立的情况下,海外侨胞通过水客、侨批局和民间渠道寄回国内、连带家书或简单附言的特殊汇兑方法,其基本特征是"银信合一",即"汇款与家书联襟"。

侨批源于海外移民。潮汕地区早就是一个人口大州府,北宋时,每平方公里平均户数在广东省23个州军中列第5位。明天顺及嘉靖、隆庆年间,潮州府人户数在广东省居第2位。至清嘉庆年间,潮州府每平方公里的平均户数仅次于广州,仍居全省第2位。而潮汕地区面积不大,山地、丘陵占总面积的一半以上,人口都集中在占总面积1/3左右的平原上,使土地不堪重负,尽管"山之坡、路之旁、江之洲、水之滩、田之沟、基之隙"都充分利用,仍解决不了耕地有限、人口剧增的矛盾。自然灾害又时有发生,水灾、虫灾、旱灾、台风、地震等,使该地区"雪上加霜",加上战火弥漫、江山易代和苛捐杂税,使民众更为苦不堪言,纷纷离乡背井"下南洋",前往异域谋生,成为海外侨胞。他们踏上他国土地以后,上无片瓦遮挡、下无立锥之地,赤手空拳闯出生路,在虎狼出没的荒山野岭开垦种植,或在码头扛包当苦力,进险象环生的矿井挖矿,劳动环境和生活环境十分恶劣。然而,只要能尽快赚到钱托寄回故乡,恪尽赡养长辈、妻儿的义务,什么活都愿意干,因为家乡亲人"钱银知寄人知返,勿忘父母共妻房"的临行嘱咐一直牢记在心头,侨批便由此问世。在当时金融和邮政机构尚未建立的情况下,民间的水客和批局便是侨批的理想托寄方式。

而人口稠密的古徽州地处"吴头楚尾",山高林密、地形多变,万山环绕,川谷崎岖,峰峦掩映,"七山一水一分田,一分道路和庄园",且土地贫瘠,都是酸性的黄、红壤,耕层又浅,谷物产量满足不了民众的需求,明代中期以后,这种状况更为严重,康熙《休宁县志》称:"休多山,岁丰,未能供食之半,粒米是急,日仰给东西二江。"乾隆《婺源县志》称:"每岁概田所入,不足供通邑十分之四。"道光《祁门县志》称:"山多田少,土产不足给居民之食,计饷不支三月。"在这种情况下,徽州民众也只得选择外迁谋求生路。由于徽州有丰富的资源,而南宋朝廷迁都临安(今杭州),促进附近区域经济首先得到相应发展,所以徽州民众翻山越岭,"走山道"踏上逼仄险峻的经商之路,将木材、茶叶和澄心堂纸、汪伯立笔、李廷珪墨、龙尾歙砚等文房四宝,通过新安江运往杭州以换取粮食。据统计,高峰时徽州的成年人中经商者占70%,故有"徽民寄命于商"之说。徽商积累的商业资本,很大部分用来购买老家土地,使得土地所有权与使用权分离,使用权人常有更迭,还有聚资合股等商业运作,都需要法律规范、保护,以免爆发不可调和的矛盾,于是,具有法律约束力的契约便由此诞生,故徽州向来"好争讼",都力求讲个"理",此"理"便是证据,而契约便是最有说服力的文字证据。

潮汕侨批与徽州契约之同

潮汕侨批与徽州契约相比,既有同点,又有异处。其同之点,主要是都具民间性和归户性。

潮汕侨批的民间性鲜明,从产生的过程看,它是发轫于民间,在此不再赘述。同时,侨批又是流转于民间,纵观已征集到的大量侨批,都是在百姓这一层面上流转,其中绝大多数是家庭成员以至家族亲人之间的往来。在此,以《潮汕侨批档案选编》(二)上册中的 496 封侨批进行具体分析,其流转状况是这样的:

民国三十七年(1948)七月初二,唭叻(现新加坡)侨胞李鸿禧寄给潮安南桂区礼阳村"李楞枝吾儿收",无疑是父子关系。民国二十八年(1939)八月十六日,叻(现新加坡)侨胞郑芳心寄给潮安鲲江乡祠堂头"慈亲大人"收,明显是母子关系。民国三十六年(1947)五月十二日,泰国侨胞陈有坤寄给潮安鲲江乡"郑有存表兄启",说明两者是表亲关系。凡此等等,仅在这近 500 封侨批中,便能找出父子、母子、夫妻、兄弟、兄妹、姐弟、姑嫂、叔嫂、翁婿、婆媳、伯侄和姨甥等表亲关系。此外,侨批还经营于民间,收藏于民间。

同样,从产生的过程看,徽州契约也是发轫于民间、流转于民间、大量收藏于民间。徽州契约是徽州文书的一个组成部分,在《徽州文书》第一辑收集的契约中,就有卖田契、押田契、典屋契、卖园地契、典茶山契以至卖厕所契等等。这些契约都是在民间进行签订并保存。

由此可见,潮汕侨批与徽州契约都是原生态的"草根"文献,是历史实态的直接写照,如实地反映了不同年代的经济社会状况,不仅能与典籍文献互为印证,而且可以修正典籍文献中某些不实、谬误之处。

潮汕侨批与徽州契约的归户性很强,最初形成时就有明确的归户指向。所谓归户性就是属于性,即属于谁或由谁拥有。潮汕侨批每一批封、批信,都明确地写着寄给谁收,还有具体的地址,如"潮安仙都乡七房祠后""汕头揭阳西门外围姑山乡""汕头瑞星里新编门牌三号"等等。因此,寄给谁就属于谁,不容置疑。侨批的归户性强还表现在连续不断,相当系统,如潮安陈宏烈的 4 个儿子,先后出洋赴新加坡谋生,便有侨批接连寄回家乡,在已收集到的 560 多封侨批中,最早是民国元年(1912),最晚为 1958 年,每封侨批的批封几乎都是写着"家慈亲大人启",而且都是同一地址:"潮安东凤乡二房后厝。"而每份徽州契约也都清清楚楚地写上立约人的名字,中见人(证人)和代笔人签名后,即归立约人保存。潮汕侨批和徽州契约的归户性,正好表明它们的唯一性和不可替代性,符合作为记忆遗产的基本条件。

潮汕侨批与徽州契约之异

潮汕侨批与徽州契约异在何处？主要有两方面。其一，基本属性不同。侨批具有金融的属性。所谓金融，是指货币资金的融通，其中包括国内外汇兑，由于侨批主要特征是"银信合一"，因此信汇成为批局运营的基本方式，侨批寄出时，一般都在批封正面左上角写着"外付（附）X 币 X 元"，使用当时的货币名称，如洋银、大银、国币、金圆券等。侨批的批信好比是当今汇款单的"附言"，回批又如收款后的"回执"。侨批的另一种运营方式票汇，则是汇出批款的批局应汇款人的要求，开出以汇入批局为付款人的汇票，写明收款人的姓名、批款金额等，然后交给汇款人自行寄送给收款人或亲自携带出国，凭票向付款的批局取款，运营过程和业务手续，基本和银行票汇相同；也有批局与银行联汇的。同时，侨批业形成国际运营网络。据饶宗颐教授总纂的《潮州志·实业志》统计，至民国三十五年（1946），海内外的潮帮侨批局已近 600 家，其中南洋诸国 451 家，潮汕地区 131 家。而且侨批业的发展与国际金融业的发展基本同步。1979 年，潮汕的侨批局归口专营外汇业务的中国银行，它的归宿依然在国际金融的范畴之中。由此可见，侨批的"底色"便是金融。

有真凭实据的历史档案和实物佐证，目前已知最早问世的侨批局，为澄海籍新加坡侨胞黄继英创办于清道光十五年（1835）的致成批局。直到 72 年后的光绪三十三年（1907），被山西学者称为"中国之金融业进入国际市场，在国外设立分支机构最早者为山西票号"的祁县帮合盛元票号，才开始在日本神户设立分支机构。看来，潮汕的侨批局有可能成为中国进入国际市场的先行者。这就为有关专家学者提供了一个新的研究课题。

反观徽州契约，实际是财产确权或处分的法律文书。契约的最后，一般都这样写道："任凭买主修理管业，卖主不得异言。倘有房族外人争论，俱由卖主上前理落，不干买主之事，恐后无凭，立此契约为据。"充分体现出法律的刚性约束力，即签字画押之后即生效，必须严格按此履行，没有商量余地。而且许多契约在再次改朝换代中都获得官府的验证承认，如在清乾隆、嘉庆、道光、咸丰、同治、光绪年间的一些田地转让、出卖的契约上，同时盖有民国政府的验证印鉴，这就赋予民间旧契约在法律效力上的连续性。

其二，内容的丰富程度不同。由于徽州契约主要是记录土地、房屋等财产的买卖、承租、典当等经济活动，内容虽翔实可靠，但显得比较单一、格式化，通常都是如此：立卖契或当契人因不便（即生活拮据等原因），情愿将田地、房屋出卖或典当给某人，共同议定价值多少银两，其钱款当日亲手收足，未出卖、典当之前并无重迭交易，今欲有凭，立此契约云云。

作为跨海越洋"两地书"的侨批，由于牵涉面广，且具有跨国性，故内容显得更为丰富多彩，侨胞远渡重洋，涉及海上交通；到异国他乡落脚，涉及国际关系；侨批局要经营，涉及金融运作；侨胞及其眷属能否安居乐业，又涉及国内外政策、政局的稳定和世界形势的变化等等，所有这些，都在侨批中有不同程度的反映。所以，人们能够从侨批解读出侨胞和家乡家庭的"家情"，侨胞故里的"乡情"，侨胞居住国和祖籍国的"国情"，国际风云变幻的"世情"和海外侨胞与祖籍国、眷属的"亲情"，可谓是海内外华侨华人社会的"百科全书"，在此仅举数例说明之。泰国侨胞陈曙浩夫妇寄给儿子、儿媳的侨批中写道："叔婶居为长辈，应当尊敬，互相帮助，诸弟妹应互相友爱，和气相处为要，既往之事，言也无益，徒增恶感，何苦为之！但人生处世之身，应以宽大为怀，凡事达观，则精神愉快，虽苦也乐。"教育他们处理好家庭、亲属之间的关系，说的是家情。新加坡侨胞陈应传在外谋生非常艰难，"奔波十余载，尚赤手空拳，未得酹愿"，本应多寄批款给母亲，无奈力不从心，他就在寄给母亲的侨批中写道："非传不知家中之痛苦，奈命生如此，惟有昂首向天叹息而已！"总感到自己对不起她老人家，海外侨胞对长辈孝敬之情由此可见一斑。马来亚侨胞蔡涌泉难得返回家乡，便通过侨批对家乡的儿子蔡金钱进行"远程教育"，要求他"切要谨慎从事，不可在外放荡，以免养成不良习惯"，同时在给母亲的批信中再强调："金钱在家或在外面，切欲学正当事业，留心进取，不可闲游过日，以免颓唐。"等等，海外侨胞对子女的舐犊之情跃然于纸上。印尼的侨胞李芝敏虽长年飘泊在外，仍决意回澄海娶杜爱群为妻，把根留在家乡，他在侨批中向母亲明确表示："对此亲事今决定合意，儿于是月十六日由（有方批局)寄上金元券叁万元,到祈查收此款,以供买金戒指一只,送与杜爱群女士做订婚戒指,何日收定,望母亲赐音示知",并请"母亲可将此事告知爱群及她之父亲。"泰国侨胞陈何桐对家国魂牵梦萦,在寄给家乡胞弟陈林桐的侨批中赋诗一首:"裁章握管愁难开,雁阵鸳翼各东西。谁怜海外飘零客,未卜何时解愁眉。"海外侨胞对祖国、家乡的眷恋之情溢于言表。

从中获得的启示

有道是"一方水土养一方人",地处皖南崇山峻岭、重峦迭嶂之中的徽州和濒临南海大洋的潮汕,形成了各具特色的文化。这种精神创造的文化,都在潮汕侨批和徽州契约中得到彰显,使我们获益良多,在此只能择要而论。

侨批所创造的宝贵精神财富,最突出的就是诚信,它贯串在侨批业的整个运作过程之中。作为寄批者的海外侨胞认真地践行着自己离家时的承诺,抵达谋生地的第一件事,就是给故里家人寄出"平安批",请他们放心,一俟有了收入,就定时给家人寄去批款。侨眷沈树然的伯父沈桃仁,早年与树然父去泰国谋生,后来树然之父早逝,树然母亲接受树然伯父的建议,于1935年春返回家乡。行前,沈桃仁许诺,日后树然家的生活费用由他承担。此后的数十年间,沈桃仁寄回的侨批(包括批信、批款)从没间断过。有时由于批局疏忽,树然家没有收到侨批,沈桃仁得知后即补寄,并在批信里写着:"伯一夕(息)尚存,批决无中断之理耳!"另一位海外侨胞,经常先由批局垫付批款寄回家乡,当收到家乡亲人寄来的回批封时,已病重住入医院,尚未归还批局代为垫付的批款,临终前仍念念不忘此事,嘱咐身边的人一定要代为办理。这位侨胞去世后,家人便遵嘱将所欠的批款悉数归还批局。

作为收批者的海外侨胞眷属也是以诚相待。旅泰侨胞余秋龙在寄给儿子的侨批中,对所寄的2.5万元国币的批款拟定了一个具体的"分配方案":"内抹交尔祖母一千元,尔大伯一千元,尔二姆八百元,尔老婶八百元,尔元姆八百元,其余以作家用。"家人都严格按海外侨胞的盼咐处理,没有多占、私分,更没有隐瞒、独吞。

承担送批重任的侨批局,更是视诚信为立业之本。致成批局为了保证海外侨胞托寄的侨批万无一失,建立了一套严格的收发制度,由批局准备统一规格的批封和回执,并印制有关表格,先由寄批人填明收批人的姓名、地址、批款数额和寄批人的姓名、地址。寄批人交付批款后,由批局人员将表格填写的内容抄到账簿上并编号,逐日移交给司柜汇入总账,最后由经理逐件核查,在批封背面盖上本批局印章,再复制一份表格递给设在家乡的致成批馆,那里的侨批派送员(俗称"批脚")按表格上的收批者姓名、地址和批款的金额,送到侨胞的眷属手里。澄海隆都镇的潘得敖、潘得勤等三兄弟跟祖父、父亲一样,都是侨批派送员,每天要走近百华里路、投递上百封侨批,得到的报酬仅两斤米和几角钱过渡费,但他们家贫不失信,仍然守住诚信的"底线",从来没有侵吞过海外侨胞的批款或丢失过他们的侨批。

有学者如是说,人或许可以没有信仰,但不可没有信用。没有信仰的人是凡俗的,而不讲信用的人则是丑陋的。诚信无价,已是构成公民个人层面价值标准的要素。在努力践行社会主义核心价值观的今天,弘扬侨批的诚信精神就更具现实意义。

而徽州契约的法律精神,也是值得称道。随着商品经济的发展、徽商的崛起,徽州人"恐口无凭,立字为据"的意识日益增强,自宋以后,民间便广泛使用契约、会议之类的文书,到了明、清达到了高峰,处理人际关系都立有各类契约文书,差不多每个家庭都或多或少地保存有契约文书,徽州社会成为名副其实的"契约社会"。有规矩才能成方圆,契约的约束力规范了人的行为、维持了经济社会秩序;使之能和谐发展。党的十八届四中全会明确提出,致力于"建设中国特色社会主义法治体系,建设社会主义法治国家",为此,国人必须增强法治观念和法律意识,徽州契约中所体现的依法办事、靠法保护的法律精神,正是当今所要提倡的。

(《福建金融》2015年8月)

参考文献:

1.王炜中等编著《潮汕侨批论稿》,天马出版有限公司,2013年12月。

2.方静著《走近徽文化》,黄山市地质印刷厂,2004年4月。
3.方利山著《徽商品谭》,中国文史出版社,2006年6月。
4.杨晓民总纂《徽商》,人民文学出版社,2006年4月。

一份弥足珍贵的民间文化遗存
——话说潮汕侨批

2000年11月22日,潮汕历史文化研究中心举办潮学讲座,邀请国际汉学大师饶宗颐教授主讲。他在演讲中指出,徽州特殊的是有契约,研究那些契约就是研究徽州商人及其活动,这在经济史上是很大的课题。而潮州可以与它媲美的是侨批,侨批非常值得研究,从中可以看到那时候的潮人在哪些国家及其活动,还可以从潮人的活动看到那个国家的经济和政治状况。他的这番话,可谓"一石激起千层浪",使侨批越来越为世人所关注。那么侨批是何物?目前尚未有统一的定义,但有种解释大家比较认可:侨批就是海外侨胞通过民间渠道及后来的金融邮讯机构寄回国内、连带家书或简单附言的汇款凭证。有学者进一步把它概括为"银信合封",即"汇款与家书联襟"的民间寄汇。道出了侨批的基本特征。

有了华侨才有批

欲知侨批怎样产生,就得从华侨说起,因为"有侨才有批"。

潮人远涉重洋侨居海外,大约自宋、元始。明清两代,潮人海外移民呈发展的趋势。明太祖朱元璋为了巩固政权曾推行严厉的"海禁"政策,三令五申"片板不准下海","禁滨海民私通海外诸国",使私人海上贸易活动受到很大打击。尽管如此,以追求高额利润为目的的私人海上贸易活动仍千方百计地进行。到了明嘉靖年间,由于东南沿海商品经济繁荣,资本主义萌芽,私人海上贸易发展更加迅速,其规模之大,人数之多,范围之广,资本之雄厚,都超过以往任何历史时期,并出现武装的海商贸易集团。私人海上贸易的目的,原本是"追逐海利",并无"犯上作乱"之意,但封建皇朝恐怕危及统治地位,便把它视为"盗贼"加以封杀,这些海商被迫走上武装反抗的道路,最后只得告别自己的家乡,长期离乡背井,成了潮汕海外移民,即华侨的先驱。清初,同样为了巩固政权,继续明朝的"海禁"政策,到了康熙二十三年(1684),由于海禁实际无法禁住才"题准广东海口,除夹带违禁货物照例治罪外,商民人等有关出洋贸易者,呈明地方官,准其出入贸易"。初弛"海禁"之后的第二年,粤海关就在澄海设立5个税口,位于澄海东北部、韩江出海口处的樟林港也显示出了它的活力。到了乾隆十二年(1747),鉴于闽粤沿海地区严重缺粮,清政府准许海商领照前往暹逻(泰国)采购大米和南洋的特产木材,使潮汕的海外贸易进一步发展,并开始了向南洋大量移民的新时期。

19世纪中后期,西方资本主义加快了工业化进程,加强了对殖民地的掠夺,需要大批劳动力,就把目标锁定在中国。此时,由于外国资本的进入,广大农村自给自足的自然经济遭到破坏,大批破产农民和手工业者生活无着落,潮汕地区更是"祸不单行",洪涝、地震、瘟疫等灾害频频发生。这样,极度贫困的先民就被迫走上出洋卖苦力的道路,1860年汕头开埠,直接导致潮汕海外移民的形成。据《汕头海关志》记载,1864—1911年间,"潮汕地区约有294万人离乡别井,远涉重洋谋生"。1927年,由于国内外形势变化,反动势力猖獗,社会混乱,百姓生活动荡不安,出洋者甚众。抗日战争后,金融波动,商业颓败,物价高涨,粮荒和高利贷逼人,又掀起了海外移民高潮,当时许多人纷纷出洋投亲靠友谋求生计。

如今,海外潮人1000多万人,跟潮汕本土的人口差不多,分布在世界5大洲40多个国家,又有"凡是有海水的地方,就有潮人存在"之说,但主要是集中在东南亚各国,并都遵循中华民族的传统伦理道德。这一传统伦理道德的主要内容是仁爱孝悌、重义轻利、谦和礼让、真诚有信;汉代还将"孝"放在很高的位置,强调"百善孝为先"。一代代的海外侨胞,正是在这种传统伦理道德的熏陶下,形成了强烈的"根"的意识,对长辈竭尽孝道,对妻子情有独钟,对儿女倍加关爱,对祖国、家乡无比热爱。因此,他们漂泊海外之后,不论在深山野岭还是在矿区、胶园,也不论是当苦力、杂工还是做店员、小贩,都任劳任怨、克勤克俭,希望将得来不易的血汗钱托寄回家乡,力尽赡养长辈妻儿的义务;或者积蓄下来以求发展,争取返回祖国故里与亲人相聚。"批一封,银二元,叫妻刻苦勿愁烦,仔儿着支持,教伊勿赌钱,田园着缴种,猪仔哩着饲,待到赚有钱,猛猛归家来团圆"的民谣是海外侨胞这种心理的真实写照。在那金融邮讯机构尚未建立或极不完善的时期,通过民间渠道寄送的侨批便应运而生,并且绵绵不断。那么,潮汕的侨批始于何时?至今还未能作出明确的结论。有的专家学者根据历史状况推断,认为应当始于清初(即18世纪初叶)"海禁"解除,大量潮人从樟林港乘坐红头船出发,向东南亚各国迁移之时。

侨批经营"三部曲"

侨批的问世,催生了一个新兴的行业——侨批业。潮汕侨批业的经营,大致经历了水客递送、批局经营、银行统管三个阶段。

有了侨批之后,由于当时潮籍侨胞聚集的东南亚各国金融邮讯机构还未建立或极不完善,而潮汕地区在汕头开埠前也没有经营侨批业的专门机构,因此海外侨胞的侨批最早是靠水客递送。所谓水客,就是经常往来于国内外、专为侨胞带送侨批或物件的人,是一种以收解批款为主的特殊职业,成为侨批业的先行者。17世纪初,就有水客往来于南洋,他们的主要业务范围,就是深入到海外的矿山、农场、种植园以至侨胞的住所,去收取侨批带回潮汕地区,亲手将批款和批信交给相关的侨眷;带着"新客"(自家乡初出洋者)前往海外寻夫、寻父、寻找亲友、谋求职业,或领着海外出生的侨胞后裔回家乡寻根问祖认亲;替侨胞、侨眷捎带物品,或为商店、自己捎带货物。他们在海外停留期间,租住居所作为落脚点,称为"行馆"或"批馆"。水客一般是凭个人的信用经营业务,他们的报酬一般是按批款额的3%—5%或10%向托寄的侨胞收取;有的不收取手续费,而是从汇率差额中获取利润。至道光二十九年(1849),仅新加坡就有潮籍水客200人左右。19世纪至20世纪初,是水客业最盛的时期,仅汕头的水客就达800人,香港也有200人,20世纪30年代还成立"南洋水客联合会"。

随着潮汕地区出洋人数不断增加,水客承接侨批业务的能力已经不能适应新的需求,加上他们行踪不定,人品不一,较有积蓄的侨胞或托寄大宗款项的侨户便改为派出专人携带侨批回家乡,同时递送亲友集中托寄的大宗批款。这些专营侨批递送的户头,便是侨批局的雏型。到了19世纪30年代,海内外潮帮侨批局迅速发展,成为侨批业的主力。侨批局是一种民间自发兴起、专门办理侨批业务的私营金融机构,负责将侨批送到海外侨胞在家乡的眷属手里;同时又将眷属的回批带给海外侨胞。在海内外崛起的潮汕侨批局,一种是由水客直接递变而成,致成批局的诞生就是如此。致成批局创始人黄继英的后代、原澄城侨联主席黄少雄说,清嘉庆二十年(1795)间,澄海等地闹水灾,在走投无路的情况下,他的高曾祖父黄继英只得告别慈母,带着弟弟乘红头船"过番"(出洋),在马来半岛槟榔屿上岸,流落在码头当苦力。1822年,哒叻(今新加坡)开埠后,继英兄弟俩辗转到那里,开始是以当苦力和泥瓦匠为生,后来进印度人开办的织布厂打工,那里聚集了不少澄籍乡亲。1829年黄继英创办了致成染坊,并且盖了"致成栈",既作为染坊的仓库,又作售布的门市,许多澄籍乡亲便纷纷投向他的门下。由于"致成号"工人和所在地的澄籍乡亲越来越多,要把自己的辛苦钱和信件送回家乡很困难,黄继英便自派水客,将大家的侨批带回家乡,同时在家乡建起"致成批馆"作为行馆,接待往来的水客。后来,在哒叻托寄侨批回家乡的人激增,黄继英从中国古代的邮驿得到启发,便于清道光十五年(1835)正式挂起"致成信局"的招牌(开始仍用"致成栈"的印信),专营侨批业务,统一印制信封、回执。将收寄的侨批交办事员回澄海时直接交给家乡的"致成批馆",由批馆聘用的侨批派送员(俗称"批脚")按固定的派送路线,将批信和批银如数送到收款人家里,然后再将收款人的回批汇集起来,由专人送给在哒叻的亲人。

另一种侨批局,是精明的潮商抓住机遇创办起来的,曾仰梅创办的"振盛兴批局"是其中之一。家住澄海上华镇渡头(图濠)村的曾仰梅的父亲曾源和叔父曾全因家境贫寒,为生活所迫,于1860年漂泊到泰国曼谷谋生,靠当泥瓦匠糊口。后来与旅泰的乡亲蔡阿牛一起,在曼谷老哒叻街开起京果店。由于经营得法,生意相当红火,积累也相应增加,他就返回家乡建宅置业,在这期间,曾仰梅又结识了蔡阿牛同乡的蔡永盛。蔡永盛在泰国开织布厂和纱布行,财力比较充盈,曾仰梅在与他交谈中,达成了这样的共识:随着大批潮人进入泰国,创办经营侨批业机构的时候到了!1899年,他俩便合伙在曼谷三聘街办起了振盛兴批局,受理的侨批不委托其他批局转投,全由本批局的侨批派送员投递。为了更好地办好自收、自转、自投的系列业务,振盛兴批局在汕头永和街47号、曾仰梅原先开办的暹兴利银庄内设立振盛兴批局,与曼谷的批局联号,负责中转曼谷本号总局及其他批局转递的侨批。同时,还在家乡渡头村鸿江里的住宅内设振盛兴批馆,自派亲人投递侨批,力求准确无误。全国侨联副主席、香港知名人士庄世平的祖父庄书良老先生,由于经营有方,形成了一个繁荣的家族集团——"协裕",后来也是变为主营侨批业务。他的7个儿子中,除老二早年夭折外,就有4个经营侨批业务,其中老三在泰国经营潮顺兴批馆,老四庄锡竹在当地经营代表本家族旗号的协裕批馆,庄老一家堪称"侨批世家"。庄锡竹就是庄世平的父亲,志趣与庄老先生相似,理财经营得心应手,显得游刃有余,故深受老先生的宠爱,曾让他前往马来西亚槟榔屿主持潮顺兴批馆业务,几年后又召回家乡,再次主持协裕批馆业务。协裕批馆旧址在庄家大院的火巷内,是一座3层楼高的建筑,随着岁月的流逝,如今尽管显得苍老,但还相当"硬朗",大门上面"源远流长"四个字依稀可见。

日寇投降以后,由于陆路无阻,海空通航,邮政恢复,批路正常,众多海外侨胞迫不及待纷纷要跟家乡亲人沟通信息,结果侨批大增,批局日夜加班也处理不了,因此是侨批业在历史上最兴旺的时期。至民国三十五年(1946),潮汕地区的侨批局有131家;潮帮在南洋各地的侨批局达451家。潮汕地区的汕头开埠后,便成为我国出入境的主要口岸之一,光绪八年(1882)已有批信局12家,1932年增加到66家(尚有规模较小的30家没有加入汕头市侨批业同业公会),占当时广东省批局总数的70%,1946年,汕头的侨批局又增至73家,占潮汕地区侨批局总数的55.7%。

1949年10月24日汕头解放,10月28日中国人民银行汕头支行成立,便在11月5日开始做了首笔接驳侨批的业务,11日第一帮侨批经各方面疏通进入汕头;11月22日,中国人民银行汕头支行将侨批业务移交给中国银行办理。1950年8月,国家华侨事务委员会在北京召开"全国华侨侨眷福利会议",汕头市侨批业同业公会选出陈勇和陈植芳作为代表赴会,周恩来总理亲自莅会作了重要指示,明确中央人民政府对华侨、侨眷以及民间侨汇业的政策。会议要求侨批业协力扩大收汇业务,规定收汇的奖励金企业、国内员工、国外员工各得三分之一,同时发给民间侨批业执照,给予一定的合法利润。汕头侨批业深受鼓舞,收汇积极性明显提高,1950年收汇额为5300万元港币,1951年增加到1亿多港元。1953年6月,国家华侨事务委员会又在广州召开华侨福利会议,汕头市侨批工会和侨批业同业公会都选出代表参加,会上宣布了中央关于对侨批业"维持保护、使其长期存在"的政策,使劳资双方都看到侨批业的前途,积极争侨汇,为祖国社会主义建设服务。潮汕地区的侨批业务机构,分为与海外有直接业务联系的甲种局和仅代理甲种局解付侨批、收取手续费的乙种局两类。到1954年,汕头市共有甲种侨批局43家、346名员工,总资本20多亿人民币。在中央的重视、关怀下,侨批业从业人员的政治地位也进一步提高,从解放后到"文革"前,汕头侨批业经常有代表赴京参加国庆观礼。

1956年,社会主义改造高潮到来之时,汕头专区侨务部门先后召开侨批业和侨批工人代表会议,会议宣布:侨批业全行业纳入社会主义轨道之后,仍保留私营名义,沿用原来牌号,继续分散经营;停征营业税和所得税,改征工薪所得税;侨批业的资金,不论解放前开业还是解放后开业的,一律按照私人股金处理。同时将这些政策贯彻到海外侨批局去。此外,银行还为一些经营困难的侨批局提供帮助,委托它们代解银行侨汇、代办储蓄业务,以增加收入、弥补营业亏损。到了1958年,汕头侨批联合服务部宣告成立,将分散经营的各侨批局集中起来、合址办公,便于中国银行领导、管理。1966年,"文化大革命"开始,潮汕侨批业的业务活动处于停滞不前的状态。1973年,国务院下达文件,指示"侨批业应归口银行",由于潮汕情况比较特殊,延至1976年实施,1979年结束。至此,潮汕侨批业告一段落,往后的侨批业务由中国银行汕头分行存汇科承办。

历史贡献不可没

据业内人士估计,在侨批业旺盛时期,潮汕侨汇(称为批款)估计有80%是通过侨批局汇入的。侨批业虽已"引退",但侨批的历史贡献至今仍令人难以忘怀。

首先,海外侨胞通过侨批,恪尽赡养家乡眷属的义务。海外侨胞生存环境和劳动环境非常恶劣,然而,只要能快点赚到养家糊口的钱,他们什么苦都可以吃、什么活都愿意干,因为家乡亲人"钱银知寄人知返,勿忘父母共妻房"的临行嘱咐牢记在他们心头。而潮汕的侨眷人数众多,截至解放前,这里的民众靠海外侨胞寄回的批款为生的,约占总人口的40%—50%,有些乡村则占总人口的70%—80%;如按侨眷家庭计算,平均每月所得的批款,占家庭总收入的80%多。据国民党政府侨委会统计,民国期间每年汇入潮汕地区的批款有八九千万银元,最高年份的民国十九年(1930)达1亿银元。1947年至1949年的3年间,汕头市共收到海外侨胞寄来侨批500多万封,批款总额约3.2亿港元,平均每年在1亿港元以上。海外侨胞汇入的大量批款,大约有80%是用于赡养在家乡的眷属。第二次世界大战期间的太平洋战争爆发后,由于批路断绝,潮汕地区侨眷的生活陷入困境,许多人靠卖房产或贱价出售衣物度日,不少人流落到福建、江西等地,有些是活活饿死或被迫改嫁。如澄海县澄城镇东湖村邱姓原有150户、800多人,由于批路中断,没有生活来源,被迫卖屋20多座、350多间。上华镇冠山村原有9886人,侨眷人口占一半以上,也是由于日寇占领澄海、批路不通,全村被害37人,饿死283人,绝户194人。由此可见,侨批的批路可谓是广大侨眷的"生命线",跟他们的生活休戚相关。

其二,在没有先进通讯手段的情况下,侨批成为海外侨胞维系与家乡亲人感情的重要纽带。从已收藏的侨批来看,里面都渗透着海外侨胞与家乡眷属的一片深情,经过长期积淀,形成了难解难分的情结。海外侨胞虽长年生活在异域,但对在家乡的父母长辈依然十分孝敬。家在澄海隆都前美乡下底园的侨胞陈鸿程,于20世纪20、30年代前往泰国谋生。他和妻子、几个儿女在海外,留下长子陈修贤跟3个孙子陪伴在家乡的母亲。1975年农历4月底,陈鸿程的母亲不幸摔伤,他闻讯以后心急如焚,于五月初一写信给母亲,信中写道:"慈亲大人尊前敬启者,今天由朱锦渠邮信内云及,母于上月底不幸跌伤,势颇严重,恕儿在外未能晨昏奉侍,实深遗憾。伤势如何,祈续示知,兹付港银五百元,为大人留身边零用。儿陈鸿程农历五月初一日。"在这期间,由于泰国政局动荡不安,各行各业一落千丈,人心惶惶不可终日,"不知将来何日变作难民,恕难预料"(见陈鸿程1975年7月29日给母亲的来信),在如此艰难的情况下,陈鸿程仍先后两次寄回港币四百元,供母亲治伤。并告知母亲,她的身后事已经办妥,请尽管放心。这些侨批,充分体现了陈鸿程对母亲的一片孝心。

可以这么说,出洋的侨胞绝大多数是男子汉,而且是为了养家糊口才远走他乡,不得不过着"牛郎织女"的生活,甚至比"牛郎织女"还不如,因为"牛郎织女"每年农历七月初七晚还能相会一次,而他们由于支付不了路费而长年在外,夫妻的思念之情,也只能通过侨批互相倾诉。泰国郑钦桂出洋之后,他的妻子希望携儿前往团聚。本来,这也是郑钦桂所盼望的,但因力不从心,只能在寄给妻子的批信里诉说自己的苦衷。他写道,当年出洋,"原为家庭所致,再有来暹,亦非快乐喜居",妻儿要来不可能,原因就是"舟费太多,并暹行情劳苦"。夫妻"欲聚不能",其心情之痛苦可想而知。有的家庭则是妻子出外丈夫在家,夫妻之间的思念同样情深意切。家在澄海金砂乡的徐桂英,也是出于不得已才远去新加坡,因此,她在给丈夫的信中写道:"夫君镜鉴,久未修书,怀念殊深,遥想起居纳福玉体康健为慰",而对出洋之举再次"望夫海涵"。许多侨胞虽在海外辛苦劳作,但对留在家乡的"心头肉"——自己的子女呵护有加。旅泰的侨胞杨捷从赚到一笔血汗钱以后,首先想到的是为生活所逼而卖出去的苦命女儿,因此,当他寄出5万元国币给妻子时,专门在侨批上留下附言,嘱咐她收到批后,"至切赎回吾女回家"。而侨胞陈松锦,在泰国得知自己的子女在家乡澄海隆都居美后陈乡出世之后,欣喜异常,于1935年4月25日晚在灯下疾书,一口气为小儿拟了"济南、济民、俊臣、俊仁、潮民、友民、礼民、华民、济民、壮强、永强、世忠、厚忠、乐忠"等15个名字,请家中亲人:"将此数名评论,择一个最合意者写来吾知。"海外侨胞尽管历尽艰辛,仍充满着对未来的憧憬,把希望寄托在下一代身上,在家乡的子女长大以后,又非常重视对他们的教育、培养。马来西亚的侨胞蔡涌泉,在寄回家乡澄海程洋冈老家的侨批中,有一封信是专门给儿子蔡金钱的,希望他"切要谨慎从事,不可在外放荡,以免养成不良习惯",舐犊之情跃然纸上。海外侨胞虽身居异地,但深切怀念着祖国、家乡,时刻关心着它们的前途命运、发展兴旺。泰国侨胞陈何桐给在家乡澄海樟林梅垅乡的胞弟陈林桐的一首诗就这样写道:"裁笺握管愁难开,雁阵鸳翼各东西。谁怜海外飘零客,未卜何时解愁眉。"充分表达了对家乡及亲人眷恋的游子情。新加坡侨胞陈应昌现已年届八旬,1946年开始就任新加坡有信庄(批局)经理,后又任金生实业有限公司董事局主席,在当地颇有信誉。1970年7月24日,我国成功发射了第一颗地球卫星,陈应昌和妻子李俊华便联袂给母亲和岳母去信,信中写道:"近我政府发射人造卫星誉美全球,海外侨民普天同庆。"兴奋之情溢于言表。

其三,海外侨胞寄回的侨批,对繁荣侨乡经济发挥了重大作用。近代潮汕对外贸易虽发达,但从国外进口的商品总值总是超过向国外出口的商品总值,产生贸易逆差(入超)。从清光绪二十一年(1895)至宣统三年(1911)的16年间,每年的对外贸易都是入超,其中的宣统二年(1910)进口商品总值为1900多万关平两,是出口商品总值722万多关平两的2.6倍。而从民国元年(1912)至民国二十六年(1937)的25年间,只有民国九年(1920)的商品出口总额超过商品进口总额,出超12%左右,其他年份全是入超。在这种情况下,潮汕经济仍有较大的发展,其中一个重要原因,就是有大量批款(侨汇)调节,既保持外汇的平衡,又增强社会购买力,从而使各行各业能够稳定、平衡地发展。由此可见批款对当时经济的重大贡献,因而有人称批款(侨汇)是中国的"无形输出",就是说海外侨胞寄回国内的批款,好比是输出工业品、农产品换取回来的外汇,成为救治当时经济的"补血针"。

海外侨胞通过侨批和银行寄汇,在家乡投资建造房屋宅第、修桥铺路、兴办学校医院,改善生活环境,改变家乡面貌。故《潮州志·实业志·商业》中如是说:"都市大企业及公益、交通各建设,多由华侨投资而成;内地乡村所有新祠夏屋更有十之八九系出侨资盖建。且潮州每年入超甚大,所以能繁荣而不衰落者,无非赖批款之挹注。"

此外，海外侨胞通过批局和银行，寄回捐款赈灾、支持抗日战争。潮汕地区位于南海之滨，属亚热带海洋气候，常受台风袭击，造成严重自然灾害。1939年，海外侨胞对家乡灾情十分关注，成立赈灾机构，募捐救灾款赈济家乡灾民。日寇侵略中国，潮汕沦陷，海外侨胞也纷纷捐赠，通过批局寄回家乡救济难民。泰国、新加坡侨胞以及中国香港同胞，捐赠的20万元救济物，其中首批款项1.4万元，是由潮州开元寺方丈前往汕头侨批局领取。决堤、地震等灾害发生，侨胞们也通过侨批局或银行寄汇，捐款给家乡救灾。旅泰的澄（海）籍青年侨领苏君谦和他的挚友郭子纲、黄奕，通地"口批"（即由寄批人口头说定）形式，经澄海增顺侨批局将200元国币寄到八路军驻武汉办事处，支援延安抗日军政大学作为办学经费，得到办事处代表周恩来、叶剑英等的高度赞扬，在复函中赞扬他们的爱国热忱"殊堪钦敬"。

沿着侨批发展轨迹去探求它那丰富、深刻的文化内涵，倍感潮汕侨批确是一份珍贵的民间文化遗存，莫怪乎全国侨联副主席庄世平如是说，侨批"不仅是一张张汇款凭证，而且是历史真实的见证"，也是"研究中国近代史和华侨史的重要文献，为海内外研究潮学的专家学者提供丰富翔实的历史资料。对潮汕人民来说，则是了解家情、乡情，进行爱国主义教育的好教材"。

（《福建金融》2015年5月）

侨批,日寇滔天罪行的铁证

——读《抗战家书》有感

在中国抗日战争胜利暨世界反法西斯胜利70周年前夕,习近平总书记强调指出,抗战研究要深入,就要更多通过档案、资料、事实、当事人证词等来说话。今年8月,黄清海和沈建华编著的《抗战家书》问世,可谓恰逢其时。

作为特殊家书的侨批,记载翔实系统,内容丰富多彩,民间特色鲜明,跨国特征突出,以其唯一性和不可替性入选《世界记忆名录》。《抗战家书》中的侨批,正是这段战争历史的实录,成为日寇侵华滔天罪行的又一铁证。实际上,日寇侵略中国的蓄谋已久,日本文化中的"神国论",就是狂热地鼓吹"日本国际化",成为它侵略野心的思想基础。菲律宾马尼拉的侨胞黄开物在寄给妻子的批信中写道:"日本早起野心,欲顺欧洲酣战之时,无暇东顾,起而吞并中国,言之殊堪痛恨。"可谓一语中的,这是日本侵略本性之必然。

《抗战家书》中极为珍贵的部分,就是记述日寇暴行的侨批,在此特摘录菲律宾侨胞郑勋专寄给他姐姐批信中的一段:"至一九四二年,日寇大举兽性,举行大屠杀,于弟前居之社杀起,逢人便杀,逢厝便烧。朗肴蔗国乃华侨之业座,被杀华侨男童女幼八十四人。日军再前进入山尘(此乃弟避居之所),幸天老爷庇佑,日军此对(队)菲奸领对(队)的乃是弟避居地主之兄弟,及抵地幸有小山头阻隔,此菲奸对日军婉言无路可通,即转别路前来,不然经于一九四二年九月十日起就无见面之时矣。此次进行大屠杀将及两星期之久,华侨被杀者百念余人,菲人被杀者三十六千人以上,情形甚是可惨,不可言状。""日寇兽心之毒,甚至六岁幼女无过亦作刀头之鬼,实令人痛心矣。"有一件回批,由澄海仙美乡寄给海外华侨总会,报告家乡遭受日寇蹂躏的情况:"我乡多年来遭斯困难,死亡众多,现住男女仅存贰佰三十余人","墙围多以(已)毁坏去一半,山顶处宅倒塌,堤上铺间所存无几,乡内房屋,不计新旧,折卖楼枋楹柱以图一饱者有之;折卖瓦角、砖墙,亦望缓死,亦不乏人。"澄海程洋冈乡林荣年寄给新加坡亲人的回批则写道:"现在饥荒严重,米贵如珠,遍地皆是。余自莲阳潮港上乡尾陈学校立春歇事之后,入息断绝,生活岌岌,诚恐饿殍,惨难状述。今环境所迫逼,上下为难,苦极苦极。"在此仅举侨批数例,便能看到侵华日寇的野蛮凶残、灭绝人性,真是令人发指!侨批信中所述,都是海外侨胞和家乡侨眷的亲身经历,白纸黑字,其真实性不容置疑,因此,就成为日寇侵华滔天罪行的铁证。

《抗战家书》中,还有大量侨批体现了中国人民不屈不挠、不怕牺牲,决心与日寇血战到底,直至取得最后胜利的爱国情怀和坚定信念。不少批笺上直接印上"救国笺""勿忘国耻""还我河山""卧薪尝胆,誓雪国耻"等字样。菲律宾侨胞林锡国在寄给泉州女儿的批信中嘱咐:"国难一天严重一天,凡是中国的国民,都要尽国民一份子的责任,同心奋斗,挽救危亡。""国家兴亡,匹夫有责",海外侨胞尽管生活艰苦,依然积极购买救国公债,或逐月"认捐国币三四拾元之费"。正是团结一致、同仇敌忾,终于彻底打败日本帝国主义,正义必须战胜邪恶,这是不可逆转的历史规律!

爱国侨领庄世平先生曾高度评价,侨批是进行爱国主义教育的好教材,今天,通过侨批重温抗日战争这段刻骨铭心的历史,使我们进一步认清日本军国主义的丑恶面目,更加提高警惕,假如敌人敢再轻举妄动,我们就叫它灭亡!今天的中国人民,更是不可侮、不能辱!

(2015年9月14日)

侨批，社会心理学研究又一珍贵档案

跨海越洋"两地书"的侨批，包括海外侨胞寄回家乡的批信和家乡侨眷寄给海外侨胞的回批，其金融属性非常鲜明，然而，它还能够反映出不断变化发展大千世界的"世态"和折射出复杂细腻内心活动的"心态"，这就凸显了它另一重要的文献价值，即成为社会心理学研究的又一珍贵的历史档案。本文对此作初步探讨。

当下对社会心理学有不同解释，比较简要的是：一门研究个体和群体的社会心理现象的心理学分支。个体社会心理现象指受他人和群体制约个人的思想、感情和行为，如人际吸引、社会促进和社会压抑、顺从等；群体社会心理现象指群体本身特有的心理特征，如群体凝聚力、社会心理气氛、群体决策等。

发轫于民间、流转于民间的侨批，是原生态的草根历史档案，以其唯一性、不可替代性而列入《世界记忆名录》。它内容丰富多彩，记载系统翔实，乍看起来琐碎凌乱，一经清理整合，脉络就非常明晰，堪称海内外华侨华人社会的"百科全书"，从中既能解读出从清代、民国到中华人民共和国社会环境的变迁和世界风云的变幻，又能窥视到人们（包括人体和群体）由于对社会客观环境的不同理解而形成的不同理念和由于不同理念所产生的不同作为。这种符合唯物辩证法的认识和实践，与社会心理学研究的内容十分契合。

（一）

首先，从群体社会心理的视角剖析抗日战争时期的侨批。1868年明治维新之后，日本国力日盛、野心渐强，宣扬"开拓万里波涛，布国威于四方"，19世纪50年代，日本野心家吉田松阴就提出入侵中国和朝鲜，控制东南亚而袭印度。1887年，日军参谋本部一局局长小川在《清国征讨方略》中又提出："自明治维新之初，常研究进取方略，先讨台湾，干涉朝鲜，处分琉球，以此断然决心同清国交战。"这就表明，日寇侵吞中国的狼子野心早就有之。1894年悍然发动甲午战争，宣布台湾及澎湖列岛"归入大日本版图"。第一次世界大战爆发后的1915年，日本趁欧美各国无暇东顾之际，取代德国获得在山东的一切特权，企图将中国领土和政治、军事、财政等都置于日本控制之下。对此，海外爱国侨胞已有觉察，并在寄回家乡的侨批中有了明确的表示。福建同安籍的爱国侨胞黄开物，1906年12月赴菲律宾马尼拉，并在那里加入同盟会，成为其机关报《公理报》撰稿人。1915年3月9日，他在寄给家乡妻子林氏的批信中就写道，当下"吾国危如垒（累）卵，日本早起野心，欲顺欧洲酣战之时，无暇东顾，起而吞并中国，言之殊堪痛恨"。

此后，日寇便按这既定方针继续作恶，1928年5月制造山东济南惨案，致使中国军民死亡3254人，受伤1430余人。当年6月7日，马来亚吉隆坡侨胞战章在寄给广东汕头巫松杰的批信中就写道："日本出兵山东，惨杀我济南军民。无辜受辱，恶（噩）耗传来，莫不发指俱裂，以为日本横蛮极点，并且无理邀（要）求我政府之五条件种种，皆亡国之毒计，国府断难承认。此次日本出兵，违背国际公例，施无人道之手段，阻我北伐进展，以助万恶军阀，万国皆认为臭（仇）人。"1931年日寇在沈阳制造"九一八事变"，1937年"七七"卢沟桥事变发生，不久以18万兵力之众，在飞机、大炮、坦克的掩护轰炸下杀向上海。对此，泰国侨胞林对源于同年10月31日（即日寇侵沪两个月后）寄给澄邑（今澄海）林松炎侄儿的批信中就这样写道："眼下闸北一带，悉遭敌人焚烧，仅存一片焦土而已，言之痛心，现沪上难民闻达百万之众，诚属可怜。"1941年11月，猖狂的日寇发动了太平洋战争,中国的海外侨胞也惨遭杀戮。1945年11月3日,菲律宾侨胞郑勋在寄给福建晋江家宁姐姐的批信中,对当时的惨状作了具体的回顾,原文如下:"至一九四二年,日寇大举兽性,举行大屠杀,于弟前居之社杀起,逢人便杀,逢厝便烧。……此次进行大屠杀将及两星期之久,华侨被杀者百念余人,菲人被杀者三十六千人以上,情形甚是可惨,不可言状。""日寇兽心之毒,甚至六岁幼女无过也作刀头之鬼,闻之令人痛心矣。"印尼侨胞吴道善也于抗战胜利后,在寄给广东揭邑(即今揭阳)曲溪吴健记本号的批信中,对太平洋战争爆发后日寇残酷屠杀坤甸侨胞的罪行作了如实的"回放":"倭鬼手段毒辣,每欲拿华人,都逢节日多次进行,此二三年,华人被处死的有二千余人之度。""倭奴实是采取灭种辣手,当时连接被拿的人,众人家属推测,俺等是国人一份子,受拿拘禁,候战事和平,满望释放,讵料倭鬼八月十五屈膝投降,九月二日联军代表抵坤,宣布倭子投降,指出地点集中,改(解)除武装,而华人家属向联军要求释放华人,拘禁四处找寻,无一人存在,呜呼!哀哉!"侨批中不容置疑的真实记录,便成为日寇侵略罪行的又一铁证。

丧尽天良的日寇在中国犯下包括"南京大屠杀"在内的滔天之罪,并不能征服坚强不屈的中国人民,反而使中国人民看透了日寇的狰狞面目,进一步激发他们的国仇家恨。这种群体社会心理状态,产生了强大的精神力量,迸发出汹涌澎湃的爱国热情,凝聚成与日寇血战到底的坚定意志,《义勇军进行曲》就表达了当时中国人民的共同心声。这一群体社会心理特征,在侨批中得到充分体现,"九一八事变"之后的1931年10月31日,菲律宾侨胞林锡国就在寄给福建泉州子女的信批中写道:"困难一天严重一天,凡是中国的国民,都要尽国民一份(分)子的责任,同心奋斗,挽救危亡。"并且嘱咐:"你们虽然是小小的年纪,也应该努力念书,做一个替国家争气的人。"

全面抗日战争爆发后,东南亚各国侨胞纷纷建立了抗日救亡组织,许多年轻侨胞毅然放弃学业或辞除工作、告别家庭亲人,经学习训练之后到祖国投军杀敌。1939年4月17日,菲律宾马尼拉的蔡乌树就在批信中告知她姐姐:"环侄正整装乘舟还国,但他们此行不是回家省亲,乃是为国当兵服务回去","据云,侄儿此去并不即上前线打杖(仗),须经在我国内地再受训练五个月,然后派往乡村各地当教练,组织民众都成武士,使全国人民都武装起来,一致反日,对日宣战",对这段历史做了真实的描述。泰国侨胞许泽溥在给广东澄海珊兄的批信中,则告知让妻子蔡纯良学习看护、妇女救亡工作,"替国家尽匹妇之责"。抗战期间,海外侨胞节衣缩食,以年捐、月捐、节日特别捐、结婚祝寿喜筵节约捐和购买救国公债等形式捐款救国,1937年10月17日,新加坡侨胞寄给广东潮州其母的批信中就提及:"自中日战争之事发生后,叨(即新加坡)侨胞非常热心捐银及捐旧衣外,另再抵制日货。"1938年9月24日,菲律宾侨胞吴章嶙在寄给福建晋江妻子许君哲的批信中,告知需要减给家里和三婶的赡养费用,原因是:"在此抗战期间,除起捐助战费外,生活是要力争简单。"值得一提的是1938年,澄海籍的旅泰青年侨胞苏君谦等3人,在困难当头时,毅然联手捐款200元国币,支援延安抗大作为办学经费,这笔款是通过侨批局转寄,驻武汉八路军办事处的周恩来、叶剑英等收到后,特地联名复函,赞扬他们的爱国热忱"殊堪钦敬"。据各方面统计,海外侨胞每月捐赠约2000万元国币,相当于国内每月军费的三分之一。这些捐款都是通过侨批或银行寄汇输入国内的。抗战胜利后,海外侨胞便迫不及待地通过侨批,将一笔笔批款寄回灾难深重的家乡。1946年3月8日,在当地政府宣布侨汇开放后当天晚上,新加坡侨胞林思曾马上灯下疾书,告知祖母:"兹已(于)侨汇开放之第一日奉上国币壹万元,到祈捡(检)收,暂济眉睫之急,此后稍有所得,自当厚寄,以慰大人远念。"日寇投降后的1946年,印尼侨胞吴玉坪、吴玉钳为了早日获得家乡亲人的信息,接连不断地寄出3封侨批,第三封是这样写道:"兹因日寇南进,家音断绝,经三四年未悉家中如何,甚为卦(挂)怀。自和平以后,经有寄回二信,国币叁万六千元,不知何故无接复示。兹有邮便,再付呈国币壹万伍千,到即查收复示。"可谓情深意切。

中国人民同仇敌忾、血战到底、驱逐日寇的坚强决心,也在侨批的批封、批笺上多有体现。1931年11月,菲律宾侨胞吴永蟳寄给福建省晋江吴道炳和黄煜泉、黄煜敏寄给福建晋江黄煜渠的批封背面,分别加盖了"同胞尔忘倭奴之仇乎?请勿用仇货,抵制到底!""抵制仇货,坚持到底;卧薪尝胆,誓雪国耻!"的图章。1932年2月16日,马来亚侨胞寄出的批笺上方,印有"毋忘国耻"四个大字。1940年6月2日、7月17日,菲律宾侨胞寄给家乡亲人的批笺上,印有"还我河山"的字样。有的批笺特地标明为"抗日笺",右侧印有"同胞速起！抗日救国！"的口号。有的批笺上端则印有"救国英雄"蔡廷锴将军的头像。不可一世的日寇宣布投降后,侨批的批笺上又出现"胜利笺"和"胜利通用笺",上面还印有"长期努力抗战,达到最后胜利"的字样。法国的古斯塔夫·勒庞在《乌合之众》一书的导言中指出："如今群众的力量越来越重要","作为一种至高无上的力量仍将延续下去",成为"推动变革的主要动力"。侨批反映出来的群体社会心理现象,对此作了极其有力的诠释。

（二）

现在,再从个体社会心理现象的视角,来解读另一个历史时期的侨批。由于家乡亲属寄给海外侨胞的回批是侨批的组成部分,因此特以一组回批为例。这组回批的主角李集祥,家住广东梅县隆文乡,大学文化程度,故回批文字工整,表述井井有条。由于收到数封侨批后才作回复,因此内容较为繁多,其中两封各 3500 字以上,一封为 2000 多字,真实地反映了李集祥在梅县政权发生重大更迭之初内心世界的变化。梅县是 1949 年 5 月 17 日解放,5 月 24 日成立县人民政府,李集祥在当年农历六月至九月陆续收到叔叔们 4 封侨批之后,于 10 月 26 日作综合性的回复,并注明是"解放后试寄第一封"。因为潮州、汕头分别于 1949 年 10 月 22 日和 10 月 24 日解放,梅县解放时李集祥不在家乡,所以,在他批笺里就有如下一番经历："侄于夏历七月初一即由汕头启程返家,迨至潮州,旋闻松口船只下至高坡（陂）停开,上行亦然,弄得留潮船只不敢开行。等了十天,高坡（陂）船下到,谓已解禁,然后启行,行至三河又遇国军捉船,一路受惊受吓,候差派款声中通过两个政治不同的封锁线,抵家时已是七月十五矣。"解放前,李集祥家族颇为殷实,回批中提及的就有"映光楼"一座,在汕头还有店业,故心里忐忑不安,"惊共产党实行住者有其屋,如非自己居住,要租给他人时,将来有无业权存在,殊难逆料"。若租出去,又怕"租期满后,不付租,不迁出,法院判决他不理"等。解放后,经营侨批业务的昌源号转入地下,改名新发号,李集祥怕树大招风,就在批笺里特地写道:"以后所有信件钱物,统由新发转交,隆文各水客所带款物,应嘱水客绝对保守秘密,同时寄款人最好用弟妹之名字(水客处)。总之,使原乡之人尽知叔台等在外落居,无意归祖国。"为了不引火烧身,又告知:"以后凡报告乡中事,必以新闻通讯方式,头尾不署名,另信寄发,信皮(封)只写洋文,不写中文,如此为之,秉笔直书,纵遇检查,当局亦莫奈吾何。"

1950年夏历八月十日,李集祥收到叔叔们的三封侨批后,也作了综合性回复,批笺里写道:"原乡当去前两年,因新政府法令未颁布,人人以为日后田会平分,所以大家争先卖田,自去年公布富农以下田产不动,及尝田由自耕者报为自耕以后,卖田之风即刻停止,反而买来自耕者甚众。"同时:"祖国目前人民券币价逐渐稳定,外面汇款,如汇人民券之汇价比汇港币之汇价为廉,则不妨汇人民券为单位之款额。""原乡商场,因人民券币值渐趋稳定,已逐渐采为交易之本位,港币、白银仍甚流通,唯以米为交易媒介之举动,因损蚀过大、携带不便,已废去不用。"由此可见,解放一年以后,地方社会和人心已日见平稳,而出身富裕家庭的李集祥仍心有余悸、顾虑重重,1949年7月自汕头返家后,"外事一切不理,闭门谢客,洁身自好,连光映楼大门都少出,盖效明哲之保身也"。在1951年夏历二月廿二日的回批中谈及自己择业的意向时,又能流露出这种情绪:"但世界风云反复不定,火药味弥漫全球,第三次世界大战迫在眉睫,看今日政府对待反动官吏之手段,则在世界霸权不知鹿死谁手之今日,政界最好莫过问,除非走入技术性质的机构,如银行、电信、邮政、水利、农林、水产各部门,因这些部分与百姓结怨的可能甚少、职业安定故也。"李集祥的心理活动很大程度上代表了刚解放时富裕阶层这个群体的心理状态。

个体、群众社会心理现象,因他们在同一社会环境中所处的地位、境况不同而不同。1949年10月潮汕获解放,过去饱受压迫、剥削的劳苦大众扬眉吐气、欢呼雀跃。1950年2月,有一位侨眷(名字看不清,似"煦南")在寄给海外亲人的回批中写道:"家乡现已经解放了,人民已能够永远的见到那广大无际的天,不再受反动者、帝国主义走狗之欺侮、压迫,人民已彻底翻身了,家乡的生活比从前较为适当,人民的生活安定,请你不必忧虑。"海外侨胞也为此欢欣鼓舞。1951年8月7日,泰国侨胞刘潮俊在寄给双亲的批信中就如是写道:"家乡自解放后,在毛主席领导下,封建势力已告清除,资产阶级已经被打倒,不论交通、水利等要旨,凡属国计民生者,莫不落力改建,海外华侨多阅报章,每得佳讯,除少数顽固分子外,莫不额手称庆,跃跃思归。"

综上所述,可见侨批的确是社会心理学研究的又一珍贵历史档案,并且让我们从中得到重要的启迪。历史唯物主义认为,人民是社会的主体、历史的创造者,因此,社会心理学研究的基本点便是民心,而民心的向背决定了事业的兴衰,正如习总书记所言:"政之所兴在顺民心,政之所废在逆民心。"他还强调:"治政之要在于安民,安民之道在于察其疾苦。"为此,以"为人民服务"为宗旨的中国共产党各级领导干部,更应该学习社会心理学这一学问,注重研究民心、注重改善民生,牢记"人民对美好生活的向往,就是我们的奋斗目标",不忘关心人民的疾苦,倾听人民的诉求,将民心,即人民赞同不赞同、高兴不高兴、满意不满意,作为制定路线、方针、政策的根本依据和衡量施政业绩的唯一"标尺"。

(2016年1月9日稿,刊《福建金融》2016年6期)

主要参考文献:

1.习近平《习近平谈治国理政》,外文出版社,2014年10月。
2.人民日报评论部《习近平用典》,人民日报出版社,2015年2月。
3.黄清海、沈建华《抗战家书》,海峡出版发行集团,2015年8月。
4.(法)古斯塔夫·勒庞《乌合之众——大众心理研究》,凤凰出版传媒集团,2011年7月。
5.吕理州《明治维新》,海南出版社,2007年5月。

后　记

　　《侨批缘》终于在中华人民共和国成立68周年前夕校对完结，实现了我多年的心愿。年逾八旬的潮汕历史文化研究中心创会理事长刘峰，特地为本书题写了书名。研究中心的陈士伴女士利用业余时间，见缝插针地打印，使杂乱无章的手稿变成工工整整的书稿，书中照片基本上是由她拍摄，为本书付梓付出了辛苦劳动。在此，谨表示衷心感谢！

　　由于经历的时间较长，涉及面广，肯定挂一漏万，如有错漏之处，敬请原谅！

2016年8月6日